"科技冬奥"
重点专项优秀成果选编

柯兵 ◎ 主编

·北京·

图书在版编目（CIP）数据

"科技冬奥"重点专项优秀成果选编 / 柯兵主编.
北京 : 科学技术文献出版社, 2024. 10. -- ISBN 978-7-5235-1928-8

Ⅰ. G812

中国国家版本馆CIP数据核字第2024YA6700号

"科技冬奥"重点专项优秀成果选编

| 策划编辑：钱一梦 | 责任编辑：邱晓春 | 责任校对：王瑞瑞 | 责任出版：张志平 |

出 版 者	科学技术文献出版社
地 址	北京市复兴路15号　邮编　100038
出 版 部	（010）58882943，58882087（传真）
发 行 部	（010）58882868，58882870（传真）
官方网址	www.stdp.com.cn
发 行 者	科学技术文献出版社发行　全国各地新华书店经销
印 刷 者	北京时尚印佳彩色印刷有限公司
版 次	2024年10月第1版　2024年10月第1次印刷
开 本	787×1092　1/16
字 数	429千
印 张	23
书 号	ISBN 978-7-5235-1928-8
定 价	118.00元

版权所有　违法必究

购买本社图书，凡字迹不清、缺页、倒页、脱页者，本社发行部负责调换

《"科技冬奥"重点专项优秀成果选编》
编写人员名单

顾　　问　李　萌　范维澄

主　　编　柯　兵

编写组成员（按姓氏笔画排序）

　　　　　刘　健　刘荣霞　李堂军　张书军

　　　　　张巧显　陈　振　杨　帆　贾国伟

秘书组成员　李堂军　贾国伟

序　言

现代奥林匹克运动 120 多年的发展历程中，科技与奥运结合得越来越紧密，科学技术已经成为推动奥林匹克运动发展的重要力量。2008 年，北京奥运会在奥运史上首次明确把科学技术的作用与举办奥运会相结合，这对现代奥林匹克运动的发展产生了深远影响。2022 年，北京冬奥会一项项高科技的应用，贯穿赛事组织、科学参赛、智慧观赛、运动员保障全过程，让"科技冬奥"成为北京冬奥会一大亮点。总结回顾"科技冬奥"实施历程和成功经验，对传承和弘扬北京冬奥精神、加快推进体育科技创新具有重要意义。

北京冬奥会申办成功后，科技部深入学习贯彻习近平总书记关于筹办北京冬奥会和冬残奥会的重要指示精神，在系统总结科技服务 2008 年北京奥运会、2010 年上海世博会和 2010 年广州亚运会经验做法的基础上，按照"简约、安全、精彩"的办赛要求，全面落实"绿色办奥、共享办奥、开放办奥、廉洁办奥"理念，认真分析北京冬奥会的特点和需求，提出了"科技冬奥"的初步设想，报中央第 24 届冬奥会工作领导小组指示。在冬奥会工作领导小组的领导下，科技部会同国家体育总局、北京市、河北省等有关部门和地方成立"科技冬奥"领导小组，建立了协同推进工作机制。2016 年，科技部会同有关部门和地方精心策划，研究制定并发布了"科技冬奥（2022）行动计划"（简称"科技冬奥"），提出围绕"零排供能、绿色出行、5G 共享、智慧观赛、运动科技、清洁环境、安全办赛、国际合作"等 8 个方面统筹设计重点任务。2017 年，在国家重点研发计划中启动了"科技冬奥"重点专项，组建由范维澄院士领衔的专家组，汇聚全国 500 多家高校、科研院所、企业等单位的近万名科研工作者协同攻关，共同服务北京冬奥会。

"科技冬奥"组织实施过程中，在专项策划、立项管理、成果落地、赛事保障等方面全面落实习近平总书记对冬奥工作的重要指示精神，积累了一系列宝贵经验，概括起来有以下几个突出的特点。一是坚持应用导向、场景驱动，紧贴北京冬奥会赛事筹备需求和冬季竞技体育备赛规律，分批次、分阶段部署科研任务。二是坚持跨学科交叉融合创新，组织多家科研机构开展联合攻关，突破领域间壁垒，打通"学－研－用"全链条。三是充分发挥国企等国家队主力军作用，在项目实施和技术保障过程中，国企单位政治站位高，大局意识强，全力开展技术攻关和成果集成应用。四是提升科研任务溢出效应，项目综合绩效评价注重对成果转化及解决经济社会发展关键问题的考评，推动一批重大科技成果实现转化应用，留下了丰厚的奥运遗产。五是开放合作实现体育科技自立自强，开辟"绿色通道"，为冬奥会工作人员、运动员、教练员办理来华工作许可和提供人才签证便利。引进国内暂缺的外籍特殊技术人才，助力提升训练科学化水平，全面支撑场馆建设、赛事组织等各个环节。

"科技冬奥"的顺利组织实施，不仅支撑了北京冬奥会和冬残奥会的成功举办，提升了竞技体育和群众体育关键技术供给能力，为实现体育强国提供了有力支撑；也打造了一批绿色低碳样板工程，为实现"双碳"目标提供了有益探索和经验参考。同时，5G+8K 转播、交互式观赛、氢能出行、智能车联网等技术在北京冬奥会的示范应用，加速推进了技术转化，带动相关领域产业发展，冬奥会的科技成果正在供全社会共享。新型 5G 基站设备在大兴国际机场等重大交通枢纽实现商业应用，并在多个地区推广，产生了显著的经济效益。氢燃料电池客车在城市建设中持续安全运营，为氢能技术产业化发展开展了示范，京津冀地区已初步形成氢能产业链及加氢网络。云转播技术持续迭代升级，为巴黎奥运会超过 2/3 的直播信号通过奥运转播云向全球分发提供了关键技术支撑，实现了奥运转播方式的历史性突破。

中国 21 世纪议程管理中心作为"科技冬奥"重点专项项目管理专业机构，在完成专项全部项目验收后，组织编写了《"科技冬奥"重点专项优秀成果选编》一书，全书分为上下两篇，上篇全面介绍了"科技冬奥"重点专项板块设置、任务部署等情况，并系统总结了专项管理思路、管理举措等；下篇采取图文并茂的方式，从研发背景、技术路线、性能指标、转化应用情况及经济社会效益等方面，呈现了专项产生的优秀成果，展示了我国体育科技创新取得的长足进步。希望广大读者能从中得到启发和思考。

北京冬奥会不仅是新时代体育界的一场盛会，也是多年来我国科技事业改革发展伟大成就的精彩呈现。"科技冬奥"重点专项的成功组织实施，为发挥新型举国体制优势，加强有组织的科研工作，做好重大活动的科技支撑，以及提升重大活动后续效应等，提供了有益借鉴。

前　言

冬季奥林匹克运动会是全球最具影响力的综合性冬季体育赛事，也是展示各国最新科技成果的重要舞台。2022年2月，北京携手张家口成功举办第24届冬季奥林匹克运动会，北京成为全球首个"双奥之城"。

科技与奥运的结合已成为现代奥运会的时代特征。为全面支撑北京冬季奥林匹克运动会（简称"冬奥会"）重大科技需求，2016年，经北京冬奥组委统筹协调，科技部会同国家体育总局、北京市、河北省等有关部门和地方精心策划，研究制定并发布了"科技冬奥（2022）行动计划"。2017年，科技部在国家重点研发计划中设立"科技冬奥"重点专项，重点围绕科学办赛、运动科技、智慧观赛、安全保障、绿色智慧综合示范等5个方面部署科研任务，着力强调应用导向、场景驱动。北京冬奥会举办过程中，"科技冬奥"重点专项200多项技术成果成功应用，为北京冬奥会高质量办赛和高水平参赛提供了有力支撑。

2022年4月8日，习近平总书记在北京冬奥会、冬残奥会总结表彰大会上发表重要讲话，深刻阐释了胸怀大局、自信开放、迎难而上、追求卓越、共创未来的北京冬奥精神，并强调指出要"积极谋划、接续奋斗，管理好、运用好北京冬奥遗产""继续推进体育改革创新，加强体育科技研发"。中国21世纪议程管理中心作为"科技冬奥"重点专项项目管理专业机构，大力弘扬北京冬奥精神，全面回顾并凝练总结了"科技冬奥"重点专项管理经验，组织各项目单位系统梳理了亮点技术成果，在此基础上编辑成册，希望为我国加强有组织科研攻关、实现高水平体育科技自立自强提供经验参考。

本书分为上下两篇，上篇为"科技冬奥"重点专项总体情况，介绍了专项目标、任务部署和组织管理等内容；下篇为"科技冬奥"重点专项优秀成果选编，按照科学办赛、运动科技、智慧观赛、安全保障、绿色智慧综合示范等5个板块进行谋篇布局，分别展示项目代表性成果。下篇的成果内容由项目单位提供，并承蒙"科技冬奥"重点专项总体专家组有关专家审阅，为本书提出了许多宝贵的意见和建议，在此表示深深的谢意！

由于笔者水平有限，书中难免存在不足之处，敬请读者指正。

目 录

上篇 "科技冬奥"重点专项总体情况

一、专项目标和部署情况 …………………………………………………002
  1. 总体目标和任务设置 …………………………………………………002
  2. 项目和经费部署 ………………………………………………………002
二、专项组织管理情况 ……………………………………………………005
  1. 专项特点 ………………………………………………………………005
  2. 专项管理思路 …………………………………………………………006
  3. 专项管理举措 …………………………………………………………007

下篇 "科技冬奥"重点专项优秀成果选编

一、科学办赛板块 …………………………………………………………010
  1. 冬奥赛场"三维、秒级、多要素"立体靶向协同气象观测系统 ………010
  2. "百米级、分钟级"0~24小时预报技术体系 ………………………011
  3. 复杂山地次百米尺度实时大涡数值预报技术 ………………………013
  4. 基于人工智能的冬奥会赛区关键点位0~240小时定点预报技术 ……015
  5. 结合人因分析的全季利用技术 ………………………………………017
  6. 人工剖面赛道数字化设计与精细建造技术 …………………………019
  7. 赛道转换与共享技术 …………………………………………………020
  8. 竞赛观赛环境人体热舒适改善技术 …………………………………021
  9. 超大型体育赛事设计建造与生态保护修复一体化技术体系 ………022
  10. 雪车雪橇场馆赛道气候保护、设计建造技术体系 …………………024
  11. 大型场馆超尺度融合和全过程协同数字化技术体系 ………………026
  12. 北京冬奥会态势感知与运行指挥保障系统 …………………………028
  13. 混合现实电子沙盘和数据可视化引擎系统 …………………………029
  14. 北京冬奥会综合交通出行"一张票"关键技术 ……………………031

15. 超大跨度索网结构设计找形和优化方法 …………………………………………032
16. 超大冰面二氧化碳跨临界制冷系统关键技术 …………………………………034
17. 国家速滑馆智能建造关键技术研究 ……………………………………………035
18. 轻量化跨平台 Web AR/VR 助力智慧冬奥 ……………………………………036
19. 高效高品质造雪多相态协同优化技术 …………………………………………037
20. 喷嘴、核子器结构微纳涂层特色工艺 …………………………………………039
21. 造雪机整机性能优化提升及临界环境成雪技术 ………………………………039
22. 室外大中型压雪车 ………………………………………………………………042
23. 服务冬奥智能出行的京张高铁智能票务关键技术 ……………………………043
24. 面向智能候车的站车旅客服务及站隧综合展示与控制技术 …………………045
25. 面向冬奥智能乘车服务的复兴号智能动车组改造关键技术 …………………046
26. 基于时空大数据分析的京张高铁运营安全保障关键技术 ……………………047
27. 国家体育场（鸟巢）能源物联综合管理系统 …………………………………049
28. 国家体育场（鸟巢）环境质量管理评价与控制系统 …………………………050
29. 冰壶冰面参数精准控制机制与环境分区营造创新系统 ………………………052
30. 基于承载力和刚度的转换冰场优化设计方法 …………………………………053
31. 冰水场地转换体系原位拆装成套技术 …………………………………………055
32. 大空间三维运动轨迹捕捉和再现技术及冰面质量分析技术 …………………057
33. 双奥场馆可持续运营智能化评价模型 …………………………………………059
34. 冬奥会储雪和保持雪质技术 ……………………………………………………061
35. 冬奥会雪场赛道雪质的判定、监测和预报技术 ………………………………062
36. 高山滑雪冰状雪赛道制作关键技术 ……………………………………………063
37. 耐寒周转型高性能临时设施支承架体类搭建关键技术 ………………………065
38. 基于数字孪生的大面积高容量临时设施安全运维平台 ………………………066
39. 严寒条件下临时设施智能物联监测及预警关键技术 …………………………067
40. 零排放装配式厕所及污水处理回用关键技术 …………………………………068
41. 临时结构低碳供热保温与通风关键技术 ………………………………………070
42. 高效低碳 CO_2 制冰机及冰场技术 ……………………………………………071
43. 2022 年北京冬奥会场馆仿真三维模型资产库 …………………………………073
44. 大型赛事活动规划与运行设计仿真技术支撑平台——基于公有云
    的流化渲染系统 …………………………………………………………………074
45. 2022 年北京冬奥会场馆仿真系统 ………………………………………………077
46. 大型活动人机物环一体化碳排放监测技术 ……………………………………080

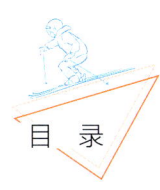

目 录

47. 全生命周期碳足迹追踪技术·················081
48. 冬奥会全景式碳排放智能管控与碳普惠云平台·················083
49. 智能零碳工作坊·················085

二、运动科技板块·················087
  1. 优秀运动员专项能力测评模型和运动员参赛策略·················087
  2. 优秀运动员专项能力评估分子标记模型·················088
  3. 基于人工智能技术的优秀运动员竞技表现分析系统·················090
  4. 高精度动作识别与分析技术覆盖训练效果评估反馈·················091
  5. 多维度无线脑电系统贯穿认知训练评估反馈·················094
  6. 神经启动可穿戴技术嵌入训练效果干预增能·················095
  7. 个性化关节诊疗系统保障训练损伤预防·················097
  8. 残疾人能力特征定量评估技术·················098
  9. 残弱侧能力适应性训练技术·················099
  10. 适配发挥能力的比赛器材定制技术·················100
  11. 冬季项目智能训练管理系统·················103
  12. 牵引式跳台滑雪模拟训练器·················104
  13. 室内多自由度模拟滑雪训练系统·················106
  14. 冬季项目国家科学化训练基地建设·················107
  15. 人体高速弹射装置·················108
  16. 生理生化监控关键技术·················109
  17. 运动疲劳消除关键技术·················111
  18. 经颅脉冲电刺激仪·················112
  19. 心理调控关键技术·················113
  20. 国家队营养保障与智慧医疗综合服务平台·················115
  21. 中国冬季项目运动员膳食营养素适宜摄入量（AI）标准·················116
  22. 运动员智慧化营养监测及管理系统·················117
  23. 滑雪运动辅助训练智慧监测系统·················119
  24. 全流程多角色智能交互竞训系统·················121
  25. 雪上项目超精细时空尺度风场可视化赛场指挥系统·················123
  26. 低风阻高可靠国产有舵雪车（雪橇）·················125
  27. 雪车头盔·················126
  28. 冬季运动服装工效机理与评价技术研发体系·················127
  29. 冬季竞速类项目多因素跨尺度协同减阻比赛服研发体系·················128

30. 冬季运动技巧类项目科技与艺术融合的比赛服研发体系⋯⋯⋯⋯129
31. 冬季运动防护类装备研发技术⋯⋯⋯⋯⋯⋯⋯⋯⋯⋯⋯⋯⋯⋯130
32. 冬季运动耐低温保障服装研发体系⋯⋯⋯⋯⋯⋯⋯⋯⋯⋯⋯⋯131
33. 基于运动姿态特征的高性能雪板设计与制备技术⋯⋯⋯⋯⋯⋯132
34. 基于多组学筛选标志物用于生长激素注射检测⋯⋯⋯⋯⋯⋯⋯134
35. 完成运动员生物护照血液模块的方法开发和平台建设⋯⋯⋯137
36. 糖皮质激素和阿卡地新同位素比质谱检测方法⋯⋯⋯⋯⋯⋯⋯138
37. 干血点样本中多种类固醇酯类禁用物质的全自动检测方法⋯139
38. 涞源综合性体育风洞⋯⋯⋯⋯⋯⋯⋯⋯⋯⋯⋯⋯⋯⋯⋯⋯⋯⋯141
39. 竞速项目空气动力学姿态减阻优化技术及气动减阻装备⋯⋯143
40. 国产高端雪蜡⋯⋯⋯⋯⋯⋯⋯⋯⋯⋯⋯⋯⋯⋯⋯⋯⋯⋯⋯⋯⋯145
41. 车橇无雪模拟训练系统⋯⋯⋯⋯⋯⋯⋯⋯⋯⋯⋯⋯⋯⋯⋯⋯⋯146
42. 冰雪运动损伤风险理论及装备风险评估指标体系⋯⋯⋯⋯⋯148
43. 穿戴式冰雪运动装备运动风险关键指标测试技术与设备⋯⋯150
44. 冰球护具（护肘、护腿）效能测试技术与设备⋯⋯⋯⋯⋯⋯152
45. 穿戴式冰雪运动装备检验检测公共技术服务平台⋯⋯⋯⋯⋯153
46. 冬季体育运动知识与技术创新平台⋯⋯⋯⋯⋯⋯⋯⋯⋯⋯⋯155
47. 二氧化碳环保制冷机组与智能全时冰场监控系统⋯⋯⋯⋯⋯157
48. 仿真运动冰雪装备⋯⋯⋯⋯⋯⋯⋯⋯⋯⋯⋯⋯⋯⋯⋯⋯⋯⋯⋯158
49. 雪上项目夏冬转训融合智能化场地系统研究⋯⋯⋯⋯⋯⋯⋯159
50. 多源场景转换下运动员技术、体能、心理训练方案⋯⋯⋯⋯161
51. 夏冬两季多场景下刚度自适应运动护具研制⋯⋯⋯⋯⋯⋯⋯163
52. 跳台曲面修整机器人⋯⋯⋯⋯⋯⋯⋯⋯⋯⋯⋯⋯⋯⋯⋯⋯⋯⋯164
53. 奥运会运动员心理健康保障关键技术⋯⋯⋯⋯⋯⋯⋯⋯⋯⋯166
54. 运动员心理状态动态预警模型和赛时心理状态预测模型⋯⋯167
55. 运动员专用的心理调控干预平台⋯⋯⋯⋯⋯⋯⋯⋯⋯⋯⋯⋯168
56. 滑雪板固定器脱离力矩检测设备⋯⋯⋯⋯⋯⋯⋯⋯⋯⋯⋯⋯170
57. 冰雪运动标准比对分析及体系建立⋯⋯⋯⋯⋯⋯⋯⋯⋯⋯⋯171
58. 冰雪运动装备服务平台关键技术⋯⋯⋯⋯⋯⋯⋯⋯⋯⋯⋯⋯173
59. 粉末冶金双金属刀片⋯⋯⋯⋯⋯⋯⋯⋯⋯⋯⋯⋯⋯⋯⋯⋯⋯⋯174
60. T型结构钛合金速滑冰刀⋯⋯⋯⋯⋯⋯⋯⋯⋯⋯⋯⋯⋯⋯⋯⋯175
61. 冰刀滑度检验装置⋯⋯⋯⋯⋯⋯⋯⋯⋯⋯⋯⋯⋯⋯⋯⋯⋯⋯⋯176
62. 雪车雪橇赛道数字化设计关键技术⋯⋯⋯⋯⋯⋯⋯⋯⋯⋯⋯178

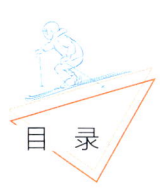

63. 雪车雪橇高速滑行全过程智能精确感知技术……179
64. 基于数字孪生的滑行轨迹可视化及虚拟仿真技术……180

三、智慧观赛板块……181

1. 超高清8K转播技术系统（8K转播车）……182
2. 8K图文在线包装系统……183
3. 实现8K超高清多轨实时编辑的GPU并行计算架构……185
4. 面向8K超高清视频应用的高效编码标准及编解码器……186
5. 8K超高清跨域传输网……187
6. 央视专区8K超高清点播节目分发……189
7. 8K终端机顶盒……190
8. 8K超高清显示器……192
9. OBS直播信号全面上云及云上转播……194
10. 冰雪项目交互式多维度观赛体验技术与系统……196
11. 面向冰雪项目的VR/360°全景节目设计与生成软件系统……197
12. 超短焦8K MR一体机……198
13. 便携式翻译设备……200
14. 智能会议系统……201
15. 大型表演智能创意资源知识库……203
16. 大型表演一体化协同仿真控制系统……204
17. 大型表演创编排演一体化集成系统……206
18. 大型表演预演仿真系统……207
19. 冬奥赛事全球传播动力学演化机制与传播模型……208
20. 冬奥赛事全球传播数据挖掘、内容生成与传播技术……209
21. 冬奥赛事和中国文化多语种全球传播服务平台及应用示范……211
22. 冬奥会氢燃料手持火炬……213
23. 多机器人跨域火炬传递技术……215
24. 助力机器人辅助火炬手火炬传递技术……216
25. 《奥运与科技互动发展理论及实践研究》著作……217
26. 《科技冬奥技术成果评估报告》……219
27. 异构网络环境下多专业事件协同控制技术……221
28. 云端互联的一体化云资源分发系统……223
29. 面向可穿戴发光设备的互动体验视听控制系统……225
30. 基于多模态智能交互的奥林匹克云展厅系统……226

31. 异形复杂场景沉浸式交互展厅系统……228
32. 装配式集约化数字沉浸时空仓……230
33. 导盲六足机器人……232
34. 冰壶六足机器人……234
35. 北京冬奥会开闭幕式主火炬关键技术……235
36. 超大尺寸 LED 系统设计验证方法……238
37. 面向异构 LED 显示模组的超大图像、高可靠、高精度同步播放控制技术……240
38. 多元防护 LED 显示模组……242

四、安全保障板块……243

1. 冬奥会多灾种、多尺度风险识别与评估技术……243
2. 基于大数据、事件链和情景推演的冬奥会综合风险评估技术……245
3. 中国嵌入式喙突移位骨科术式（Cuistow 术）……245
4. 冬奥特种设备安全监测与应急平台系统……247
5. 客运索道监测与健康诊断云服务平台……248
6. 电梯智能监控综合管理系统……250
7. 低压力低排量燃气、供热管道安全监测系统……251
8. 氨制冷系统承压设备动态风险远程监控预警技术……253
9. 大型体育赛事应急医学救援指挥调度系统……254
10. 科技冬奥应急医学救援培训网站……255
11. 伤员快速定位装备……257
12. 移动高级生命支持装备……257
13. 可穿戴式生命体征监护装备……258
14. 一体化急救生命支持装备……259
15. 重症伤员转运装备……260
16. 冻伤及颌面创伤移动式智能化诊疗平台……261
17. 北京冬奥口岸卫生检疫技术装备和系统……263
18. 口岸大型集装箱/车辆智能机检审图系统……264
19. 手持式核辐射监测设备……265
20. 核辐射全息定位系统……265
21. 痕量气味嗅探仪……266
22. 智能巡检机器人……267
23. 食品供应链风险监控预警智能系统……269

目 录

24. 冬奥食品中化学危害因子高效富集和精准检测确证技术……………270
25. 诺如病毒现场快检试剂盒……………273
26. 违背民族饮食习惯的掺假食品快速物种鉴定检测试剂盒和快检装备……274
27. 基于智能医疗大数据中台构建自主可控的诊疗一体化信息系统……………275
28. 雪上运动航空医学急救及应急智慧救援平台……………277
29. 点面结合的"全流程、全方位"冬奥会精准防控与应急预案体系……279
30. 冬奥会国际传染病动态监测技术……………281
31. 北京冬奥会新冠病毒疫情场景建模及溯源、追踪推演技术……………282
32. 软件缺陷静态自动化检测工具……………283
33. 软件供应链安全预警工具……………284
34. 自动化渗透测试工具……………286
35. 冬奥赛事网络和系统的安全检测与防护平台……………287
36. 核生化医学救援模拟培训体系……………288
37. 跨机构搭建医学信息共享联动平台……………289
38. 核生化应急医疗资源配置调度体系……………290
39. 空气消毒净化装备……………291
40. 中央空调及制冰机冷却循环水消杀净化装备……………293
41. 智能消毒机器人……………295

五、绿色智慧综合示范板块……………296

1. 冬奥电磁频谱监管与综合分析平台……………297
2. 适配冬奥室内外环境的新型5G基站……………298
3. 全覆盖5G网络赋能科技冬奥……………300
4. 面向冬奥复杂环境的5G智能车联网技术及解决方案……………302
5. 面向复杂混合交通群体的5G+C-V2X车联网通信解决方案……………303
6. 复杂车联网环境下的多维网络资源感知及多业务场景下无间断通信技术……305
7. 车-路协同环境下交通协同感知体系及交通态势演进技术……………306
8. 车辆队列自动驾驶技术……………308
9. 5G+C-V2X的低时延高可靠车载OBU商用产品……………309
10. 5G+AI智慧泊车服务系统……………311
11. 动态信息汇聚计算及高精度动态地图平台……………313
12. 冬奥场馆周边植被远程智慧补水灌溉技术……………315
13. 生态修复的物种选择和配置技术与应用……………316
14. 冬奥廊道山地残次林景观优化与生态功能快速提升技术……………317

15. 冬奥交通廊道沿线平原地带景观质量提升技术 …………………………… 318
16. 针对冬残奥村居住环境的无障碍便捷智能运维管理平台 ………………… 319
17. 基于人工智能技术的视障辅助系统 …………………………………………… 322
18. 机场智能无障碍服务保障系统 ………………………………………………… 323
19. 基于残障人士人体及运动特征的无障碍服装服饰体系标准 ……………… 325
20. 高质量导盲犬培育培训技术 …………………………………………………… 327
21. 多维多模信息融合的灾害监测预警系统 ……………………………………… 328
22. 氢能出行全链协同规划关键技术 ……………………………………………… 329
23. 冬奥服务场景下高性能氢燃料客车技术 ……………………………………… 330
24. 氢能供给保障体系稳定建设模式 ……………………………………………… 332
25. 全链监控与安全保障体系 ……………………………………………………… 334
26. 100% 可再生能源经柔直送出振荡抑制技术 ………………………………… 336
27. 提升预防应急能力的配电网供电保障关键技术 ……………………………… 337
28. 绿色环保型应急保障电源车 …………………………………………………… 339
29. 基于数字孪生的冬奥赛区清洁供电关系数字化建模和仿真分析技术 …… 340
30. 冬景植物定向培育与营造管护技术体系 ……………………………………… 342
31. 基于民族文化特色的冬奥主题公共艺术系统构建与景观设计技术 ……… 343
32. 冬奥会场馆外围沙化退化土地综合治理技术 ………………………………… 344
33. 场馆建筑多源数据融合集成技术 ……………………………………………… 346
34. 智慧 AR 导航系统 ……………………………………………………………… 347
35. 桌面悬浮光场三维显示技术 …………………………………………………… 348
36. 大规模复杂表面全色激光投影显示技术 ……………………………………… 349

后　　记 ……………………………………………………………………………… 351

上篇 ▸▸
"科技冬奥"重点专项总体情况

"科技冬奥"重点专项优秀成果选编

一、专项目标和部署情况

1. 总体目标和任务设置

"科技冬奥"重点专项以创新驱动发展战略为指导,以京津冀协同发展战略为依托,总体目标是面向北京冬奥会、冬残奥会科技保障的重大战略需求,攻克一批核心关键技术,示范一批前沿引领技术,转化一批绿色低碳技术,展示一批体现国家实力的高新技术,建立一批综合应用示范工程,促进冬季运动普及和体育产业发展,为将北京冬奥会和冬残奥会办成一届精彩、非凡、卓越的奥运盛会提供科技支撑。

为实现该目标,"科技冬奥"重点专项强调应用导向、场景驱动,重点围绕科学办赛、运动科技、智慧观赛、安全保障、绿色智慧综合示范等5个方面部署科研任务。在科学办赛方面,围绕赛道和场馆设计建造、气象预测保障、智慧出行、运行指挥、碳中和等方面部署任务,重点解决雪车雪橇赛道、国家高山滑雪中心和速滑馆等场馆设计、建造和运维技术难题,支撑鸟巢和水立方智能化场馆改造,突破复杂地形下高精度天气预报关键技术,提升筹赛、办赛的管理效率和水平。在运动科技方面,围绕运动员技能优化、体能训练和训练监控、高性能竞赛器材和服装等方面部署任务,重点研发科学化训练方法和装备,建立智慧化比赛训练场地,打造适合运动员生物特征和运动特点的高性能器材装备,提高训练效率和质量,提升运动员比赛水平。在智慧观赛方面,在冬奥会场馆、赛事转播、互联网传播等多个渠道,围绕"5G+8K"、云转播平台、VR观赛、智能语音服务等方面部署任务,提升观赛体验,打造冬奥会的"科技感、未来感",展现我国科技实力。在安全保障方面,从国家、城市、赛场等多个维度,围绕疫情研判和防控、场馆智能化消杀、食品安全保障、智慧医疗保障等方面部署任务,为冬奥会疫情防控提供科技支撑,解决冬奥会安全风险监测预警和运动健康保障等技术和装备问题。在绿色智慧综合示范方面,推动5G共享、氢能出行、清洁电力、智能车联网等新技术在冬奥会场景中集成应用,进行冬季运动项目推广应用示范,开展绿色智慧小镇综合示范,借助冬奥会的国际舞台加快推进这些技术的转化应用。

2. 项目和经费部署

"科技冬奥"重点专项共部署项目80个,涵盖了科学办赛、运动科技、智慧观赛、安全保障、绿色智慧综合示范五大板块及专项实施方案确定的全部任务。

从年度部署情况看,"科技冬奥"重点专项紧贴北京冬奥会赛事筹备需求和冬季竞技体育备赛规律,既立足北京冬奥会科技支撑的现实需求,也着眼推动冰雪产业高

上篇 "科技冬奥"重点专项总体情况

质量发展，分批次、分阶段部署科研任务。2018 年立项项目 11 个，安排中央财政资金 3.23 亿元，涉及科学办赛、运动科技与安全保障 3 个任务板块。2019 年和 2020 年结合奥运会办赛特点和科技发展趋势，增加了智慧观赛、绿色智慧综合示范等方面的任务布设，其中 2019 年立项项目 23 个，安排中央财政资金 4.48 亿元；2020 年立项项目 24 个，安排中央财政资金 4.22 亿元。2021 年围绕临近办赛亟须的关键技术，在冬奥火炬研制与传递、疫情研判与冬奥场馆消杀等方面，立项项目 22 个，安排中央财政资金 2.27 亿元。

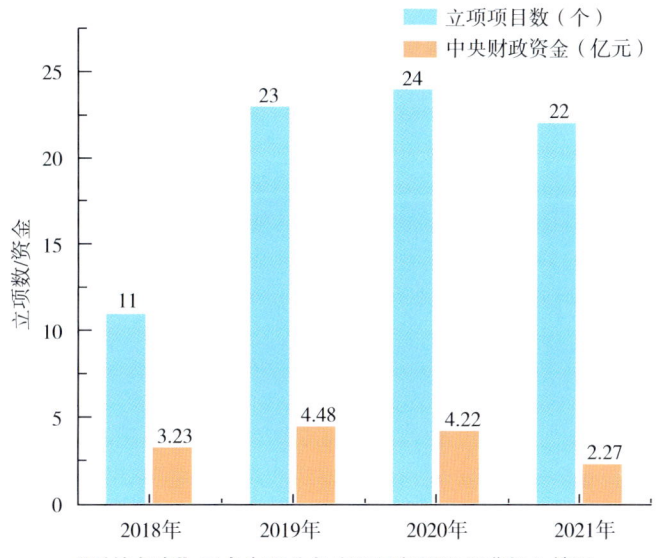

"科技冬奥"重点专项分年度项目部署和经费投入情况

从各板块任务部署情况看，科学办赛板块部署项目 16 个，中央财政经费预算 3.02 亿元；运动科技板块部署项目 21 个，中央财政经费预算 3.94 亿元；智慧观赛板块部署项目 16 个，中央财政经费预算 2.30 亿元；安全保障板块部署项目 17 个，中央财政经费预算 3.01 亿元；绿色智慧综合示范板块部署项目 10 个，中央财政经费预算 1.93 亿元。

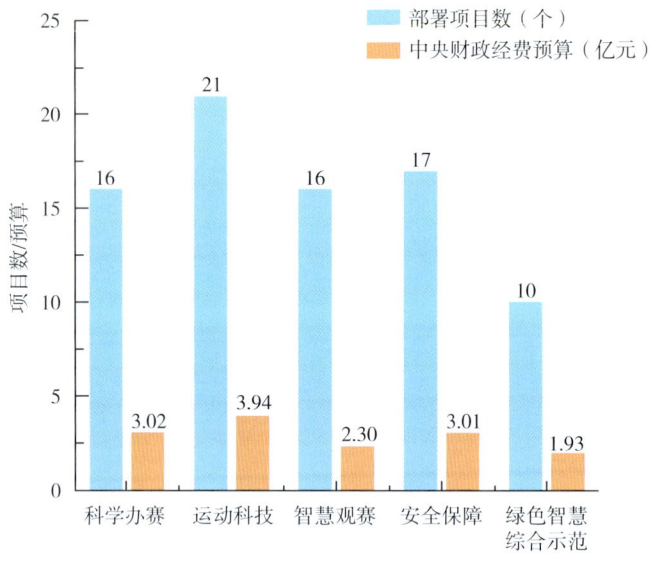

"科技冬奥"重点专项各板块项目部署和经费投入情况

从项目类型分析,"科技冬奥"专项立项项目包括 3 种类型,其中重大共性关键技术类项目 24 个,占比为 30.00%;应用示范类项目 55 个,占比为 68.75%;其他类项目 1 个,占比 1.25%。

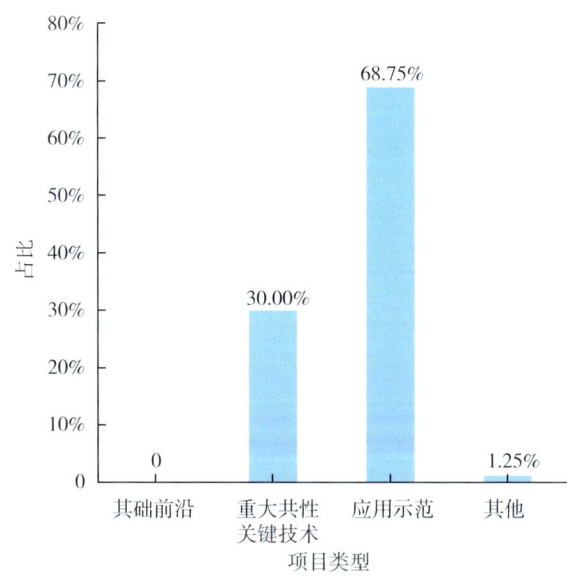

"科技冬奥"重点专项项目类型分布情况

从项目牵头单位性质看,80 家项目牵头单位中,大专院校 15 家,牵头承担项目

27个，占比为34%；事业型研究单位15家，牵头承担项目15个，占比为19%；企业24家，牵头承担项目29个，占比为36%；其他类型单位8家，牵头承担项目9个，占比为11%。

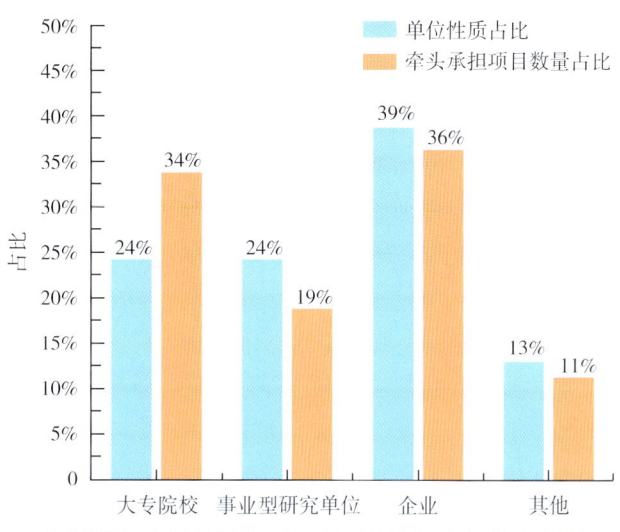

"科技冬奥"重点专项项目牵头单位分布及承担项目情况

二、专项组织管理情况

1. 专项特点

"科技冬奥"重点专项坚持应用导向、场景驱动，具有5个方面显著特点。一是需求宽涉及面广。重点专项涉及国家体育总局、工业和信息化部、公安部等13个部门，既要为北京冬奥会两地三赛区联合办赛实现高效协同管理提供信息化、智能化技术支撑，也要为保障我国冬季竞技运动项目快速发展提供科学训练方法和高性能技术装备，同时要应用移动互联、虚拟现实/增强现实（VR/AR）等新技术提升冬奥会观赛体验和传播的全球影响，涵盖了安全办赛、智慧观赛、体育运动、绿色低碳等一系列技术保障需求。二是多学科交叉融合。传统意义的体育科技交叉融合，主要是将生物学、医学、心理学等学科的理论或技术运用到体育科技研发中。"科技冬奥"重点专项的组织实施，以北京冬奥会办赛需求为牵引，打破学科边界，综合应用人工智能、5G、气象、环保、医疗、服装、安全、影视传媒、运动训练等技术开展交叉融合创新。三是应用示范要求高。科学办赛任务板块要攻破难点，提升筹赛、办赛的管理效率和水平；运动科技任务板块要解决训练、比赛过程中存在的基础性与关键性问题,快速提升运动员冬季运动水平;智慧观赛任务板块要创新实力、增亮添彩,为观众观赛体验提升和国家形象快速、高效传播提供科技助力。同时,"科技冬奥"重点专项项目研究与北京速滑馆建设、国家游泳中心改造等重大工程相结合,需要凸显科技的引领支撑作用,支撑解决重大实际问题。四是时间紧任务重。"科技冬奥"重点专项的组织实施,需要对标北京冬奥会测试赛、正赛等节点时间倒排项目部署和研发进度,周密开展技术装备的创新研发、集成应用测试和优化完善提升等工作,保障项目质量。五是社会关注度高。我国连续多年稳居第一大货物贸易国,并成为全球第二大经济体,国内大项活动历来备受世界关注。首都北京成为奥运史上首个"双奥"之城,北京冬奥会"绿色办奥"的庄严承诺,高科技元素在冬奥会的应用,以及新冠疫情下赛事活动的组织等,决定了北京冬奥会成为举世瞩目的重大标志性活动,冬奥会上科技支撑成效更是成为世界关注的焦点。

2. 专项管理思路

"科技冬奥"重点专项管理工作由中国21世纪议程管理中心(以下简称"21世纪中心")承担。21世纪中心自1994年成立后,长期从事国家科技计划项目管理工作,面向科技主管部门、行业部门和地方政府、国际组织、科技研发单位、企业等各有关方面,坚持主动服务、务实推进、探索创新,为推动科技成果产生和应用发挥了重要作用。"十三五"启动首批项目管理专业机构建设以来,21世纪中心以科学化、规范化、精细化的标准承担国家重点研发计划重点专项管理工作,在科技管理实践中积累了丰富的项目管理经验,培养锻炼了一支拥有不同学科背景、专业化程度高、人员结构合理、善打硬仗的科技管理队伍。

承接"科技冬奥"重点专项管理工作后,21世纪中心认真学习贯彻习近平总书记对"筹办好北京冬奥会、冬残奥会"的重要指示批示精神,在"科技冬奥"领导小组的领导下,深入落实《科技冬奥(2022)行动计划》,认真贯彻科技计划管理改革要求,以"抓节点、抓共享、抓质量、抓集成、抓成果"为重点,强化项目承担单位法人责任,探索形成了符合专项特点和科研规律的创新管理思路,确保了科技冬奥重点专项顺利实施。

一是聚焦冬奥场景应用需求。坚持任务部署来源于冬奥筹办需求,科技指标紧贴冬奥实际需要,项目研发紧跟冬奥筹办进程,项目成果落地到冬奥应用场景,压缩成果转化周期,提高成果实用性。

二是充分发挥部门联动作用。在项目管理工作中,配合科技部原社会发展科技司加强与相关单位沟通协调,邀请相关部门、地方和成果用户参与项目启动会、论证会、调度会等，形成管理合力。

三是充分发挥总体专家组作用。邀请体育、建筑、医疗、安全、人工智能等领域的 20 余位专家组建跨学科专家组，由清华大学范维澄院士担任专家组组长，并为每个项目安排责任专家。项目责任专家跟踪项目研发进程，参加重要节点工作，提供咨询和指导意见。

四是持续减轻科研人员负担。贯彻科技管理改革精神，在项目调整变更、科研经费管理使用等方面及时落实权限下放要求、提高审批效率，保障科研人员时间和精力。以"三减一加一优化"[①]为重点，不断创新管理服务，着力提升科研人员"获得感"，激发科研人员创新活力。

五是注重专项一体化组织实施。坚持五大任务板块协调部署，各项目任务研发和成果测试应用同步推进；按照场馆赛道、运动训练、医疗保障、疫情防控等不同任务项目群，推动信息共享、沟通交流、成果集成，促进成果应用。

3. 专项管理举措

一是坚持工作调度，强化统筹协调。积极主动对接北京冬奥组委、国家体育总局、北京市科委、河北省科技厅等用户部门和地方，推进项目研发与冬奥重大工程建设等方面的深度融合。配合科技部原社会发展科技司建立"双月调度"工作机制，联合北京冬奥组委、国家体育总局等部门定期召开工作调度会，及时研究解决项目实施中遇到的实际问题，推动项目成果在冬奥会测试赛、国家队训练及冬奥会相关筹备工作中落地应用。围绕科技支撑北京冬奥疫情防控、冬奥会开闭幕式筹备等重要关键议题组织召开专题调度会，推动相关科研成果在冬奥会开闭幕场景设计、疫情风险研判等重要场景中集成应用。

二是夯实赛前测试，及时查漏补缺。针对"科技冬奥"重点专项实施时间短、任务重、要成效等要求，在项目立项环节，强化节点管理，以"挂图作战"的方式推动工作进展，确保项目及时批复启动、经费第一时间拨付到位。在项目过程管理中，强化主动服务，及时跟进研发进展和赛事测试进程，协调对接研用双方需求，推动解决成果应用落地的难题。实施项目群管理，推动项目间科技资源共享、信息共享和成果集成，提高专项整体实施效率，加快科技成果在冬奥场景下集成应用。"冬奥会手持火炬关

[①] "三减一加一优化"是 21 世纪中心在深入调研、广泛听取科研人员意见建议的基础上，制定的"放管服"改革举措，包括减少表格填报、减少材料报送、减少过程检查、加强政策宣贯和优化评价考核指标。

键技术系统"项目作为国家重点研发计划首批"揭榜挂帅"项目，技术成果应用场景典型，社会关注、举世瞩目。为做好手持火炬项目管理，21世纪中心组织项目单位细化制定"里程碑"考核计划，按照北京冬奥会手持火炬传递的最终应用场景，先后组织了技术方案检查论证、工业化生产样品和工业化量产产品性能检测论证等节点考核，并邀请最终用户北京冬奥组委现场评价，实现了项目研发与最终用户的精准对接，推动了手持火炬项目顺利实施，保障了北京2022年冬奥会和冬残奥会火炬传递活动中，约1800支手持火炬未出现熄灭情况，创造了奥运历史上首次零熄灭记录。

三是建立赛时工作机制，推动科技成果安全稳定运行。在北京冬奥组委赛时指挥体系的领导下，配合科技部原社会发展科技司成立科技冬奥临时工作专班、并成立临时党支部，负责跟进项目成果在冬奥会赛时应用情况，调度解决项目实施中存在的问题困难，落实北京冬奥组委运行指挥部技术保障组交办的各项工作。专班在赛前对"科技冬奥"项目成果应用情况全面摸底，梳理形成了《项目成果赛时应用情况统计表》，编制了《科技冬奥赛时应急预案》，组织开展了网络安全排查，有力推动了项目成果在冬奥会的实际应用。赛事期间，专班全面跟踪科技冬奥技术成果应用情况，与项目承担单位现场保障人员、赛区场馆业主、属地管理部门等保持密切沟通，及时了解并协助解决项目成果在冬奥会赛时应用中存在的困难，确保了各项新技术在冬奥会和冬残奥会举办过程中用得上、用得好。

四是加强媒体宣传，充分展示科技冬奥项目成果的应用成效。认真总结凝练"科技冬奥"重点专项实施取得的亮点成果，及时形成专报（简报）、专题报告并上报，为党和国家战略决策提供参考。协调相关方面，先后在中关村论坛、"十三五"国家科技创新成就展、第二十届中国国际人才交流大会等设立科技冬奥展区，集中展示冬奥会筹办和冬季运动领域的科技成果，受到新闻媒体和社会的广泛关注。协调推动《人民日报》、人民网、中纪委新闻宣传中心、《科技日报》等多家媒体开辟科技冬奥宣传渠道，围绕科技冬奥研发成果和应用成效发布新闻报道百余篇，支持央视、人民网等单位开设"共享科技冬奥"主题论坛、"人民冰雪"专栏等活动，参加科技冬奥有关情况专场新闻发布会，集中展示和宣传"科技冬奥"最新进展情况和科技创新成果。

五是突出应用成效，严把项目验收。结合"科技冬奥"重点专项应用导向、场景驱动的特点，在项目验收中创新开展项目成果应用成效定量评价，邀请北京冬奥组委技术部及相关业务部、国家体育总局科教司及冬运中心等用户部门、场馆业主、项目推荐单位等行业部门代表组成用户代表组，在验收会上介绍项目成果实际应用成效，对成果证明材料进行核实，与验收专家共同对项目成果应用成效进行量化打分，打分结果作为专家验收的参考。

下篇

"科技冬奥"重点专项优秀成果选编

"科技冬奥"重点专项优秀成果选编

一、科学办赛板块

科学办赛板块全称是冬奥会科学办赛关键技术，主要围绕赛道和场馆设计建造，重点解决雪车雪橇赛道、国家跳台滑雪中心和国家速滑馆等场馆设计、建造和运维技术难题，同时加强气象预测保障、运行指挥保障、医疗保障等方面的技术支持，提升筹赛、办赛水平。该板块部署了16个项目，中央财政经费预算3.02亿元，突破了复杂山地短临气象精准预报、高寒山区奥运级竞赛场馆建设等首次面临的技术难题，支撑赛事调整、鸟巢和水立方智能化改造、生态高山滑雪场馆建设等，为实现高质量办赛提供了有力科技支撑。

1. 冬奥赛场"三维、秒级、多要素"立体靶向协同气象观测系统

冬奥赛区地形复杂、山高坡陡、垂直落差大，观测难度大、气象数据稀少，是影响赛区精细化预报的核心因素，对冬奥会气象服务提出了严峻挑战。为揭示冬奥会赛区复杂气象场特征，在国内首次连续4个冬季在冬奥会张家口和延庆赛场复杂地形条件下开展野外观测试验，构建了由天气雷达、风廓线雷达、激光测风雷达、微波辐射计、云雷达、地面自动气象站等多种设备组成的"三维、秒级、多要素"立体靶向协同气象观测系统；结合系留气艇、气象无人机、烟条燃放试验等数据，构建了冬奥会赛场不同场馆群局地天气、局地环流、山谷冷池等概念模型；开发了复杂地形下激光测风雷达三维风场反演产品、三维超声风秒级显示产品、冬季降水相态监测识别产品等，有效弥补了核心赛区观测空白，实现了赛道"秒级、立体"长序列气象监测，直接应用于冬奥会比赛现场服务，为赛事窗口期选择提供高精度天气"背景"数据；"三维、秒级、多要素"立体气象精密监测产品为冬奥气象保障服务提供了关键"大气实况"参考。

通过观测试验建立的张家口、延庆赛区各场馆群的局地环流、冷池现象等中小尺度天气概念模型，结合研发的各种精细客观预报方法，准确预报国家跳台滑雪中心"雪如意"背风涡旋、国家冬季两项场地冷池现象等局地天气，为冬奥会和冬残奥会期间13项赛事调整提供了科学依据。激光测风雷达提供的赛场三维风场、三维超声风提供的秒级风产品，直接用于预报员在延庆赛区的气象保障服务中，并为赛事组织方赛事日程调整和现场比赛安排决策提供了重要参考。后冬奥时代，加密观测仪器、技术方案和经验已经应用于河北太行山、燕山暴雨观测试验和北京海淀强对流系统下山演变加密观测试验，为指导复杂山地加密观测试验提供了重要技术参考。

下篇 "科技冬奥"重点专项优秀成果选编

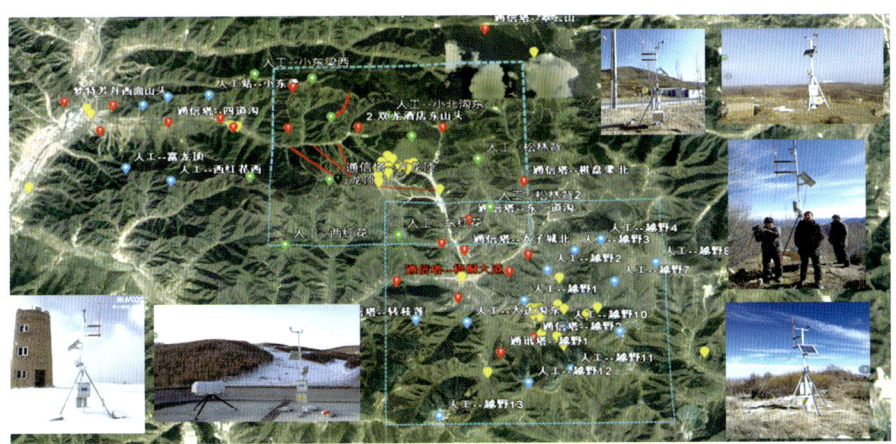

张家口赛区及周边地面自动气象站

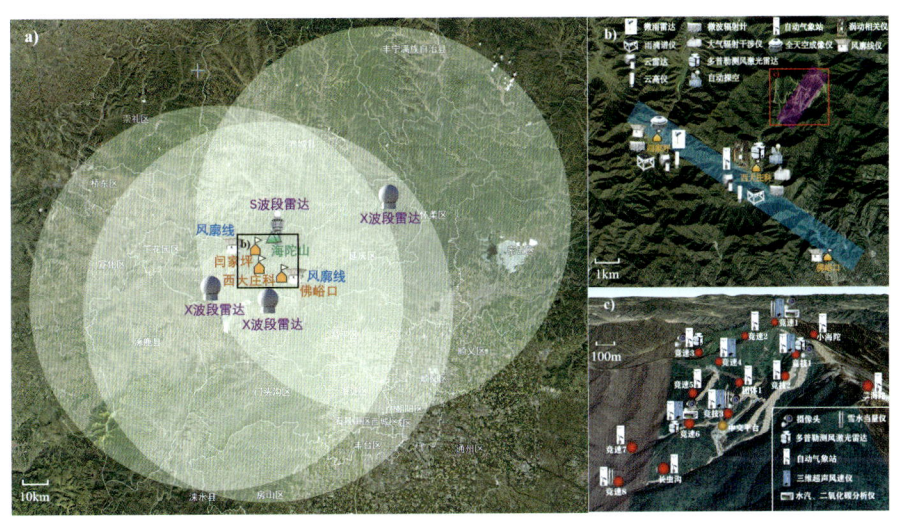

延庆赛区海陀山冬奥气象综合观测平台

联系人：江川，北京城市气象研究院，18515984120，cjiang@ium.cn

2. "百米级、分钟级"0~24小时预报技术体系

针对北京冬奥会和冬残奥会"一场一策""一项一策"气象保障需求，突破传统天气预报技术路线，充分应用冬奥稠密局地气象观测，重点考虑复杂地形对局地天气的影响机制，研发形成针对复杂山地多源多时空尺度气象资料的"百米级、分钟级"快速融合预报核心技术，基于大数据统计、机器学习和深度学习方法研发山区高精度阵风预报模型、冬季降水相态客观分类预报模型，集成构建了具备完全自主知识产权、

适用于支撑复杂地形下冬奥气象服务保障的"百米级、分钟级"0～24小时预报技术体系，形成高效、稳定的冬奥业务预报系统——睿思（RISE），实现了覆盖冬奥会张家口及延庆山地赛区1万km²范围及北京城区和近郊区1.32万km²范围内100 m网格、逐10分钟更新的三维大气实况分析及0～24小时各类冬奥会关键天气要素预报，大幅提升了复杂地形下冬奥会赛场的天气预报水平，成为冬奥会气象保障服务的核心产品之一，实时对接多维度预报、综合可视化、现场服务三大冬奥业务平台及中国气象局智慧冬奥示范平台，为冬奥气象保障、中国国家队训练和比赛气象服务等提供了最精准、精细的气象产品支撑。该技术成果填补了国内该领域空白，核心技术实现了完全自主可控，在中国气象局"智慧冬奥2022天气预报示范计划"对气象部门内外22家57项高精度冬奥气象产品评比中，该项技术成果各百米级网格0～24小时预报产品指标和成绩均名列前茅。

该成果在2022年冬奥会和冬残奥会期间获得全方位应用，为冬奥会正式比赛期间28次官方训练、比赛日程调整和"窗口期"选择，为中国国家队赛前训练，为前期场馆建设和防风设施规划等提供了关键支撑。该成果应用获北京奥组委等各方高度肯定。该成果成功入选《北京2022年冬奥会和冬残奥会经济遗产报告（2022）》及世界气象组织高影响天气预报示范计划，成为气象部门2021年度十大气象科技进展之一。在后冬奥时代，睿思"百米级、分钟级"技术成功应用于首都核心区，为国家重大活动保障和首都核心区安全运行提供了重要气象支撑，并成功移植至浙江、陕西、湖南、河北等地，为杭州亚运会、西安举办的"中国—中亚峰会"、湖南电网防灾减灾、雄安新区建设等的气象保障和服务提供了关键支撑。

百米级、分钟级更新短临预报产品在冬奥气象业务应用平台展示——以延庆高山滑雪赛场为例

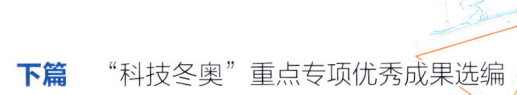

下篇　"科技冬奥"重点专项优秀成果选编

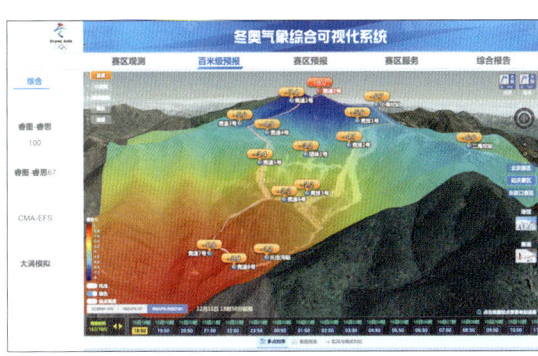
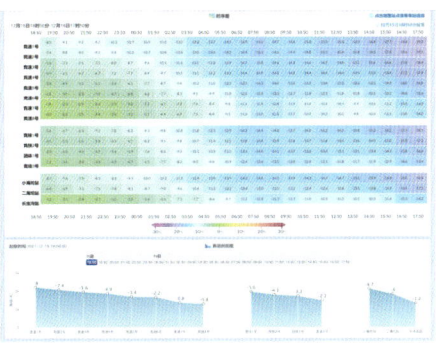

睿思预报产品三维可视化及冬奥站点序列预报示例

联系人：江川，北京城市气象研究院，18515984120，cjiang@ium.cn

3. 复杂山地次百米尺度实时大涡数值预报技术

聚焦复杂地形下冬奥会小尺度高影响天气特点，基于冬奥会赛区超高分辨率地形和土地利用数据，针对国际先进的中尺度气象模型在复杂山地开展小尺度实时大涡模拟所面临的技术难题，开展气象模型多个关键物理方案和核心配置的技术改进和优化，着重反映对冬奥会山地赛场最为重要的百米以下网格尺度风和温度预报的关键影响因素（主要考虑复杂地形强迫、辐射效应、地面摩擦作用和边界层湍流混合效应的影响），大幅提升复杂地形下大涡模拟计算精准度、计算效率和稳定性，创新性地实现了复杂地形下冬季天气 0～10 天大涡模拟预报的稳定运行，在国际上首次构建了复杂山地 67 m 网格的 0～10 天大涡数值预报系统，预报产品覆盖了冬奥会 3 个赛区古杨树场馆群、云顶场馆群、国家高山滑雪中心、国家雪车雪橇中心、首钢园区、国家体育场等 6 个冬奥核心场馆（群）。在中国气象局"智慧冬奥 2022 天气预报示范计划"对气象部门内外 22 家 57 项高精度冬奥气象产品评比中，基于该项技术诊断得到的冬奥关键点位风速预报在 60～240 小时的误差显著小于其他所有产品。

冬奥会前期，利用复杂山地实时大涡模拟技术，开展冬奥会赛区精细化风场模拟工作，给出不同天气类型下北京延庆高山滑雪竞技、竞速赛道及张家口云顶公园、冬季两项和跳台滑雪核心赛场的精细化风场效果评估，并分别给出不同赛场的大风风险区范围和风险发生概率，为赛场规划建设、赛程部署和赛场防风措施等提供了科学参考依据。在 2022 年冬奥会和冬残奥会期间，技术成果获得全方位应用，为冬奥会"一场一策""一项一策"气象保障服务、为冬奥会正式比赛期间 28 次官方训练、比赛日程调整和"窗口期"选择等、为冬奥会和冬残奥会开闭幕式 4 场活动气象保障提供了关键支撑。后冬奥时代，次百米尺度实时大涡模拟预报技术已经初步应用于国内主要区域的龙卷风预报试验,为致灾强风预报预警业务提供科学参考。

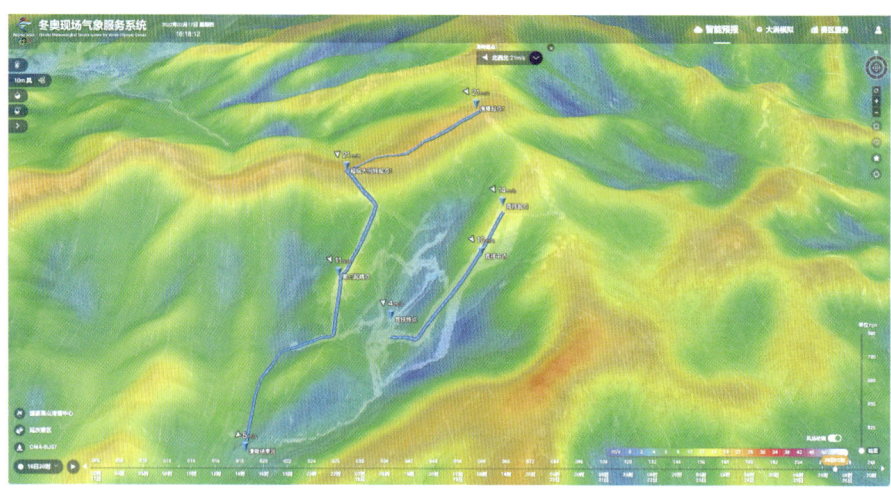

67 m 网格大涡数值天气预报

基于冬奥大涡数值天气预报模型,拓展研发构建的 43 m 网格龙卷可分辨数值预报系统,成功实现对 2019 年 7 月 3 日辽宁开原 EF4 级强龙卷的高精度模拟(图为龙卷预报数据的三维可视化,显示了产生龙卷的雷暴云体及龙卷风三维结构)

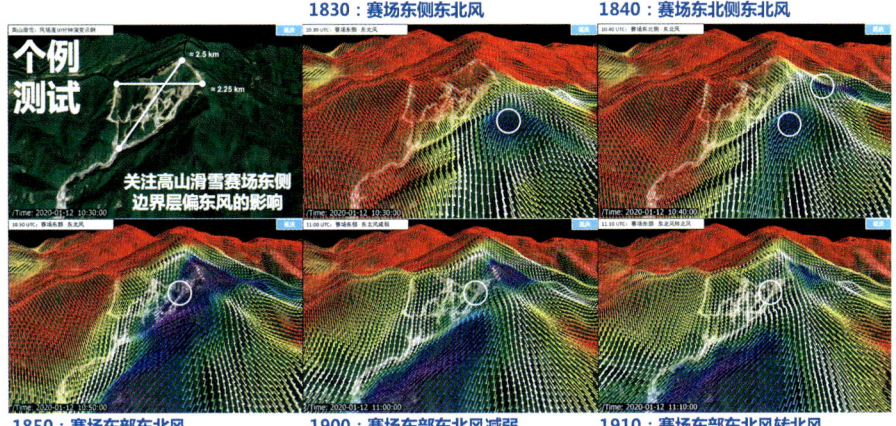

基于实时大涡系统冬奥会百米级高精度风场短临预报——以延庆高山滑雪赛场风场演变为例

联系人：江川，北京城市气象研究院，18515984120，cjiang@ium.cn

4. 基于人工智能的冬奥会赛区关键点位 0～240 小时定点预报技术

基于机器学习和深度学习方法，在高时空分辨率网格预报技术和数据基础上，通过冬奥复杂山地定点气象预报关键影响特征遴选和人工智能建模训练，对海量的多源高精度预报数据和稠密高频气象观测数据进行"再解读"，构建冬奥会关键气象要素在复杂山地不同点位的预报误差模型，研发了基于人工智能的冬奥赛区关键点位 0～240 小时定点预报技术，形成了 0～240 小时冬奥会关键点位无缝隙预报产品，实现了高时空分辨率网格预报数据产品的误差聚焦到冬奥关键点位时再降低 20% 以上。0～240 小时关键点位无缝隙预报产品在冬奥会和冬残奥会期间预报结果表现优异，温度预报偏差在 ±2 ℃内，风速预报平均偏差小于 30%，赛区降雪预报准确率大于 90%。

在 2022 年冬奥会和冬残奥会预报服务中，该科技成果预报性能表现优异，现场预报团队通过该项预报产品，研判关键点位天气并制作分钟级的风速、风向时序图和沿赛道的流场图，并向国际奥组委、仲裁、教练和领队提供决策服务，为赛事关键点位气象服务保障、比赛日程调整等提供了重要支撑。

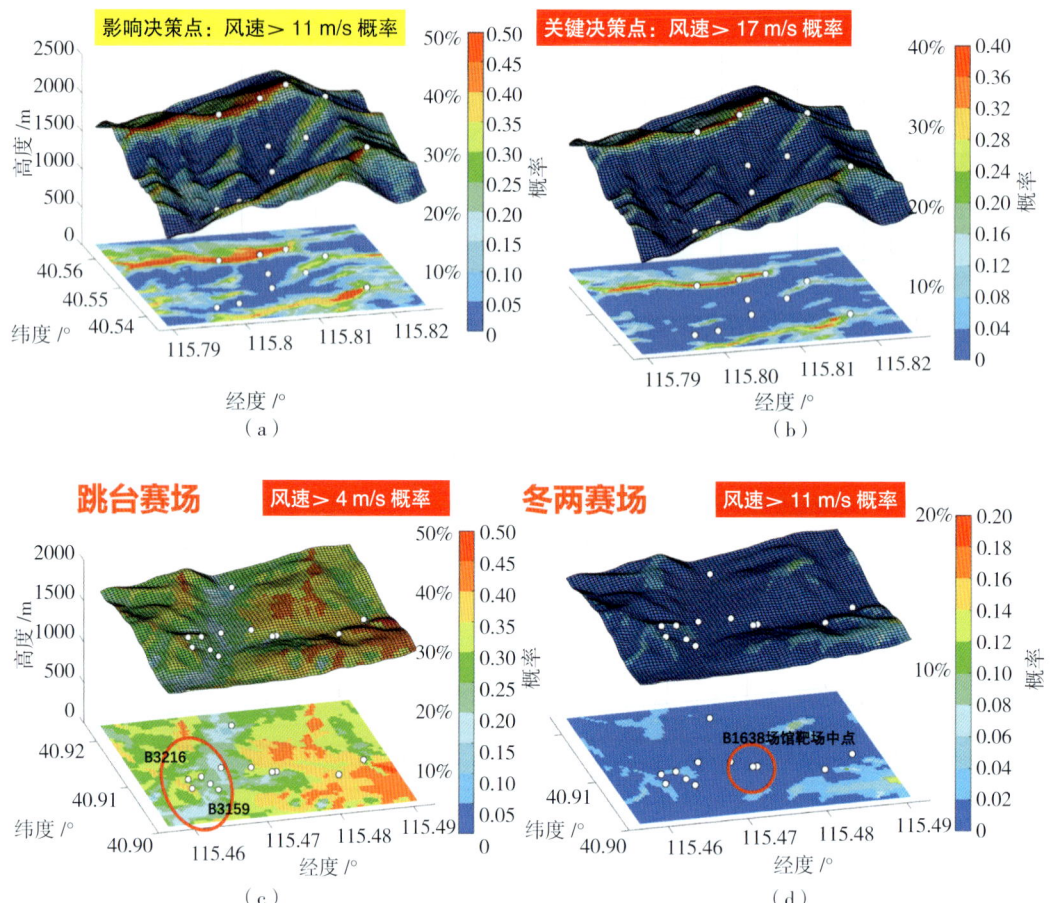

（a）延庆赛区不同海拔高度对应的风速＞11 m/s 的概率分布；（b）延庆赛区不同海拔高度对应的风速＞17 m/s 的概率分布；（c）张家口赛区跳台滑雪赛场不同海拔高度对应的风速＞4 m/s 的概率分布；（d）张家口赛区冬季两项赛场不同海拔高度对应的风速＞11 m/s 的概率分布。

延庆赛区和张家口赛区不同滑雪赛场多级风速阈值风险区划和风险发生概率

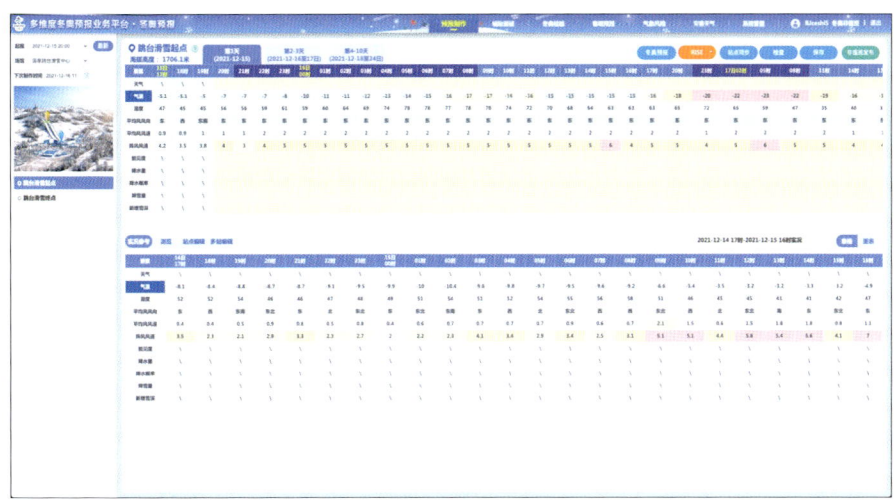

冬奥会各站点要素预报时序表

联系人：江川，北京城市气象研究院，18515984120，cjiang@ium.cn

5. 结合人因分析的全季利用技术

冬奥会设施赛后可持续利用为世界性难题，在以往的奥运场馆设施设计过程中，赛后公众的使用体验往往只能根据主观经验判断，缺少真实的用户反馈，面临赛后实际情况与想象效果存在较大落差的风险。该成果创造性地在设计阶段引入客观的人因测度，采用实证数据分析国家跳台滑雪中心、首钢滑雪大跳台的标识性效果，为关键设计决策提供循证支持。该技术一方面利用沉浸式环境模拟未来的建成空间，在设计阶段借助人因测度采集用户对设计的真实反馈，为崇礼古杨树组团步行连续性和首钢天际线控制提供真实的人群视觉体验数据，辅助设计决策；另一方面建立了首个大规模的城市空间眼动数据集（总计14万帧全景视频图像，包含人群注视点标注334万个），采用深度学习方法对人的空间感知过程进行预测建模，为首钢环湖漫游路径组织提供人群视觉感知预估。该技术在全球奥运项目中的首次应用，相比于平昌冬奥会北欧组团场馆间仅机动车可达，北京冬奥会崇礼古杨树组团的3个场馆之间实现了100%的步行可达与步行连续性，同时该技术帮助更加精准地判断首钢滑雪大跳台构成的新天际线对未来使用人群的吸引力，为冬奥场馆的全季利用提供了保障。经中国建筑学会专家鉴定该技术达到国际领先水平。

该成果应用于国家跳台滑雪中心、首钢滑雪大跳台的设计建设：通过人因量谱分析，保障了崇礼古杨树组团规划设计方案总体满足2.5小时法则，大幅提升赛后利用可能性；通过采集被试的人因数据，确定了具有较高视觉吸引力的首钢滑雪大跳台与冷却塔的天际线组合；通过预测实际人群眼动行为的注视点分布，确定了首钢环湖漫游序列。建成以来，张家口冬奥场馆及其周边场地共举办各类赛事活动303项，并成功申办2024—2025赛季两项国际级赛事；举办会议会展活动68场、文旅活动99场；客流量达176.18万人次。首钢滑雪大跳台举办上百场活动，仅参观游客达百万人次，并在2023年12月举办2023—2024赛季国际雪联单板及自由式滑雪大跳台世界杯，大跳台及周边区域成为京西重要的游览目的地，为大众提供了日常休闲活动场所，可持续利用得到有力验证。

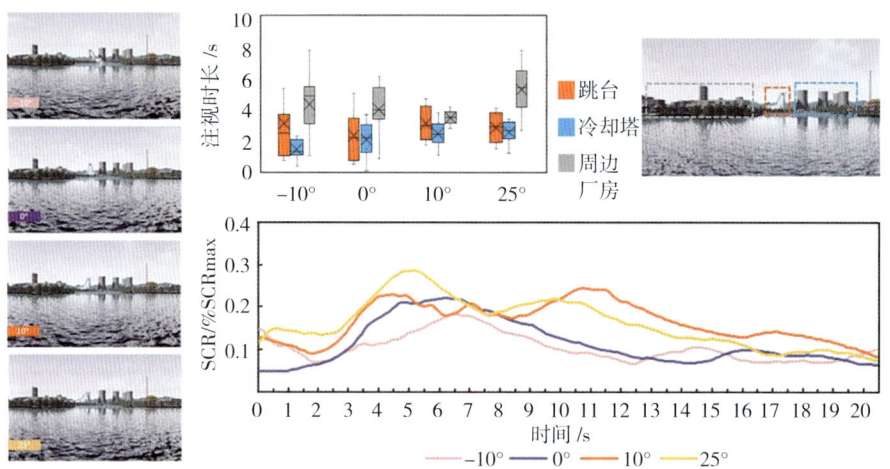

不同方位角场景中被试的注视时长分布及平均皮电反应变化

（a）

(b)

首钢滑雪大跳台及周边区域大型活动及日常使用场景

联系人：梅笑寒，清华大学建筑学院，010-62569548，13501360817@139.com

6. 人工剖面赛道数字化设计与精细建造技术

国际上符合冬奥会标准的人工剖面赛道设计方法被少数国外企业垄断，不同材质人工剖面赛道基准面结构线形、局部平整性智能检测、监测与数据共享技术尚属空白。针对大跨度、高精度设计建造需求，研发出新型特殊性能钢材及配套连接技术，实现钢材耐腐蚀性能提升62.5%，防火涂层厚度减薄20%；研发了跳台赛道结构曲线高精度成型及控制技术，首钢滑雪大跳台赛道主体钢结构及合拢口精度最大误差3 mm，3.3万条焊缝一次焊接合格率达99.53%；建立了结构喷射混凝土无速凝剂体系，采用最密堆积理论和引气剂与消泡剂的协同作用，达到最大密度和高抗冻融性能；采用激光切割一次成型技术和三维检查扫描形成高效快速检测工艺，提高制作效率200%，保证夹具三维数值偏差不大于3 mm。针对高精度赛事运维需求，形成基于5G传输、北斗系统的赛道雪面毫米级实时检测技术，可对赛道雪面进行连续测量，平整性波动误差不大于2 mm；监测结果与运维云平台衔接，采用国内首创双引擎技术，实现项目的精细化管理。基于此技术成果，竞速型人工剖面赛道达到毫米级建造精度，竞技型人工剖面赛道达到厘米级建造精度、毫米级检测精度。经中国建筑学会专家鉴定该技术部分成果达到国际领先水平。

该成果应用于国家跳台滑雪中心、国家雪车雪橇中心、首钢滑雪大跳台的建设与运维，支撑上述场馆获国际认证。使得我国首次掌握了符合冬奥会标准的人工剖面赛道的设计与建造技术，形成一套具有国际竞争力的滑雪大跳台场馆设计、建造、运维技术体系，实现了滑雪大跳台永久竞赛设施从零到一的突破，也实现了和工业遗产零距离衔接的奥运场馆从零到一的突破，积极回应了科学办赛理念与奥林匹克可持续诉求，支撑我国运动员北京冬奥会雪上项目奖牌的取得。同时，该技术也应用于涞源国家跳台滑雪训练科研基地。

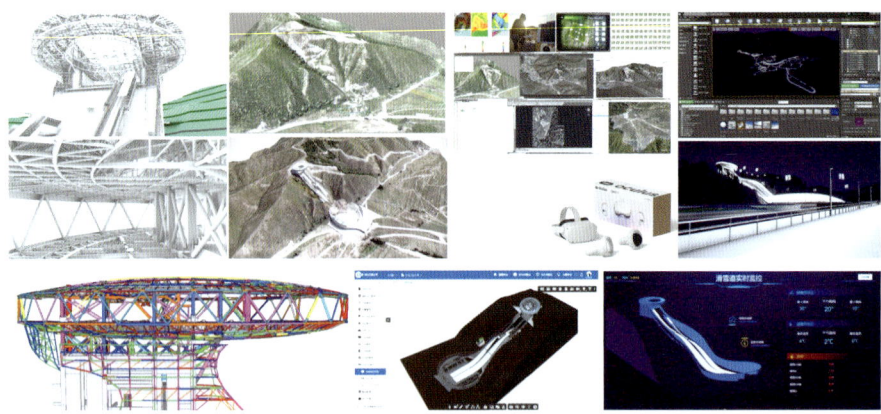

国家跳台滑雪中心数字化辅助设计

平整性测试仪足尺实验及首钢滑雪大跳台现场测试

联系人：张铭琦，清华大学建筑设计研究院有限公司，010-62569548，13501360817@139.com

7. 赛道转换与共享技术

以往 BIGAIR 比赛赛道采用脚手架临时搭建，安全度低，时间长；国内外均无赛道坡度快速变更及赛事转换的人工剖面赛道，无赛道坡度快速变更设计和建造技术相关研究。针对北京冬奥会后体育竞赛与训练方面的全季利用需求，创新研发了一种由正四面体模块及其连接节点构成的赛道转换体系，具有在室外环境下稳定性好、延展性佳、对不同比赛曲线的适应性强、易于组装、投资成本与维护成本低廉等优势。正四面体连接节点，通过节点 4 个面上的连接螺栓与正四面体模块 4 个角切角后形成的 4

个面相连接，使其便于空间上的延展；同时，四面体节点采用四块钢板拼接，4 个面形心布置内螺纹的螺栓孔，孔径根据节点受力与相应的螺栓配套，整体重量大大减轻约 20%，减少对下部结构的影响。使首钢滑雪大跳台实现了大跳台世界杯及以上级别赛事赛道结构的快速转换，转换用时不超过 48 小时，为国际首次。经中国建筑学会专家鉴定该技术达到国际领先水平。

成果在首钢滑雪大跳台完成转换示范，首次实现了单板滑雪大跳台与自由式滑雪空中技巧两项比赛的赛道剖面共享，节省第二条赛道建设成本超千万元，提高了会后跳台的使用效率，为这一世界上首座永久保留的滑雪大跳台增加了体育竞赛与训练功能的灵活性。

首钢滑雪大跳台赛道转换示范

联系人：杨霄，清华大学建筑设计研究院有限公司，010-82526562，1652180060@qq.com

8. 竞赛观赛环境人体热舒适改善技术

室外寒冷环境长时间停留，严重影响观众的舒适观赛体验，如缺乏足够的热保障措施，甚至存在冻伤、失温等健康风险；针对极端低温环境下的人体热舒适保障技术少有关注，缺乏理论基础和系统性研究。针对极端低温环境下的观赛需求，采用医工结合研究方法，在低温环境舱开展了 −20～0 ℃ 环境人体热舒适实验，针对人体在寒冷环境中持续暴露造成的生理指标和主观感受变化规律进行了定量分析；开发了"低温环境人体热评价预测软件"，预测人体的热感觉与热舒适程度；开发了人机交互式全身多点位加热系统，结合高仿真度暖体假人系统开展实验，明确了低温环境下人体需要的补热量；基于人因工程理论和新型功能材料，开发了 4 种适用于低温环境的人体热舒适改善技术。在该技术帮助下，冬季室外观赛环境下人体热舒适度可提升 50%，能耗效率可提升 50%。该技术经北京制冷学会专家鉴定达到国内领先水平，在国际上填补了领域空白。

在北京冬奥会期间，该技术为国家跳台滑雪中心、首钢滑雪大跳台、国家体育场的部分冬奥组委工作人员、志愿者、观众提供了保暖装备。在河北省第三届冰雪运动会期间，该技术为开幕式进行了热舒适保障。该技术开发的低温环境人体热评价预测软件和改善技术，可为未来冬季赛事的组织和观赛安排提供参考。

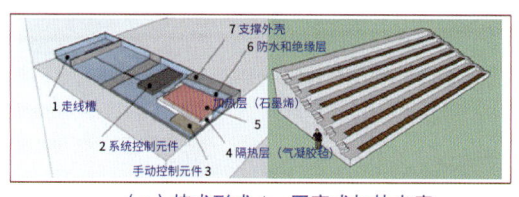

（a）技术形式 1：固定式加热坐席

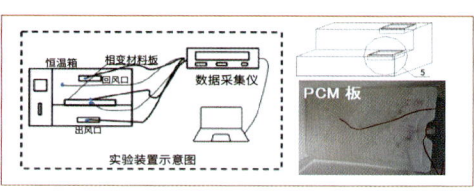

（b）技术形式 2：基于相变蓄热的局部供暖装置

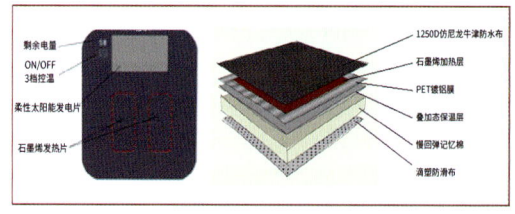

（c）技术形式 3：便携式加热坐垫

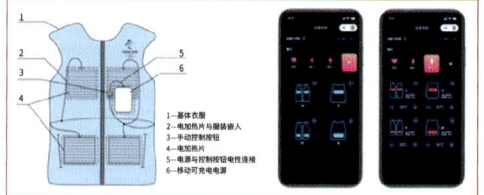

（d）技术形式 4：可穿戴式智能动态加热马甲

适用于低温环境的人体热舒适改善技术形式

联系人：曹彬，清华大学，010-62773561，caobin@tsinghua.edu.cn

9. 超大型体育赛事设计建造与生态保护修复一体化技术体系

北京 2022 年冬奥会延庆赛区位于小海坨山南麓，近邻国家森林公园、生态环境敏感。高山滑雪项目被誉为"冬奥会皇冠上的明珠"，国家高山滑雪中心"雪飞燕"是我国第一个冬奥会级别的高山滑雪中心，拥有世界独特的高山峡谷赛道，赛道最大落差 925 m、总长 9.43 km，雪道最大坡度 68%，比赛滑速超 150 km/h。场馆建于高寒高陡山地，防洪防火抗震要求高，并需适应极端气候和复杂高山环境；延庆赛区生物多样性高，国内外社会关注度极高，是冬奥历史上最大规模开展生态保护与修复的赛区，海拔落差超 1400 m。

针对冬奥会高山滑雪雪道类型多、坡度跨度大、总海拔落差超千米、赛区地质脆弱、生态敏感的建设难题，研究突破了国外高山滑雪场馆设计垄断和复杂地形、严苛气候挑战，首创了"顺形势、弱介入、可逆式"的设计建造技术，实现赛道与自然场地拟合度超70%，场馆可兼顾森林防火、动物通行与泄洪、避风抗风与节材，建成后经受住了14级强风和–40 ℃严寒考验；破解了大型山地场馆建设破坏自然环境的世界性难题，创立了超千米海拔落差生态环境保护与修复技术，保护了40万 m^3 植物种子、表土剥离回用率超80%，高山草甸回铺存活率超70%，实现在地植物健康生长、候鸟归林。

"山林场馆，生态冬奥"是延庆赛区的总体规划设计理念，赛区的生态修复贯穿了建设全程，因场馆和基础设施建设可能产生的负面影响被降至最低，在场地、场馆和交通基础设施与复杂地形、自然环境和生态系统的适应和协调方面达到了新的高度。延庆赛区建成后被誉为最具生态特色的冬奥会赛区，成为地质脆弱、生态敏感、场馆集约等建设条件下的"体育与生态共生"的绿色生态冬奥典范工程。

成果支撑建成了我国第一个冬奥会级别高山滑雪场馆，并经国际滑雪联合会认证为世界领先，获得了国际社会极大关注和高度评价。成果支撑延庆赛区打造了积极奥运遗产，助力《北京2022年冬奥会和冬残奥会可持续性计划》的落实，成果写入《北京2022年冬奥会和冬残奥会遗产案例报告（2022）》，助力建设行业和大众冰雪运动发展。

"顺形势、弱介入、可逆式"技术应用效果

超千米海拔落差生态环境保护与修复技术

联系人：曹颖，中国建筑设计研究院有限公司，010-88984398，caoy@cadg.cn

10. 雪车雪橇场馆赛道气候保护、设计建造技术体系

雪车雪橇项目被誉为"冰雪运动的F1方程式"，因运动速度快、场地落差大、赛道特殊复杂、冰面精度要求高，位于北京2022年冬奥会延庆赛区的国家雪车雪橇中心"雪游龙"被认为是设计难度最大、施工工艺最复杂的冬奥场馆之一。"雪游龙"是世界第17条、我国第1条雪车雪橇赛道，其传统建设技术话语权长期被国外少数机构垄断，国内无场馆设计规范、工程标准、材料工艺工法。雪车雪橇场馆赛道选址与所在山体条件密切关联，赛区范围内无法选到适合建设的北坡场地，经多方论证，延庆赛道成为世界唯一的南坡赛道和高烈度抗震赛道，国际上缺乏相关经验和标准。

研究破解了世界唯一南坡赛道的难题，首创了赛道"地形气候保护系统"，创建了短支承段12.65 m单边超大悬挑的新型钢木组合遮阳棚结构体系，引入遗传算法开展系统多要素优化研究和设计，保护98%以上赛道免受太阳辐射及其他气候因素影响。

破解了最高抗震[8度（0.30 g）]和最高精度的赛道建设难题，首创了三维异形曲面超长薄壳赛道设计和一体化成型技术。以自主编制参数化算法为依据，利用900余个二维控制剖面线，提取数十万个控制点快速生成赛道三维曲面，控制二维图纸转化空间精度达到0.1 mm。通过制冷管夹具控制定位，利用制冷管管道韧性控制成型，结合赛道曲面壳体结构钢筋网固定、找型管控制混凝土厚度等技术，实现钢筋网、制冷管网和找型管一体化控制成型。打破了国外垄断，提升了国际赛道设计标准。

该成果打破了国外技术垄断、填补了我国相关领域空白,支撑建成的"雪游龙"经国际雪车和雪橇联合会认证评价为世界上最好的滑行中心,获得了国际奥委会、国际体育组织和各国运动员的高度评价。作为世界首条南坡赛道的建设和成功运行,自此拓宽了世界车橇赛道选址限制,引领了国际雪车雪橇场馆发展的新方向。

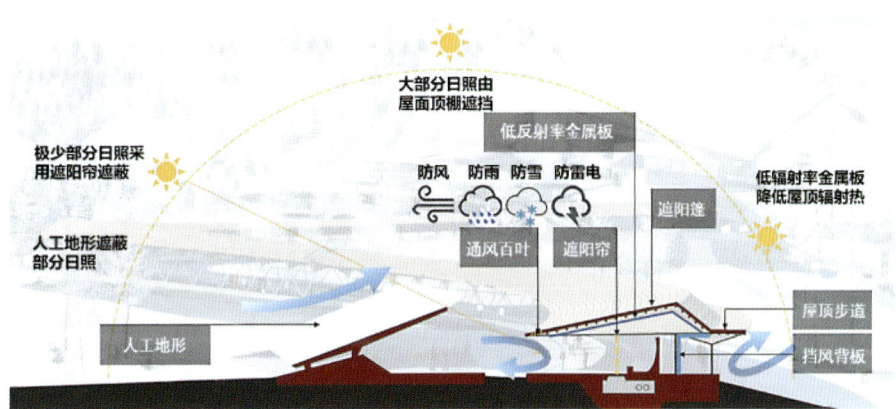

赛道"地形气候保护系统"

赛道"地形气候保护系统"实景

三维异形曲面超长薄壳赛道设计和一体化成型技术

联系人：曹颖，中国建筑设计研究院有限公司，010-88984398，caoy@cadg.cn

11. 大型场馆超尺度融合和全过程协同数字化技术体系

延庆赛区包括国家高山滑雪中心"雪飞燕"、国家雪车雪橇中心"雪游龙"、延庆冬奥村等大型场馆群，其建设规模用地 800 公顷，在三公里范围内海拔落差达到 1400 m，是世界上最集约进行场馆和基础设施建设的冬奥赛区，但赛区面临着地形复杂、气候严苛、生态脆弱、场馆顶尖、赛后利用五大挑战，其工程建设规模、尺度、难度、高度落差等远超常规冬奥场馆。超大尺度的自然山体地形场地与赛道场馆等数字化设计建造信息的精准衔接和融合无先例可循。高山峡谷雪道、异形曲面赛道与超大、超长山地场馆的设计、建造、运维全过程信息传递要求极高，传统技术无法支撑。

服务于北京 2022 年冬奥会和冬残奥会延庆赛区规划—设计—建造—运维全过程，创建了基于自然环境信息模型的大型场馆超尺度融合数字化设计建造技术，综合运用室外场地与场馆 BIM 融合、大型山地场馆 GIS/BIM 协同、泛场景三维重建等技术，构建高精度、全三维的地表及地下场地数字化模型，通过场地与场馆双主线设计精确控制，保障了复杂山地条件下超大型场馆工程建设的精确度、安全性和与生态共生目标的实现。

创建了基于多场景转换的设计、建造、运维"BIM+"信息协同技术，运用多系统数字化设计、高精度施工监测分析与优化及包含复杂山地场馆能源调节、交通管理等功能的赛时赛后综合智慧运维管理平台，实现了超大型山地场馆建设全过程信息承继式传递。

延庆赛区拥有冬奥历史上极难设计的赛道、极为复杂的场馆，是世界范围内极具挑战性的赛区，在我国无任何经验可循，各类标准规范缺失。成果保障了"冬奥历史上最具挑战性赛区"的成功建设，支撑在极短工期内超预期建设完成延庆赛区场馆群，在超大尺度山地场馆中实现了可持续理念的工程化，实现了超大尺度"生态冬奥"场馆建设目标和赛区设计 / 建造、赛时 / 赛后全场景运行。

基于自然环境信息模型的大型场馆超尺度融合

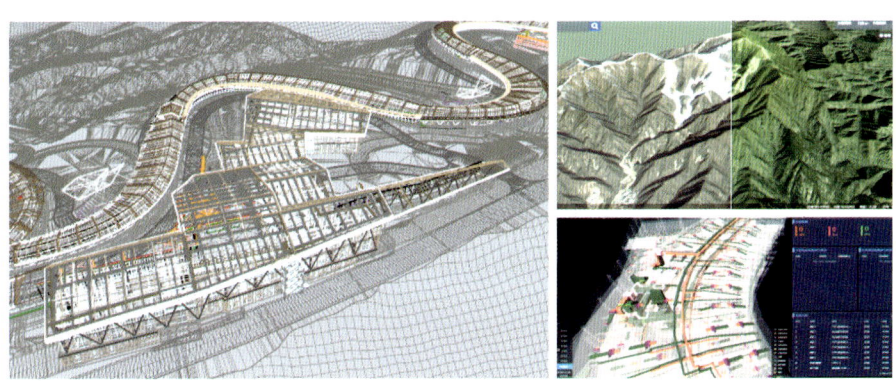

基于多场景转换的"BIM+"信息协同

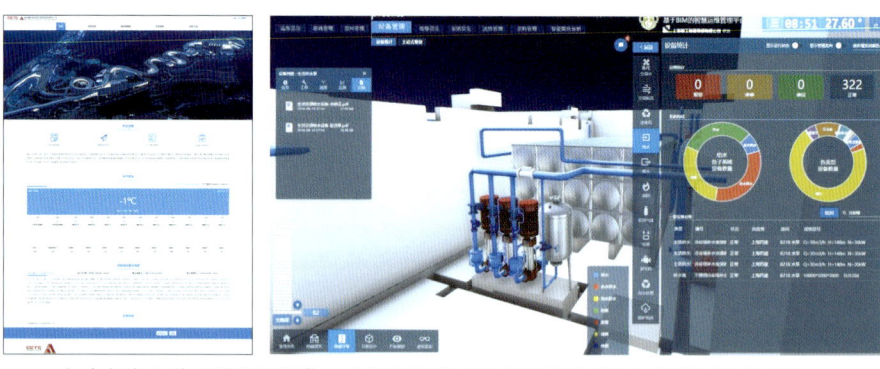

包含复杂山地场馆能源调节、交通管理等功能的赛时赛后综合智慧运维管理平台

联系人：曹颖，中国建筑设计研究院有限公司，010-88984398，caoy@cadg.cn

12. 北京冬奥会态势感知与运行指挥保障系统

针对北京冬奥会跨层级、跨领域、多主体、多场景等管理特征和风险特征，首创了数据－任务联合驱动的态势感知与运行指挥方法，提出了"态势感知＋事件管理"的双闭环运行指挥方法，支撑实现了 MCC 扁平化指挥调度和北京冬奥会运行管理模式创新；突破了大型体育赛事时间域、空间域和行业域的态势感知与运行指挥保障等关键技术，创建了包含 8 个大类、39 个小类的冬奥会运行保障领域数据资源目录和态势感知技术；设计构建了基于大数据、云计算技术的北京冬奥组委主运行中心（MOC/MCC）"冬奥大脑"，创建了北京冬奥会态势感知与运行指挥保障系统，首次实现了国际奥组委和北京冬奥组委 17 个系统跨域数据融合研判，创建了四大场景、8 个专题、39 个应用子场景的运行状态和风险视图，可实现 46 种突发事件风险链预警，首次在大型体育赛事实现跨领域数据和事件信息汇聚、融合、智能分析和全景运行指挥。

该成果全程应用于北京冬奥组委，在运行指挥部调度中心 179 天 7×24 小时运行，"首次在冬奥会实现跨领域的数据和事件信息汇聚、融合、智能分析和可视化运行指挥"（北京冬奥组委评价），是"冬奥会历史上首次实现跨领域时空数据的汇聚融合和智能分析系统"（《人民日报》评价），为北京冬奥会安全办赛、提升国家全球影响力和体育事业发展做出贡献。后冬奥时代，该成果应用到北京、西安、烟台等 16 个城市安全监测预警和成都世界大学生运动会、杭州亚运会安全应急保障，产生巨大社会效益。

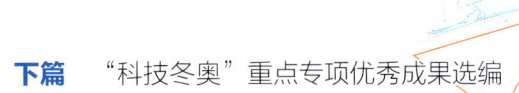

下篇 "科技冬奥"重点专项优秀成果选编

冬奥会态势感知与运行指挥保障系统——闭幕式

冬奥会期间系统应用

联系人：陈涛，清华大学，13801304276，chentao.b@tsinghua.edu.cn

13. 混合现实电子沙盘和数据可视化引擎系统

针对冬奥会三地分布式指挥态势全过程信息呈现、共享与会商需求，研究支持全局态势和局部场景可视化相结合的混合现实电子沙盘技术与可视化引擎。在三维快速重建与风格优化、多路视频融合、高效人机交互、协同会商、流媒体转发等技术上取得创新成果，具体包括：构建了适宜混合现实头戴显示设备有限算力和呈现视野的冬奥会场馆及其周边实时交通、气象、安保、赛事情况等二维与三维信息、虚拟与真实信息、可视化抽象与视景具象信息多源、多维信息融合可视化，覆盖八大场景、20小类信息多源数据的场景；实现了支持冬奥场馆、场所指挥、监控的不少于40路视频的虚实融合实时系统；完成了面向可视对象的多种交互范式和视觉编码设计，有效支持分布式环境下，2类基本手势和21类复合手势的自然人机交互；研制完成的混合现实电子沙盘和可视化引擎系统，能够支持3级20个跨区域、跨级别用户态势感知与协同会商。成果达到了国内外同类系统的先进水平，可以满足大型赛事/活动中混合现实环境下电子沙盘展示、远程多人协同、混合现实会议等应用场景的重要需求。

研究成果服务于冬奥会赛事筹办与运行实际业务，通过国家游泳中心冰壶赛场多路监控视频无缝拼接和融合，构建对于赛场、观众看台、主席台、大屏等各区域的"一张图"智能监控系统，为赛事筹备、赛事运行等场景下的安全监控、后勤保障、突发事件应急处置等工作提供技术支撑。系统于冬奥组委运行指挥部调度中心等处进行应用部署，为赛事的稳定安全运行做出了突出贡献，提高了冬奥会赛事高效协同管理的能力，能够为重大活动态势感知与运行指挥提供保障。

国家游泳中心运行指挥室应用部署

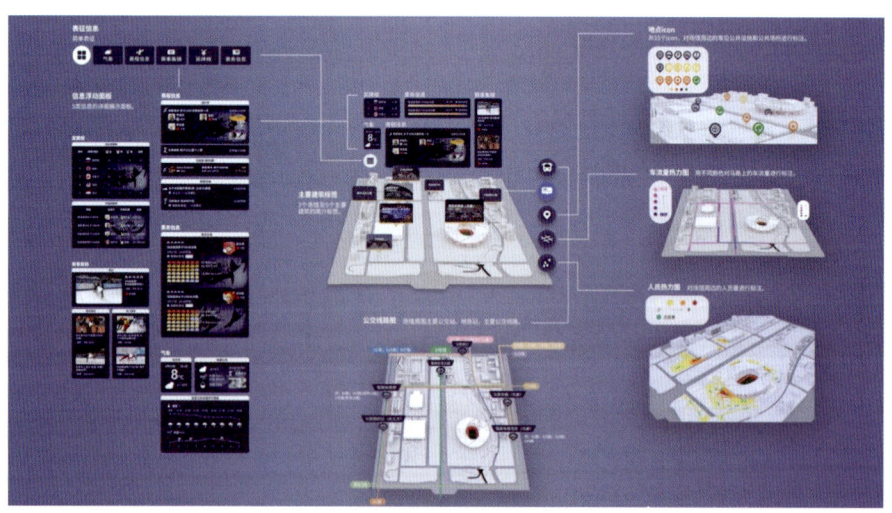

混合现实电子沙盘视觉设计概述

联系人：沈旭昆，北京航空航天大学，010-82317604，xkshen@buaa.edu.cn

14. 北京冬奥会综合交通出行"一张票"关键技术

北京 2022 年冬奥会交通保障组织复杂，面向冬奥会智慧交通出行保障的重大战略需求，本成果突破了冬奥会出行行为机制研究及保障能力评估关键技术，提出起讫点、路段、路径等多层关联计算图方法，实现交通需求的精准辨识；突破了运力资源调控与路径规划优化关键技术，提出了换乘层次化解耦的路径规划算法，实现多模式运力的快速配置；突破了运力资源动态适配与应急管控关键技术，实现 10 种典型交通异常场景辨识及应急交通韧性出行方案生成；突破了面向冬奥出行"一张票"的票务信息交换共享关键技术，攻克了跨方式电子客票互认鉴权技术，并研制三赛区网联环境下"云—网—端"智能协同的综合交通一体化出行保障系统（"一张票"），服务能力大于 20 万人次 / 天，实现了城际与城市交通的跨平台出行码获取。首次实现了大型活动中综合交通出行方案的定制化推荐与出行码统一生成，提高了多方式联程运输效率及旅客服务品质，填补了国内外重大活动交通指挥调度科技手段的空白。

2022 年冬奥会和冬残奥会期间，该成果用于跨赛区交通保障中，以 12306 App 为载体实现铁路、地铁码融合的"一张票"出行服务，支付宝"冰雪行"小程序实现大型活动出行方案与出行码的统一生成，为出行者提供智慧、高效、便捷的综合交通服务。后冬奥时代，12306 接入地铁码功能继续服务城际、市内轨道交通出行；支付宝"冰雪行"小程序持续服务于京冀人民，融合冰雪运动、场馆运营等信息，推动智能交通产业发展。

12306 App 功能界面

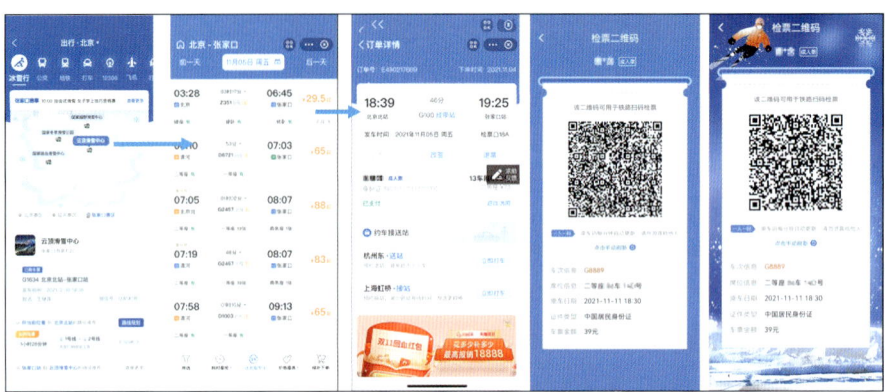

"冰雪行"城际出行规划流程

联系人：佟路，北京航空航天大学，13810548295，ltong@buaa.edu.cn

15. 超大跨度索网结构设计找形和优化方法

国家速滑馆主体钢结构为世界首个采用外侧带斜拉的马鞍形圈梁索网结构体系，其平面投影为细长椭圆形，跨度达到 198 m×124 m，边界条件复杂，南北向跨度在世界范围同类型体育馆中达到最大跨。国家速滑馆超大跨度索网结构精确找形受到环桁架、斜拉索、幕墙网壳、屋面荷载、施工过程等因素影响，同时，索网－钢结构－索幕墙－混凝土结构共同工作形成世界首创的带斜拉圈梁索网结构体系，不同结构间耦合度强，无成熟工程经验可借鉴，传统的索网找形方法不适用。针对上述问题，开发了多重弹性边界索网找形和优化方法，该方法可以将索网的找形设计误差控制在毫米级，同时使找形后的屋面索网保持 4 m×4 m 正交正放，实现高精度施工的同时最大限度地减少单元屋面规格数量，节约工程造价。研发的多重弹性边界找形和优化方法达到国际领先水平，并首次将国产封闭索应用于国家重大项目，获得中国钢结构协会科学技术奖特等奖，对推动我国索结构技术和行业发展，打破发达国家技术壁垒，低碳战略需求做出了重要贡献。

研发成果基于解决超级复杂的索网结构工程而提出的高效高精度解决方法，可以解决目前索结构设计中面临的大多数难题，同时因具有国家速滑馆作为成功应用案例，为方法的进一步推广奠定了坚实基础。截至目前，研究成果已成功推广应用于三亚体育场、大连梭鱼湾体育场等大型体育场项目的索结构设计和建造，实现了预期工程目标，应用情况良好。

下篇 "科技冬奥"重点专项优秀成果选编

国家速滑馆全景图

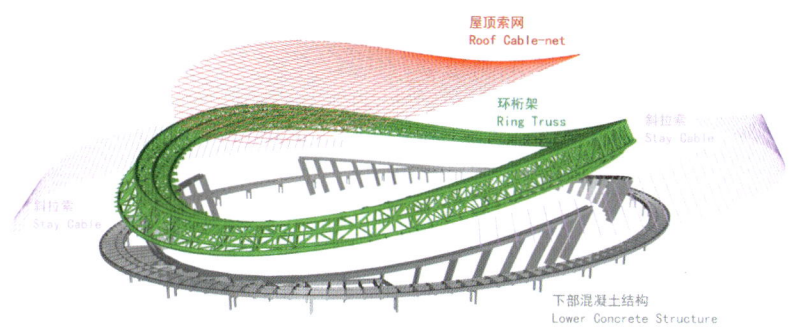

国家速滑馆结构体系分解图

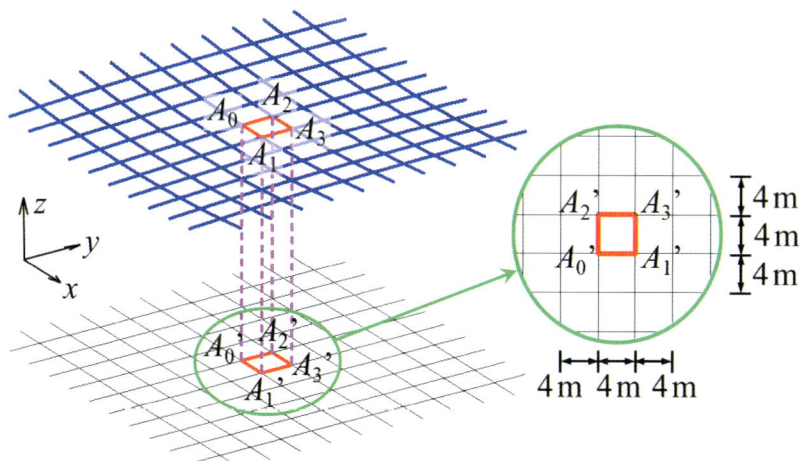

索网结构位形优化示意图

联系人：王哲，北京城建集团有限责任公司，010-65302659，87016568@qq.com

16. 超大冰面二氧化碳跨临界制冷系统关键技术

"绿色、科技、文化助力'精彩'办奥"为北京冬奥一大特色，国家速滑馆超大冰面建设面临着难题：传统氨制冰系统安全性难以保障，氟利昂制冰系统碳排大、能效低，都无法满足"绿色、科技"要求；传统载冷剂间接制冰，对制冰师调温要求的响应缓慢、冰面温度均匀性不高，影响运动员技术发挥，难实现成绩突破，难言"科技、精彩"。采用天然环保工质，研发了用于多功能超大冰面的跨临界 CO_2 制冷系统，攻克了多工况并行 CO_2 集中式制冷关键技术难题，实现了室外宽温区多工况条件下 CO_2 制冷系统直接蒸发制冰、除湿再生、生活热水等多种功能；提出了冰面形成过程及其与室内环境关系的理论分析方法，阐明了冰面传热传质变化规律；开发了适用于人工冰场超大冰面的超长不锈钢冷排管的工程设计技术。冬奥会比赛中冰面温差控制在 0.5 ℃以内，实现冰面温度一致、均匀目标。技术总体达到了国际及国内的先进性，获得了北京市科学技术进步奖一等奖、中国制冷学会科技进步奖特等奖。该技术已经成功应用于国家速滑馆，并且经历了北京冬奥会的使用，取得了很好的成果。

研究成果的应用成功使国家速滑馆打造出"最快的冰"。国际滑冰联盟主席扬·迪克玛称："这是非常快的冰面，体现了制冰的专业性。"在北京冬奥会期间，国家速滑馆共进行了 14 个小项的比赛，13 次刷新奥运会纪录，其中 1 次打破世界纪录。中国队也取得出色成绩，在速度滑冰男子 500 m 项目中夺得金牌。多功能跨临界二氧化碳直冷制冰系统，应用于国家速滑馆 12 000 m^2 全冰面，碳排放趋近于零，相较传统冰场可实现能效提升 20% 以上，年均可节省用电 200 万度以上；建成的全球首个采用二氧化碳跨临界直冷的冬奥大道速滑场馆，为今后同类低碳绿色运动场馆建设树立了榜样。

国家速滑馆多功能超大冰面

超大冰面二氧化碳制冰系统

联系人：马进，华商国际工程有限公司，13651313767，mmjj9225@vip.sina.com

17. 国家速滑馆智能建造关键技术研究

国家速滑馆，又称"冰丝带"，是北京2022年冬奥会唯一新建冰上竞赛场馆。面对世界最大跨度单层正交双向索网体系、大体量异形围护结构等建造难题，通过仿真模拟、试验分析、样板测试等技术手段展开研究，实现了技术原创和国产化替代，形成了系列国际领先技术。首创了基于平行施工的建造模式，实现了多专业装配化施工，节省工期3个月。自主研制建筑用大直径高钒密闭索，并首次应用于国家重大建筑工程，打破了国外同类产品垄断，使密闭索价格降至1/3，供货期缩短1/2，促进了相关产业发展。研究形成了超大跨度单层正交索网主被动、大吨位同步张拉技术，实现了索网高效施工和毫米级安装。首创了单元式屋面系统深化设计、加工制作与安装成套技术，研究并形成了一套索网结构围护体系的变形协调方案，首次实现了单元板块式金属屋面的装配化施工。研制了高性能弧形幕墙玻璃，解决了索结构体系下大体量异形玻璃幕墙的施工难题。将大型体育场馆的施工精度由厘米级提高到毫米级。

该成果全面应用于国家速滑馆，成果支撑了场馆建设，此外还推广应用于国家会议中心、国家跳台滑雪中心等冬奥项目。获工程建设科学技术进步奖特等奖、华夏建设科学技术奖一等奖、鲁班奖等。建设阶段实现碳减排8.38万t。2022年1月4日，习近平总书记在国家速滑馆视察时称赞："国家速滑馆不仅硬件世界一流，制冰技术也世界领先。"

平行施工

索网张拉完成

单元式屋面装配化施工　　　　　　　大体量曲面幕墙

联系人：苏振华，北京城建集团有限责任公司，15510615582，1004719688@qq.com

18. 轻量化跨平台 Web AR/VR 助力智慧冬奥

针对传统奥运会赛事中沉浸式 AR/VR 的成本高、便携性差、国外用户体验差，难以提供跨平台、跨 App 的普适化 AR/VR 服务，提出了轻量化 Web AR/VR 助力智慧冬奥成果采用 5G 网络"端 + 边缘 + 云"的分布式 Web AR 协同计算、面向 Web 的大型 3D 模型动态加载渲染和分布式神经网络计算等技术，解决了基于专用设备和移动终端 App 等形式的 AR/VR 应用跨平台性和传播性差，难以大规模普适化推广的问题，实现了在弱计算力的跨平台 Web 上提供不低于 30FPS 的实时追踪和 3D 模型渲染能力，达到了用户无须下载特定 App 就可以体验 AR/VR 应用，降低了用户体验 AR/VR 的技术门槛。该成果将 Web AR/VR 技术与国家速滑馆智慧场馆建设相结合，让国内外用户无须下载特定 App 就可以体验 AR/VR 应用，降低用户体验 AR/VR 的技术门槛，从而促进冬奥会等大型国际运动会的沉浸式服务推广和宣传。这是国际上首次将 Web AR 技术应用到奥运会大型赛事中。该成果获得了 2022 年中国电子学会技术发明一等奖。

该成果应用于智慧速滑馆冬奥冰雪节目的 AR/VR 互动线上宣传推广，以及基于场馆现场的 AR 冬奥运动项目知识趣味互动等应用。同时，用户还可以将该小程序和 Web AR/VR 网页分享到朋友圈和其他社交平台进行跨平台的互动传播，从而拉近了观众与冬奥的距离，丰富人们的冬奥体验。Web AR/VR 相关成果随后应用到了"一带一路"电商服务平台、智慧文旅、基于数字人的在线直播、5G 智能客服应用中。开创了分布式 Web AR 的研究方向，提升了我国在增强现实 / 虚拟现实领域的自主创新能力和企业核心竞争力，引领行业发展。

下篇 "科技冬奥"重点专项优秀成果选编

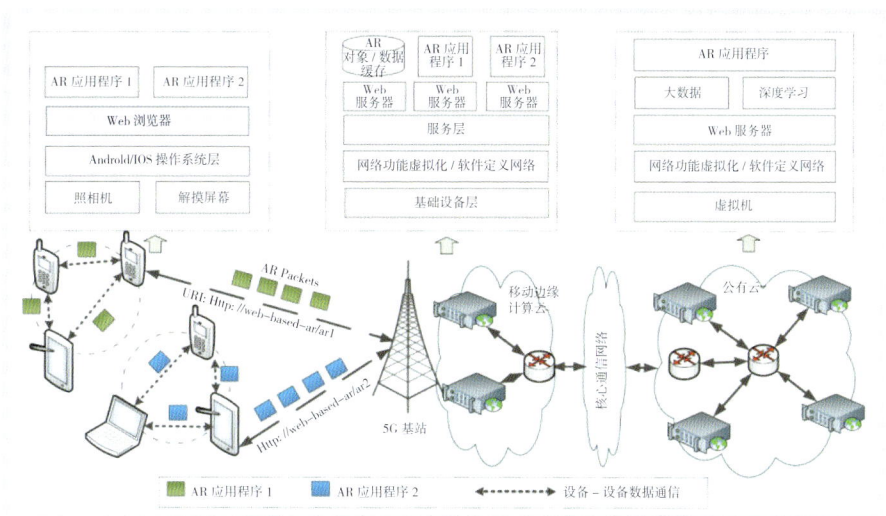

5G 时代"端+边缘+云"的分布式 Web AR 协同计算架构

轻量化跨平台 Web AR/VR 在国家速滑馆的应用示范

联系人：乔秀全，北京邮电大学，13693364782，qiaoxq@bupt.edu.cn

19. 高效高品质造雪多相态协同优化技术

针对多地域气候条件下实现高效、高品质造雪的技术难题，以及人工造雪流程中"气液混合物—雾化水滴—雪晶—雪花"等多相态变化的复杂热质交换环节，建立了"混合雾化—成核—成雪"的多环节跨相态造雪模型，开发了基于可视化、瞬态测量和多物理场仿真的跨相态耦合求解技术，探明了"混合行为—雾化行为—成核行为—成雪品质"的内在联系,以及雪晶成核条件、雪晶形貌、生长曲线、生长环境的内在耦合规律,获得了地域气候、运行状态、核心关键器件结构等因素对造雪过程的调控机制,实现造雪机在多地域气候环境全工况实现优化运行,形成了可定量化表征造雪品质的具体指标,确定成核、成雪调控因子和调控规律,为造雪机装备实现12%成雪率提升、21%成雪时间缩短提供了有力的基础技术支撑。

研究内容授权多项发明专利,在国内外期刊发表多篇论文;接受西安交通大学新闻采访,宣传科技冬奥;接受《科学通报》悦读科学栏目约稿,科普人工造雪知识;积极实施转化,服务于2022年中国冬残奥会单板滑雪备战和中华人民共和国第十四届冬季运动会。

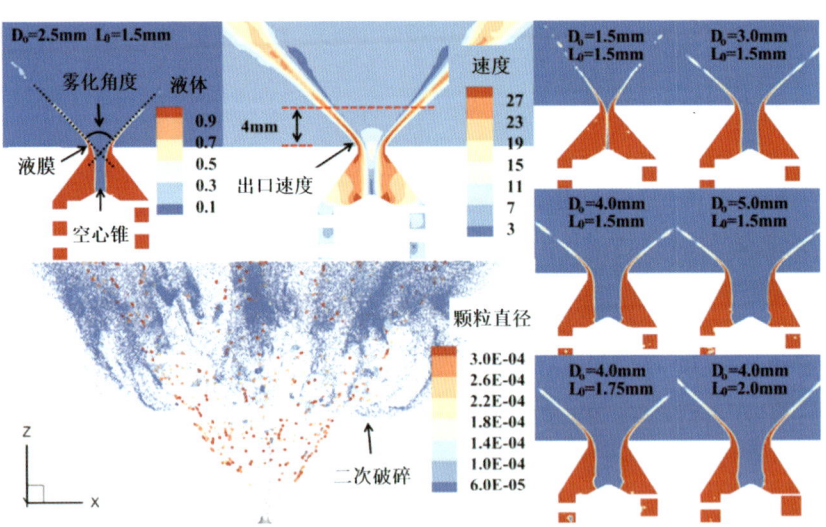

不同喷嘴结构下流动雾化特性仿真结果(喷嘴口径 D_0、旋流腔宽度 L_0)

不同环境温度下核子器成核效果

联系人:晏刚,西安交通大学,13152045579,gyan@mail.xjtu.edu.cn

20. 喷嘴、核子器结构微纳涂层特色工艺

基于对室外造雪机装备的产业升级，瞄着喷嘴、核子器核心器件的关键技术难题，建立了通用雾化装置通用测试平台、测试方法及评价标准，明确喷嘴及核子器雾化规律，并建立了2D雾化粒径预测模型及核心部件的优化设计方法。建立核子器、喷嘴雾化规律模型，研发了适用不同气候区的多型号喷嘴、核子器雾化器件。开发 Al_2O_3、TiO_2、$NiFe_2O_4$ 等纳米掺杂基础的属陶瓷涂层，创新了雾化器件界面批量处理工艺，延长了核心部件的寿命，实现了批量化和产业化应用。

所研发的喷嘴、核子器等核心器件应用于国产室外造雪整机上，实现了500台套需要的标准化、批量化生产。

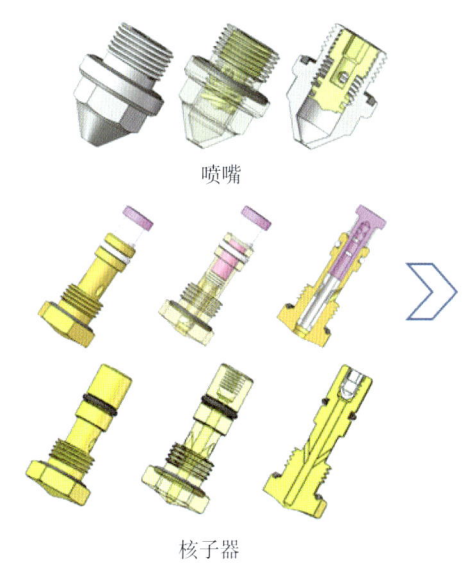

用于多气候区的喷嘴核子器创制

联系人：吴海峰，北京建筑大学，18810906815，wuhaifeng@bucea.edu.cn

21. 造雪机整机性能优化提升及临界环境成雪技术

开发适宜多地域气候的人工造雪装备，使更多地域、更长时间可开展室外雪上运动，对支撑"带动三亿人参与冰雪运动"具有重要意义。在北京建筑大学大兴校区、张家口京张奥工业园区搭建的整机性能测试平台，先后完成了不同规格型号喷嘴和核子器、不同地域、不同天气、不同运行参数工况下整机成雪实验，探究了整机成雪规律，系统测试了成雪雪晶形貌。首先，重构了造雪机整机装配工艺流程并实现了装配工艺标

准化，奠定了批量化生产能力基础，也为整机性能水平提供基础保障。其次，量化了水压、气压、喷嘴与核子器布局对雾化过程的作用规律，改进了整机水路、风路及气路，创新了喷嘴与核子器布局，突破了大雪量成雪关键技术，造雪量突破 110 m³/h。基于水雾化、结晶、成雪的物理过程及原理，量化了人工造雪条件，结合核心部件创制，突破了高温临界环境成雪技术，实现了零上温度造雪，且雪质满足专业赛事需求。

研究成果提高了造雪设备的国产化率，研制的造雪机已在内蒙古美林谷等雪场得到示范应用，助力中国残奥单板滑雪队在冬残奥会夺金。造雪雪质经过专业滑雪运动员、教练员评测，认为雪质完全满足举办专业赛事要求。随着成果的实施，带动了造雪机核心部件制造、技术加工、整机装配、雪场运维等上下游产业链的发展，自主研发的造雪机已经服务于多个大型滑雪场，为数百万滑雪爱好者提供了优质的滑雪体验。

（a）北京建筑大学大兴校区测试

（b）张家口京张奥工业园区测试

整机成雪规律测试

下篇 "科技冬奥"重点专项优秀成果选编

造雪机性能优化与测试

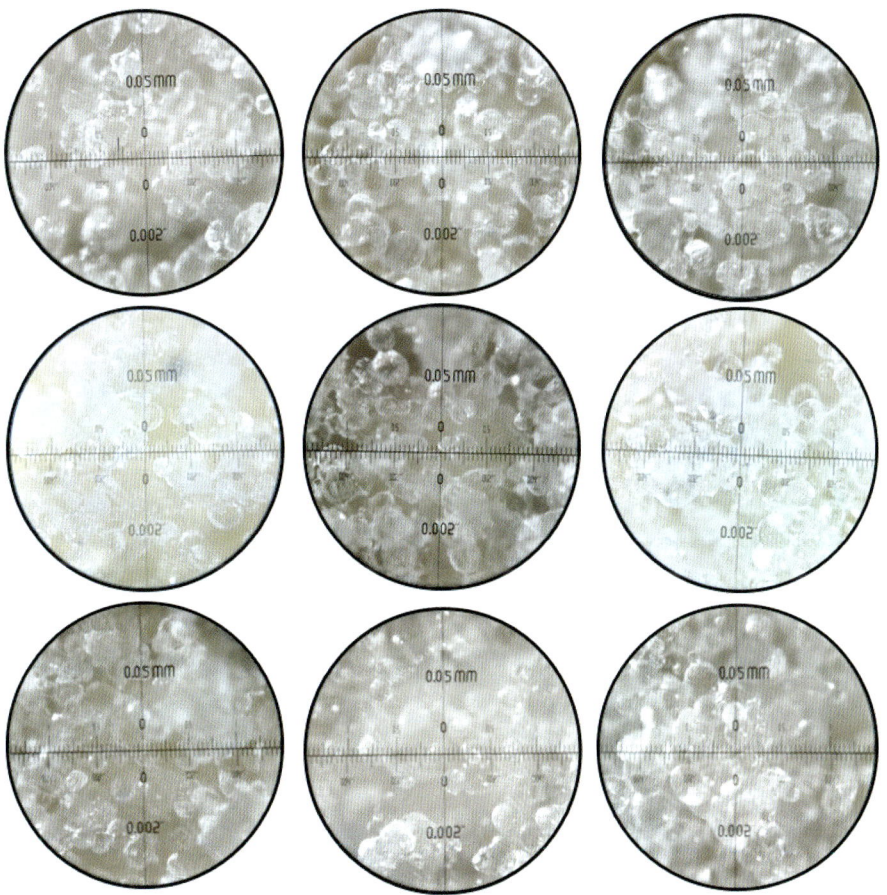

部分人造雪微观形态

联系人：徐荣吉，北京建筑大学，17600668696，xurongji@bucea.edu.cn

22. 室外大中型压雪车

针对大中型压雪车高可靠性、轻量化、作业精准及高效化的需求，经过对室外大中型压雪车推进系统、作业系统、集成设计与优化及测试评价技术的两年技术攻关，突破了压雪车履带、橡胶悬挂及打雪装置的可靠性设计，多变环境下压雪车推雪、打雪、平雪作业精准控制，压雪车高效静液传动设计，压雪车整机轻量化等关键技术，研制了低温环境下高可靠性压雪车橡胶悬挂、履带、雪犁关键部件及室外大中型压雪车整机，关键部件的可用度达到100%，整机可用度大于98.5%，推雪作业误差小于20 mm，最大行驶速度20 km/h，最大爬坡能力100%；各项性能指标达到或部分超过了国外的同类产品，形成了年产50台的生产能力。

该压雪车于2021年10月亮相国家"十三五"科技创新成就展；2024年1月，正式进入中华人民共和国第十四届冬季运动会指定比赛场馆——赤峰美林谷滑雪场，提供专属服务，经其作业过的雪道均匀无缝，高质量的"面条雪"完全符合赛级雪道标准。室外大中型压雪车国内首台（套）的成功研发，对推动"科技冬奥"理念，弘扬民族品牌具有支撑和保障作用。冬奥会之后，SG 400压雪车已应用于张家口、新疆、内蒙古、黑龙江等地的国内大型滑雪场，并出口俄罗斯，极大地促进了我国冰雪产业装备的快速发展。

SG400压雪车在中华人民共和国第十四届冬季运动会服务雪场

下篇 "科技冬奥"重点专项优秀成果选编

压雪车在雪场应用

联系人：冯嘉花，河北宣工机械发展有限责任公司，18703231063，lyyfjh2005@163.com

23. 服务冬奥智能出行的京张高铁智能票务关键技术

针对跨区域赛事人群多元出行需求与高铁多模态票务服务协同难题，深入分析冬奥会办赛期间国内外旅客多元票务需求和特征，按基础理论研究、关键技术突破、平台研发和应用示范技术路线开展研究，构建面向冬奥会的京张高铁智能票务服务并完成示范应用，实现国际化售票服务优化和智能化提升，满足冬奥会期间国内外旅客票务服务多元化需求。创新形成的票务一体化协同、国际化服务保障、智能化服务增强等系列成果，获得了中国国家铁路集团、中国铁路北京局等应用单位及各国贵宾及人民铁道等媒体工作组的好评，在国内，铁路首次增设英语专席、首创使用ViTs模型的佩戴口罩的人脸识别技术；在行业内，敏感信息去标识化服务、24 h不间断服务等处于领跑地位；部分成果确保疫情、两地三赛区等特殊条件下冬奥会的顺利举办，在世界铁路行业属于首创，达到了世界先进水平。研发的"京张高铁文化数据库检索与展示系统V1.0"软件系统，首次完成了与中国铁路12306 App平台（测试版）的对接，填补了京张高铁文化信息数字化的空白。

在北京冬奥会和冬残奥会期间，创新技术的应用与实践取得了显著成效。特色车票每日打印量达1000～2000张，中英文自动售票机服务人次逾百，多语言售票系统助力国际旅客购票，12306英文版售票量每日约1000张。无接触出站技术使得刷脸出站人次日均达151人次，单人次通行时间小于3 s；戴口罩通过率从64%提升到84%；无口罩通过率从88%提升到94.5%；智能语音导航业务覆盖率达93.2%。这些技术在京张高铁等线路成功应用后，可向全国推广，能极大提升旅客出行体验。冬奥会期间，通过技术革新带来的旅客人次增长显著，经济效益与社会效益双提升。成果影响力广泛，为我国高铁技术的国际推广奠定了坚实基础。

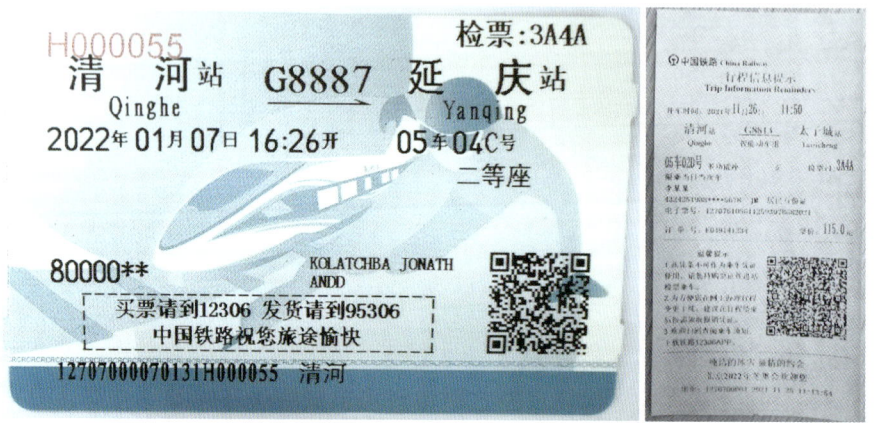

北京冬奥会特色纸质车票　　　　北京冬奥会特色纪念车票凭条

"无接触"出站检票闸机

联系人：李丽辉，中国铁道科学研究院集团有限公司电子计算技术研究所，13581874378，lyhui820212@163.com

24. 面向智能候车的站车旅客服务及站隧综合展示与控制技术

针对京张高铁站车旅客服务智能化水平进一步提升和地下站隧智能展示的需求，以为冬奥旅客提供便捷、舒适、安全的京张高铁智能出行服务为目标，按照"理论引领、技术创新、系统研发、示范应用"的路线，重点解决了智能站车旅客服务环境演化与生产要素协同机制这一关键科学问题，攻克了列车到发计划自动校验与客运作业精准管控、复杂环境下瞬态切换模型的站内外一体化导航、基于5G通信的负载均衡与高清视频编解码、基于智能视频监控的站车内人员异常行为自动感知、站台门多智体控制和自适应同步控制、深理地下站隧设施设备动态更新模型构建、多技术融合的地下站隧建维一体全生命周期应用等技术难题，研发了基于微服务中台架构的客运集中管控平台、站内外一体化智能导航系统、基于5G通信的列车多媒体奥运信息服务系统、站台门中央控制系统和京张高铁地下站隧全生命周期平台。在国内外首次实现了基于5G通信的高速列车2K/4K视频高清转播，达到国际领先水平；通过全生命周期数据交付与共享，实现了铁路站隧工程建维一体数字化管理，达到国际先进水平。

在北京冬奥会和冬残奥会期间，客运集中管控平台及客运服务设备得到广泛应用，为各国旅客提供个性化、智能化的基础服务，有效提升了车站管理和应急响应能力。站台门中央控制系统在多个站点示范应用，产生2350万元经济效益，为铁路交通技术发展提供了重要借鉴。京张高铁地下站隧全生命周期平台在八达岭长城站的应用，精准构建空间模型，创新旅客出行体验。成果的转化不仅实现了经济效益，更推动了铁路交通领域的智能化发展，为社会带来深远影响。

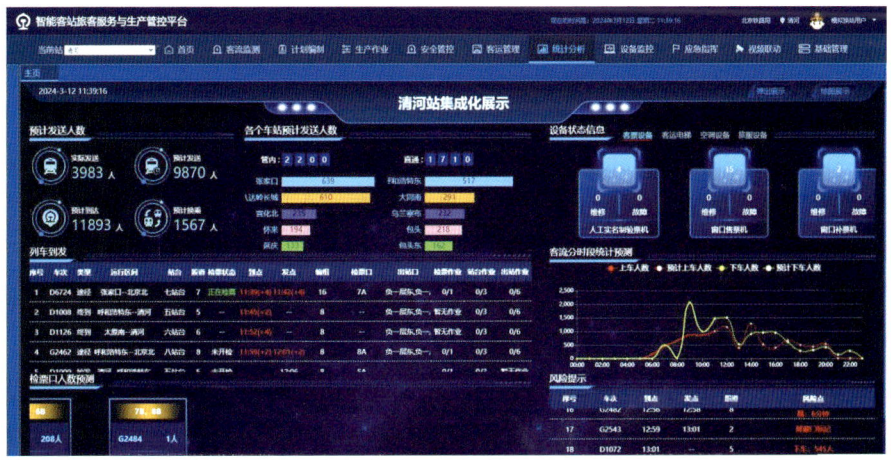

京张清河站管控平台界面展示

地下站隧虚拟仿真场景

联系人：李丽辉，中国铁道科学研究院集团有限公司电子计算技术研究所，13581874378，lyhui820212@163.com

25. 面向冬奥智能乘车服务的复兴号智能动车组改造关键技术

为解决冬奥会期间京张高铁沿线特定运行工况下的旅客服务和运行安全评估问题，开展高寒防冰雪及低阻力耦合技术、长大坡道困难工况下运行技术研究，满足困难工况下可靠启动及安全停放的要求，完成了京张奥运智能动车组，并设计了面向冬奥会的京张高铁配套视觉全方案，实现了对京张高铁文化的深度挖掘和精准表达，形成了独具特色的区段品牌。总体性能指标：满足冬奥旅服需求的功能可转换服务设施改造并示范应用 2 套，满足 $-40 \sim 40\ ℃$ 的运用要求；气动阻力较 CR400BF 降低 3.5%；列车重量较 CR400BF 动车组减少 7 吨（不含新增功能设备重量），在 30‰大坡道上能够安全起动、制动。构建了动车组奥运服务定制化设施与困难线路适应性的顶层技术架构，攻克困难复杂多变线路条件下的冰雪与阻力耦合设计优化、多输入条件运行模拟评估及健康管理等关键技术，实现奥运动车组服务、运行、测试、维保等一体化的定制优化，解决京张高铁沿线特定运行工况下的定制化服务和运行安全评估问题，达到国际领先水平。京张高铁智能动车组成功研制展现了中国高铁创新成就和奥运人文关怀，将推进中国高铁更智能、更快速、更节能方向持续发展。

涂装了"瑞雪迎春"方案的京张智能动车组在京张高铁正式亮相，助力了北京冬奥会和冬残奥会成功举办。其经济效益显著，出厂动车组和奥运配置样车创造价值约超过 6 亿元，量产动车组产值高达 26 亿元。同时，该动车组在京沪、京广等线路投入运营，实现了在相关领域的示范推广和转移转化。成果不仅提升了中国高铁技术的国际影响力，也为我国智能交通和装备制造业的发展注入了新的动力，实现了显著的经济效益和社会效益，展现了我国高铁科技创新的强大实力。

京张奥运智能动车组

联系人：李丽辉，中国铁道科学研究院集团有限公司电子计算技术研究所，13581874378，lyhui820212@163.com

26. 基于时空大数据分析的京张高铁运营安全保障关键技术

针对京张高铁运营安全风险全面感知及预警、多种场景下高铁周防、应急等需求，基于京张高铁运营安全风险预警和"风险—隐患—事故故障"等理论，按照"需求分析、理论技术研究、平台研发和应用示范"4个步骤，研究高铁周界入侵图像智能分析、外部环境遥感智能分析、轨道–接触网安全状态智能诊断、多因素安全综合预警分析、全域运营安全全要素时空可视化分析等技术，建立了面向周界和异物的异常图像标注库1套，健全"人—车—物—环—管"运营安全保障体系，研发具有数据采集、存储、分析和可视化等功能的安全大数据平台，集成了铁路内外部20个专业的数据集，开展了6项以上安全大数据的主题分析应用，10项以上的时空大数据可视化展示，开展京张高铁安全大数据应用示范。研发了应急疏散演练系统，仿真了站台、出站通道火灾及爆炸等6种典型事故，在国内铁路高铁车站多人同步协同疏散应用场景方面，首次实现了铁路工作人员多人协同模拟演练，进一步提高了车站应急能力。成果整体达到国际领先水平,对于高速铁路保障运营安全、提高管理效率、提升预警应急能力,具有重要的意义。

京张高铁运营安全大数据平台在保障北京冬奥会和冬残奥会期间铁路安全运营方面成效显著,攻克了多项关键技术,提升了安全保障能力及管理效率。同时,为旅客和工作人员提供了站内导航和站内应急模拟培训服务。成果已编入多项规划,并应用于川藏铁路、雅万高铁等工程项目,成为国内外高铁和城轨运营安全领域的典范。这些成果的推广和转化,不仅带来了显著的经济效益,更推动了综合轨道交通安全产业的快速发展,产生了深远的社会效益和广泛的影响力。

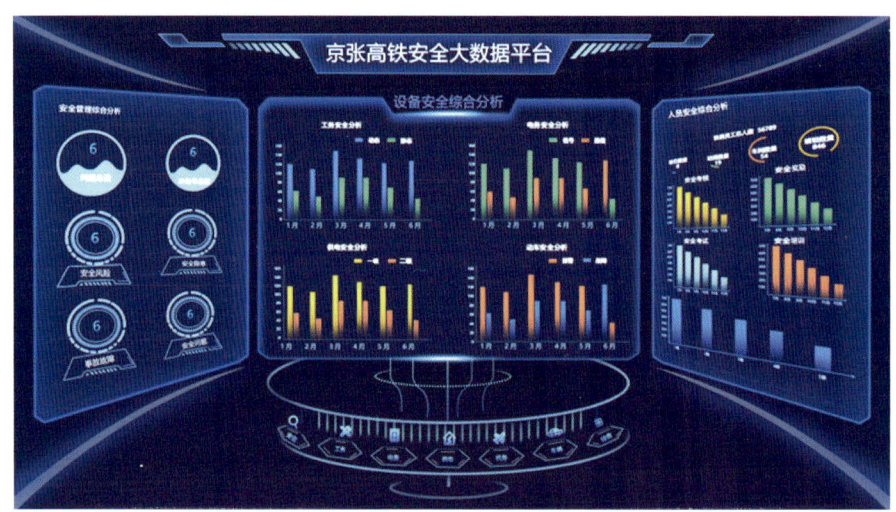

京张高铁安全大数据平台

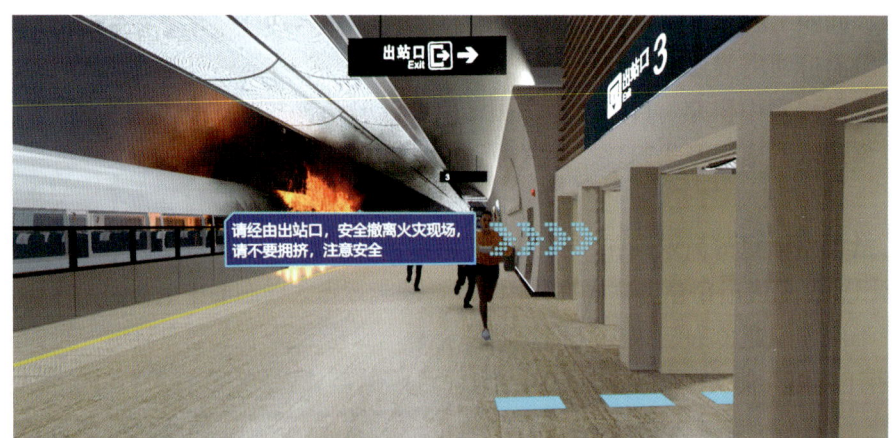

应急疏散模拟

联系人:李丽辉,中国铁道科学研究院集团有限公司电子计算技术研究所,13581874378,lyhui820212@163.com

27. 国家体育场（鸟巢）能源物联综合管理系统

国家体育场（鸟巢）能源物联综合管理系统，是针对鸟巢空间大、设备多、使用场景复杂等难点，研发并验证了一种新型的扁平化、去中心化的智能系统架构，以满足大型体育场馆灵活运营和智能监控管理的需求。此架构采用了分布式算法，旨在提高设备的运行效率，降低能耗，实现了在满足各种使用需求的同时，达到能源管理的全局优化。

新型智能系统架构的应用，使得建筑设备的故障诊断得以实现，运维效率得到了显著提高，设备运维的安全性和可控性也得到了提升。此外，新架构与建筑空间和设备系统的深度融合，实现了智能系统对建筑单元的自动匹配，即插即用和灵活拓展，解决了现有技术在实际工程应用中普遍存在的问题。

最终，通过改造范围内的能源、安全、环境管理与运维保障系统实现了能源与运维保障系统的提升，管理效率提高了，以及能源消耗的减少。这一成果解决了传统设备管理中的诸多痛点问题，实现了场馆重要设备的状态可知、故障可控、预知维护等功能，为大型体育场馆的自动化高效管理提供了通用的建设方案。

（1）从节能控制转向分区域减碳激励，开启节能减碳模式，鸟巢以打造"绿色场馆"、落实"双碳"战略为出发点，应用能源物联综合管理系统技术，通过一套群智能能源网络，全面采集区域用能强度，优化场馆的能源运行策略，自动控制能源设备的投入，保障能源负荷的动态匹配，在保障舒适度的前提下，对用能场景实现精细化管理，实现运行能耗和碳排放智能管理，助力场馆降低碳排放量。与改造前对比，国家体育场（鸟巢）的改造范围内设备电耗整体节能率约为 36.1%，热耗整体节能率约为 27.8%，能源系统效率提升 42%。

（2）有利于做好碳达峰、碳中和工作，探索未来大型体育场馆运营新模式。我国力争 2030 年前实现碳达峰，2060 年前实现碳中和。利用冬奥会这一重大事件契机，打造未来大型体育场馆智能化改造的示范项目，从规划、设计、建设和使用环节探索节能场景。在冬奥会期间，国家体育场（鸟巢）项目运行平稳，能源物联综合管理系统的应用使国家体育场（鸟巢）显著提升了管理效率。在北京 2022 年冬奥会主要场馆建设能源管控中心，实现运行能耗和碳排放智能化管理，提升运维保障系统管理效率 30%。为未来大型体育场馆的运营提供了新的模式，有力地支持了我国碳达峰和碳中和工作的推进。

"科技冬奥"重点专项优秀成果选编

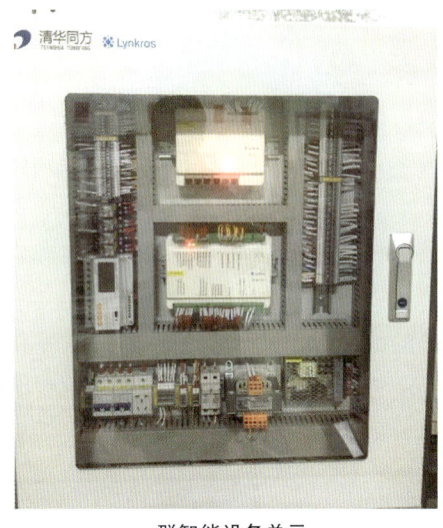

群智能设备单元

群智能空间单元

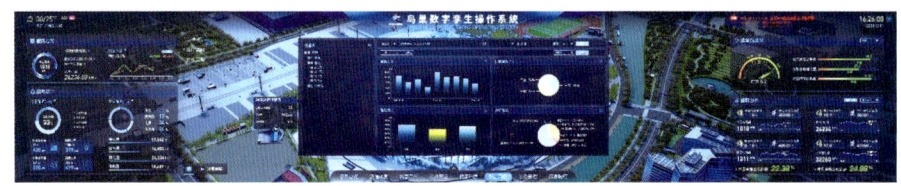

能源物联综合管理系统

联系人：吴涛，同方股份有限公司，113661041115，wutao@thtf.com.cn

28. 国家体育场（鸟巢）环境质量管理评价与控制系统

国家体育场（鸟巢）环境质量管理评价与控制系统是面向大型场馆存在空间复杂、人群密度大、环境安全风险度较高等问题，适用于大型场馆的环境质量管理评价与控制方法，构建了环境承载力模型，通过部署和应用环境物联"感—知—控"技术，建立了环境物联感知与控制系统，实现了场馆环境性能预测、环境风险评估、环境设备安全管控联动，全面提升了场馆管理效率、改善环境品质，保障公众健康。

环境监测评价技术是通过研究不同区域的环境承载力评估模型，并基于环境物联网系统搭建场馆实时监测感知系统，实现了"环境监测感知—风险识别管控"。环境管理控制技术面向重点区域，围绕"空气品质—光环境—热舒适"，通过部署和应用环境物联网系统，联动净化、消杀、新风、空调、照明等设备设施，完善了"环境感知—风险识别—综合治理"的闭环管理，实现了环境的智能化、精细化调节，以及设备设施的全周期监测及控制，最终完成国家体育场（鸟巢）包厢区、媒体区等重点区域的健康环境管理,达到环境状态识别率≥95%,实现空气质量管理优于国家一级标准,PM2.5浓度≤25 μg/m³,CO_2浓度≤0.0015。

创新性地提出了场馆环境承载力评估模型,基于空气传播传染病计算模型(Wells-Riley),开展场馆空气环境安全的相关性研究,在重点区域围绕"空气环境—光环境—热舒适"开展了环境综合控制品质提升研究。

基于该系统研发的健康环境系统,应用在国家速滑馆、延庆冬奥村、清华大学、浙江大学、首都师范大学、太平集团、吉宝置业等项目上,为用户打造了健康、舒适的居住空间,为管理者提供了高效便捷的环境控制方式。

该系统为场馆、高校、办公等不同类型大型公共建筑开展环境数字化改造与升级,提供可复制、易推广的有效路径。该技术的推广和应用将推动引导建筑低碳可持续性发展,全面提升运营管理效率,建筑智能化产业升级,并对智慧城市、智慧建筑,尤其是大型公共建筑全面改善公共环境质量、促进低碳化运营带来重要影响。

国家体育场(鸟巢)指挥中心实景效果

国家体育场（鸟巢）VIP 区域实景效果

联系人：齐美薇，北京同衡能源环境科学研究院有限公司，15201519528，qimw10@163.com，theic@theic.cn

29. 冰壶冰面参数精准控制机制与环境分区营造创新系统

升华、凝华是冰面与空气环境间发生热量质量传递的重要物理现象，也是影响冰面质量的重要因素。本研究在国际上首次揭示了冰场环境中冰面的升华、结霜过程变化规律，得到了冰面升华、凝华传质关系式，提出了冰面升华、凝华控制目标及相应的空气露点参数控制范围，将"不结霜、不升华"的经验描述转变为定量的湿度参数控制要求，突破现有国际标准局限性，变传统经验式要求为科学定量参数划分。

该成果系统阐释了冰场冰面湿传递规律，将传统经验式冰壶比赛环境控制需求转变为科学定量的露点温度控制需求。以此为基础，针对水立方这一冬奥历史上最大体量冰壶场馆，创造性提出"冰立方"热环境分区营造方案，将观众区与冰壶场地有效分隔区分，建立起适应冬奥冰壶严苛要求的场馆分区热环境营造系统，并在冬奥会和冬残奥会中成功落地实施。该创新系统方案使得场馆环境营造需求的深度除湿风量由传统全空间方式下约 22 万 m^3/h 降至分区方案下仅约 4 万 m^3/h，降幅超过 70%，在冬奥会历史上首次实现冰壶场馆热环境分区营造，为冬奥发展贡献"中国方案"和"中国智慧"。

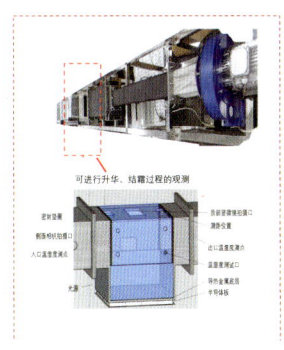 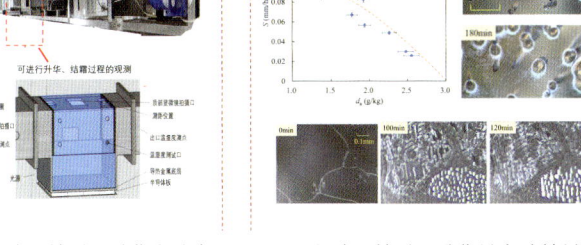 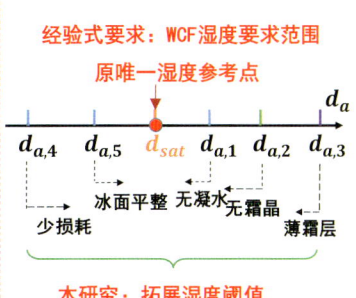

（a）冰面结霜、升华实验台　　（b）冰面结霜、升华量实验结果　　（c）基于控制目标的冰面湿度阈值

冰面空气湿度控制参数阈值研究

联系人：刘晓华，清华大学建筑学院，13681005790，lxh@tsinghua.edu.cn

30. 基于承载力和刚度的转换冰场优化设计方法

研发了转换冰场的结构方案，对转换冰场的受力性能进行了多工况试验测试和热－力耦合情况下的数值模拟计算，转换冰场具有充足的承载力和刚度，具有快速的装配化施工特色，以及良好的平整度调节能力，冬夏场景转换过程中不会破坏原有游泳场地。提出的人工冰本构模型和计算方法能够准确预测冰面承载力，可指导转换冰场在不同比赛项目中的应用。整个冰壶场地可在 20 天内快速装拆，场地支承结构承载力不低于 $10\ kN/m^2$，制冰完成后冰面可承受 7 kN 集中力的作用，比赛过程中冰面无振动、无开裂、无不良噪声，一个柱网区域变形不超过跨度的 1/2000，冰场自振频率不小于 20 Hz，可确保冰壶按预设轨迹完美运行。北京 2022 年冬奥会和冬残奥会期间，"水—冰转换"转换冰场持续服务于冰壶比赛，场地刚度和承载力满足国际冰壶比赛需求，受到了国内外运动员、冬奥会冰壶赛事官员和国内权威媒体的高度评价，为其他场馆"水—冰转换"提供了技术标杆。

所研发的冰壶比赛转换场地具有刚度大、承载力高、平整度好的特点，可以承接绝大多数体育比赛，而上部冰层也具有向其他冰上比赛项目移植的巨大潜力，体现了转换场地研究成果的重要价值。在国内和国际上都形成了巨大影响力，具有双奥场馆承接国际顶级比赛的显著社会效益，也为类似的体育场馆改造和功能扩展提供了良好范例。形成了标准的冰上项目转换场地的建设模式，可以向国内外其他类似场馆进行应用推广，具有技术通用性和示范效应。

"科技冬奥"重点专项优秀成果选编

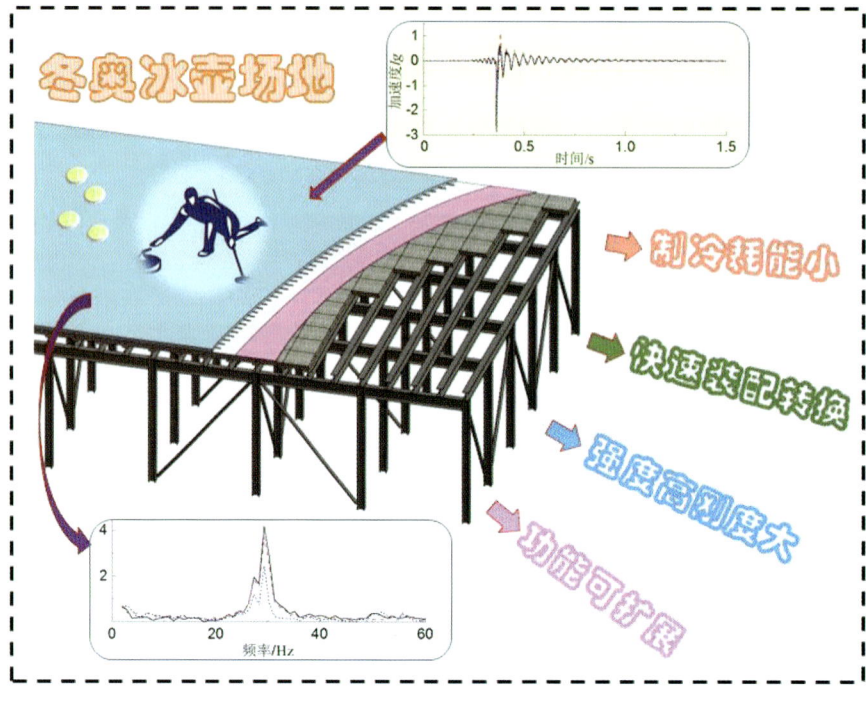

（a）

（b）

冰壶场场地转换图

联系人：张文元，哈尔滨工业大学土木工程学院，13030058540，hitzwy@163.com

31. 冰水场地转换体系原位拆装成套技术

针对双奥场馆冰水场地高质量快速转换需求，开发了基于 BIM 模型的门式起重机运动控制软件，发明了一种适用于既有场馆室内改造施工场景的支腿可调式模块化龙门起重设备及其施工方法。研究了运动捕捉系统在大范围单列排布条件下的误差分布机制，提出了基于高斯混合模型的运动捕捉系统大空间非线性误差分布的模型预测和纠偏方法，基于 GRASSHOPPER 平台开发了现场高精度实时定位监控和调平辅助系统软件，实现了与 BIM 系统的数据共享，搭建了双奥冰水场地原位拆装动态管理平台，形成了冰场装配式结构支撑体系高精度智能调平技术，解决了可拆装结构体系在大面积精准调平方面的技术难题，实现了对 1500 m^2 场地内 1352 块基层板高程的亚毫米级动态监测，确保场地全局高差小于 6 mm，局部 2 m^2 范围内高差小于 3 mm，全面回应了 WCF 对冬奥会冰壶比赛场地建设的苛刻要求，实现了场地 20 天快速转换及拆装全过程数字孪生。

通过上述各项创新技术加持，可转换冰壶场地在本次冬奥会和冬残奥会的成功实践，为打造冰壶比赛高质量冰面提供重要前提，得到办赛各方一致好评。在满足冬奥会场地要求的同时，运用智慧运营手段，实现赛后冬夏冰水"双轮驱动"，减少了冬奥会冰壶比赛场馆的总投资，保持了奥运会和冬奥会双重遗产的特色，为世界双奥会场馆建设与改扩建提供可持续性建设的示范。

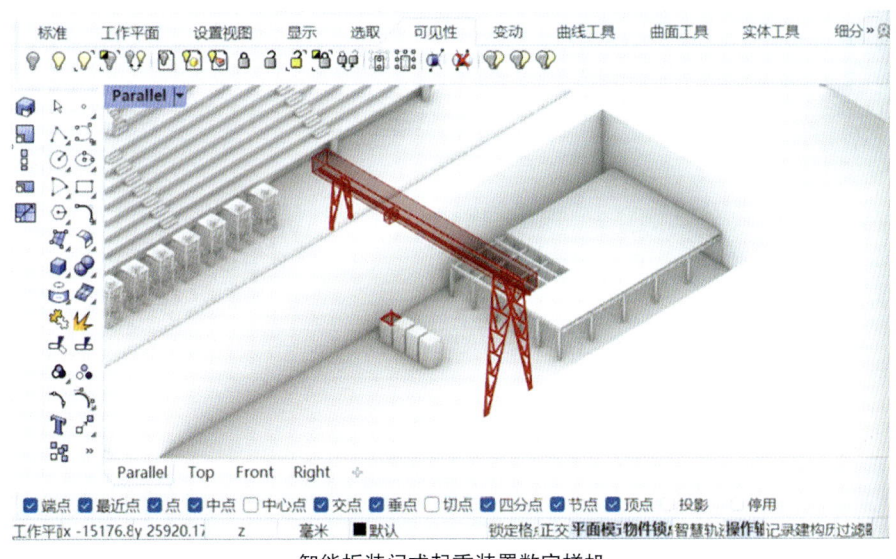

智能拆装门式起重装置数字样机

"科技冬奥"重点专项优秀成果选编

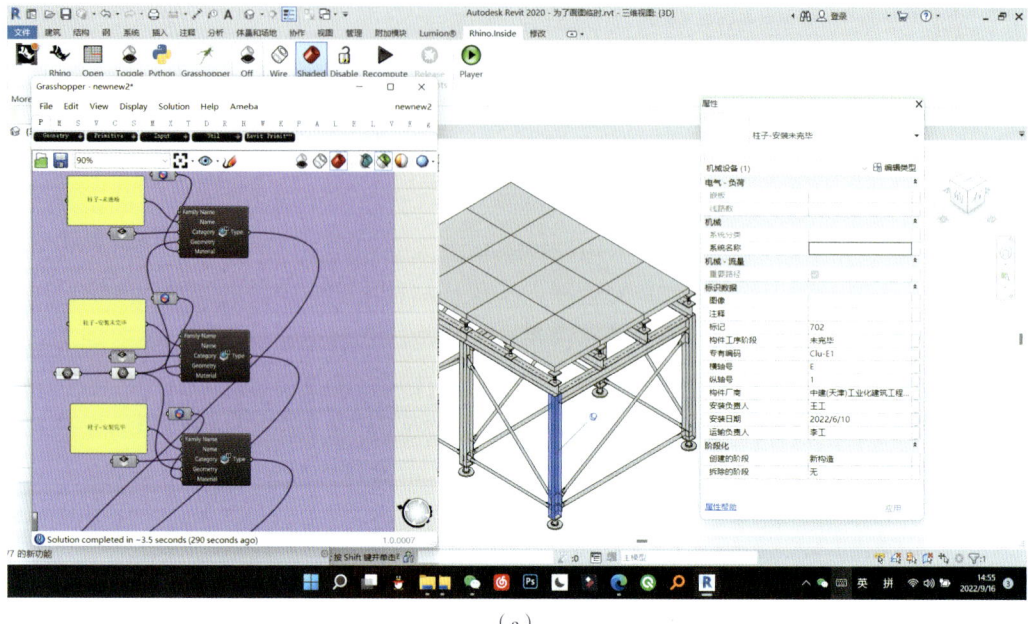

(a)

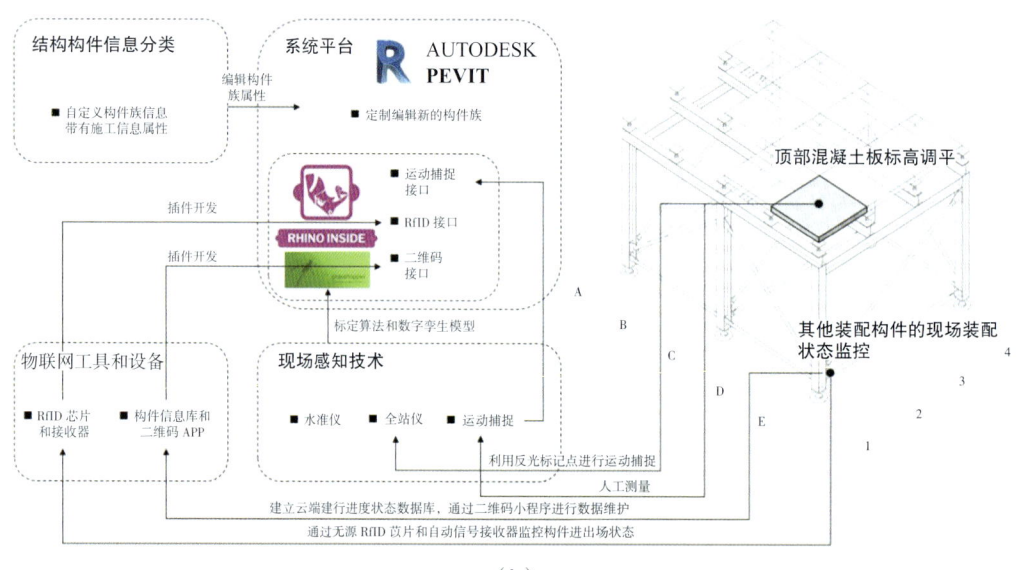

(b)

面向水冰转换快速拆装支撑结构体系的全生命周期建造信息监控系统框架

联系人：陈蕾，中国建筑一局（集团）有限公司，13801171657，549467854@qq.com

32. 大空间三维运动轨迹捕捉和再现技术及冰面质量分析技术

大空间三维运动轨迹捕捉技术研究内容包括：视频捕捉空间布局设计，单相机追踪和定位，多相机数据关联和轨迹生成。视频捕捉空间布局设计是根据水立方场馆空间极大的特点专门设计相机布局。在现场实地勘察后设计了 42 台相机分 3 层布置的布局，保证赛道上任意位置的冰壶都至少被 3 个相机捕获，以解决运动员在投壶或擦冰时对冰壶轨迹的遮挡问题。单相机追踪和定位技术，首先需要训练冰壶检测和追踪模型，在每个相机捕捉到的冰壶视频画面，准确地找到冰壶的具体位置，即使冰壶运动较快，也不会跟丢失去轨迹。其次，训练冰壶关键点检测模型，分别定位冰壶的手柄头、手柄尾和底部中心点，为生成轨迹和计算冰壶旋转做准备。最后，对视频画面应用自动畸变校正算法，消除畸变和视差影响。多相机数据关联和轨迹生成，主要包含 4 个算法模块：①单应性变换，将上面步骤中的冰壶关键点从二维像素坐标转换到真实世界坐标，将不同相机的不同图像坐标全部统一到相同的真实世界坐标；②时间同步模块，将不同相机的画面时间戳对齐到 10 ms 误差级别，然后用帧间位置插值进一步减小同步误差；③短期匹配机制，基于各个视角追踪得到的种子，使用冰壶全局坐标进行跨相机匹配，实现追踪种子的跨相机增长；④长期匹配机制，使用冰壶历史轨迹信息，进行长期记忆匹配，实现追踪种子的跨时空生长。

大空间三维运动轨迹捕捉和再现技术，对冰壶位置的平均定位误差不超过 10 cm，在现场大屏幕再现轨迹的时间不超过 1 s，完成了既定科研指标。在冬奥会和冬残奥会冰壶赛事中，该项技术用于现场大屏和线上直播，在全部赛事中顺利运行，收获了国际壶联主席的好评。对比冰壶运动中已有的其他科技辅助手段，如激光测时和手柄传感器定位，我们的技术首次实现了对冰壶和赛道改装，远程定位冰壶位置，且能同时捕捉 4 条赛道全部冰壶的位置。对比其他体育赛事的最前沿应用技术，如网球鹰眼回放，我们的技术首次实现了全程实时捕捉及轨迹再现，现场大屏的冰壶轨迹再现时间不超过 1 s，在大场馆体育赛事分析中是首次达到。

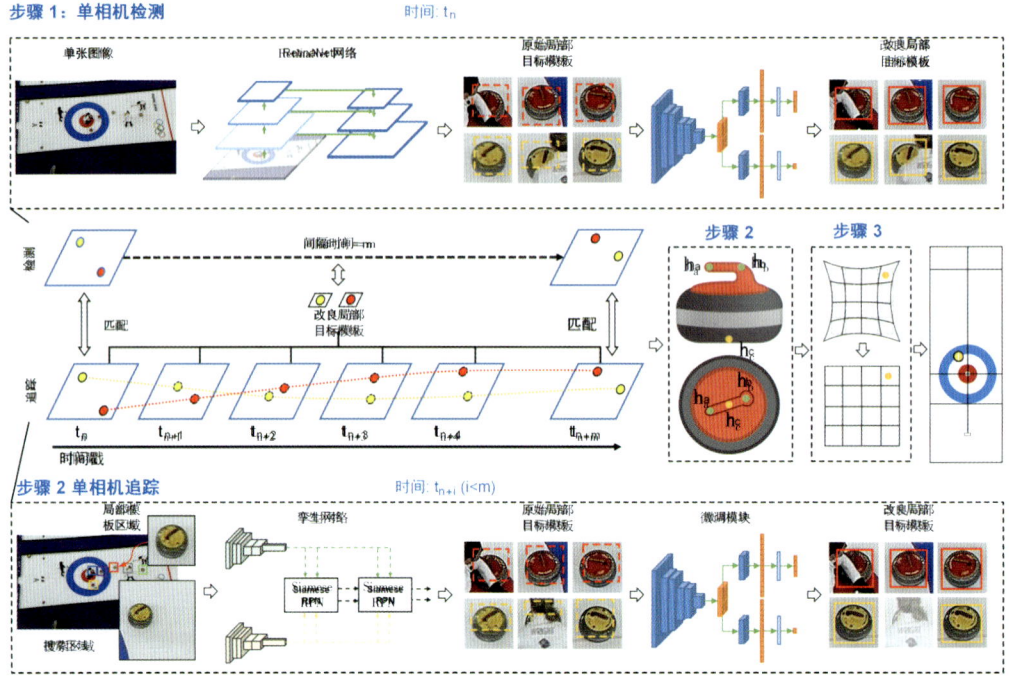

单相机追踪和定位

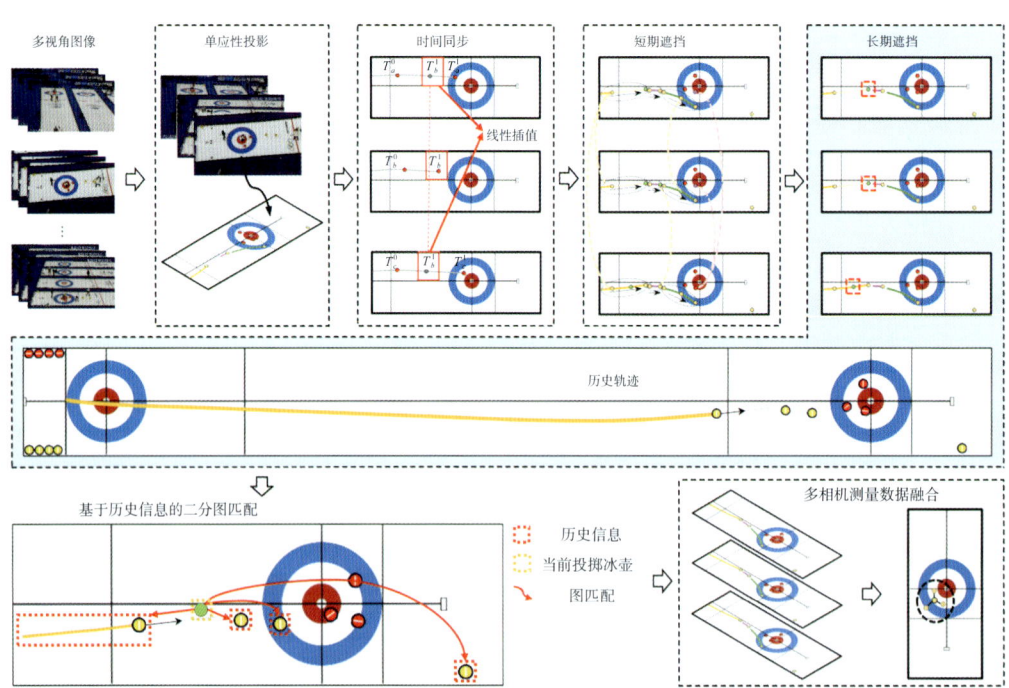

多相机数据关联和轨迹生成

联系人：栾青，北京市商汤科技开发有限公司，18515382928，luanqing@sensetime.com

33. 双奥场馆可持续运营智能化评价模型

　　双奥场馆可持续运营智能化评价模型以国家游泳中心为研究与应用核心，整合多场馆运行数据经验，搭建了场馆智能化运营数据分析平台。成果结合大数据和智能算法可实现对体育场馆进行实时运营性能的量化分析和智能运营模式预测，并依托数据可视化技术为用户提供更加人性、科学、精细的场馆智能运营模型。该模型解决了运营评价数据正向输入与逆向设计成果反馈的关键技术问题，建立了多维数据协同的场馆可持续运营量化评价体系，可为同类型场馆的升级改造及智能持续运营设计决策提供有益参考。成果充分体现"科技奥运"宗旨，在国家游泳中心冬奥赛后转型及多场馆可持续运营应用中充分拓展了场馆运营模式，助力双奥场馆赛后冰水"双轮驱动"。在应用中有效降低了场馆运营的成本消耗，节约了社会资源，为场馆可持续建设与改扩建提供了关键技术支撑和运营示范。

　　该成果揭示了体育建筑可持续运营发展规律，集中探索了体育场馆的赛时及赛后不同运营场景中关键要素的识别与决策技术，实现了场馆运营数字化评价，以较低成本提升场馆服务水平，为场馆可持续建设与改扩建提供了关键技术支撑和运营示范，预期将催生场馆多业态经营和体育产业模式拓展，对于我国大型竞技场馆赛后可持续转型和相关产业的规模化发展起到重要推动作用。

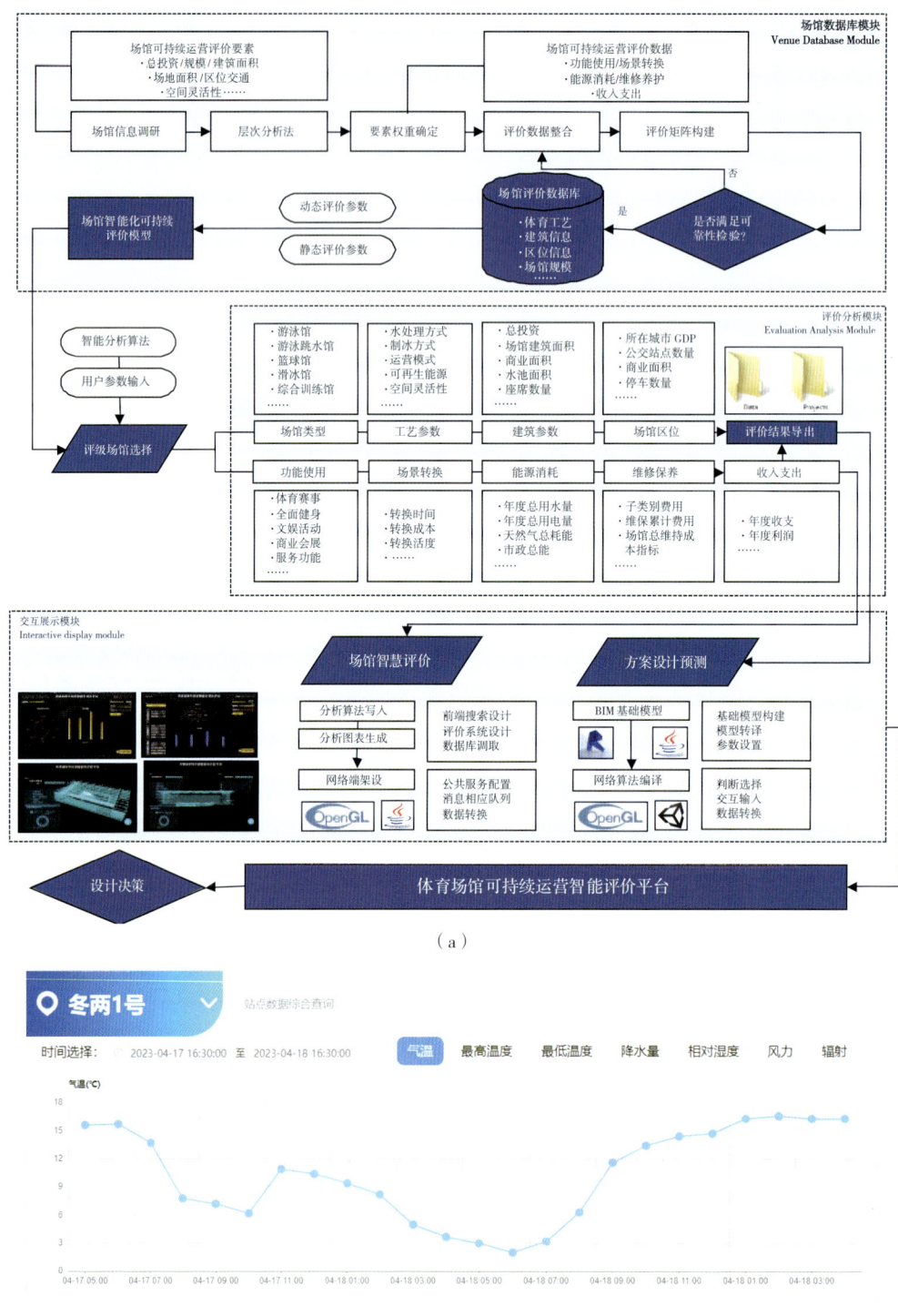

模型主要技术框架

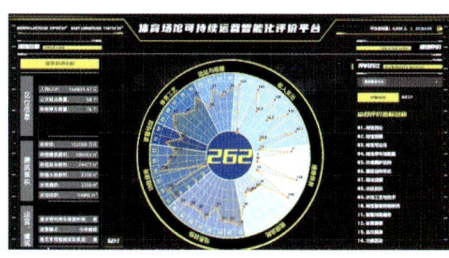
（a）场馆可持续运营性能评价

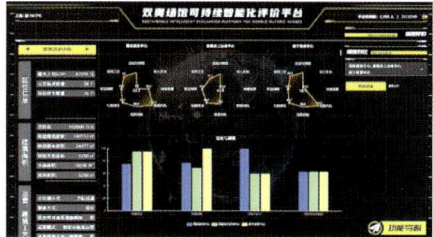
（b）多场馆可持续运营性能比较

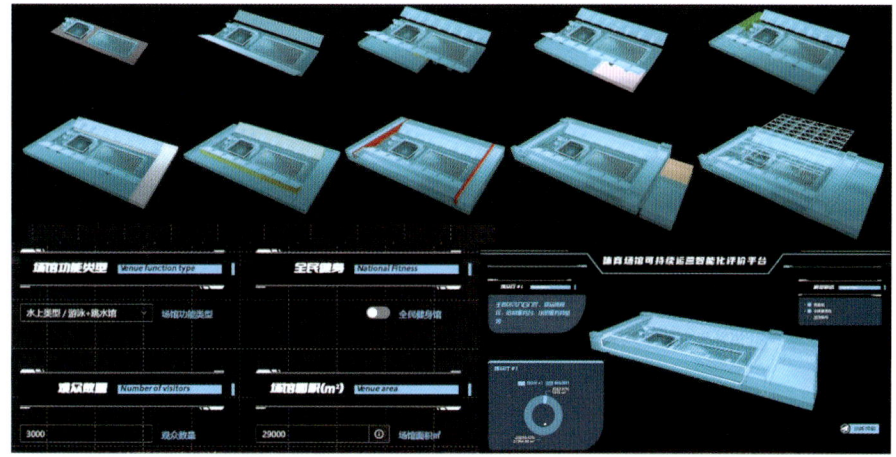
（c）场馆方案预测模拟建造

体育场馆可持续运营智能化评价模型功能展示

联系人：汤朔宁，同济大学建筑与城市规划学院，13901753402，tangshn@163.com

34. 冬奥会储雪和保持雪质技术

赛事用雪保障技术是确保北京冬奥会雪上项目赛事成功举办的重要基础和前提，储雪和保持雪质是其关键技术。北京冬奥会的举办时间在二三月份，尤其是冬残奥会比赛时段处在气温快速回升的三月，更为储雪工作增加了难度。然而，我国冰雪产业科研基础薄弱，加之储雪和保持雪质关键技术掌握在欧美少数雪务保障公司手中，对我国进行技术封锁。因此，针对为冬奥会雪场提供"一场一策"储雪和保持雪质方案的实际需求及后冬奥时代我国冰雪产业"南展西扩东进"的战略目标，以北京冬奥会的滑雪场为研究区域，通过野外监测、室内试验和数值模拟等方式，研发出了隔热材料优选系统和储雪堆几何形态决策系统，构建了储雪堆雪质监测系统及风险防范体系，形成了冬奥会雪场"一场一策"储雪关键技术方案。通过提高储雪堆表面反照率和减少吸收太阳短波辐射，创新性地发展了 0 ℃以上天气条件下的储雪关键技术，同比芬兰相关技术费用减少了98%。

提前3个月向北京冬奥组委提供了"一场一策"的储雪方案，包括下伏地形的要求、储雪量、雪堆几何外形、底部绝热保温材料的布设、表面覆盖方案和雪质监测方案等。于北京2022年冬奥会和冬残奥会期间，在首钢滑雪大跳台和国家跳台滑雪中心进行了储雪工作，保障了冬奥会和冬残奥会赛事用雪的安全。同时，储雪技术也在新疆将军山滑雪场、黑龙江哈尔滨帽儿山滑雪场进行了示范推广，效果显著。

北京冬奥会首钢滑雪大跳台储雪试验

联系人：王飞腾，中国科学院西北生态环境资源研究院，13619322762，wangfeiteng@lzb.ac.cn

35. 冬奥会雪场赛道雪质的判定、监测和预报技术

冬奥会雪上运动项目对雪质有严格要求，而目前国内对雪道雪质的观测、判别、预测的研究匮乏。雪场赛道地形条件复杂，使得传统预报难以满足赛事雪质预报的精度要求。因此，通过野外观测、数据分析、模型模拟和软件开发等方式，构建了北京冬奥会雪场雪质综合观测体系；研制出了高山滑雪、越野滑雪、冬季两项、坡面障碍和障碍追逐冬奥雪上运动项目赛道雪质等级判别量化指标和模型；发展了复杂地形条件下的气象场降尺度技术，建成了面向雪质演变的，包括雪硬度、雪密度、表面温度、雪粒径、含水量等参数在内的，空间分辨率为 $100 \text{ m} \times 100 \text{ m}$，时间分辨率为逐小时的赛道雪质演变模型；研发出了雪场赛道雪质的监测—预报—判定集成系统，实现了提

前两周以上,提供精细化高温融雪风险概率预测。

成果在 2021 年"相约北京"系列测试赛中通过冬奥气象中心为奥组委提供 3 期"张家口赛区测试活动专题气象服务报告"。2022 年冬奥会和冬残奥会期间,在张家口云顶赛区和古杨树赛区基于自主研发的雪质演变模型和雪质等级判别模型,滚动提供赛区未来 72 小时雪温和雪质等级逐时预报,通过冬奥会河北气象中心为奥组委提供 23 期雪质风险服务专报,为奥组委部署比赛和雪场管理人员维护雪场提供决策支撑。

雪场赛道雪质监测—预报—判定集成系统:雪保系统

联系人:殷水清,北京师范大学,18600123691,yinshuiqing@bnu.edu.cn

36. 高山滑雪冰状雪赛道制作关键技术

为了突破国外在冰状雪赛道制作、评定标准方面的技术垄断,明确给出合格赛道的具体量化指标,服务于我国大型赛事的举办和冰雪产业的拓展。针对冰状雪赛道制作关键参数进行了大量野外试验,分析了不同天气条件、不同注水压力和不同注水时长对雪冰物理性质的影响,获得了适用于不同天气条件下典型大陆性季风气候区制作冰状雪赛道的最优注水方案,即最优注水方案为 –15~–10 ℃(气温)、6~9 bar(水压)、4~8 s(注水时长),在 –10~–5 ℃天气条件下 6 bar(水压)、5 s(注水时长)的制作方案是最优参考标准,–20~–15 ℃天气条件下可使用 5 bar(水压)、10 s(注水时长)、10 bar(水压),5 s(注水时长)或 10 bar(水压)7 s(注水时长)方案进行制作,–5~0 ℃时,可采用 6 bar(水压)、5 s/7 s(注水时长)注水方案作为应急方案。研发出适合中国不同气候条件并满足国际大型赛事技术标准的高山冰状雪赛道制作关键技术流程,给出了适用于属地化冰状雪赛道制作和检测的定量化指标,同时自主研发了相关检测仪器。实地制作出的冰状雪赛道结构稳定、特别是关键的密度和硬度指标达到大型国际赛事标准,获得冬奥会冰状雪赛道制作和维护专业技术团队的认可。

基于大量的试验数据和实践经验,编制了不同天气条件下的冰状雪赛道制作技术流程,在东北、华北等地自主打造出符合大陆性季风区气候特点的"属地化"冰状雪赛道,实现了可满足国际大型赛事冰状雪赛道制作要求的"用雪自由"。自主研发的相关检测仪器也进行了技术转化并应用到国内多家科研单位。已完成国家体育行业标准《高山滑雪冰状雪赛道制作规范》(送审稿),规范了冰状雪赛道制作的厚度、密度、强度等具体技术指标,后期可在国内大型滑雪场和国际赛事进行推广应用。

正在张家口崇礼云顶滑雪场进行冰状雪赛道注水试验

自主研发的冰雪硬度测量仪在南极考察现场应用场景

联系人:张东启,中国气象科学研究院,13683110492,dqzhang@cma.gov.cn

37. 耐寒周转型高性能临时设施支承架体类搭建关键技术

面向 2022 年北京冬奥会临时设施可循环、高可靠、耐严寒重大应用需求，结合其模块化、装配式特点，突破现有临时结构抗风性能弱、山区地形适应性不强、安装检测手段单一、标准体系缺失等技术瓶颈，经过延庆和崇礼地区多次现场调研，围绕临时设施支撑结构体系、施工技术、质量检测技术开展了相关研究，采用高强、轻质、耐腐蚀、耐严寒的索氏体不锈钢材质，开发了与杆件一体化的插接自锁式节点，构建了标准化、模块化的抗风耐寒周转型高性能临时设施支承架体结构体系与产品；获得了延庆赛区结构风荷载的 50 年重现期风速值，确定了临时看台、临时转播塔、临时大屏等结构设计使用的基本风压及临时看台和转播塔等临时设施的风荷载设计值；在此基础上，针对新型结构体系与典型节点，完成了低温环境下节点抗弯、抗压、抗拉性能试验及等效风荷载作用下临时看台支承架体力学性能试验，开展了临时设施支承结构有限元精细化数值分析和简化计算模型，验证了新型临时支承架体在强风低温条件下能够保证结构的安全，产品周转率可以达到 100%，最大适用高度达到 100 m，适用温度可低至 –40 ℃，能适用低于 40 m/s 风速环境。技术成果经专家评审达到"国际先进水平"。

在北京冬奥会和冬残奥会期间，研究成果成功应用于在延庆赛区国家高山滑雪中心竞速结束区临时看台结构，保障了赛区严寒大风复杂山地环境下临时设施的安全使用。依据研究成果与应用经验，编制了冬奥会临时设施相关技术标准及图集并获国家发明专利授权。该体系工程效果及保障工作得到了北京冬奥组委技术部的认可，并被中央电视台、北京电视台、新华社、《北京日报》、《中国青年报》等多家媒体报道。研究成果对临时看台在重大体育赛事、文艺表演、商业活动等领域的推广应用提供了重要的技术支撑，取得了较好的社会效益。

延庆赛区国家高山滑雪中心竞速结束区临时看台

联系人:张艳霞,北京建筑大学,010-61209374,zhangyanxia@bucea.edu.cn

38. 基于数字孪生的大面积高容量临时设施安全运维平台

针对北京冬奥会严寒山地融沉及滑坡、不当使用等因素引发大面积高容量临时设施系统性安全问题,提出大面积临时设施监测参数及测点优化布设方法。在研究大面积高容量临时设施监测参数及测点优化布设方法的基础上,探索临时设施地基-结构-功能耦合作用机制及失效模式,提出了可满足地基承载力≥200 kPa,平均冻胀率≤3.5%,融化下沉系数≤3的非冻融条件下碎石土地基处理技术。将贝叶斯网络理论运用于临时看台结构的安全评估,自主研发了临时看台安全评估系统,赛前对临时看台风险事件的发生概率进行预测,并明确了导致风险事件的关键致险因子,通过预防性维护降低了人力和物力消耗,提高了临时看台的安全运维效率。在分析大面积高容量临时设施多风险源形成机制及快速反馈响应策略的基础上,从监测参数选取、传感器选型、有限元模型建立、测点布设优化、安全运维平台搭建等方面开展工作,并制定各预警级别对应的结构维护方案和人群疏散应急响应预案,提高了临时看台的安全运维效率。

在北京冬奥会和冬残奥会期间,基于研究成果,在延庆赛区高山滑雪场竞速结束区临时看台开展大面积高容量临时设施安全运维工程应用示范。成功搭建了基于数字孪生的大面积高容量临时设施安全运维平台,制定了各预警级别对应的结构维护方案和人群疏散应急响应预案,安全运维系统工程成功应用于北京冬奥会临时设施安全保障工作，形成的一系列经验成果可用于其他大面积高容量临时设施安全监测。

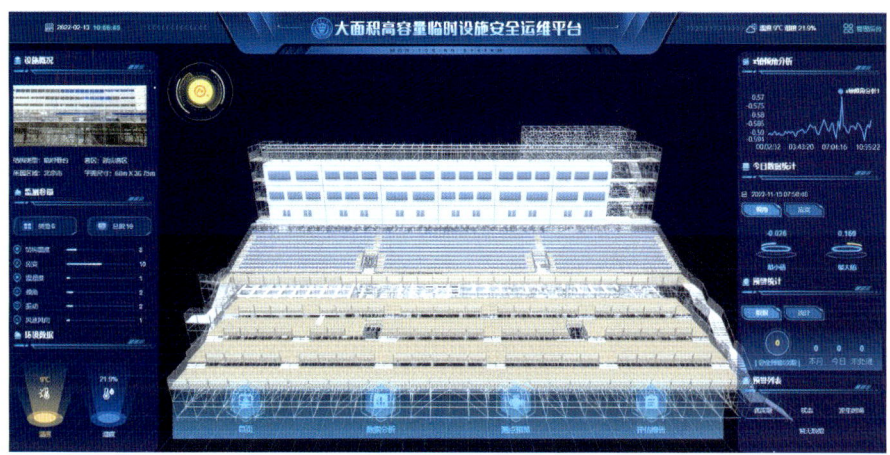

大面积高容量临时设施安全运维平台

联系人：刘纲，重庆大学，023-65120720，gliu@cqu.edu.cn

39. 严寒条件下临时设施智能物联监测及预警关键技术

针对临时设施结构人群荷载快速识别和结构安全智能预警、故障引发的突发异常事件识别和预警，运行趋势预测和故障预警等问题，综合考虑临时设施的本体特征及适用环境，按照参数优化设计、模块开发、实验平台搭建、系统集成和测试试验全流程模式，研发出适用于严寒条件下临时设施监测的高精度、低功耗协同监测传感器。基于网格化荷载数据融合和自回归模型残差方法研究结构损伤识别和定位；建立了多源时空异构数据的特征表示方法、弱监督、自监督条件下的时空序列表示学习方法和基于贝叶斯网络的事件源推理方法；基于特征值关联的无监督学习多维数据融合方法，通过三维激光快速扫描，获取地形、设施的三维点云数据，实现了点云模型构建及空间信息快速成图；开发了临时设施空间信息三维激光数据采集处理软件，结构安全关键参数采集与预警系统，研究人群异常活动智能检测与预警算法，构建了临时设施智能物联可视化运维平台。研制的"三维振动传感器"可达到分辨率不低于 1 mg，连续工作时平均功耗 < 2 mW，研制的"两轴倾斜传感器"量程大于 ±10°，分辨率不低于 0.01°，连续工作时平均功耗 < 2 mW。部分成果达到了国际领先水平。

在临时设施专用低温传感器、损伤识别技术、荷载识别技术和人群异常事件检测溯源技术的基础上，开展了临时设施运行趋势预测和预警技术的研究，并研发了临时设施智能物联运维平台和运行趋势预测与预警系统。在北京冬奥会和冬残奥会期间，相关成果成功示范应用于延庆赛区国家高山滑雪中心竞技结束区大屏支承架体临时看台项目及崇礼赛区系列临时设施项目群，为北京 2022 年冬奥会成功举办提供了保障，经济和社会效益显著，推广前景广阔。

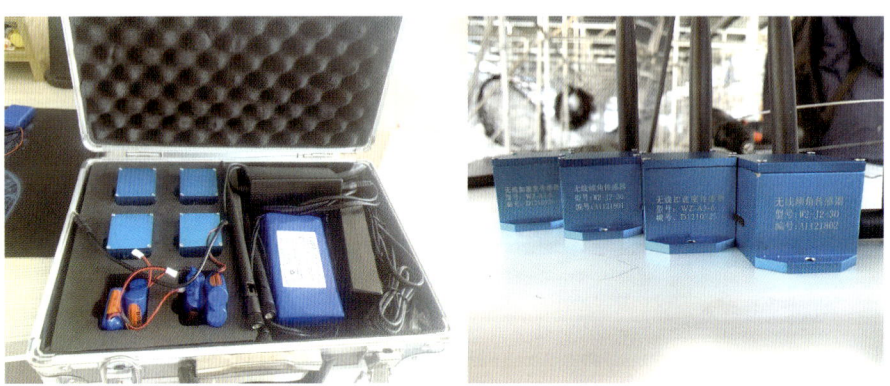

研制的低温高精度长效专用监测传感器

临时设施智能物联运维平台

联系人：田乐，北京建筑大学，010-61209277，tianle@bucea.edu.cn

40. 零排放装配式厕所及污水处理回用关键技术

针对现有临时设施厕所和污水处理系统可循环性差、污水处理能力不足及标准规范空白等突出问题，研究了源分离及冲洗水自循环临时设施厕所关键技术、粪污低温微生物强化就地稳定化处理关键技术、厕所多功能模块化设计、装配、拆解及梯次循环利用关键技术。基于高效、稳定运行及污染物零排放的多目标需求，提出了临时设施生活污水低能耗就地消纳处理和回用关键技术，构建了污水生物/物化耦合处理回用一体化装备，完成了基于嗜冷微生物强化的临时设施污水低温增效及运行调控关键技术研发。成果经中国科学院文献情报中心实施国内外科技查新，在国内外文献中未见相关报道。研究成果填补了国内多项空白，其技术水平处于国内领先水平。其中构建了 $-40\ ℃$ 低温环境下稳定运行的装配式厕所系统，实现了快速装配、无损拆解、部品部件梯次利用，并通过三相源分离、粪便原位生物干化稳定化、冲洗水自循环等方式，实现厕所粪污源分离，冲洗水自循环及低温粪污 100% 就地无害化原位干化稳定处理。

针对冬奥赛事实际使用要求，研发了零排放装配式厕所及污水处理回用关键技术，并在北京 2022 年冬奥会延庆赛区和崇礼赛区进行现场示范，解决厕所粪污源分离效果差、污水低温处理效果不佳、污染环境等问题，实现临时厕所 100% 装配作业、无损拆解、异地重建功能，为临时厕所及污水处理回用行业提供了可复制推广的案例，具有良好的社会效益。课题执行过程中，注重人才培养、专利申请和标准申报，可实现厕所的装配式模块化应用及粪污 100% 就地无害化处理，提升冬奥会赛区周边环境质量，彰显科技、智慧、绿色冬奥特色。

临时厕所污水低能耗就地消纳处理和回用关键技术装备

联系人：张紫阳，北京建筑大学，010-61209207，zhangziyang@bucea.edu.cn

41. 临时结构低碳供热保温与通风关键技术

临时建筑因其搭建方便、结构简单、适应性强、投资少等特点，在工程建设、旅游、重大赛事等人类活动中的应用越来越广泛。但学者长期以来更多将注意力集中永久性的居住建筑采暖面，而针对临时建筑冬季室内供暖缺乏针对性的相关研究与指导。针对冬奥会临时建筑的低碳供热保温与通风关键技术可以为未来临时建筑的发展提供坚实的技术支撑，具有非常好的应用前景。此外，所开发的一系列有关高保温性能围护结构构造技术、多可再生能源主导的多能源协同供热技术、适应 –40 ℃环境下临时用房供热需求且与可再生能源相匹配的高效供暖末端与局部设施个性化供暖方案及基于室内环境需求的高效热回收型通风装置均可投用于永久性的建筑，可 100% 利用可再生能源，成果达到国内领先水平。随着我国"双碳"目标的实施，本成果可以很好地服务我国低碳建筑的发展，在未来具有广阔的市场空间，经济效益显著。

本技术立足绿色冬奥，研究可再生能源主导的临时结构低碳供热保温与通风关键技术，体现了协同用能、梯级用能的科学理念与创新、协调、绿色、开放、共享的新发展观。通过本技术的实施，既有力地为冬奥会的顺利召开提供了技术支持，又突破主要技术瓶颈，获得一批具有自主知识产权的关键技术，对于我国寒区建筑低碳供暖有显著的生态效益，为我国 2030 年实现碳达峰战略目标提供有力的技术支撑，同时对我国在极端寒区的基础设施建设、资源开发利用、生产生活居住及突发军事活动等具有重要的理论价值和战略意义。

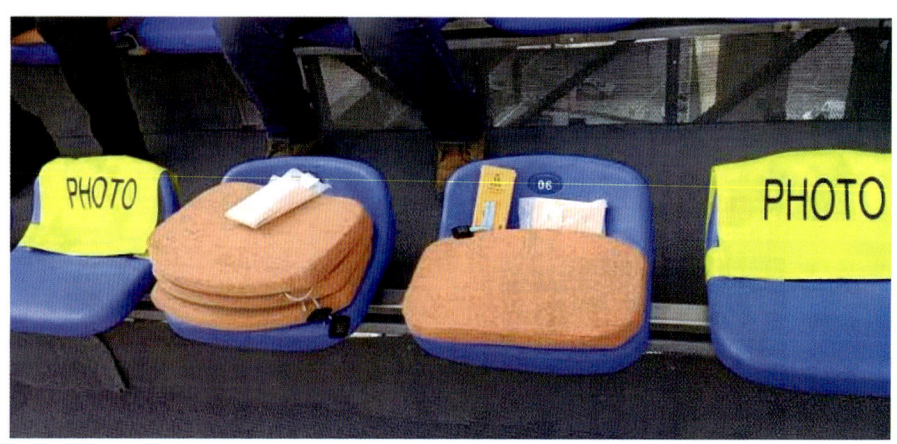

国家高山滑雪中心竞速结束区临时看台双蓄型座椅加热装置

联系人：胡文举，北京建筑大学，010-61209551，huwenju@bucea.edu.cn

42. 高效低碳 CO_2 制冰机及冰场技术

针对传统冬奥会制冰技术碳排放高、能耗高等问题，综合考虑采用绿色环保工质、构建高能效系统，研发了自然工质 CO_2 跨临界冷热循环制冰机及高均温性冰场技术。为突破传统制冰机提效难题，量化双级压缩、全热回收和蒸发制冰等热力过程的节能提效贡献，提出多热力过程集成设计方法，创新性构建了跨临界双级压缩冷热联供循环新系统。为开发高效 CO_2 制冰机，研制自适应储油式分离器，实现油气液高效分离与动态平衡，提出高承压板壳式结合鱼骨纹换热板片技术，攻克国际最大容量 CO_2 水冷气冷器设计难题，构建了 CO_2 制冰机开发生产标准范式，实现国内自主知识产权。为制取高质量冰面，提出新型冰面覆膜铜管制冷管网技术，实现 CO_2 蒸发工质低压降均质化分配，突破 1800 m^2 大冰面冰温均匀性控制瓶颈。本技术成果首次应用在首都体育馆园区冰场，在冬奥会期间测试，制冷系数（电－冷转化效率）最高 3.10，制热系数（电－热转化效率）最高 4.06，冷热综合能效是传统制冰技术 2 倍以上，全冰面平均温差小于 0.3 ℃，远低于传统制冰技术的 1.2 ℃。

本技术成果成功应用在北京冬奥会首都体育馆园区 5 块冰场，保障了冬奥会短道速滑和花样滑冰比赛顺利举行，支撑短道速滑项目取得打破 1 项世界纪录、10 项奥运记录的优异成绩。在国际滑联每日冰面测评报告中均评价为 Good——最高级，被国家自然科学基金委员会评价"打破美国、芬兰等冰雪强国的技术封锁和垄断，综合能效和冰温指标均实现国际领先"，《科技日报》、人民网、央广网等多家主流媒体也进行报道，形成广泛影响，在科技部组织验收结论中认为"应用示范效果良好、社会效益显著"。后冬奥时期，本技术持续服务了国家队训练和 2023—2024 赛季国际滑联短道速滑世界杯（2023-24 ISU Short Track Speed Skating World Cup），也应用在湖北省武汉首义冰雪大世界和清华附中成都学校冰场，助力低碳高效人工冰场推广。成果支撑获 2022 年教育部科学技术奖励青年科学奖、入选 2023 年度"中国高等学校十大科技进展"。

自主化高能效 CO_2 跨临界循环制冰机

CO_2 跨临界循环制冰机应用控制平台

首都体育馆高均温性冰场

联系人：李力耕，天津大学，18202613249，llg951753@tju.edu.cn

43. 2022年北京冬奥会场馆仿真三维模型资产库

面向赛事活动规划与运行设计仿真模型资产复用需求，研发了三维模型资产的标识及检索方法，研发了三维模型资产库系统平台，通过系统调用接口实现技术支撑平台及应用系统与资产库的无缝连接，实现了对活动与运行设计仿真所需三维模型资产的便捷检索与复用。

面向2022年北京冬奥会业务需求，依托本项目相关关键技术和工具完成了全部12个竞赛场馆及7个非竞赛场馆的建模；各场馆的建模和分项运动比赛设施的建模满足了冬奥会赛事活动规划与运行设计仿真对资产复用的需求。

赛区三维建模过程示意图

冬奥会赛区数字化建模存在两个难题：一是采集区域大部分场馆还在建设中，无法按照原始的采集方案实施；二是奥组委要求部分赛事区域增加内部结构三维重建。由于工期短、要求高，各赛区地理位置也比较分散，实施起来困难重重，需利用新技术，进行精确、全面的三维数据采集，实现冬奥会赛区数字化管理。

针对以上问题，本项目团队构建了一套奥运场馆采集生产标准流程，通过无人机摄影和激光扫描对北京赛区、延庆赛区、张家口赛区进行了高精度数据采集，完成了赛区高精度三维模型重建工作。在建模过程中，项目组研发了适用于赛事场馆的隐规则模型扫描数据自适应网格重建技术和基于平面设计图纸的三维场馆模型智能辅助建模技术，实现了模型几何优化率高于95%，几何优化误差小于1%的建模成果，达到国际领先水平。

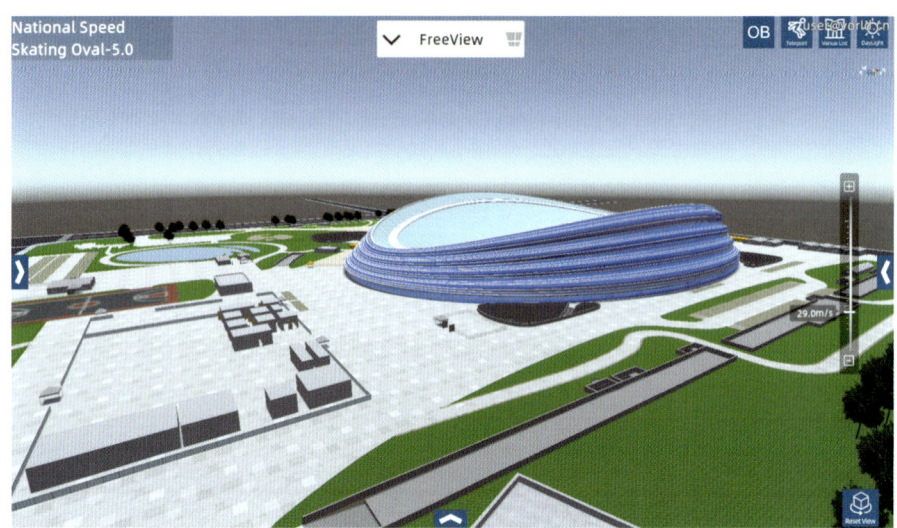

赛区三仿真模拟应用

该成果可用于国内外各类大型赛事、活动等的组织筹备、转播规划、商务开发等多个应用领域，帮助国内外赛事组织及转播行业产生重大的技术变革并提升活动组织能力，带动体育赛事、大型活动、演出等产业发展。系统提供了开放式设计平台，因此，我国未来大型体育赛事、文化活动和公共场馆的运行设计过程都可在此平台的基础上快速形成专用仿真系统，从而推动我国在大型赛事／文化活动的运行设计仿真领域获得国际领先的科研优势，为我国在该领域进行后续技术研发和产业应用打下坚实基础。

联系人：王春水，北京电影学院，010-82283300，wang@bfa.edu.cn

44. 大型赛事活动规划与运行设计仿真技术支撑平台——基于公有云的流化渲染系统

面向大型赛事活动规划与运行设计仿真系统功能多样化、定制化需求，研发了基于公有云的流化渲染系统。

系统采用典型的基础设施即服务—平台即服务—软件即服务三层云架构。其中，基础设施即服务将直接采用第三方服务；平台即服务包括应用管理、应用适配、基础流化能力、外设适配及终端管理等模块服务；软件即服务包括用户管理、应用授权、业务运营等功能模块服务。该系统支持不少于 10 个并发移动用户，交互响应延迟不超过 20 毫秒。

通过云流化技术，基于公有云的流化渲染系统为运行设计人员提供移动访问功能，支持手机、平板、轻薄本等访问媒介，其中通过信令服务对访问端的合法性、资源有效性进行检验与调度，对活动规划与运行设计仿真系统的应用界面进行实时视频流编解码转换，访问端实时操作流回传到系统应用。达到在轻量化访问终端设备能够查看高性能场馆仿真计算结果，并能够进行实时交互的成果。

本系统和其他系统一起构建出大型赛事活动规划与运行设计仿真技术支撑平台，作为快速开发的基础用于活动规划与运行设计仿真，实现功能多样化、定制化的需求，提高研发效率。

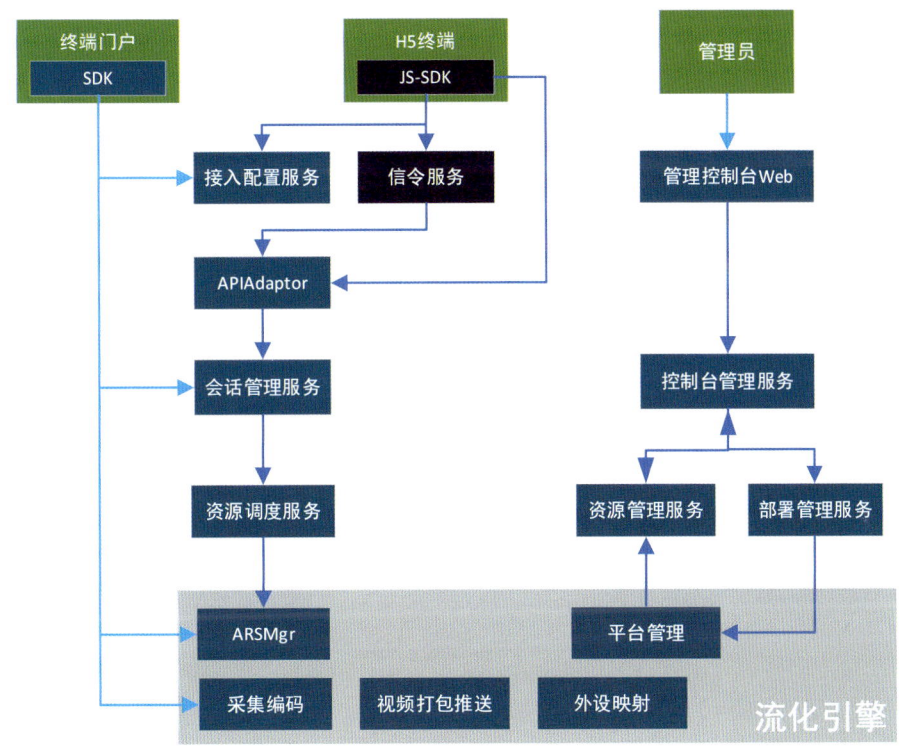

云流化渲染系统架构图

由于流化渲染系统基于公有云，它支持多用户同时在线操作，实现跨地域、跨部门的协同设计。这使得设计团队、赛事组织方、政府部门等各方能够实时共享设计成果，进行在线讨论和修改，从而提高沟通效率，减少沟通成本。

通过流化渲染系统的应用，冬奥会在场馆设计和赛事运行方面实现了优化，降低了不必要的浪费和成本。同时，提高设计效率和沟通效率也有助于缩短项目周期，降低整体运营成本。

流化渲染系统的应用为冬奥会带来了更加出色的场馆设计和更加顺畅的赛事运行，

为观众提供了更好的观赛体验。这不仅有助于提升冬奥会的整体形象，也为城市的文化软实力和国际影响力做出了积极贡献。

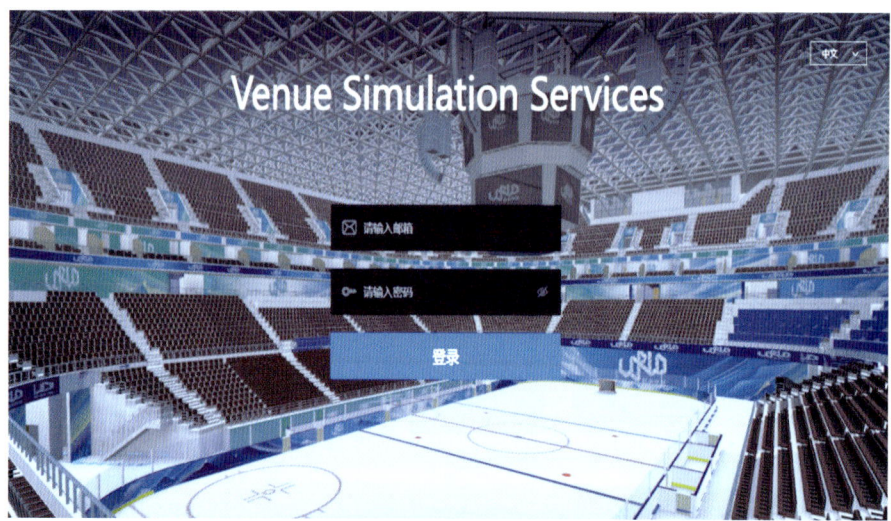

云流化系统登录界面

云流化系统主界面

下篇 "科技冬奥"重点专项优秀成果选编

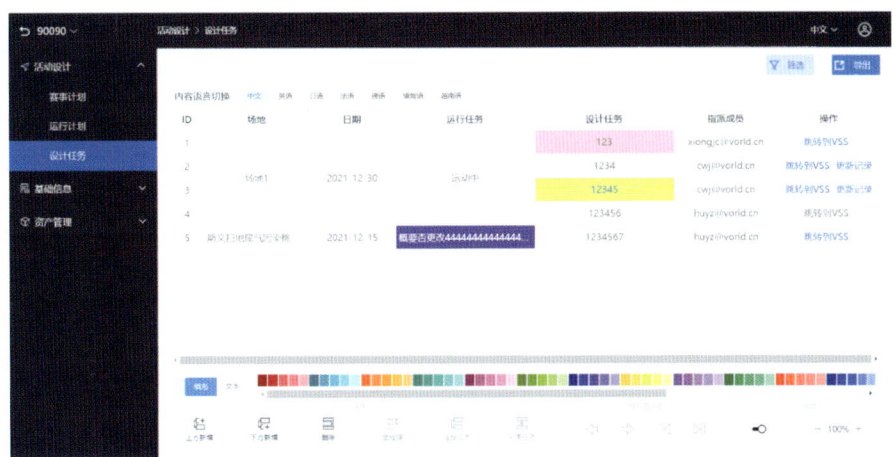

云流化系统 Web 后台界面

联系人：王春水，北京电影学院，010-82283300，wang@bfa.edu.cn

45. 2022 年北京冬奥会场馆仿真系统

基于大型赛事活动规划与运行设计仿真技术支撑平台，课题集成研发了场馆仿真系统（简称"VSS"），用于满足冬奥会赛事活动规划与运行设计对场馆和赛事流线设计的功能需求。

系统在 2022 年北京冬奥会筹备期间服务于国际奥委会、奥林匹克广播公司、北京冬奥组委媒体运行部、技术部、对外联络部、安保部、文化活动部、场馆管理部、运动会服务部等多个业务部门，完成冬奥会全部 12 个竞赛场馆及 7 个非竞赛场馆的运行设计，形成了覆盖 12 个竞赛场馆和 7 个非竞赛场馆的活动规划与运行设计数据。在筹备期间有力支持了整体赛事及场馆运行规划，解决了传统平面设计图纸重叠、复杂、难以理解等问题，以直观的画面实现了场馆运行规划、转播规划、形象景观规划等功能，为北京冬奥组委提供了高效协同的办公平台。

在服务 2022 年北京冬奥会过程中，减少 OB 图纸打印；减少测试赛举办费用；减少培训预算；减少重复建设；提升协作效率；减少任务延期风险；减少国际及当地差旅；提升现场岗位、物资设置的合理性。

场馆仿真系统以 1∶1 映射的形式构建了北京冬奥会的 12 个竞赛场馆及 4 个非竞赛场馆，打造出了沉浸感十足的北京冬奥会"数字双胞胎"。这不仅在筹备工作中打破了现实与虚拟的隔阂，使筹备工作更加高效节能，而且深刻实践了"绿色办奥""数字奥运"的理念。

在效益方面，场馆仿真系统不仅成功入选北京冬奥组委发布的《北京2022年冬奥会和冬残奥会经济遗产报告（2022）》，更受到了多家权威媒体的关注与报道。该系统不仅为冬奥会的顺利运行提供了有力的技术保障，也为我国大型赛事的筹备与运行规划提供了全新的模式与思路，展现了我国在数字孪生技术和系统集成研发方面的强大实力。总体来说，场馆仿真系统在冬奥中的应用及效益显著，它的成功研发与应用不仅为冬奥会的顺利进行提供了有力保障，也为我国在数字孪生技术和系统集成研发方面的发展奠定了坚实基础。

国际奥委会评价：虚拟场馆仿真系统有力支持了北京冬奥会和冬残奥会的整体赛事及场馆运行规划，解决了传统平面设计图纸重叠、复杂、难以理解等问题，直观地实现了场馆运行规划、转播规划、形象景观规划等功能。

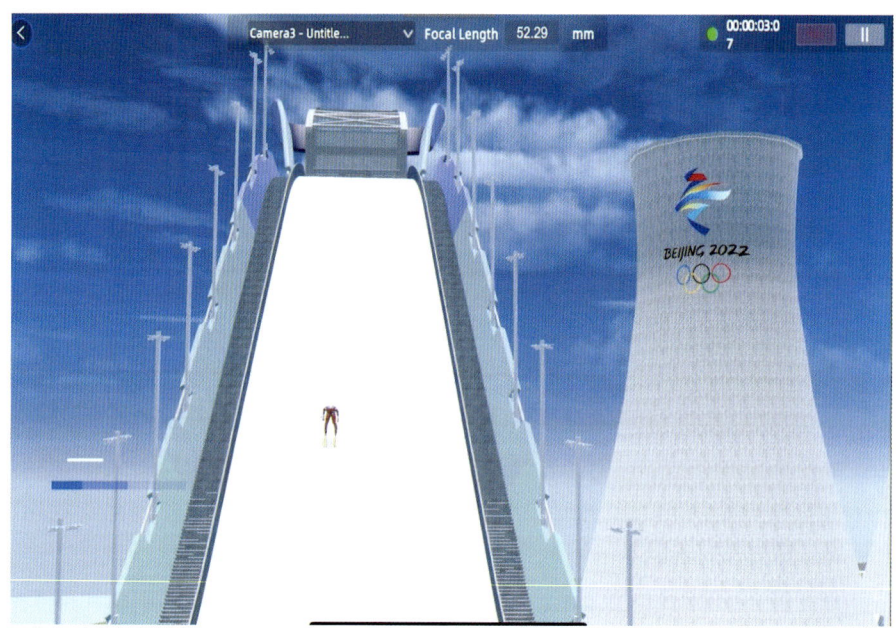

VSS系统室外场馆和地貌仿真踏勘功能示意图

下篇 "科技冬奥"重点专项优秀成果选编

VSS 系统室外场地仿真踏勘功能示意图

基于真实世界实景空间的三维场馆建模示意图

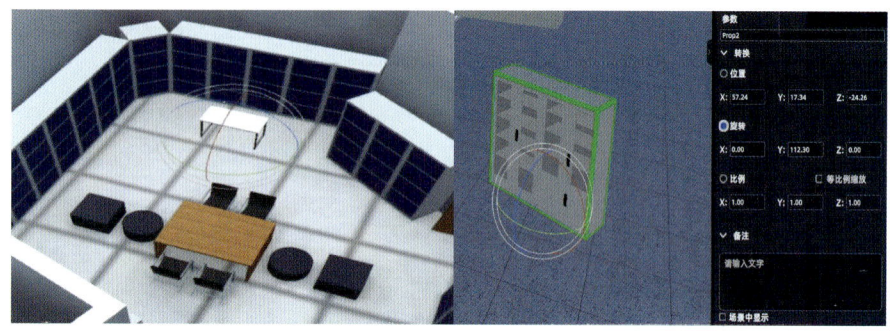

场馆室内布置功能示意图

联系人：王春水，北京电影学院，010-82283300，wang@bfa.edu.cn

46. 大型活动人机物环一体化碳排放监测技术

针对大型活动碳排放涉及多阶段、多主体的离散动态变化导致的碳排放溯源难题，纳入大型活动组织和时间边界内的人员、机器、物资、环境等活动主体，创建了人机物环多路监测体系，突破了碳排放相关数据获取局限性，碳排放源覆盖范围提高300%。针对大范围多主体由于碳排放监测所导致的监测成本高的难题，创建了感知性能与节点功耗平衡的群部署优化模型，通过设计包含窄带物联（NB）模块、模拟－数字转换器（ADC）、其他外设及模式的配置IO端口等电源控制器构成响应机制，从而实现了监测系统的超低功耗运行，监测成本降低70%。此外，针对人机物环多信源存在冲突进而导致监测数据的可靠性差的难题，构建了对抗生成网络模型，根据密集型传感器矩阵生成判别网络，提出了采用多信源异常点时空判别准则的数据冲突融合技术，实现了多源碳排放数据的精准监测。该技术成果的各项指标均处于国际领先地位。

该成果在北京冬奥会及冬残奥会碳排放边界内识别120余种人机物环碳排放源，在国家速滑馆、国家游泳中心等冬奥场馆内部署百余套监测设备，实时监测场馆分区、分功能的电、热、气等能源消耗量，以及人流量、环境参数等20类动态数据，通过分布式物联网上传至数据库，为场馆碳排放的智能测算提供了全面的技术支撑和数据基础，提高了场馆运营效率和碳排放管理水平，为节俭办奥、绿色办奥提供了有效的技术支撑。除北京冬奥会外，该成果拓展应用于会议、展览、演出等各类大型活动。自2020年以来，该成果已服务于2023年成都第31届世界大学生夏季运动会、2021年世界人工智能大会、2021年全球科技出行论坛、第七届世界创新者年会、2021年太原能源低碳发展论坛、第六届中国大健康产业升级峰会、《元宇宙与碳中和》新书发布会、临沂市场贸易博览会等10余场大型赛事、会议、展览的碳排放智能监测，协助落实绿色办会理念，取得了显著的经济与社会效益。

下篇　"科技冬奥"重点专项优秀成果选编

人机物环碳排放源识别框架

项目组在国家速滑馆安装监测设备

联系人：沈萌，北京理工大学能源与环境政策研究中心，010-68918593，mengshen@bit.edu.cn

47. 全生命周期碳足迹追踪技术

针对大型活动碳排放覆盖面广、分布源散导致的碳足迹广域连续追踪的难题，建立了涵盖"能源投入—原料生产—加工制造—运输配送—终端使用—回收处理"全过程的数字化仿真模型，研制了耦合各行业"原料—能源—工艺—技术—产品/服务"全链条的碳足迹追踪技术。基于人机物环相关活动，核算了覆盖活动筹备、活动举办、活动收尾全活动周期的碳足迹。为攻克碳排放核算中排放因子等关键参数长期依赖国际数据导致的估计偏差，在技术—能源—环境—经济框架下，考虑各地、各行业能源系统和政策要求的差异性及联动性，引入技术升级和燃料替代等实际情况，模拟我国电力、钢铁、化工、水泥、有色金属、造纸、交通、建筑等 20 多个细分行业生产工艺过程或消费过程中的能源流和物质流，创建了异质化碳排放因子数据库，得到符合活动举办地实际情况的碳排放因子。首次实现了大型活动碳排放因子异质异构化，提高了碳排放核算中关键参数的准确性和科学性。通过全生命周期碳足迹追踪技术，实现了大型活动碳排放核算从点到面的突破。与国际传统同质化碳排放核算相比，降低了 3%～11% 的估计偏差。

开发的全生命周期碳足迹追踪技术和本地化碳排放因子数据库，成功应用于核算北京冬奥会和冬残奥会在赛前、赛中、赛后全程的碳排放及碳减排量，圆满完成北京冬奥会碳盘点，帮助识别了冬奥会重点碳排放环节，为冬奥会碳排放评估及低碳管理提供科学依据和工作重点参考。自 2020 年以来，该成果已服务于 2023 年成都第 31 届世界大学生夏季运动会、2021 年世界人工智能大会、2021 年全球科技出行论坛、第七届世界创新者年会、2021 年太原能源低碳发展论坛、第六届中国大健康产业升级峰会、《元宇宙与碳中和》新书发布会、临沂市场贸易博览会等多场大型赛事、会议、展览的碳排放核算，为大型活动碳排放核算提供规范，引领绿色新兴产业。

全生命周期碳足迹追踪技术框架图

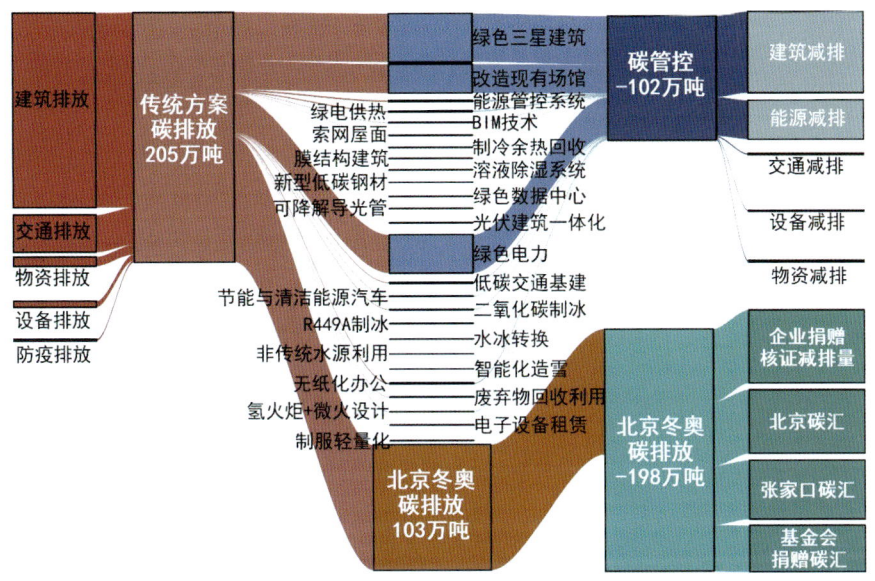

北京冬奥会碳排放核算结果之碳流图

联系人：沈萌，北京理工大学能源与环境政策研究中心，010-68918593，mengshen@bit.edu.cn

48. 冬奥会全景式碳排放智能管控与碳普惠云平台

针对碳中和调控技术评估维度单一、统筹度低、智能化低的难题，创建了涵盖经济性、节约性、低碳性、适用性、移植性的碳减排技术五维评估方法，开发了面向复杂环境、多维主体及活动的冬奥会全景式碳排放智能管控与碳普惠云平台（简称为"冬奥碳测平台"），实现了碳排放智能协同管控与碳中和方案智能生成。冬奥碳测平台涵盖5个功能模块：①人—机—物—环数据监测模块：实现范围内碳排放相关的人—机—物—环数据实时监测、智能融合与动态可视化；②全生命周期碳足迹追踪模块：根据采集的人—机—物—环活动水平数据和本地化碳排放因子，对北京冬奥会进行全生命周期碳足迹追踪；③碳排放预测预报模块：预测场馆在赛事活动期间新增碳排放量；④碳排放管控与碳减排评估模块：构建碳管控方案库，评估碳管控技术减排贡献，展示场馆碳减排技术成效；⑤碳中和调控模块：生成北京冬奥会碳中和方案，推广碳普惠。平台集碳排放监测、核算、预测、评估与调控等功能于一体，全方位量化北京冬奥会碳排放与低碳成效，为组织方实施碳中和调控提供参考方案，为国际首创。平台经复制调整可用于支撑其他大型赛事低碳管理。

研制的冬奥碳测平台，在冬奥会期间成功应用于多个冬奥场馆，以双语形式动态呈现北京冬奥会碳排放态势特征与低碳成效，科技支撑北京绿色冬奥碳盘点，使得北京冬奥会碳中和有据可依、有数可查、有物为证。成果的成功应用受到场馆运营单位及国际奥委会可持续发展部门的认可，得到了央视新闻、央视体育频道、新华社、《人民日报》、《新京报》、北京卫视、中国新闻网、《中国青年报》等80余家主流媒体的正面报道。通过数字化平台的可视化展示，广泛普及低碳理念与行动，有利于提高公众对碳中和的关注度和认知度，提升公众参与减排行动的积极性。同时，借冬奥会国际宣传窗口，向全球彰显我国应对气候变化的大国担当和坚定决心。

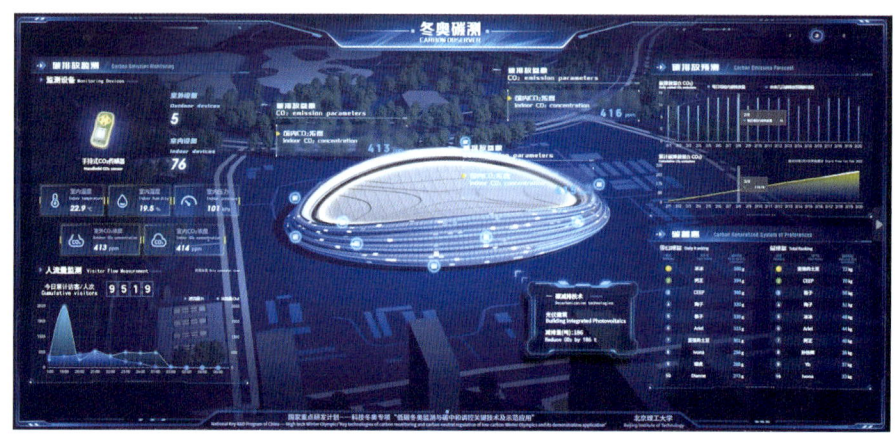

冬奥碳测界面——国家速滑馆"碳测"

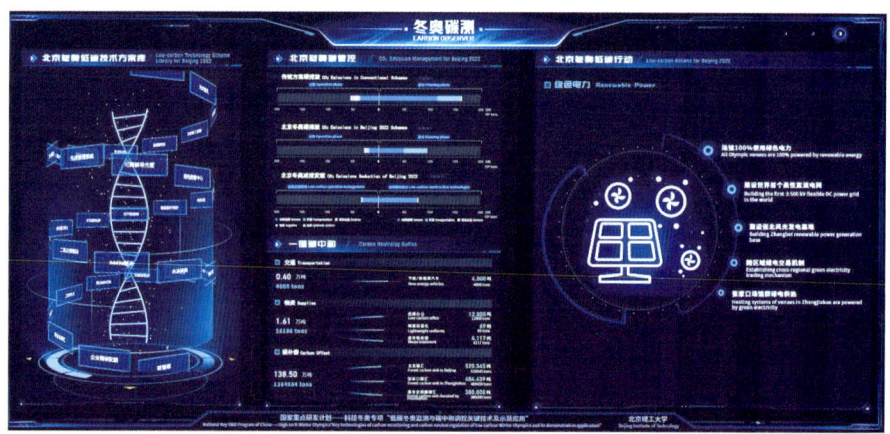

冬奥碳测界面——北京冬奥会碳管控与碳中和调控

联系人：沈萌，北京理工大学能源与环境政策研究中心，010-68918593，mengshen@bit.edu.cn

49. 智能零碳工作坊

基于北京冬奥会和冬残奥会全流程低碳办奥的需求，针对建筑运行领域零碳这一研究主题，选择小型建筑这一建筑类型全程自主零碳运行作为研究目标，着重解决小型零碳建筑能源供需平衡的技术问题。研发了集成软硬件结合一体式解决方案的智能零碳工作坊，装配风力发电机与光伏发电板作为零碳工作坊的供能来源，无市电接口，实现供能零碳化，安装自主开发的能源调控系统，保证用能稳定。相较于中大型建筑，小型建筑的围护面积、比例及可搭载的供能设备有限，实现其稳定零碳运行更加困难，为了完成北京冬奥会建筑运行领域零碳化的最后一步，团队为智能零碳工作坊加装储能模块，结合机器学习、大数据统计和深度学习方法进一步优化智能调控系统，创新性地从人员行为入手，实时根据人员动向调整用能分配，并建立舒适度评价体系，在确保零碳工作坊长时间稳定自主零碳运行的同时，人员舒适度不受影响。智能零碳工作坊的技术与实际效果相比于其他小型建筑在供能、用能与人员体验等方面均处于领先地位，开发的调控系统填补了小型建筑零碳运行软件调控环节的空白。智能零碳工作坊在北京冬奥会期间成功应用，是冬奥会期间唯一不接市电实现全程自主运行的小型建筑，完成了其他国内外类似小型建筑未能完成的工作，夯实冬奥建筑领域零碳化成果。

智能零碳工作坊在北京冬奥会与冬残奥会部署于国家速滑馆西侧，期间不外接电源，自主运行50余天，期间克服了连续7天风光条件不佳的情况，实现了长期自主零碳运行的基本目标，每天减碳量达到27棵树的水平，顺利完成了冬奥期间应急服务站点的任务，保证了相关人员的正常工作与生活和舒适度需求。成果应用效果得到北京冬奥组委技术部、北京冬奥村场馆运行团队、国家速滑馆、国家游泳中心和首钢滑雪大跳台的肯定，受央视、新华社、《人民日报》等100余家主流媒体的正面报道。在后冬奥时代，智能零碳工作坊在成都大运会成功应用，带来了良好的生态与社会效应，并与青海零碳产业园和山西纯氧健身有限公司达成合作意向，在对应的园区、城市大规模应用，为小型建筑零碳运行提供关键支撑，成为建筑运行领域实现低碳、零碳化的关键拼图。

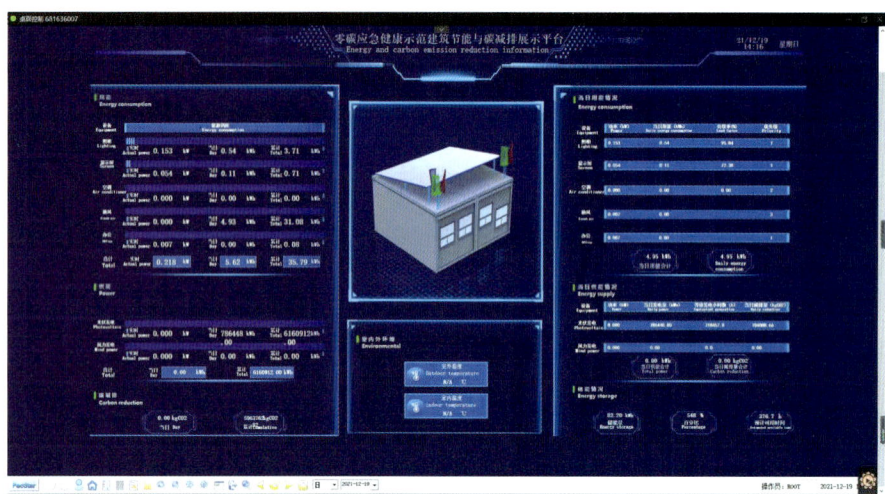

零碳工作坊智能调控系统

智能零碳工作坊部署于国家速滑馆西侧

联系人：沈萌，北京理工大学能源与环境政策研究中心，010-68918593，mengshen@bit.edu.cn

二、运动科技板块

运动科技板块全称是冬季项目运动训练与比赛关键技术,主要任务是围绕运动员技能优化、体能训练和训练监控、高性能竞赛器材和服装等方面部署任务,重点研发科学化训练方法和装备,形成适合我国运动员生物特征和运动特点的高性能装备,初步构建我国冰雪运动科技支撑体系。该板块共部署了21个项目,中央财政经费预算3.94亿元,通过风洞辅助训练系统等技术手段有效提升了运动效率,创新研发了适合我国运动员特点的头盔、竞赛服等系列低风阻高性能运动装备,用科技抢时间,提升了运动员参赛水平。

1. 优秀运动员专项能力测评模型和运动员参赛策略

冬季项目运动员专项能力特征研究,在我国尚属空白。深刻理解、准确把握冬季运动项目专项能力特征及发展规律,构建冬季项目优秀运动员专项能力结构模型,为各冬季项目专项能力的剖析提供理论指导,是备战北京冬奥会的有效科技途径。优秀运动员专项能力测评模型,紧密结合冬季项目的普遍性与特殊性,基于人—机—环等相关因素,应用人体生理、运动能力等测量技术,依据归因理论,构建了由内源性模型与外源性模型共同构成的冬季项目专项能力测评模型,填补了对冬季项目专项能力的研究空白。研究首次建立了基于国家队运动员的优秀冬季项目运动员专项能力数据库,构建了不同冬季项目优秀运动员专项能力评价标准及测评操作规范,用于协助备战北京冬奥会的冬季项目国家集训队开展体能测评与训练指导。

研究编写了以专项能力测评和科学训练指导为主要内容的《北京2022年冬奥会运动员参赛策略指导手册》,在2020—2021年冬奥会备战期间为冬季项目相关国家队及各支集训队运动员提供专项能力测评服务。利用模型在北京冬奥会期间多轮次对运动员健康、机能、体能进行了测试与评估,选拔状态优秀的运动员,有针对性地解决运动员训练及比赛中竞技状态监控、特殊环境对比赛成绩影响等问题,有效支撑保障了运动员较高专项能力的维持,实现了北京冬奥会上全项目参赛的预期目标,尤其是对越野滑雪、高山滑雪、钢架雪车等取得历史最好成绩发挥了支撑作用。

在二七国家冰雪运动科训基地为国家队运动员进行体能测评

北京 2022 年冬奥会运动员参赛策略指导手册

联系人：孔振兴，北京体育大学，010-62972161，kongzhenxing@bsu.edu.cn

2. 优秀运动员专项能力评估分子标记模型

遗传因素在很大程度上影响着运动能力，但运动表现是复杂的性状，研究分析冬季项目优秀运动员的分子特征,创新性地将分子标记融入专项能力评估,可以精准化制定运动员专项能力的测评和训练方案,加强备战期间运动队训练计划的科学性与针对性。研究采集和构建了世界上样本量最大的优秀运动员30X全基因组测序数据库,包括运动员DNA库、基因组学数据库、DNA甲基化数据库和专项能力相关指标数据库,基本覆盖北京冬奥会备战的全部国家队运动员。基于运动员多组学数据库构建了耐力、速度、爆发力等专项能力评估分子标记模型,模型能解释专项能力差异的14.2%、9.5%和19.8%,为北京冬奥会提供最具潜能的耐力、速度和爆发力项目运动员90人。这是国际上首次利用分子标记模型方法,评估运动员的竞技潜能及筛选运动员参加冬奥会,该方法不仅填补了我国在运动分子研究领域的空白,而且在国际同类研究中处于领先地位,为今后运动组学标记研究开创了新的途径。

专项能力发展评估分子标记模型服务于冬季两项、越野滑雪、雪橇、雪车、短道速滑、速度滑冰、单板滑雪、自由式滑雪等23支冬季项目国家队的专项能力评估,并提出训练指导与建议。国家体育总局冬季运动管理中心、教练员评价该成果"紧扣训练实际,结合分子标记开展的个性化训练监控、专项能力分析、以运动员个体遗传特点辅助制定的专项能力提升训练计划,有效地保证了运动员的竞技状态提升,为冬季项目运动员的科学化训练提供了有效助力,为运动员在北京冬奥会取得优异比赛成绩提供了有力的科技保障"。

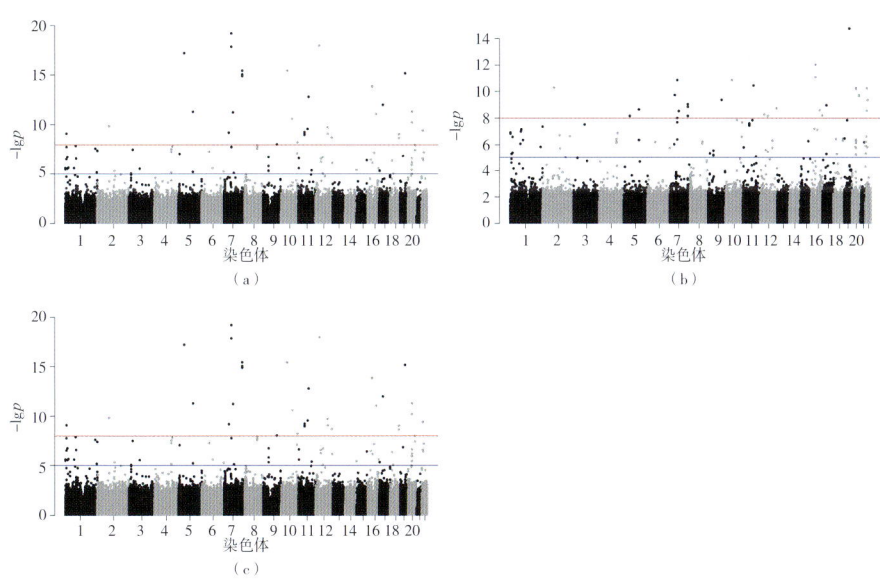

优秀运动员专项能力评估分子标记

注:①纵坐标代表SNP位点对应的p-value值(即统计显著性水平),图中对p-value值进行-lg转换,使得p-value值更容易区分。横坐标代表SNP所在的染色体编号。

②红色和蓝色线为阈值线,蓝色为$-\lg(1\times10^{-5})$(≈ 5),红色为$-\lg(5\times10^{-8})$(≈ 7.3),分别代表建议性显著性和全基因组显著性水平。高于这些阈值的SNP位点被认为是与所研究表型显著相关的。

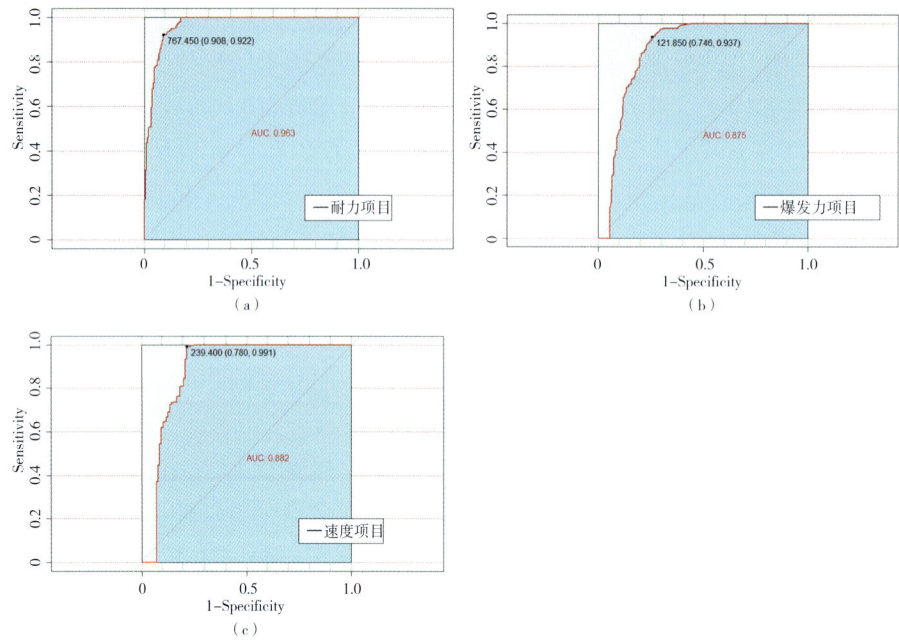

优秀运动员专项能力评估分子标记模型评估图

注：Sensitivity 和 Specificity 是评估二分类模型性能的两个重要指标。

纵坐标 Sensitivity 衡量了模型在所有实际为正例的样本中，正确预测为正例的比例。它关注的是模型对正例的识别能力。横坐标 1-Specificity 是特异性的一个简单变换，它表示了模型将负例错误地预测为正例的比例。这个值越高，说明模型在预测负例时犯的错误越多。

联系人：何子红，国家体育总局体育科学研究所，13693209487，hezihong@ciss.cn

3. 基于人工智能技术的优秀运动员竞技表现分析系统

借助动作捕捉系统采集运动员动作技术的三维数据，并进行动作技术分析，是运动生物力学助力运动员提高成绩的重要方法手段。无反光点人体运动自动捕捉人工智能系统应用计算机深度学习和图像识别技术，可准确获取冬季项目三维动作技术数据，实现运动员技战术数据实时反馈与评价。系统的人工智能自动识别算法在速度、准确度和鲁棒性3个方面均处于领先水平，是我国首套利用自主研发算法且能达到世界领先技术水平的运动生物力学数据采集及分析系统。该系统还具备大范围数据采集功能，能够满足不同运动项目动作捕捉与数据分析需要。可通过对空间中已知距离的物体的自动跟踪进行大范围三维空间重建，可实现蹦床、钢架雪车、自由式滑雪空中技巧、球类项目等在较大空间内的数据采集，是行业中首次实现超大空间的三维运动分析，为空中技巧这一技术难度为主的项目提供准确定量的技术数据，为同类项目技术分析提供了测试方法。

无反光点人体运动自动捕捉智能系统在为短道速滑、速度滑冰国家队奥运备战服务期间，为武大靖、范可新、高亭宇等运动员的技术动作进行测试与分析，确定影响运动表现的关键问题，提出针对性训练建议，提升了运动表现，助力在赛场上夺取金牌。系统还广泛应用于其他"科技冬奥"项目为国家队提供的科技助力工作中，克服大范围、低温及旋转等诸多难点，稳定准确采集了运动员大量动作技术数据，为跳台滑雪、自由式滑雪空中技巧、大跳台、钢架雪车等冬季项目技术分析诊断和计算机建模仿真提供方法学支持。

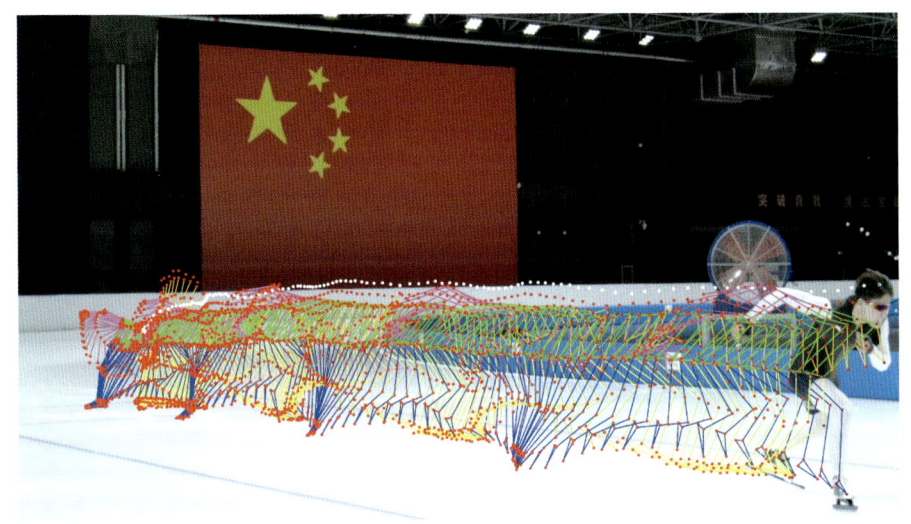

无反光点人体运动自动捕捉智能系统对运动员进行技术动作解析

联系人：刘卉，北京体育大学，010-62989308，liuhuibupe@163.com

4. 高精度动作识别与分析技术覆盖训练效果评估反馈

针对冬奥技巧类项目动作幅度大、难度高、速度快、环境复杂、运动数据实时采集和反馈慢等难点，自主研发了多模态生物力学动作技术分析快速反馈系统。该系统融合了基于计算机视觉的 AI 三维姿态估计技术、基于超宽带通信技术（UWB）的精准定位和微型传感技术、北斗卫星导航定位技术、无人机自动跟拍等先进手段，实现了对运动员的身体姿态、动作速度等关键生物力学指标的精准感知、分析与反馈，为教练员和运动员的科技助力提供了切实可靠的技术手段。首次搭建了配备实时反馈技术系统的移动测试实验车，采集到的多模态数据由边缘计算单元进行实时处理。通过智能融合算法，系统可以将不同数据源的信息进行时空配准，构建运动员动作的数字孪生模型。使用者可以通过可视化界面直观地分析运动员的技术动作，并根据偏差提供针对性的指导意见，从而实现对运动员动作表现的三维生物力学特征进行无干扰实时监测及反馈，协助教练员基于科学化数据，对运动员进行实时精准技术指导，进而优化与提高运动表现。

利用该系统采集冬季项目国家队运动员训练数据，累积分析并形成常态化、个性化报告，着力解决冬季项目科研基础薄弱、科学训练监测匮乏与指导不足等现状。同时结合计算流体力学与风洞测试，评估动作风险、优化空中动作、保障其安全和高效。该成果为跳台滑雪男女运动员全项目参赛，取得冬奥会上历史最好成绩做出了贡献，运动员成绩明显提高（飞行距离与起跳速度之比提升 5% 以上）。针对精准获取雪上技巧类项目中高空转体等动作三维运动数据的难题，利用多模态融合定制化可穿戴传感器服装及高精度视频采集技术，获取空中不同动作阶段的三维数据，实现高难动作的人体三维空间变化数据的重构，应用于自由式滑雪空中技巧项目训练中，助力北京冬奥会中自由式滑雪空中技巧"bdFF"动作的首次成功完成。

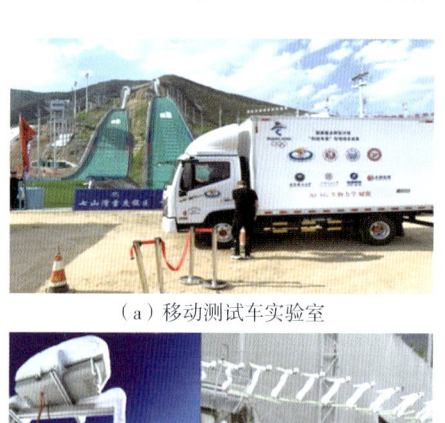

（a）移动测试车实验室　　　　　（b）自动追拍机器人

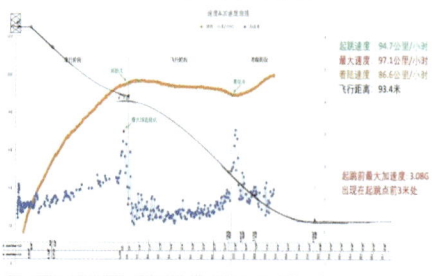

（c）飞行区单目影像测试　　　　　（d）多机位全景 3D 动作捕捉

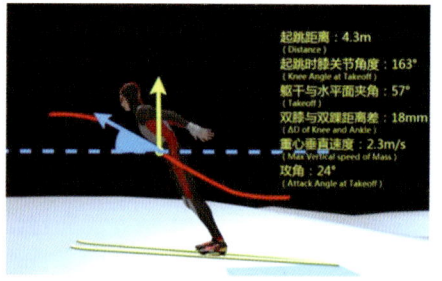

（e）UWB 全程测速报告　　　　　（f）数字滑雪人技术指标

多模态生物力学动作技术分析快速反馈系统组成部分

下篇 "科技冬奥"重点专项优秀成果选编

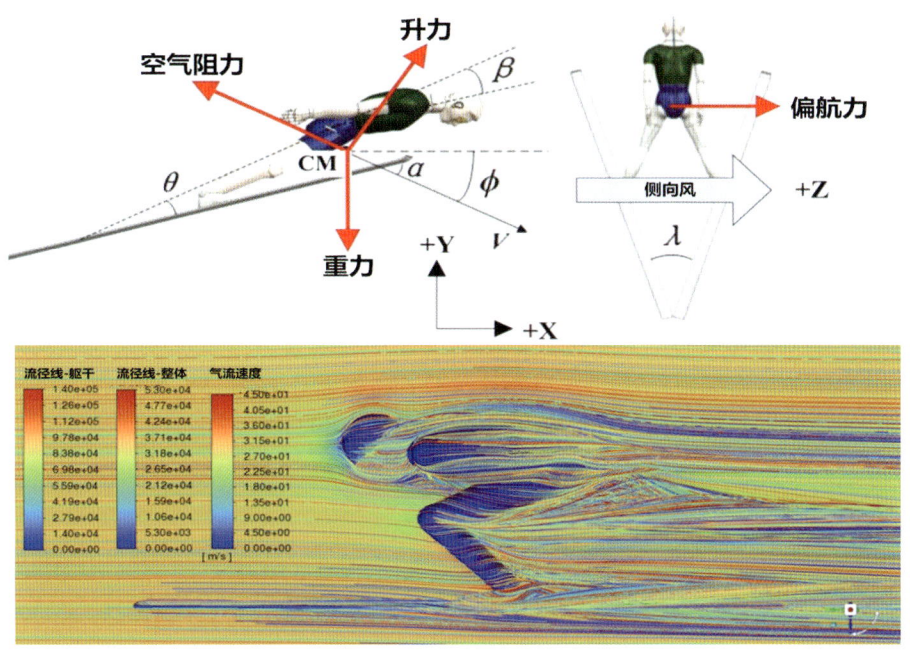

计算流体力学分析跳台滑雪起跳及空中动作

多模态生物力学动作技术分析快速反馈系统在自由式滑雪空中动作控制中的应用

联系人：黄灵燕，上海体育大学，021-65507860，alice37yn@163.com

5. 多维度无线脑电系统贯穿认知训练评估反馈

该系统是一套借助无线脑电采集设备，分析并评估雪上项目运动员唤醒状态、大脑疲劳程度和表象训练效果的，集采集、分析和可视化反馈于一体的评估分析系统。该系统主要包括 quick-20 无线脑电采集设备、冬季项目运动员脑神经活动效率分析软件和冬季项目运动员脑神经活动实时效率分析软件三大部分。能够实现：①无线连接的脑电设备和主机之间的连接状态可控；②脑电信号实时采集与分析；③实时分析并反馈运动员相关心理状态的大脑神经活动效率，如心理疲劳指数、表象训练效果等。以上功能的实现，能够帮助运动员与教练员对训练过程中特定技巧和动作有更加清晰的认识，方便提高训练效率。通过脑电数据分析，将相应冬季运动项目运动员的训练情况以更加直观和数字化的方式展示出来，有利于衡量运动员训练心理和认知状态的变化情况。

本系统的研发旨在将运动训练实际应用于脑电设备，实现不同场景下脑电设备与主机之间的无线连接，并确保连接状态可控。同时在连接情况下，实现数据的实时采集和分析，将运动员每时每刻的大脑活动状况以更加直观和数字化的方式展示给教练或者其他工作人员。数据的实时在线分析，不仅方便运动员、教练员或其他工作人员对运动员执行特定技巧或动作的情况有更加清晰的认识，还使训练更加有针对性、提高了训练效率。此外，针对每一位运动员的实时分析结果进行了整理，并收集运动员的主观评价，最后将结果进行保存，方便衡量运动员长期的训练情况。针对雪上技巧类项目运动员动作稳定和平衡控制的大脑神经活动解构特征，构建了提升运动员动作稳定性的关键心理技术，以及最优化神经动作控制模式的技术方案。重点解决了运动员高难动作控制模式优化和大脑神经效率提升等关键问题。

协同体能测评技术，系统性探究运动员在多感觉干扰条件下的姿势控制机制。自主研发了运动员平衡能力和运动表现强化的动作模式和体能训练的技术方案，并在单板滑雪 U 型场地技巧和自由式滑雪空中技巧等国家队示范应用，助力实现了与上届冬奥会相比运动能力相关指标提升 20% 以上的目标，为提高这些项目的竞争力提供了重要支撑。

下篇 "科技冬奥"重点专项优秀成果选编

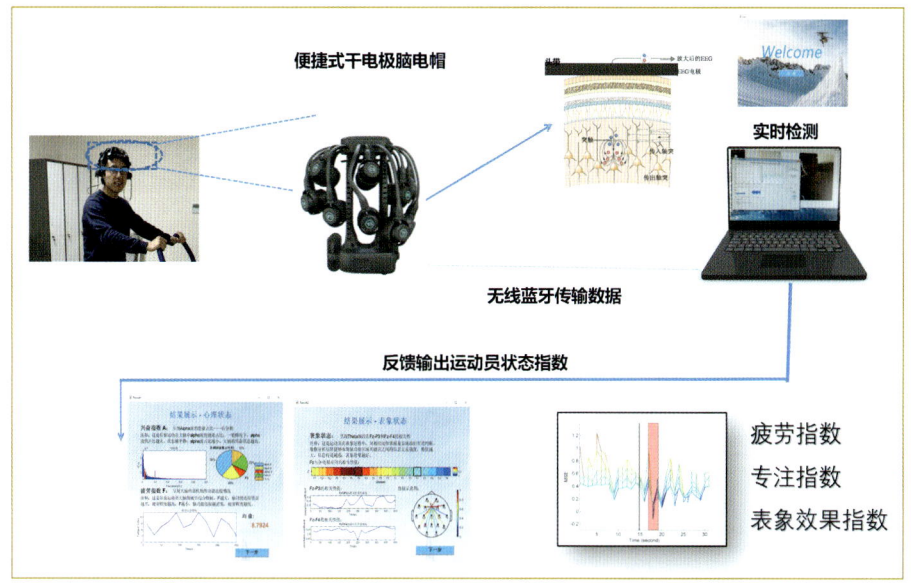

多维度无线脑电系统贯穿认知训练评估反馈原理

联系人：黄灵燕，上海体育大学，021-65507860，alice37yn@163.com

6. 神经启动可穿戴技术嵌入训练效果干预增能

神经启动可穿戴技术，作为国内首创，具备便携和方便使用的特点，可以应用到运动员训练中。利用北京冬奥会成功申办的契机，本项目开创性地将神经启动技术嵌入智能可穿戴设备硬件中应用于冬季项目实训。以国际领先的神经调控技术为理论依据，有机结合不同冬季运动的项目特征，模拟试验多种刺激方式、靶点、强度等因素，逐步探索了10余项增强力量、爆发力、耐力、认知、平衡、动作控制等功能定制化的神经调控方案。研究了契合中国冬季运动员的整体化、个性化神经启动技术，初步解决了国内冬季项目运动员进入状态慢等问题。该成果在理论与实践意义上均丰富了我国冬季项目训练比赛的科研保障内涵。依托前期积累率先研发了基于经颅电刺激（包括经颅直流电、交流电、相位干涉电场TI）的便携式可穿戴神经启动装备——滑雪头盔式的经颅电刺激装备，该设备契合冬季项目运动特点，使用方便可靠。

北京冬奥会备战周期内，在自由式滑雪空中技巧、跳台滑雪、U型场地技巧、花样滑冰、速度滑冰等10余支国家队开展了神经启动可穿戴技术的应用，助力各支国家队完成冬奥会的备战工作。通过将测试结果的分析及反馈迭代应用，针对不同项目与重点运动员设计个性化刺激方案，助力冬季项目运动员运动能力与效率的稳步提升。

(a) 研制的第一代神经启动装备（样机）　　(b) 研制的第二代神经启动装备

滑雪头盔式的经颅电刺激（包括经颅直流电刺激、经颅交流电刺激、TI）装备

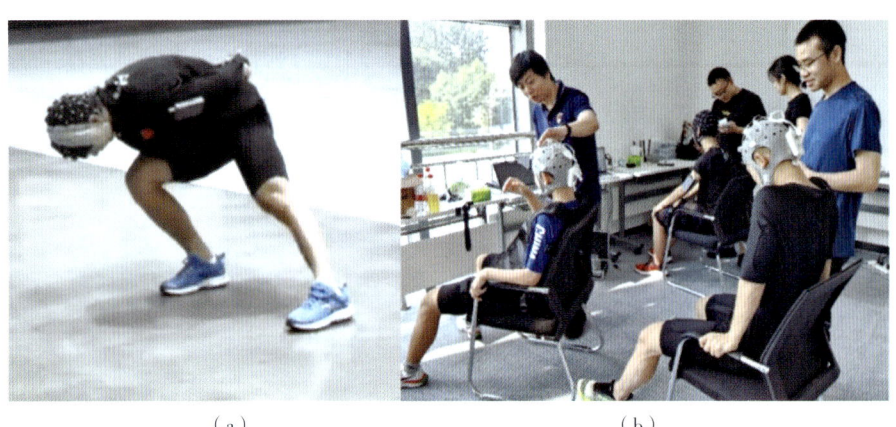

(a)　　(b)

(c)　　(d)

神经启动技术在各支冰雪国家队的应用示范

联系人：黄灵燕，上海体育大学，021-65507860，alice37yn@163.com

7. 个性化关节诊疗系统保障训练损伤预防

我国冬奥项目关节损伤发生率较高，且缺乏客量化的监测手段和防护策略。运动损伤的实时监测有助于调整训练负荷，科学预防损伤与及时康复，从而间接提升运动表现。传统监测技术局限于"运动"时的关节活动趋势或"静止"时的关节内在结构，无法实时监测运动过程中关节的实时在体运动学特征变化。针对下肢骨/关节等高损伤风险部位，创新性地研发了两套数字化、智能化诊疗技术。一是高速双平面正交荧光透视成像系统：将二维影像技术与三维建模技术相结合，实现了不受皮肤、软组织影响的个体化关节运动分析，测试精度达亚毫米及次度级。二是便携式光学六自由度关节功能分析系统：将红外运动捕捉系统与手术导航技术相结合，实现了便携、无创、不同场地条件下的下肢关节六自由度数据分析，满足运动员随时随地随队监测的需要。两套国际一流、原理先进、应用场景多样化的数字化关节诊疗系统，通过客观、量化监测运动员关节运动功能及损伤，预防潜在运动风险，科学有效地制定防护策略，形成了运动损伤数据指导康复的良性闭环。

高速双平面正交荧光透视成像系统已用于竞技体育高冲击运动下关节在体运动学机制研究及损伤评估；便携式关节六自由度关节功能分析系统已用于自由式滑雪空中技巧、单板滑雪场地技巧等多项冬季项目运动员训练前后随时随队运动监测，开展膝关节运动疲劳、损伤特征研究，并基于运动学数据完成个性化支具的适配与改良，实现损伤防护及加速康复。基于个性化数据为30人次国家队运动员设计定制髋、膝、足踝关节护具，针对花样滑冰奥运选手等问题进行了高效的康复治疗与训练，并在国家队应用示范，得到了运动员和主教练的一致认可。

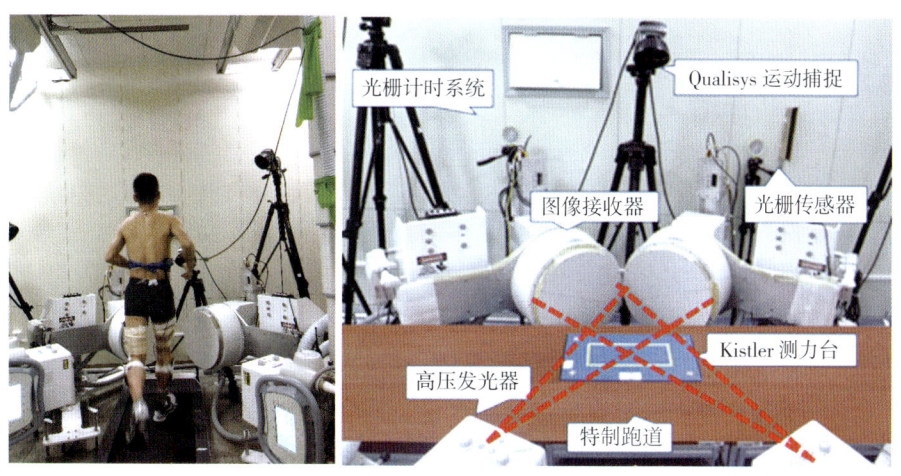

高速双平面正交荧光透视成像系统

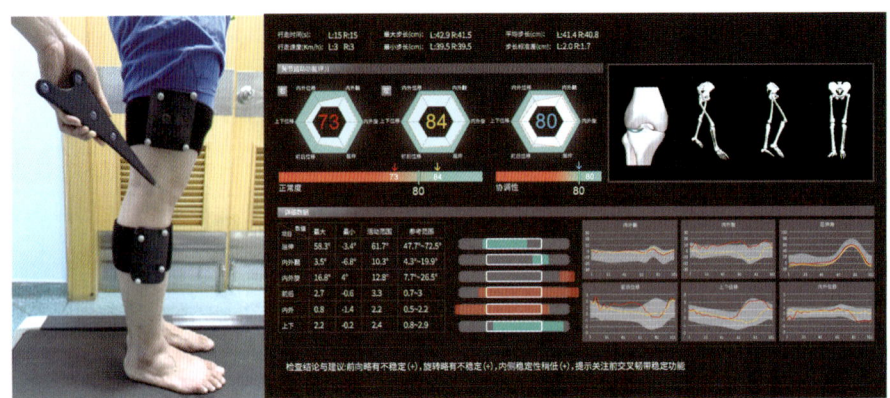

便携式光学六自由度关节功能分析系统

联系人：黄灵燕，上海体育大学，021-65507860，alice37yn@163.com

8. 残疾人能力特征定量评估技术

为填补冬残奥运动装备辅助器械及适应性训练技术与方法的国内空白，助力科技冬奥，提升冬残奥运动员运动表现，创新性提出了人—器械—动作一体化的研究技术路线，并运用于运动员比赛器械的设计优化及调整，突破了残疾人能力特征定量评估、基于人机融合的适应性训练方法和适配运动员能力发挥的比赛器材定制等技术，达成运动员装备辅助器械高效适配、运动员基础能力和专项能力提升、运动表现改善的效果。为了对残疾人的基本能力特征进行精确评估，突破传统的集群肌肉评估方法，使用肌肉肌电评估方法对残疾人的薄弱环节实现精准评估定位，进而改善弱侧，提出了一套系统的能力特征定量评估技术，并开发出相应的装置和测量分析方法，开展了残疾人能力评估（提出肌电不对称测量方法，开发出分级平衡板），专项动作训练和质量评估（开发出越野冬两室内模拟训练系统），出发门瞬间力和速度评估（开发出单板出发门检测系统），动态训练过程评估（开发出单板可穿戴数据采集系统并进行越野冬两速度和能耗采集）。

成果共产出5项核心技术工作，填补了国内外针对残疾人运动检测、分级、评估的专项技术与器材空白，获得多项国家发明专利授权。在北京冬残奥会备赛训练期间，对越野滑雪、冬季两项、单板滑雪、高山滑雪等项目共计79人次进行了专项数据采集与分析，针对每个运动员的个体情况提出针对性改进训练方案，并为后续适配个人特征与能力的训练与比赛器材辅具开发打下基础。此外，残疾人运动员的训练分析技术可以向我国助老助残产业技术转移，可以转化推广并造福众多残疾人朋友。

高山分级平衡板　　　　　冬残奥坐姿滑雪运动员在室内越野滑雪模拟器上训练测试

联系人：徐青华，中国残疾人体育运动管理中心，010-80471920，xuqinghua@caspd.org.cn

9. 残弱侧能力适应性训练技术

突破原有训练方式中强调刻苦的训练方法，从补偿肢体残缺带来的能力短板出发，开发针对弱侧肌肉和肌肉群的器材辅助训练方法，个体针对性的训练及能力提升措施形成了闭环。能力训练量化的闭环："成绩/细节监测—找差距—个性化训练—评估—训练/装备优化"；训练程度科学可控的闭环："伤病/疲劳监测—找原因—体能/康复训练（代偿）—状态监测"。为实现这两个闭环，自主研制了10多套运动员生理与运动、行为学及动态能力参数的测试设备及分析技术平台，并对每个运动员进行了测试、分析及针对性的体能与技能训练方案。团队针对本项成果开展了改善肌力不对称的训练（开发出新材料专项训练辅具和越野冬两上肢残肢训练器），坐姿平衡能力训练（开发出高山平衡绳训练器），出发门上肢能力训练（开发出高山跪姿上肢训练器），可变参数改善效果训练（开发出越野冬两弹性训练架，可调角度训练架和可调高度、角度的支撑架），视觉反馈的出手感觉训练（开发出冰壶出手检测系统）等研究。

成果共计7项核心工作支撑，团队根据运动员实际训练中的问题和需求研发的多种训练技术与装备填补了国内空白，获得多项专利授权，研发的运动器械的各种参数性能达到并超过了国外装备。成果在运动员基本能力和专项能力训练中得到了充分应用，针对每个运动员的残疾特征找到了针对性的训练方案和发挥能力特长的途径，由此极大地提升了将业余运动员培养为顶尖运动员的训练效率。此外，这些装备可以改进后进一步应用于残奥运动员的训练中。参加冬季运动（滑雪、滑冰）项目的各类残疾人（截肢、截瘫、小儿麻痹）都需要不同类型的运动辅助器械，项目研制的这些专项体能训练器、模拟训练器等新技术可以服务于更多残疾人，挖掘更广阔的应用价值，以此打造我国冬季专项运动训练的特有技术和装备产业。

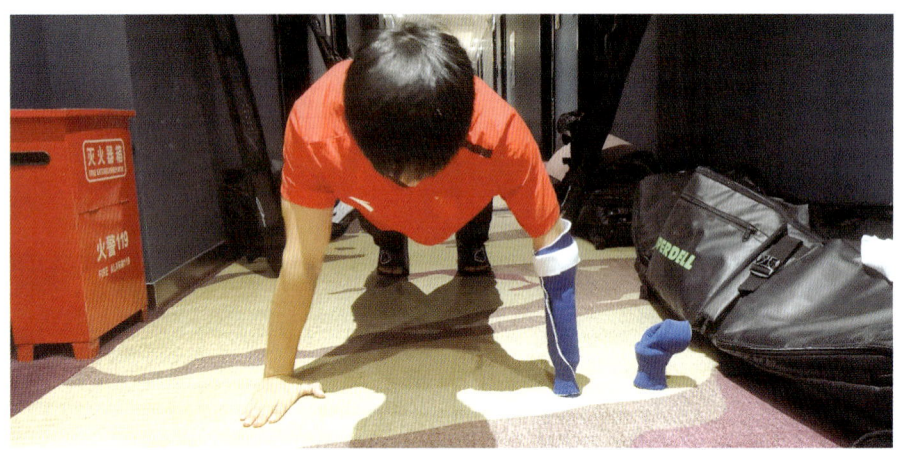

肘下截肢运动员在辅具帮助下做俯卧撑训练

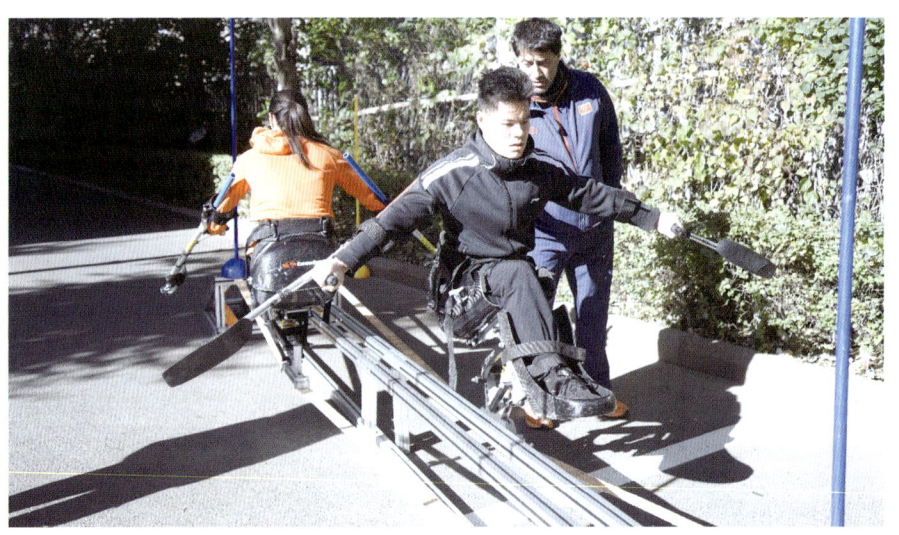

冬残奥高山坐姿滑雪运动员在平衡训练架上进行专项能力训练

联系人：徐青华，中国残疾人体育运动管理中心，010-80471920，xuqinghua@caspd.org.cn

10. 适配发挥能力的比赛器材定制技术

突破原有适配发挥能力的器材全部需要受欧美进口的约束，从我国残疾人运动员的残余能力评估和残端情况出发，从力学、运动学和感觉适配、残端发力优化、运动关节协调、降低二次损伤等角度开发出国产个性化的比赛器材。残疾人运动员的损伤

下篇 "科技冬奥"重点专项优秀成果选编

形式各异,必须借助器械进行有效训练和比赛。冬奥赛场是最高水平的竞技,微小的细节综合影响巨大。项目创造性地提出了以人与器械有机融合为核心的科学假设,并开展了提升运动员各项能力的器械设计与能力训练方法的系统研究。开展适配能力发挥的比赛器材(开发出高山和冰球适配残端形状的座舱和适配残端发力的结构,开发出单板运动假肢和接受腔,开发出越野冬两个性化坐式滑雪架和设计算法),碰撞防伤器材(开发出杜仲胶复合材料高山护甲和冰球护具),专项比赛器材(开发出单板碳纤维片和冰壶推杆头及推杆),冰上环境残端保暖辅具(开发出加热保暖辅具)和特殊比赛器材(开发出单板定制垫板和冬两定制扳机枪托)的设计。

本成果共计11项工作支撑,其中7项工作在北京2022年冬残奥会赛场中得到应用,覆盖了高山滑雪、越野滑雪、冬季两项、单板滑雪、轮椅冰壶等5个大项,为助力残奥健儿在赛场上争金夺银起到了直接作用。本次冬残奥赛事越野滑雪三金得主杨洪琼,在赛场中使用了团队多次为其迭代调整定制设计的越野滑雪架,并在赛后对滑雪架及团队工作表示了高度的认可与感激,她说:"'鞋子'合脚,才能'跑'得更快!"此外,其他技术成果在运动员的实际使用中同样获得了广泛认可,共收获了112份运动员使用好评和3份教练感谢信。这些成果的应用情况充分证明了其在实际比赛中的价值与效益,为六大项国家队的优异成绩提供了有力的技术支撑。最后,我国上冰雪的3亿人中有相当一批残疾朋友,研究成果具有广阔的应用市场,在系统研究国外成品特征的基础上研究开发我国自主产权的模块化、性能优越的器材装备并形成冬季残疾人运动的运动辅助用品产业链,可以有助于实现残疾人冬季运动器械的自主高新技术产品并形成产业优势的目标。

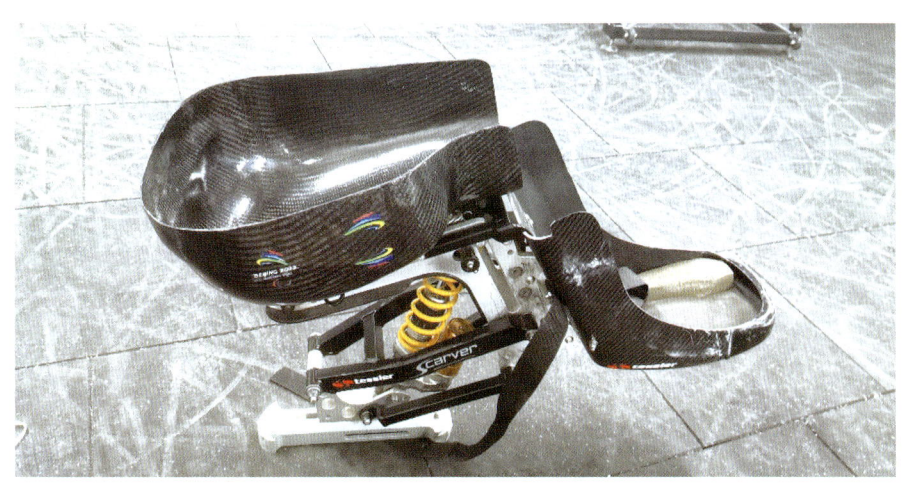

高山滑雪座舱

"科技冬奥"重点专项优秀成果选编

冬残奥会比赛使用肘部防撞护具

冬残奥会使用的个性化滑雪架

联系人：徐青华，中国残疾人体育运动管理中心，010-80471920，xuqinghua@caspd.org.cn

11. 冬季项目智能训练管理系统

针对我国冬季项目训练科学化水平低、智能辅助系统缺乏等主要问题，开发了冬季项目训练智能管理系统。该系统包括动作捕捉相机、足底压力鞋垫、柔性表面肌电等硬件，以及集成运动捕捉识别、生理参数采集、运动力学计算、肌骨动力学模拟等6个子系统的自研软件。突破了以下4项关键技术：人体动作捕捉、足底压力、表面肌电等多维同步采集技术，可以实现运动学、动力学和生理学参数的实时同步采集和解算；建立了包含680个肌肉束、40块骨骼结构和78个关节自由度的人体骨骼肌肉模型，可以针对特定运动项目简化获得专用分析模型；基于大量风洞实验和数值模拟研究建立了跳台滑雪运动员不同姿态下的空气阻力数据库，并发展了耦合空气动力学数据库的肌骨动力学分析方法；发展了基于运动学参数和肌骨动力学分析的地面反力、转动惯量和转动能算法，实现了现场实时解算分析运动员的转动力学参数。基于上述关键技术，最终构建了综合考虑动作姿态、空气阻力、地面反力、生理功能并可进行骨骼肌肉动力学分析的智能训练管理系统，可为教练员制定个性化训练方案提供智能决策支持。

该冬季项目训练智能管理系统已经直接应用于2022年北京冬奥会单板及自由式滑雪大跳台、雪车雪橇、跳台滑雪等多支国家队的备战工作，所服务运动项目的运动员在冬奥会上获得了一金一银一铜的优异成绩。系统分析生成的4个客观指标被纳入单板及自由式滑雪大跳台测试赛评分体系，占40%评分（其余为主观打分）。基于此系统还形成了雪车及钢架雪车的全程运动学分析系统及跳台滑雪国家队运动员"专项生物力学数据库"。该系统的科技服务成果被央视新闻和体育频道、新华社、《中国科学报》、《中国青年报》等媒体报道，新华社通稿被美国 Today News、迪拜 Big News Network、纳米比亚通讯社等国外媒体转载，产生了广泛的社会影响。在成果转化方面，目前已经成功孵化了一个科技类公司，并以该成果为基础申请并获批了1项中央军委"十四五"规划项目，目前已经成功研发基于织物电极、多源传感器、肌骨动力学分析的训练辅助与效果评估系统，实现了此民用技术向军事训练的转化和升级。

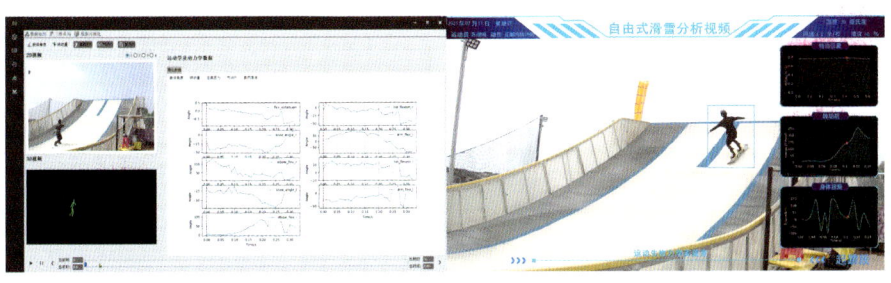

针对单板滑雪大跳台的自研无标记点动作捕捉和动力学分析系统

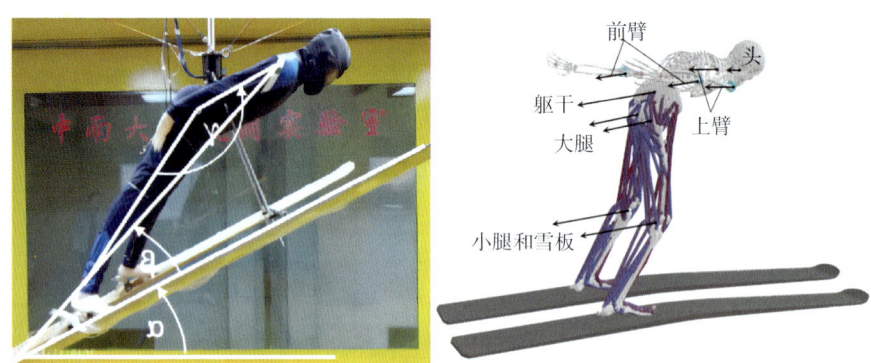

基于空气动力学的跳台滑雪肌骨动力学模拟计算

联系人：霍波，北京理工大学（现单位：首都体育学院），15001035101，huobo@cupes.edu.cn

12. 牵引式跳台滑雪模拟训练器

备战 2022 年北京冬奥会前期，通过调研发现我国存在标准训练场地少、风洞实验室成本高、模拟训练器匮乏等问题，导致专业队伍训练效率低、训练成本高。为解决这一问题，根据国际雪联官网发布的标准 HS120 级别跳台进行等比例缩小，设计并研制了牵引式跳台滑雪模拟训练器。该训练器可以让运动员感受到真实训练出台角度的感受，也可以在绳子牵引下在较长时间范围内由教练员指导调整动作。

在此之前，国内的跳台滑雪训练器较为单一，不适合专项运动员进行技术训练。运动员难以长时间滞空，无法对空中动作技术质量进行优化。牵引式跳台滑雪模拟训练器解决了这一问题，并增加了牵引装置这一创新点，确保运动员在安全牵引下，降低心理恐惧，增加滞空时间，优化动作技术；帮助教练及时提出问题并对运动员进行反馈，提高训练效率。牵引式跳台滑雪模拟训练器还在起跳处内嵌三维测力台，可以实时记录运动员起跳时的发力水平，反映运动员的起跳技术质量，为运动员的训练监控和评估提供科学有效的数据。

牵引式跳台滑雪模拟训练器放置于吉林省吉林市磐石莲花山国家科学化训练基地，用作跳台滑雪运动员驻训期间专项训练使用。同时，该训练器配备安全扶手和牵引保护装置，操作简便，模拟度高，也可用于跳台滑雪初学者体验和初级教学；尤其针对青少年，可进行冰雪运动推广和普及教育。该训练器也为我国青少年的冰雪运动教育提供了设备基础，有利于提高我国跳台滑雪后备人才力量。

下篇 "科技冬奥"重点专项优秀成果选编

牵引式跳台滑雪模拟训练器

牵引式跳台滑雪模拟训练数据呈现

联系人：周越，北京体育大学，（010）62989582，chowyue@163.com

13. 室内多自由度模拟滑雪训练系统

本成果以滑雪运动室内训练为背景，针对 2022 年冬奥会滑雪项目运动员训练和成绩提升的需求和存在的关键科学技术问题，通过对滑雪类项目人—机—环境系统建模与分析、滑雪训练系统运动形态识别与位姿测量、滑雪训练平台的研制和协同控制技术、滑雪运动员个性化训练的智能决策支持系统等内容的研究，研制了一套用于室内训练的多自由度滑雪训练系统。该系统包括用于滑雪运动员训练的可穿戴运动信息测量设备、多自由度运动平台、模拟滑雪训练平台和多自由度模拟滑雪跑台。其中，多自由度模拟滑雪跑台俯仰角度为 10°～45°，侧向倾斜角度为 -4.9°～4.9°，台面整体最大侧向和纵向位移范围为 ±0.2 m、最大移动速度为 0.2 m/s，最大加速度为 2 m/s^2，实现运动员的"奥运赛道"模式、过旗门、大回转和小回转等具体训练内容，有效提高了训练效率。

该成果实现了基于洗出算法的滑雪运动室内临场感模拟，填补了我国在室内滑雪训练设备方面的技术空白。通过采集分析运动员训练数据，提供数字化、多维度的技术动作分析和训练指导，为科学化训练提供指导依据，提高了滑雪运动训练的个性化适应性，为冬奥会上滑雪项目突破性进展提供科技储备与平台支撑。

多自由度模拟滑雪训练系统切实解决了高山滑雪高效训练的实际问题。该成果参加了北京科博会——科技冬奥主题展、河北冰雪运动会开幕和产品展览、国家"十三五"科技创新成就展等，被中央电视台、北京电视台和新华社等多家媒体报道，具有较好的示范推广作用。该成果符合加快推进"科技冬奥（2022）行动计划"的发展战略，提升了我国雪上项目的训练竞技水平，带动了雪上项目的科技发展，打破了国外相关技术壁垒，实现了雪上项目训练设备的国产化与自主化，并逐步实现了在该领域内相关技术的"追赶"到"领跑"，带动了体育装备产业的迅速发展，具有广阔的应用前景。

可穿戴运动信息测量设备

多自由度运动平台

模拟滑雪训练平台

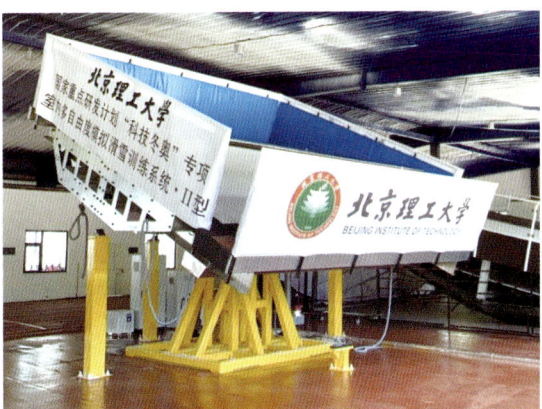

模拟滑雪训练跑台

联系人：刘向东，北京理工大学，13811178438，xdliu@bit.edu.cn

14. 冬季项目国家科学化训练基地建设

国家科学化训练基地面向我国冬奥会科技保障的重大战略需求，针对越野滑雪、跳台滑雪、冬季两项、高山滑雪4类项目，围绕4类冬季项目科学化训练的实践，结合4类冬季项目运动队进驻科学化训练基地的要求，对接科技助训技术与设备的需求。构建集"训练理论—科技助力—训练实践"三者有机融合的国内领先的一站式科技服务平台，实现了科研、训练和保障"三位一体"的无缝衔接与充分融合，建立了训练实践主导关键技术和科技设备研发与应用测试体系，采用现场测试法对科技助训关键技术与设备进行检验，促进其与冬季项目训练实践的有机融合。服务于冬季项目四季科学化训练及冰雪专业人才培养等。

北京冬奥会备战期间，为速度滑冰、短道速滑、越野滑雪、高山滑雪、跳台滑雪等项目的 10 余支国家队提供科技助训服务。成果转化为吉林省体育局竞技能力提升重点实验室（冬季项目），在第 14 届全国冬季运动会助力十四块金牌，项目涵盖短道速滑、冰舞、越野滑雪等。成果转化为东北师范大学冬季项目科学化训练科普基地，通过开展科普活动，进一步科普科学化训练的内容与过程，聚焦青少年健康成长。成果构建东北师范大学冰雪学院，招收冰雪专业学生，扩大冰雪人才规模，提升冰雪人才质量。

国家冬季项目科学化训练基地

联系人：张守伟，东北师范大学，13756097999，zhangsw178@nenu.edu.cn

15. 人体高速弹射装置

针对速滑制胜关键技术（弯道技术）训练中存在的体力消耗大、入弯速度一致性差难题，提出牵引电弹射技术，适应人因工程构建弹射参数体系，突破面向人体的高平顺、超安全高速弹射技术，研制成功国内首台人体高速弹射装置，可实现将最多 3 名运动员同时加速至 20 m/s 的速度，同时输出速度可调。本装置是国内首台（套）人体弹射装置，实现了对冰雪运动员安全、稳定、可靠、舒适的加速，输出速度可调且最高输出速度高于比赛中能达到的最高速度，同类技术达到国际先进水平。本装置通过提出自主牵引方案，解决了对人体进行加速存在的安全性难题；采用变频技术来控制加速过程，保证了整个加速过程的稳定性；通过设计弹射参数，避免运动员弹射过程中的不适感，提高了舒适性；通过大冗余设计，使装置可以同时加速最多 3 名运动员，同时输出速度可调,保证了装置的适应性。

应用本装置开展弯道技术训练从2020年1月起就成为速滑国家队的日常训练科目之一,改变了中国速滑弯道技术训练的模式,突破了专项技术的训练难题。此外,据国家队教练组反馈,装置除为弯道技术训练提供助力外,还为运动员提供了超速体验,有效帮助运动员克服了对高速的恐惧心理。

人体高速弹射装置于2019年研制成功,零损伤长期应用于速滑国家队训练,有效提高了我国运动员弯道技术,强助力速滑国家队在北京冬奥会多个项目上获得历史最好成绩,国家体育总局冬运中心、国家队主教练和科技助力团队负责人分别开具应用证明、应用效果证明和无损伤证明,《人民日报》、新华社等专题报道多次,科技部签发感谢信,发明专利获"体育风云科技奖"发明创新优胜奖。

弹射装置应用

联系人:郝继光,北京理工大学,13661365179,hjgizq@bit.edu.cn

16. 生理生化监控关键技术

训练监控作为冬季项目训练与比赛的关键技术之一,能够保障运动员机能状态良好,防止过度疲劳及运动损伤的发生,加快消除疲劳和机能恢复,是显著提升2022年北京冬奥会参赛运动水平中的重要一环。在理论研究方面,完成了冬季项目运动员训练监控指标体系、评价方法与标准的建立,筛选出23个适用于冬季项目运动员健康管理、训练负荷控制和疲劳恢复的新指标和新方法，编写了《备战北京冬奥会国家队运动员机能监测实施细则》并应用于各冬季项目国家队机能监控工作中。冬奥会训练备战期间累计为22支国家队，提供1672人次机能检测，指标体系范围广，评价方法与标准准确性高，获得各冬季项目国家队的高度认可。该技术初步阐明了低温暴露环境中人体有氧能力及代谢的变化规律，以及芳香疗法对于运动疲劳的缓解及其可能机制。在设备研发方面，研发的运动员无创机能监控系统，是一种基于物联网技术建立的自助式运动员心率、血压、血氧饱和度和睡眠的监控系统，能够便捷、快速地监测运动员的机能状态，防止过度疲劳及运动损伤发生。研发的尿液颜色比色卡可以实现简单快捷地评定水合状态并提供补液建议。研发的运动员脱水级别智能分析与补液指导系统通过检测尿液颜色空间数值，智能分析颜色所属等级并依据颜色等级制定补液建议，该系统能准确评定运动员的水合状态，提供个性化的补液指导建议。

北京冬奥会赛前和比赛期间，研发成果无创机能监控系统和脱水级别智能分析与补液指导系统应用在国家钢架雪车队、花样滑冰队、速度滑冰队、越野滑雪队、单板滑雪平行大回转队等队伍，得到相关国家队的广泛好评。

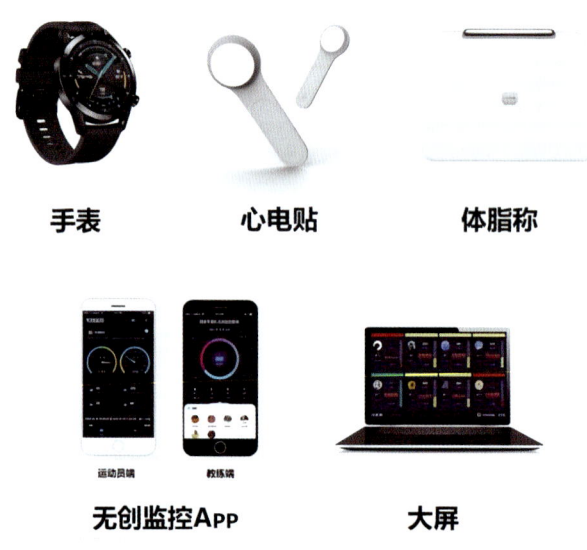

运动员无创机能监控系统

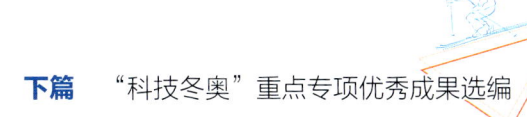

下篇 "科技冬奥"重点专项优秀成果选编

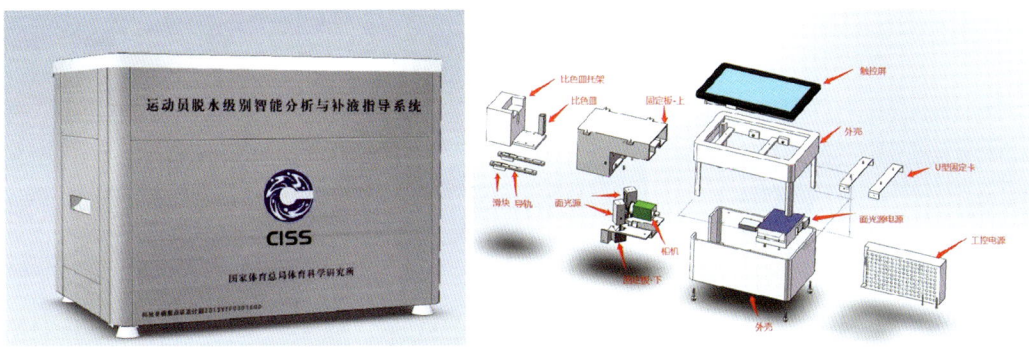

运动员脱水级别智能分析与补液指导系统

联系人：房国梁，国家体育总局体育科学研究所，010-87182532，fangguoliang@ciss.cn

17. 运动疲劳消除关键技术

训练与疲劳是对立统一的矛盾体，没有疲劳的训练是无效的训练。长时间大负荷训练必然带来疲劳的积累，但疲劳的过度堆积是影响训练效果和伤病发生的主要原因之一。多项研究发现，训练间歇期吸氧补氧有利于疲劳的快速消除，提升运动表现，并有调节能量代谢和内分泌功能的作用。研发的局部吸氧设备采用变压吸附技术，通过分子筛将空气中的氧气富集，氧气含量达到90%以上，具有便于携带、低温适用等特点。研发的全身补氧系统采用富氧设备、休息舱与监控系统的组合，富氧设备采用膜分离技术，分离出的富氧气体通入休息舱，运动员在休息舱内沐浴于富氧环境，休息舱内设置空气监测仪表时刻监测舱内的空气质量，并进行报警设置。该系统还可实现模拟高原低氧环境的功能，供运动员进行低氧训练或休息。同时，提出了多种促进体能恢复的给氧方案、不同项目运动员各训练阶段的疲劳特征研究与应用、快速吸氧和全身补氧干预效果评价的指标体系和方法等成果。

北京冬奥会赛前备战期间，局部吸氧设备和全身补氧系统应用于国家钢架雪车队和二七厂训练基地，在训练后利用局部吸氧设备和全身补氧系统帮助运动员实现疲劳的快速消除及身体机能恢复，保障了运动员以良好的身体状态投入训练。为我国钢架雪车运动员在冬奥会上获得好成绩提供了科技保障，得到了国家钢架雪车等队伍的高度好评。

局部吸氧设备

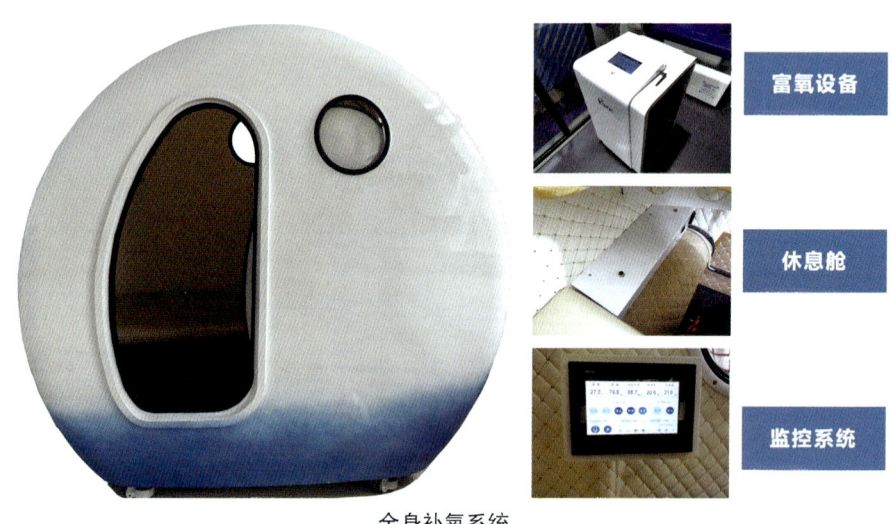

全身补氧系统

联系人：高炳宏，上海体育大学，13817671181，gaobinghong@126.com

18. 经颅脉冲电刺激仪

经颅脉冲电刺激技术可通过特定频率的神经夹带作用与电流的双极脉冲特性，选择性激活内啡肽，使神经突触兴奋性发生改变，从而改善睡眠质量，促进运动员疲劳快速消除。研发的经颅脉冲电刺激仪，包括手持式、头戴式和立式3种。手持式经颅脉冲电刺激仪便于携带，可用于开展大规模疲劳消除实验。头戴式经颅脉冲电刺激仪可通过手机等移动终端，实时控制刺激电流幅值和刺激时间。立式经颅脉冲电刺激仪集成配套研制了人体生理参数测量模块，并可实时监测人体心电、血氧、血压、体温等生理参数。

北京冬奥会赛前，先后对中国国家男子冰球队、中国自由式滑雪空中技巧国家队、中国单板滑雪大跳台和坡面障碍技巧国家集训队、中国国家短道速滑队4支队伍的部分运动员进行了"疲劳消除的经颅脉冲电干预"科技助力，对帮助运动员提高睡眠质量等起到积极作用，得到相关国家队的广泛好评。

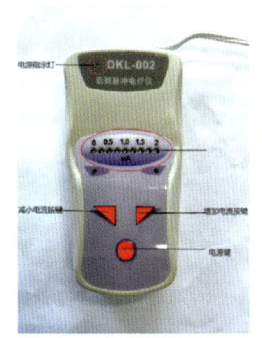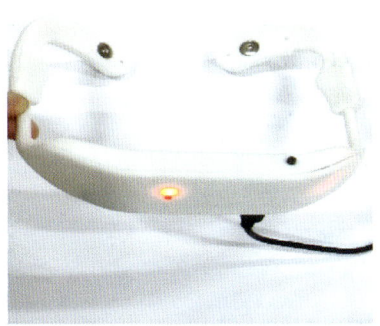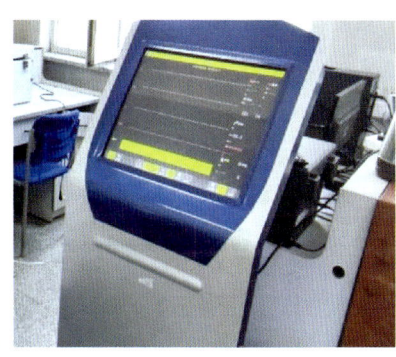

经颅脉冲电刺激仪

联系人：刘建，深圳大学，18761736851，Liujianty2005@163.com

19. 心理调控关键技术

高质量的训练是运动员比赛发挥的基础，而运动训练过程的心理监测与控制是提高训练质量的关键。研发的运动员个性化心理测评与训练系统，可以系统评价运动员个人心理变化的倾向和趋势，以便有针对性地应用心理调节手段，设置心理训练方法，提高心理干预的效率。该系统是集心理测评、心理调节、心理训练和数据管理4类功能于一体的综合系统。各功能模块既各自独立又相互联系，且具有高度的开放性，用户可根据需要进行自定义添加和设置以满足不同运动员的个性化需求，以帮助运动队对运动员训练中和临赛前的心理状态开展系统、长期、有效的动态评估，并进行可持续性的心理保障。借助新的虚拟现实技术，研发行之有效的心理训练方法，提高运动员抗压力、抗干扰、抗心理疲劳的能力是其又一重要内容。对比了目标设置、榜样启动、腹式呼吸、神经反馈等改变定向的心理调节方法及正念等接受定向的心理调节方法对提高运动员自控能力、应对压力的效果。将参赛关键心理因素归纳为主场优势、疫情应对、自信等12个主题60个具体问题，编制成《北京冬奥会中国运动员参赛心理调节指南》，提供了《科学备战、规避风险和主场参赛教练员运动员心理应对策略报告》。

开发了具有普适性的抗压力、抗干扰和抗心理疲劳 VR 训练系统，包括恐怖恶魔、奖惩射击和雪谷探险 3 个模拟场景，同步采集行为和生理数据，实时评估用户的心理压力并提供心理指示语帮助应对压力。开发了具有短道速滑专项特征的抗压力、抗干扰 VR 训练系统，实现了心理、生理和行为评价指标同步交互，通过 6 个具有短道速滑比赛特点的虚拟场景帮助运动员在模拟训练中形成相应的比赛心理应对策略。

冬奥会赛前，分析了 25 支冬季项目国家队运动员共计 2049 人次的心理测试数据，构成了"运动员个性化心理测评与心理训练系统"进行心理测评和结果反馈的基础数据。在国家队开展的心理测试、形成的个人反馈报告和集体反馈报告得到了 21 支国家队的高度认可。同时在北京冬奥会赛前通过相关公众号将《北京冬奥会中国运动员参赛心理调节指南》推送各项目国家队，在冬奥会期间累计阅读量达到 570 人次。很好地帮助运动员了解在赛前和赛中可能遇到的各种问题及相应的心理应对策略。

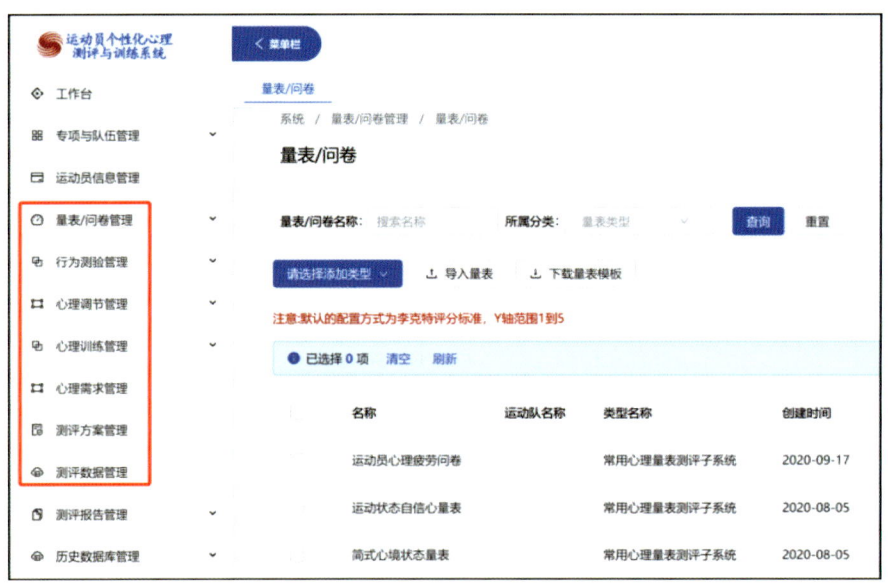

运动员个性化心理测评与训练系统界面

抗压力、抗干扰和抗心理疲劳 VR 训练系统

联系人：张力为，北京体育大学，13681278048，liweizhang@hotmail.com

20. 国家队营养保障与智慧医疗综合服务平台

为满足国家队运动员医疗与营养科技保障信息化的现代化管理、建设和发展需求，解决国家队医疗与营养科技保障的重点和难点，建立了国家队营养保障与智慧医疗综合服务平台，该平台基于国家队智慧医疗子系统、专家远程技术支持子系统、健康档案数据库子系统、营养保障子系统、集成平台子系统等多个子系统模块，通过先进的音视频技术、远程交互技术、数据可视化技术、大数据智能分析技术等，建立了运动员健康档案数据库，实现了远程会诊、远程影像诊断、急救康复指导、远程教育培训、营养管理等功能，全面优化和整合了各类运动员医疗信息资源，打造了全国首家运动员医疗与营养科技保障信息化系统。该系统通过物联网技术对接健康监测设备、智能餐台等收集运动员数据，通过私有云存储和计算，通过大数据分析技术进行精准的健康评估和预测，通过用户行为分析技术提供个性化的营养建议和健康管理方案，还能通过加密技术和匿名化处理确保运动员的信息安全。通过信息化、智慧化、大数据等多方面创新技术的应用，为国家队"一队一策、一人一策""科医与疫情防控"等多项政策提供了有力支持，成为实施国家队运动员重大伤病会诊制度的有效抓手，为国家队运动员营养支持人员、临床医务人员和相关管理部门提供了便捷高效的工作平台。

该平台的建设使用，响应了备战北京冬奥会中国国家队运动员医疗与营养保障需求，直接应用于北京冬奥会，满足了冬奥备战与竞赛期间国家队运动员医疗档案信息化的迫切需要，进一步发挥了由知名运动医学、运动康复、运动营养专家和体育训练及管理专家组成的专家团队作用，及时解决了因国家队训练比赛场地分散、优质医疗资源分布不均等因素导致的运动员伤病预警和远程会诊不及时等问题，实现了为国家队运动员提供远距离医疗与营养科技保障的目的，实现了备战奥运国家队医疗与营养科技保障工作的提档升级，为今后国家队训练和比赛的医疗与营养科技保障工作打下了坚实基础。

系统整体图

联系人：王若昀，国家体育总局运动医学研究所，010-67116611-2201，13522903898@126.com

21. 中国冬季项目运动员膳食营养素适宜摄入量（AI）标准

应用循证营养学、能量消耗和膳食调查法、文献研究和专家论证等方法，首次系统制定了针对中国不同冬季项目运动员训练期的营养素每日适宜摄入量（AI），填补了目前冬季项目运动员营养推荐标准缺乏的国内外空白。国内 2004 版《优秀运动员营养评价标准及干预指南》仅涉及 5 个冬季项目，本次标准的制定覆盖了冬奥会全部项目，包括越野滑雪、冬季两项、北欧两项、跳台滑雪、自由式滑雪、高山滑雪、单板滑雪、雪车、钢架雪车、雪橇、花样滑冰、短道速滑、速度滑冰、冰壶、冰球共 15 个分项，指标涵盖能量、碳水化合物、蛋白质和脂肪 4 种宏量营养素和 17 种微量营养素适宜摄入量，确保膳食营养满足不同项目运动员基本营养需要。系统分析了我国冬季项目运动员常见的营养现状及问题，汇总 20 余年来国内外冬季项目运动员与营养研究的新证据、推荐标准进展，形成中国冬季项目运动员膳食营养素适宜摄入量（AI）标准和研究报告各 1 份。考虑运动员个性化营养补充的需求，研制工作也重点跟进了国际上运动员营养推荐指南和共识的最新进展，结合了冬季项目寒冷、高海拔等环境下运动训练的特点，从公斤体重、性别、重点项目及千卡热量等维度进行营养素适宜摄入量表述，使其更符合运动员个性化营养的需求。与 2004 版相比，该版调整了原有 5 个项目（速度滑冰、越野滑雪、高山滑雪、花样滑冰和冰球）的能量摄入推荐量（增加或减少），根据实际情况增加了钙和维生素 D 等的摄入推荐量。

该项成果应用于北京冬奥会备战和参赛营养指南、营养策略和个性化营养方案的制定，为我国冬季项目运动员参赛北京冬奥会及今后备战冬奥会膳食营养评价和营养干预提供了重要参考，也为运动员个性化精准营养管理和营养食品研发提供了重要依据，具有良好的科学性和前沿性。

联系人：安楠，国家体育总局运动医学研究所，010-64529926，532813269@qq.com

22. 运动员智慧化营养监测及管理系统

随着互联网技术的发展，"智慧体育"应运而生，基于不同项目运动员膳食摄入和能耗数据的阶段采集，依据已建立的适宜摄入量标准，利用智能终端及物联网技术采集数据，将运动员营养数据和训练、机能监控数据相联通，集成开发了国家队营养管理智慧化系统，建立了重点运动员营养数据档案库跟踪个体数据信息，同步搭载冬季项目营养策略库，对不同训练阶段、不同负荷、环境和运动员个体状态变化实现精准跟进。该系统以综合数据化为特征，包含运动员管理、训练记录、膳食记录、机能状态、营养配餐、餐厅菜品数据和食品安全等 8 个模块，搭载了运动员体重管理、训练补充、损伤康复等营养策略；新研制的 5 个智能监测设备，包括智能餐台及管理系统、智能补液、智能无感体重、膳食营养分析软件和运动员营养管理小程序，实现了前端数据自动采集和平台交互，该项成果填补了国内技术空白并取得软件著作权专利。

该系统在北京冬奥会期间部署了首钢、二七厂等 7 个冬季项目主要训练基地，建立了超过 500 余名运动员的营养管理数据库，完成了训练基地 2000 余道基础膳食的数据采集分析和标准化，出具运动员营养评估报告数百份；在备战和参赛期间，上述智能营养管理系统对冬季项目运动员营养信息进行了同步采集、处理与分析，针对不同阶段营养补充问题，为闭环内国家队运动营养师制定营养方案提供了决策依据，提高了备战和赛时营养管理的效率和精准度，有力推动了冬季项目营养保障的科学化、个性化和智能化进程，实现了国家队营养保障的全新科技服务模式，并随着数据的不断积累和更新，为今后我国高水平运动员营养管理提供了重要蓝本。

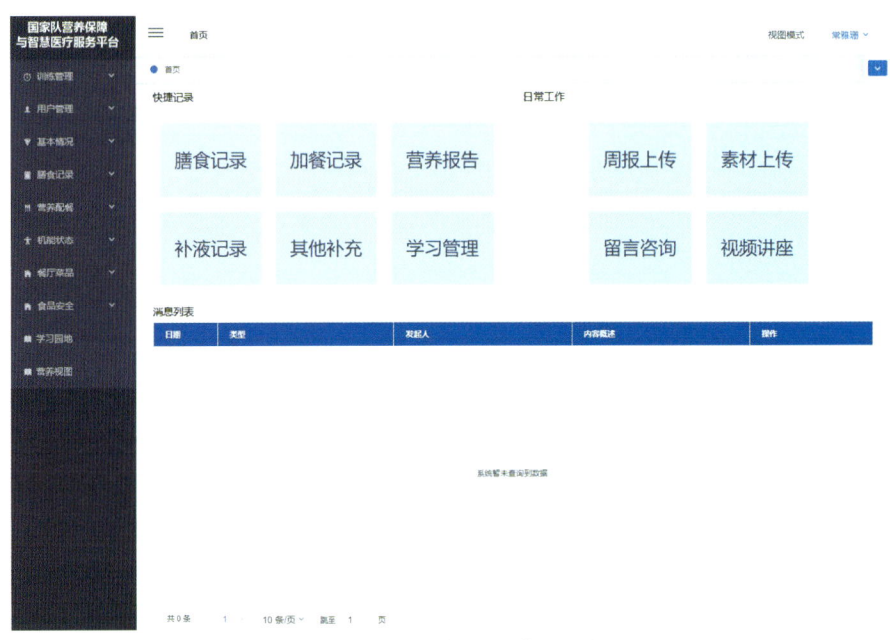

运动员智慧化营养监测及管理系统

智能餐台及管理系统

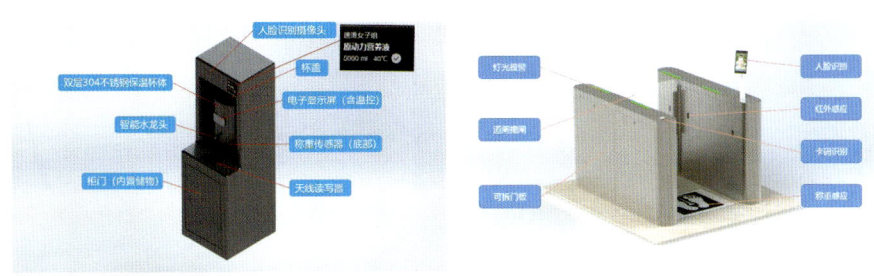

智能补液监测设备　　　　　智能无感体重监测设备

联系人：安楠，国家体育总局运动医学研究所，010-64529926，532813269@qq.com

23. 滑雪运动辅助训练智慧监测系统

从研究雪场环境、滑雪装备、运动员的运动学、生理参数、技战术等滑雪运动状态影响因素出发，分析得到了滑雪运动状态监测对大范围全程多人监测和实时反馈，多维度参数同步分析，系统全流程自动化、适用性强、干扰小等方面的需求。滑雪运动辅助训练智慧监测系统深度融合应用可穿戴传感、无人机平台跟踪拍摄、视频图像分析、高精度分段计时、4G/5G 传输等技术，解决了大范围场地中高速移动的雪上项目运动员训练中运动状态参数难以精确获取、训练效果缺乏量化评估和无法及时反馈的问题。通过对可穿戴传感系统、无人机跟踪摄像系统、多点多角度同步定点摄像系统、多段激光分段计时系统、具有位置或速度信息声音提示功能的辅助训练装置进行系统集成，形成了滑雪运动辅助训练智慧监测系统。系统具备多目标检测、跟踪、轨迹分析和同步数据叠加功能，实现对运动员基于不同技术手段的多节点、多维度同步定点定位监测。为高山滑雪项目教练指导训练、运动员优化技术提供理论指导和技术支撑。

在冬奥会和冬残奥会备战期间，系统已经进行了多次现场数据采集，在张家口、大连、牡丹江、白银多个雪场为国家冬残奥高山滑雪队、越野滑雪和冬季两项队、单板滑雪队、山西省高山滑雪队日常训练提供科技助力，完成了运动员、教练参与的系统验证试验和示范应用，为一线运动队提供了可进行数据采集、可视化指导、指标量化比较、智能化应用等系统，得到了专业运动队的肯定。

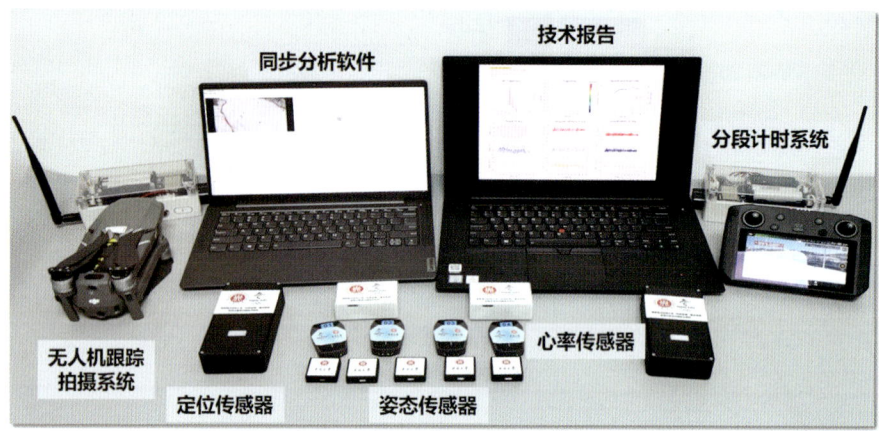

滑雪运动辅助训练智慧监测系统部分软、硬件

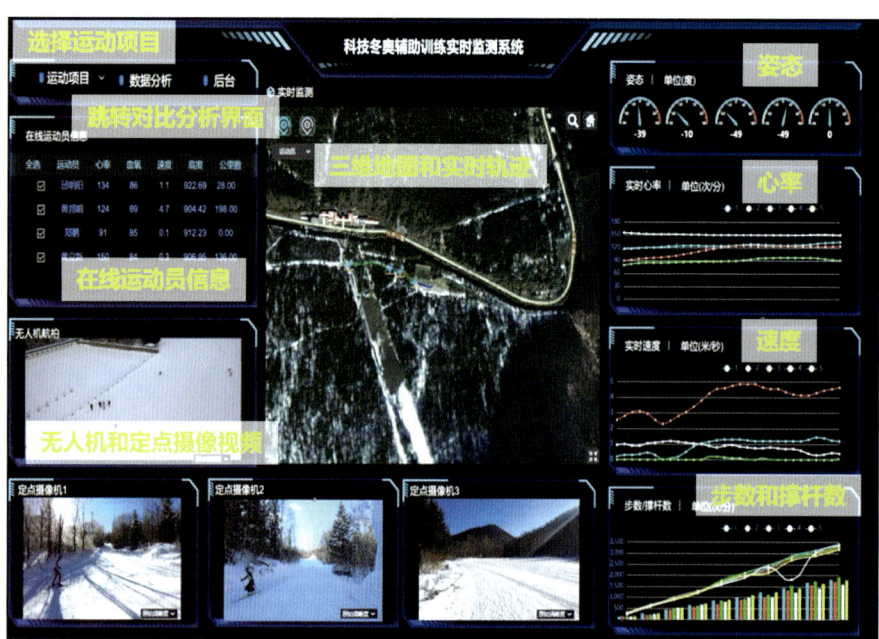

滑雪运动实时在线监测软件平台

下篇 "科技冬奥"重点专项优秀成果选编

滑雪运动辅助训练智慧监测系统在越野滑雪和冬季两项中的应用

联系人：何剑，中北大学，0351-3924575，drhejian@nuc.edu.cn

24. 全流程多角色智能交互竞训系统

全流程多角色智能交互竞训系统是把"竞训运动行为—数据感知和分析—技战术指导—调整运动行为"的各步骤形成实时反馈调整的闭环运行体系，创新性地融合人机交互和智能分析，提供可进行可视化指导、指标量化比较、实时临场指挥、宏观分析指导的智能化应用系统。应用了基于边缘计算和人工智能的动作姿态差异快速评价，研发的分析系统、交互系统、时空数据多维分割和剪裁、自适应成绩数据采集等技术，解决了运动大数据的智能采集和分析、比赛现场实时动作参数分析、即时交互式分析反馈等问题，辅助教练团队和科研团队发现问题并比对主要对手的技术特点，为其指导运动员进行技战术突破提供数据依据和智能工具。面向冬季运动的分析算法和应用模型涉及跨图像帧的复杂分析和分析模型间的联动调用，通过面向异构芯片的计算框架，大幅提升对于复杂算法的运行支撑能力。针对运动场馆场景下的高负荷时序列图像，研发了面向时间、空间、目标姿态相似度的数据多维分割剪裁实现快速分析手段，面向各类在运动现场运行的多任务、高负荷 AI 算法模型，有针对性地研制了分布式 AI 调度框架，通过分布式策略支撑对不同基础算子的重组调用，以实现现场侧的快速分析。

该系统应用于冬奥会比赛期间崇礼指挥中心，实现雪上项目竞争对手综合数据的分析比对，并在花样滑冰、短道速滑、速度滑冰国家队的训练和比赛，花样滑冰国家队奥运选拔中，分别通过面向体能训练、专项训练、竞赛表现等不同角度的分析系统，提供辅助支撑能力。2022 年冬奥会之后，分析系统、交互系统可用于竞技体育中的训练、赛事、转播，继续提高多个项目的竞技水平、赛事效果；边缘计算嵌入式装备 AI 能力，可用于升级全民健身设施设备、家用健身器材等，如无人无感健身房、运动公园，可衍生多种新应用和商业模式，助力体育产业发展。

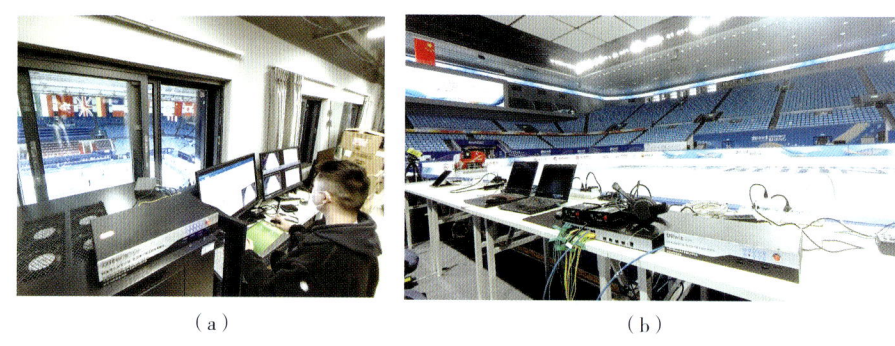

超融合平台边缘计算部分现场部署情况

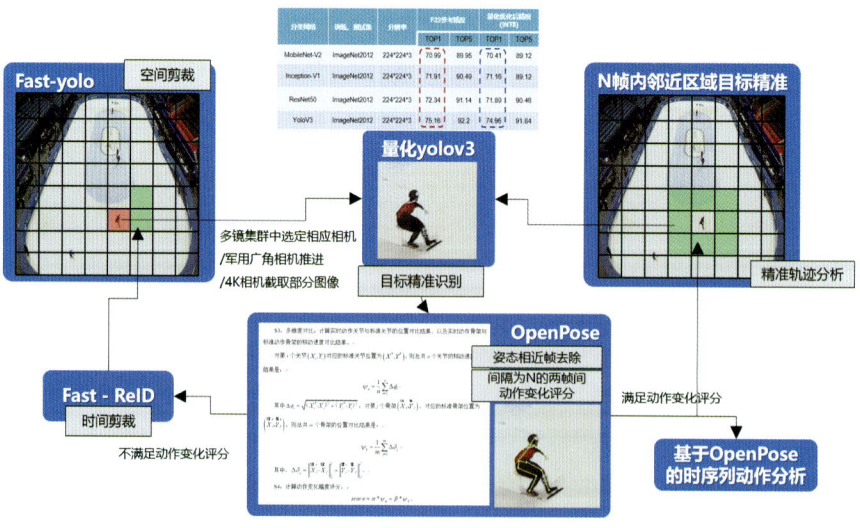

分布式 AI 调度系列框架

下篇 "科技冬奥"重点专项优秀成果选编

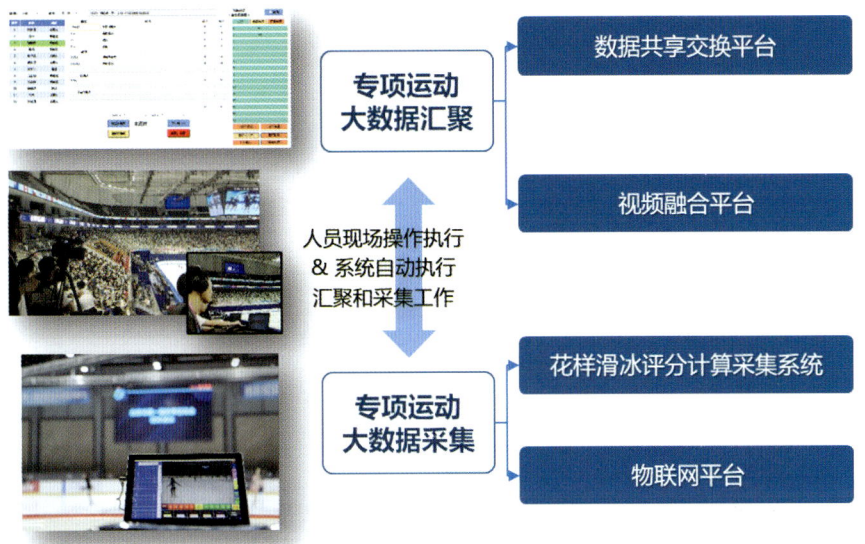

大数据采集手段和系统

联系人：姚远，中国科学院重庆绿色智能技术研究院，023-65935670，Yaoyuan@cigit.ac.cn

25. 雪上项目超精细时空尺度风场可视化赛场指挥系统

冬奥会雪上项目多在山地进行，气象条件复杂多变。许多雪上项目运动员需要在空中高速完成旋转、飞跃动作，并圆满安全落地，极易受到赛场环境，特别是风的影响。针对雪上项目国家队备战训练和比赛对实时、高精度风要素信息的迫切需求，围绕超精细时空尺度风场研究和可视化关键技术，建立了重点运动员比赛大数据库，突破了赛道风场信息时空大数据挖掘和超短时预测技术，攻克了雪上项目赛道风场多元信息可视化技术、秒级多点风场信息实时传输技术，研制了支持多雪上项目、多应用环境、多终端展示的超精细时空尺度风场可视化赛场指挥系统，创建了"人—机—环境"融合的雪上项目赛场指挥技术体系，推动了雪上项目运动员科学训练新模式的发展。赛场决策指挥时间由传统分钟级提升至1秒级，极大提高了运动员的竞技水平和有效训练时间，显著减少了运动员训练受伤的风险。该成果填补了我国雪上竞技体育精准气象保障与辅助赛场指挥的技术空白，处于国际先进水平。

雪上项目超精细时空尺度风场可视化赛场指挥系统已成功应用于北京冬奥会自由式滑雪空中技巧、冬季两项、跳台滑雪、北欧两项、单板/自由式滑雪大跳台和坡面障碍技巧、U型场地技巧等10支雪上项目国家队的备战训练和比赛中。为中国斩获雪上项目5金3银，以及多个项目取得历史最好成绩提供了强有力的科技支撑，受到了教练员和运动员的高度评价。《求是》杂志、《科技日报》、《北京日报》等报道了项目的创新成果，数十家媒体进行了转载。

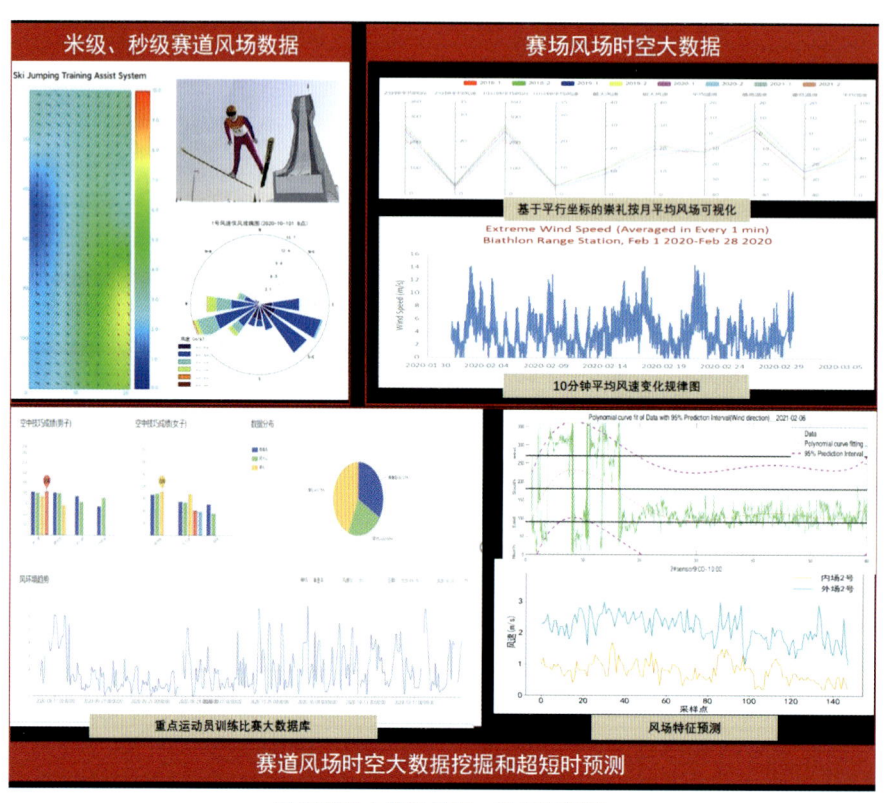

风场时空大数据分析、超短时预测

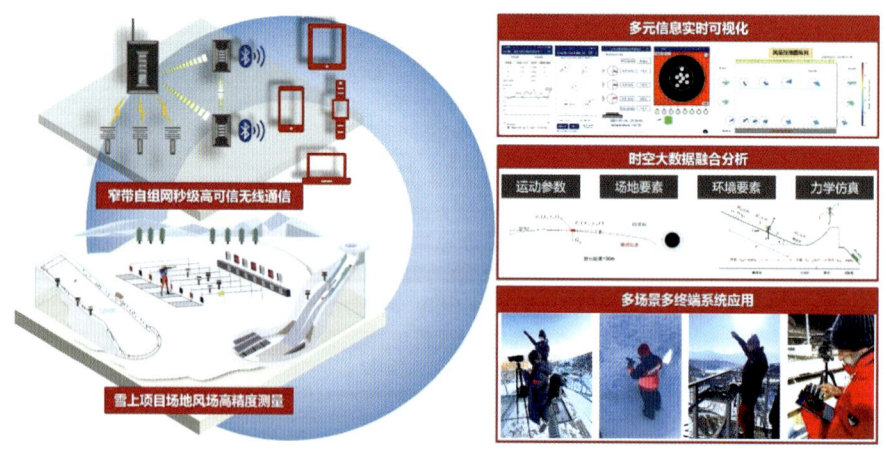

雪上项目超精细时空尺度风场可视化赛场指挥系统多雪上项目、多场地应用、多终端展示

联系人：张婷婷，中国科学院空天信息创新研究院，13681526498，zhangtt@radi.ac.cn

26. 低风阻高可靠国产有舵雪车（雪橇）

雪车是竞技体育中技术最顶尖的装备，针对雪车项目的进口装备与国人运动员匹配性不佳、装备性能不足严重制约我国冬奥运动员成绩提升等问题，由中国运载火箭技术研究院航天材料及工艺研究所牵头，联合国内相关领域，如北京化工大学、一汽红旗轿车等优势单位，组建了涵盖雪车设计、材料研制、产品开发及应用等产业链上下游协同创新联合体，产学研用集智攻关，综合运用风洞、数字仿真与试验迭代、数字化加工等先进技术手段，突破外形与结构一体化设计、高抗冲国产T800级碳纤维复合材料、复杂翼身融合结构高质量整体成型等关键核心技术，解决了雪车低风阻、高可靠等技术问题，研制了我国首台国产碳纤维雪车，填补了国内空白，相关技术水平国内领先。国产雪车气动与材料工艺等达到国际先进水平，舵身融合流线型外形空气风阻系数较同类进口雪车小5%以上；轻质高强国产T800级碳纤维复合材料的创新应用，在确保运动员安全的前提下最大幅减轻了雪车车身的重量，降低了雪车重心，提升了雪车的操控平稳性；基于复杂结构高质量整体成型工艺技术打造的国产雪车连接结构少，外形精度高，产品缺陷少，可靠性高。

国产雪车在北京冬奥会备战期间实现了国家队赛道训练应用示范，加深了国家队队员对于装备的理解和驾驭运用，有力支撑了国家队训练备战和北京冬奥会项目成绩的历史性突破。冬奥会后，与国家队密切配合协作，持续推进装备迭代完善，助力国家队"米兰周期"备战。国产雪车的研制实现了从"0"到"1"的突破，受邀参加国家"十三五"科技创新成就"科技冬奥"展，被社会大众广泛认可关注，激发了高端冰雪装备国产化的信心和热情，助力了国产碳纤维体育装备及相关产业的发展。

国产雪车碳纤维复合材料车身

首台国产双人和四人雪车

联系人：周宇，航天材料及工艺研究所，010-88522786，zhouyu364@163.com

27. 雪车头盔

针对冬奥会雪车专用头盔等高端器材国产化的迫切需求，综合应用三维扫描建模、高性能碳纤维复合材料、3D打印等技术手段，突破雪车专用头盔结构性能一体化设计、专用材料体系与成型制造等关键技术，完成了雪车专用头盔空气动力学减阻外观设计、缓冲层轻量化结构设计，开发了雪车专用头盔缓冲层专用材料，实现了核心材料国产化，完成了头盔的批量制造、生物力学评估与应用验证。建立了我国雪车专用头盔的设计—研发—制造—评价及应用一体化平台，实现雪车头盔的自主设计、制造和应用。为国家队个性化打造的轻质高强雪车头盔，实现了头盔与运动员脸形完美吻合，与国家队现役使用的头盔相比，减重20%，风阻系数减小9.7%，冲击性能提升25%，运动员佩戴舒适性和安全性显著提升。头盔通过了国际ECE专业认证和国内CCC认证，形成团体标准6项。相关成果在2023年6月8日通过了广东省科技成果鉴定，整体技术居于国际先进水平，并获得2023年度广东省机械工程学会科学技术奖一等奖。

冬奥会期间，该成果用于国家队运动员训练备战训练，解决了国家队无专用雪车头盔的难题。冬奥会之后，继续与国家队保持密切联系，持续推进装备迭代改进，不断提升装备性能。相关技术成果推广应用于滑雪头盔的创新研发与应用。该成果是智能制造技术在高端体育装备的重要应用尝试，有望推动冰雪装备个性化、专业化发展。

雪车专用头盔

联系人：李楠，东莞理工学院，13433086554，dglgln@163.com

28. 冬季运动服装工效机理与评价技术研发体系

针对冬季项目中国运动员体型特征、生理特征、服装工效等共性研究需求，对冬季项目国家集训队运动员全部扫描并建立冬季项目中国运动员人体数据库，提出3种体型分类方案，基于每种体型分类方案下的最优模型，建立了冬季项目中国运动员服装号型系统；研发典型竞速类项目高性能比赛服原型，结合冬季运动特点开展动态合体性人体工学研究，建立了典型竞速类运动人体皮肤形变模型，提出了一种基于能量约束的版型生成方法，实现了基于运动动作姿态目标导向的紧身运动服装制版新模式；建立专项化压力梯度—舒适度模型，设计了快速量化压力需求的测试方案，形成紧身压缩服压力分布机理及工效评价体系；构建了冬季运动"人体—服装—环境"热湿传递模型，建立了冬季运动服装综合性能评价方法及其测试平台。研发成果实现了对基于中国运动员体型和运动特征的高性能训练比赛服研发和定制的指导，填补了国内该领域研发的空白，引领了我国冬季运动服装产业高质量发展。

项目团队为北京冬奥会全部国家队开展了人体测量，为9支国家队提供了服装装备研发助力，包含服装装备的科学性研发、个性定制、测试评价等内容，获得"科技冬奥"领导小组、科技部社发司，以及国家体育总局科教司、冬季运动管理中心和花样滑冰国家集训队等多家单位的感谢函件及冬季运动中心多项应用证明，并为北京冬奥会开幕式礼服定制工作提供了运动员量体数据方面的支撑工作。

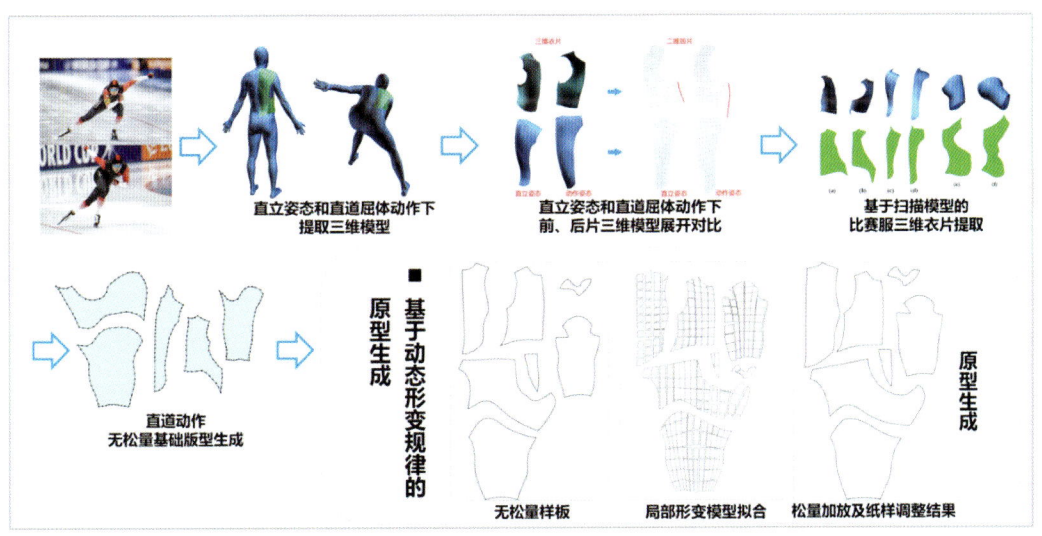

基于运动姿态目标导向的运动服装版型生成方法研究

联系人：韩燕，北京服装学院，13810205599，sxyhy@bift.edu.cn

29. 冬季竞速类项目多因素跨尺度协同减阻比赛服研发体系

针对我国北京冬奥成绩实现突破的重大需求，研发优秀运动员"人体—服装—环境"复杂多自由度体系三维空气动力模型，基于中国运动员生理特征、运动表现及湍流控制理论研究形成科学化减阻方案，突破了冬季竞速项目服装的关键技术问题。通过计算流体力学（CFD）数值模拟方法，明确了速度滑冰、短道速滑、高山滑雪、钢架雪车、雪车等项目阻力来源、分布及占比；完成了紧身压缩服跨尺度综合减阻设计，揭示了宏、微观尺度上不同几何结构的减阻机理；实现了冬季减阻排汗协同作用面料的研发，构建通用面料弹塑性模型，单向排汗速度提升大于5%；创建了13个具备服装整体、局部、柔性皮肤表面流场压力测试的高水平运动员典型技术动作三维人体测试模型；提出比赛服最优服装结构，多个项目最大减阻率超过10%；建立了冬季竞速类项目紧身压缩服自主制备生产线。研发成果打破了中国运动员冬季竞速类项目服装的长期国际垄断，填补了国内该领域研发的空白，实现了冬季竞速类项目服装国产化、系统化、专业化研发。

研究成果持续为冬季运动项目国家集训队提供科技支撑，助力短道速滑、速度滑冰、钢架雪车、高山滑雪等队伍在北京冬奥会取得优异成绩，获国家队运动员、教练员、领队等多方高度肯定，获得队伍多项应用示范证明。在北京冬奥会之后的两届新赛季中，研发团队持续向国家队输送最新研发成果，保障短道速滑、速度滑冰、钢架雪车、雪车国家队出征年度世锦赛、世界杯等多项赛事，同时协同赞助企业将研发延伸到雪橇项目上，并将多因素跨尺度减阻技术延伸到夏季游泳项目快速泳衣研发上，在成果转化上实现了全面突破。

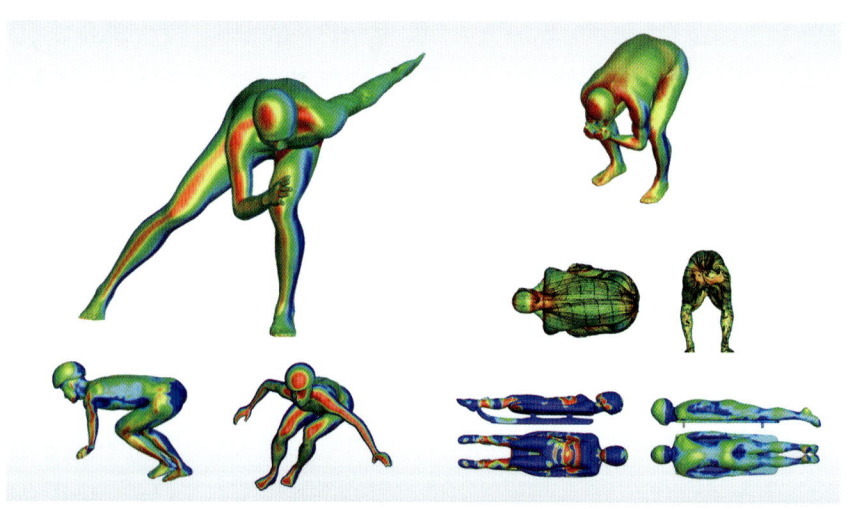

各速度类项目 CFD 数值模拟结果

下篇 "科技冬奥"重点专项优秀成果选编

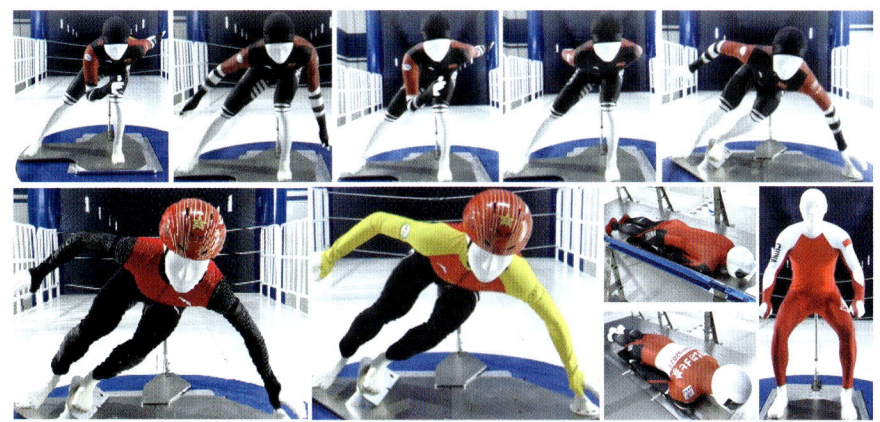

5个速度类冬季项目风洞测试

联系人：刘莉，北京服装学院，13811315665，fzyll@bift.edu.cn

30. 冬季运动技巧类项目科技与艺术融合的比赛服研发体系

针对冬季运动难—美项群技巧类项目服装多因素协同设计和综合效果评估预测等关键问题，对自由式滑雪空中技巧、花样滑冰、跳台滑雪项目进行定向研究。建立了自由式滑雪空中技巧项目比赛服视觉因素与竞技表现评价模型及三维动态样板，集成构建了"人体—服装—环境"全要素的比赛服数字模拟实验系统，对服装色彩设计、赛场环境色、色彩饱和度、条纹配色及其他装备配色等影响裁判技术性评分的关键环节进行创新性研究，提出了竞技比赛服装外观设计与评估的新思路与新方法；创建了花样滑冰赛事比赛服色彩图案样本库，融合中国传统技法工艺提出了"音乐—服装—环境"全要素的花样滑冰比赛服色彩图案体系；基于数值模拟方法建立了服装、动作、环境协同的研发和评价体系，形成了适合我国优秀运动员体型特征的个性化跳台滑雪服装模型。研究成果打破了该类技术和产品的长期国际垄断，在比赛服的设计理论、研发方法、服装制备技术上取得创新突破，可在其余运动项目中进行推广。

北京冬奥会之前，研发团队连续4个赛季为花样滑冰国家集训队运动员提供比赛服130余套，其中9套在北京冬奥会应用，助力隋文静、韩聪双人滑组合摘金，其余运动员创造个人历史最佳成绩。冬奥会期间，研究成果还在自由式滑雪空中技巧、花样滑冰、北欧两项国家队（跳台滑雪运动保障）进行了应用，助力自由式滑雪空中技巧国家集训队在北京冬奥会取得2金1银，实现历史性突破；助力北欧两项国家集训队参赛、创造历史。在北京冬奥会之后的新赛季中，研发团队持续为花样滑冰项目运动员提供考斯滕设计制作，并将研究成果延伸至体操项目、游泳竞技项目中。

"人体—服装—环境"全要素的比赛服数字模拟系统与奥运设计

联系人：赵雅捷，北京服装学院，13716659251，13716659251@163.com

31. 冬季运动防护类装备研发技术

针对冬季项目创伤防护重大需求，为保障运动员比赛和训练的安全、降低运动员损伤及创伤风险，通过提取冬季项目国际赛事精英运动员损/创伤机理关键参数、分析冬季运动特定项目损/创伤机理，构建了特定项目创伤场景视频重建计算模型；研发了4种抗冲击吸能主体和2种多层复合结构的抗冲击材料，设计了全新抗冲击结构元素，构建了护具外形轮廓设计理念；融合新材料、新结构和新设计元素，设计制造抗冲击效果优良、低温柔软灵活、佩戴身体贴合度高的护具产品。探索了 UHMWPE/氨纶包覆纱的纺制工艺，设计了制作符合 ISU 赛规要求且具备轻薄、高弹、高防护且美观的短道速滑赛服，提出了基于价值函数法的运动护具服用性综合评价方法，得出护具服用性能评分或评级，形成了兼顾防护性能、工效性能和环境可靠性的冬季运动个体防护装备性能评价技术。研究成果实现了冬季运动防护材料及装备的自主创新研发和定制，在防护材料及装备的设计理论、研发方法、服装制备技术上都取得了突出成果。

该成果在2022年冬奥会期间获得全方位应用，制备了4种抗冲击吸能主体材料和2种复合结构材料，研发了3套护具产品，应用于高山滑雪和自由式滑雪大跳台国家队，并获得国家队应用证明；制备梭织和针织两类满足 EN388 切割二级面料，制作了短道速滑国家队比赛服，并获得国家队应用证明；开发了涵盖防护性能、工效性能和环境可靠性等复合性能的冬季运动个体防护装备性能评价方法1项,成果应用获科技部感谢函。

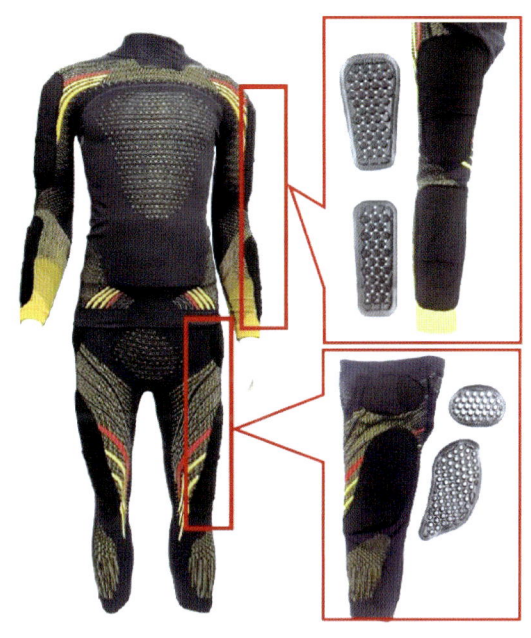

抗冲击材料

联系人:张鸣雯,北京服装学院,13260257336,mingwen.zh@bift.edu.cn

32. 冬季运动耐低温保障服装研发体系

针对冬奥会赛场中的严寒环境,为保护运动员的健康并保障其发挥出优异的竞技水平,研发保暖、减阻、排汗、防护的高科技保暖装备。针对当前合成保暖材料所用熔喷微米纤维的直径粗导致体积密度大、保暖性能不足的瓶颈问题,攻克了纳米纤维难以规模化制备的技术难题,提出了以中空微米纤维为"骨架"、纳米纤维为"绒毛"的仿羽绒新设计,开发出轻质保暖、柔软拒水的保暖材料并建成生产线,在相同克重下保暖性能显著优于国外同类高端产品,打破了国外公司在高端轻质保暖材料上的长期技术垄断。针对智能加热服装服饰的关键部件加热元件的安全性和舒适性需求,制备了有良好温度响应功能的柔性丝网印刷银浆、柔性碳纳米管薄膜等加热元件,构建了加热织物导电材料的结构分布与其功率密度、表面温度均匀性和热稳定性的定量模型,揭示了柔性加热元件电热学性能的影响规律及温度调控机制。

在2022年北京冬奥会即将实行闭环管理之前,研发团队为冬奥会各运动队伍提供了智能加热头套 200 套、智能加热手套 210 副。相应产品应用于国家越野滑雪队、中国北欧两项队、中国自由式滑雪大跳台及坡面障碍技巧队、中国单板滑雪 U 型场地队、中国空中技巧队共 5 个类别运动队，为冬奥会期间正常训练及赛事期间保暖提供了科技保障，收到了"科技冬奥"领导小组、国家体育总局冬季运动管理中心等单位的感谢信。

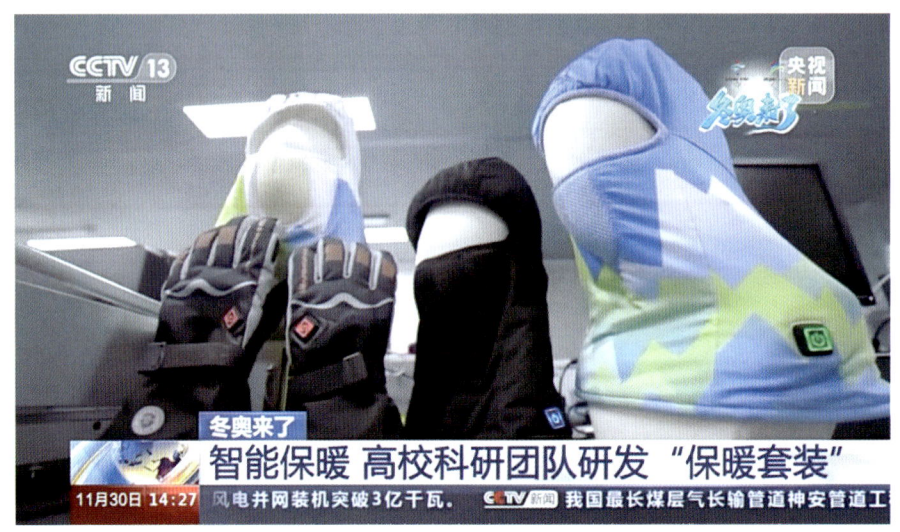

智能温控保暖套装

注：来源于央视新闻。

联系人：刘一涛，东华大学，13520940566，liu-yt03@dhu.edu.cn

33. 基于运动姿态特征的高性能雪板设计与制备技术

围绕 2022 年北京冬奥会、冬残奥会办赛参赛急需的高性能雪板装备，针对跳台滑雪、双板坡面障碍、单板追逐、单板 U 型场地等 4 项雪上优势项目，围绕"人—板—环境"之间相互耦合作用与运动员运动表现之间构效关系这一关键核心，从雪板功能参数框架入手，突破了基于项目特征及运动特征的高性能雪板的形性一体化设计机理与关键制备技术，解决材料配伍、雪板微宏观多级结构设计与高性能微胶囊复合雪蜡制备等工程问题，实现了高承力板芯材料配伍设计，设计了 5 种板底材料的微织构形貌，研制了低摩擦微胶囊复合雪蜡，摩擦系数达到 0.027；研制了运动科学信息实时动态监测系统，实现雪上项目训练比赛中环境、运动员与滑雪板运动学和动力学参数实时同步获取，达到测力精度为 1%，关节角度测量分辨率 ≤ 0.5°；构建了跳台滑雪项目运动员动作分析系统、雪上项目运动员动力学分析系统、基于视频的滑雪项目运动过程分析系统，实现了适宜我国运动员动作技术和生理特征的高性能雪板设计模型的突破，最终制备 4 款高性能雪板，断裂、冲击、黏合等产品性能指标达到国际先进水平，实现我国雪板技术水平从跟跑到并跑的跨越，并建立年产能 12 万套的高性能雪板生产线。研发的雪板已在相关国家队、省市专业队伍进行使用，并在"十三五"科技成果展上展出，为加快推动冰雪装备产业高质量发展，为我国"三亿人参与冰雪运动"目标的实现提供科技支撑。

研制的高性能雪板通过在吉林省跳台滑雪队、吉林省大跳台及坡面障碍队、北京 U 型槽滑雪队、河北省 U 型槽滑雪队、国家残疾人单板滑雪队等国家级、省级队伍中的示范应用，获得使用单位的一致好评。此外，项目获批多项专利，培养数名相关领域人才，形成了高性能雪板量产能力，并已落地，在市场进行销售。

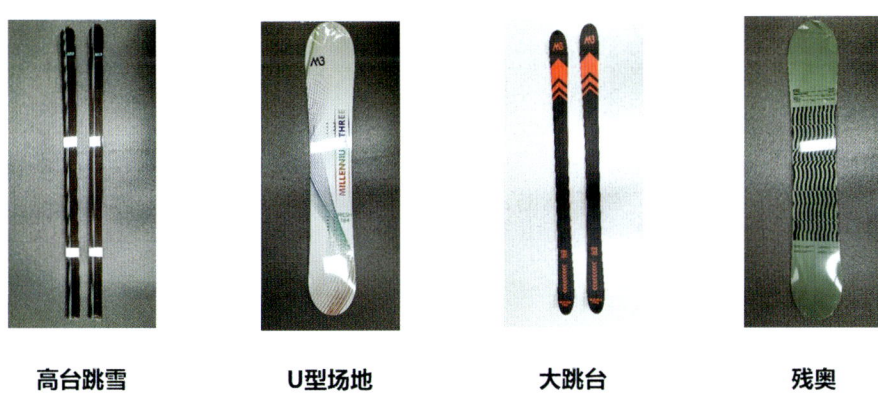

高台跳雪　　**U型场地**　　**大跳台**　　**残奥**

项目产出的 4 款高性能雪板

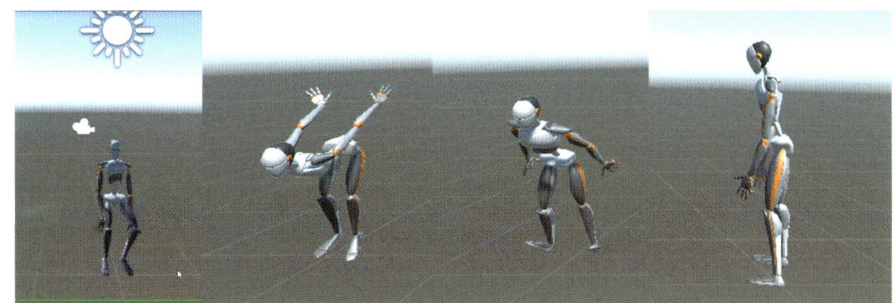

人—环境—动作耦合分析模型

高性能雪板在"十三五"科技成果展展出

联系人：魏书涛，三六一度（中国）有限公司，0592-3790140，st.wei@361sport.com

34. 基于多组学筛选标志物用于生长激素注射检测

生长激素是一种蛋白质激素，由垂体腺分泌，对生长和发育过程至关重要。虽然生长激素在临床上具有积极作用，但许多健康者，特别是运动员，也注射生长激素以提高运动成绩或者提高力量。运动员滥用重组生长激素或其他生长激素类似物是一种不正当行为，被认为是违反体育道德和规则的行为。如何筛查大分子兴奋剂、新型兴奋剂、微剂量兴奋剂是兴奋剂检测领域中的重要技术难题。传统生长激素检测采用酶联免疫的方法，存在灵敏度和特异性不足的问题。首先建立了一批重组生长激素注射的受试者模型，收集受试前和受试后不同时间点的血液和尿液样本；之后运用基于质谱的非靶向蛋白质组学和非靶向代谢组学技术对生物样本中的蛋白质和代谢物进行分析，同时使用非靶向转录组学技术对生物样本中的 mRNA 进行分析；之后根据非靶向组学的结果选择蛋白质和代谢物，并使用靶向蛋白质组和靶向代谢组学方法对目标蛋白质和代谢物进行靶向定量分析，筛选出潜在的差异蛋白和差异代谢标志物，构建分类器模型，实现了重组生长激素注射的血清检测和尿液检测。使用本技术，可以在注射剂量为 0.1 IU/kg 时，在注射后 24～72 h 检出外源性生长激素在揭示生长激素注射对生物体内各分子层面变化的同时，还在潜在标志物筛选和生长。激素生物学效应解析方面取得了重要进展,为相关领域的研究提供了新的思路和方法。本研究成果的重要性不仅在于提高兴奋剂检测的水平,还在于其对体育事业的积极贡献,有望推动兴奋剂检测技术的发展,确保竞技体育的健康发展。

该技术具有用于监测运动员生长激素水平的潜力,确保比赛的公平性。通过非靶向和靶向蛋白质组学及代谢组学分析,可以有效追踪生长激素的生物标志物,帮助反兴奋剂机构进行精准的兴奋剂测试。此技术的使用可以增强比赛的完整性,确保所有运动员在一个公平的竞技环境中竞争。成果可以被推广到多种体育项目中,用于日常训练和比赛的监管中。在体育科学研究领域,该技术的应用能够提升训练方法和运动员健康管理的科学性和系统性。研究成果通过学术会议、论文发表、专家讲座等方式进行合作交流和转移转化,促进了相关领域的国际合作与交流;通过与医药企业、体育机构等合作,有望将标志物应用于生产实践中,为生长激素滥用的监测提供商业化解决方案;通过举办培训班、专题研讨会等活动,将研究成果示范推广到更广泛的社会范围。

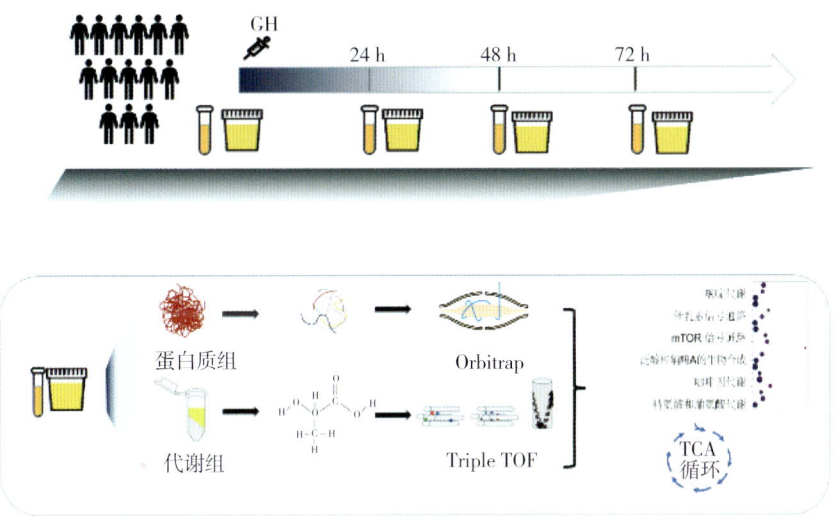

针对血液和尿液样本中兴奋剂注射分析的非靶向蛋白质组学和非靶向代谢组学方法建立

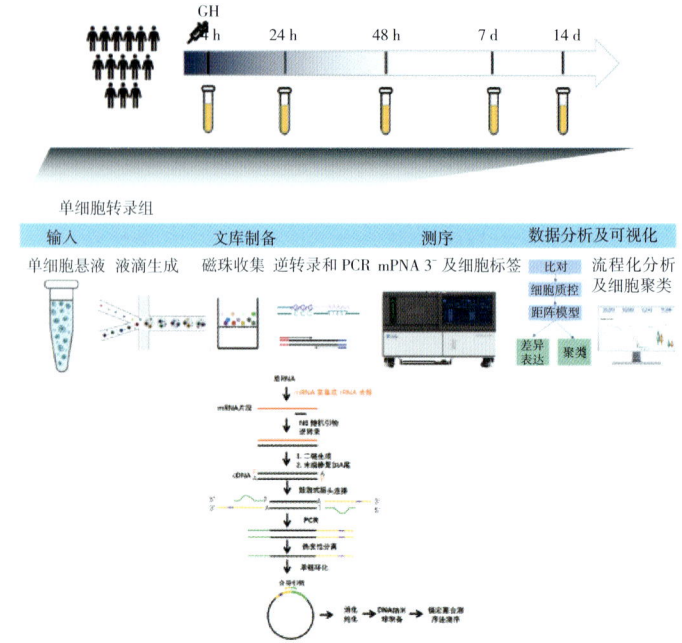

单细胞转录组及全血转录组针对兴奋剂注射后血液样本分析的方法建立

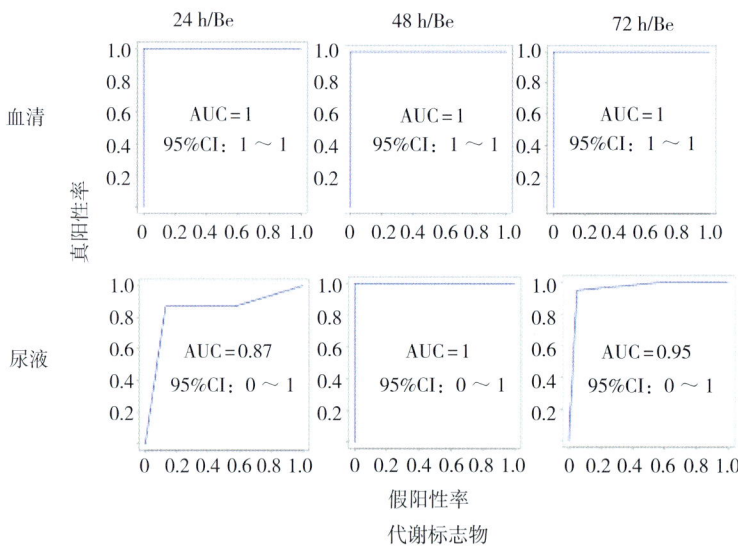

注：图为血清和尿液样本中生长激素（GH）注射与否的二分类判别。横坐标假阳性率（False positive rate，FPR），表示分类器将未注射 GH 的样本错误地分类为注射 GH 的样本的比例；纵坐标真阳性率（True positive rate，TPR），指所有实际为 GH 阳性的样本中，被正确预测为注射 GH 的样本所占的比例。在 ROC 曲线中，TPR 的取值范围是 0~1，理想情况是 TPR=1，意味着所有的 GH 阳性的样本都被正确地识别出来，没有漏检。

靶向蛋白质组学及靶向代谢组学筛选出的蛋白和代谢标志物构建的生长激素注射分类器模型

联系人：乔亮，复旦大学，13122908187，liang_qiao@fudan.edu.cn

35. 完成运动员生物护照血液模块的方法开发和平台建设

世界反兴奋剂机构（World Anti-Doping Agency，WADA）推行的间接检测法——运动员生物护照（Athlete Biological Passport，ABP）血液模块，是指通过长期多次采集运动员的血液，对其检测结果的多项血液学参数指标的变化进行监控和评估，从而间接判定运动员是否存在兴奋剂违规的嫌疑。与直接检测方法相比，ABP 具有不受使用禁用物质或方法的限制、相对成本较低、操作简便方便、检测窗口期长、检测结果准确等优势，是目前对样本进行高通量初筛检测的最可行方法。

然而 ABP 在应用中也存在一些问题，由于其血液模块指标的影响因素众多，正常参考区间的定量和定性十分复杂，容易造成假阳性或潜在的假阴性结果。因此，增加 ABP 血液模块检测指标，完善 ABP 检测体系，提高检测结果的准确性是研究的重点和难点。根据 WADA 相关技术文件的具体要求，开展方法学研究，建立了 ABP 血液模块检测方法，并将其应用于受试样本的检测。该检测项目已获得中国合格评定国家认可委员会（CNAS）的认可，并连续 3 次通过 WADA 的盲样考试，有望于 2024 年 9 月 WADA 执委会上成为 WADA ABP 血液模块批准实验室。

该检测方法已通过 CNAS 认可，在获得 WADA 批准后将可以开展兴奋剂检测对外业务，用于运动员样品的检测。研究成果通过学术会议、专家讲座等方式进行合作交流和转移转化，促进了相关领域的国际合作与交流；通过举办专题研讨会等活动，计划将研究成果示范推广到更广泛的社会领域。骨干研究人员全程参加了北京冬奥会、残奥会的运动员生物护照血液模块检测，并获得表彰。

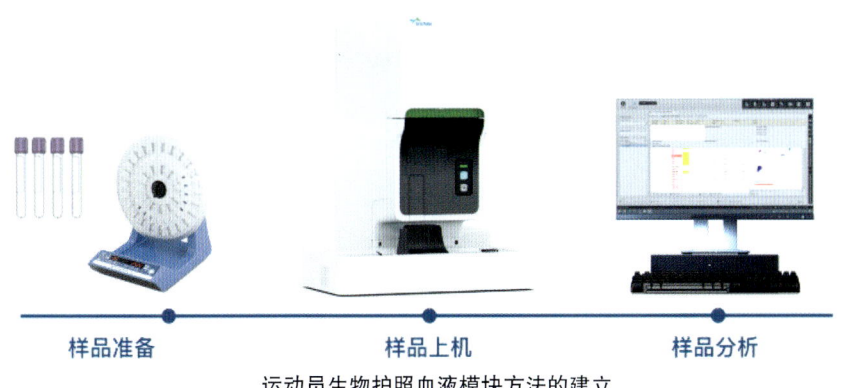

运动员生物护照血液模块方法的建立

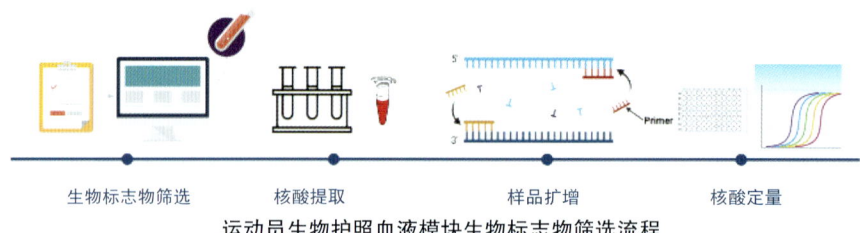

运动员生物护照血液模块生物标志物筛选流程

联系人：徐昕，上海体育大学兴奋剂检测研究院，021-65506931，xuxin@sus.edu.cn

36. 糖皮质激素和阿卡地新同位素比质谱检测方法

糖皮质激素是被世界反兴奋剂机构（World Anti-Doping Agency，WADA）列入禁用清单的 S9 类禁用物质，WADA 规定禁止在赛内以口服、注射、直肠用药、涂抹等任何形式使用糖皮质激素。阿卡地新（AICAR）属于 AMP-激活的蛋白激酶（AMPK）激动剂类，因参与人体内能量代谢的过程且被证实对人体有增强运动耐力等兴奋剂效用，被 WADA 列入禁用清单的 S4 类禁用物质。这些物质也是内源性物质，在参与人体代谢时不同人群内源产生的浓度差异较大。目前的检测方法主要集中在定性及定量检测上，但难以区分是内源产生还是外源摄入，因此，成为当前分析方法的局限。针对此问题，建立了在线二维液相分离—同位素比质谱检测泼尼松和泼尼松龙的方法和二维液相分离—同位素比质谱检测阿卡地新的方法，完成了线性、检出限、选择性、精密度和不确定度等指标的方法验证，最后通过对受试样本的检测，成功将建立的方法应用到实际样本的检测中。相较于目前文献报道的糖皮质激素兴奋剂检测使用两次离线液相色谱分离方法，本研究成果建立的方法中使用二维液相色谱对目标物进行分离纯化，节省时间、节约实验成本、降低处理难度，增加对目标物富集，减少样本损耗，提高分离度及灵敏度。相较于文献报道的 AICAR 兴奋剂检测方法，本研究成果配备了 PTV 进样器，在 AICAR 的同位素比质谱方检测法中尚属首次，相较于其他进样器，本方式可以通过大体积进样进一步浓缩待测物质，进而提高仪器检测的灵敏度。研究成果已申请发明专利。

同位素比质谱检测方法是 WADA 认证实验室必须具备的一种检测技术，常规检测项目为运动员生物护照类固醇代谢轮廓，而糖皮质激素与类固醇分子均属于甾体类物质，具有相似的理化性质和分子结构，本研究成果建立的二维液相分离及同位素比质谱检测方法为常规项目的检测提供了技术思路，为上海体育大学上海兴奋剂检测实验室申请 WADA 认证工作奠定了良好基础。研究团队建立的同位素比质谱方法通过鉴别糖皮质激素和阿卡地新的内源或外源性来源，有效打击非法兴奋剂的使用，可以保障竞技体育比赛的公平公正。

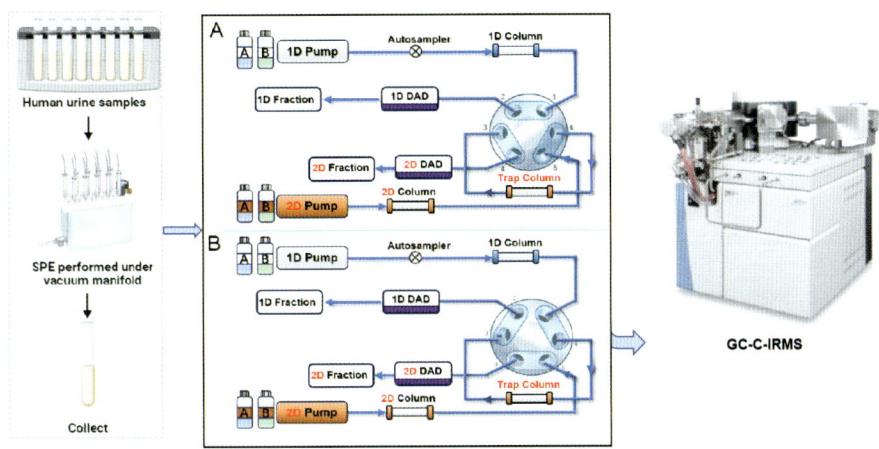

注：人体尿液样本（Human urine samples）经过负压固相萃取（SPE performed under vacuum manifold）后，再经过二维（2D）液相色谱纯化，最后进行气相色谱－燃烧－同位素比质谱（GC/C/IRMS）分析。

糖皮质激素（泼尼松和泼尼松龙）的同位素比质谱检测方法

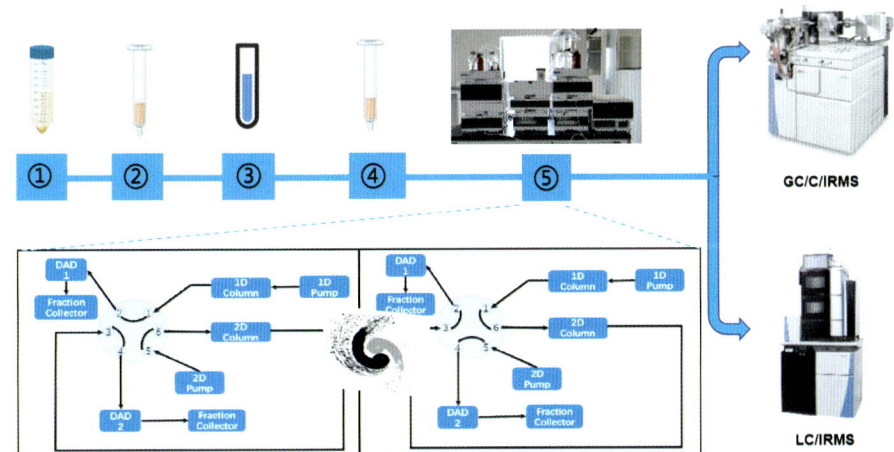

注：人体尿液样本（①）经过固相萃取（②）收集（③）后再过滤（④）后，然后经过二维（2D）液相色谱纯化，最后进行气相色谱－燃烧－同位素比质谱（GC/C/IRMS）分析和液相色谱－同位素比质谱（LC/IRMS）分析。

建立 AICAR 溯源检测的 GC-C-IRMS（a）和 LC-IRMS（b）方法

联系人：廖蕾，上海体育大学，021-65506959，liaolei@sus.edu.cn

37. 干血点样本中多种类固醇酯类禁用物质的全自动检测方法

睾酮等类固醇物质的检测一直是兴奋剂检测领域的重要关注之一，其内源区、外源区分也是检测的重要难点之一,同时该类物质的药物流通情况及药物滥用情况也越来越复杂,使得目前该类物质的常规检测方法——基于尿液样本的 GC/C/IRMS 检测方法面临一定的挑战。同时,WADA 相关文件中给出了关于该类物质在血液中检测的建议及要求,基于上述,开发建立了干血点样本中多种类固醇酯类禁用物质的全自动检测方法,并按照 WADA 文件的相关要求进行了较全面的方法确认,包括选择性、检测限、重复性与重现性、样本稳定性、基质效应、回收率等,之后通过十一酸睾酮酯和丙酸睾酮酯的人体受试研究,以及与常规检测方法 GC/C/IRMS 进行对照,对建立的方法进行了验证。

目前,部分国家兴奋剂检测实验室已开展干血点样本的检测与研究,但多数都采集手动前处理的方法,复杂耗时。针对此问题,创新性地采用全自动的样本前处理与检测,大大提高了检测效率与检测通量,并且与目前其他实验室的方法相比,该方法有相对更高的检测灵敏度,这对于低样本量的复杂基质来说,是重要的指标。并且通过方法重复性与重现性的考察,也验证了该方法的稳定性,同时人体受试研究及与常规检测方法对照,验证了该方法的适用性与实用性。

目前,部分兴奋剂检测实验室已将干血点样本的检测纳入常规检测,本研究成果所建立的干血点样本中多种类固醇酯类禁用物质的全自动检测方法,为后续上海体育大学上海兴奋剂检测实验室申请干血点相关的 WADA 认证工作奠定了良好基础。在保证检测灵敏度和准确性的同时,大大节约了前处理时间(总时间为 20 min),提高了检测效率。全自动的检测方法或许是兴奋剂检测领域未来的发展方向。同时,干血点样本中类固醇酯类禁用物质检测方法的建立,也为睾酮等类固醇物质的常规 GC-MS/IRMS 检测方法,提供了一种补充确证方法,这也是 WADA 在相关文件中多次提到的结果的相互验证,对于结果报告与管理有一定参考价值。同时,还能推动全自动干血点检测系统及检测方法在其他领域中的应用,如毒物鉴定、医学检验、新生儿筛查、代谢组学等。

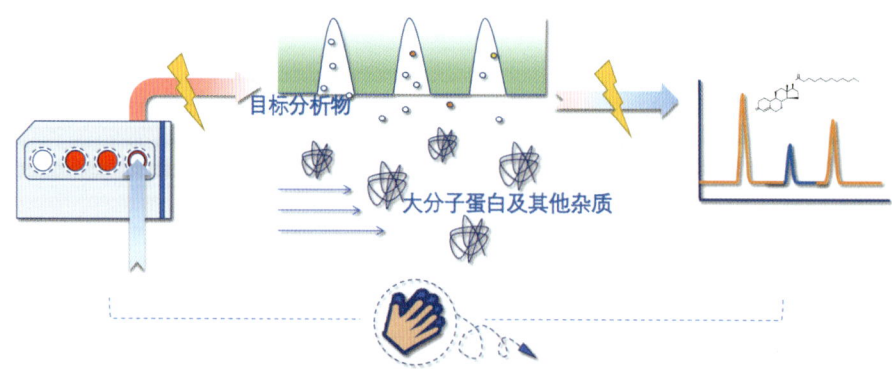

全自动干血点系统工作流程示意图

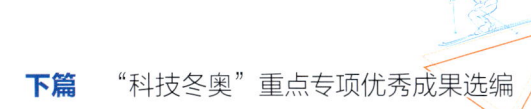

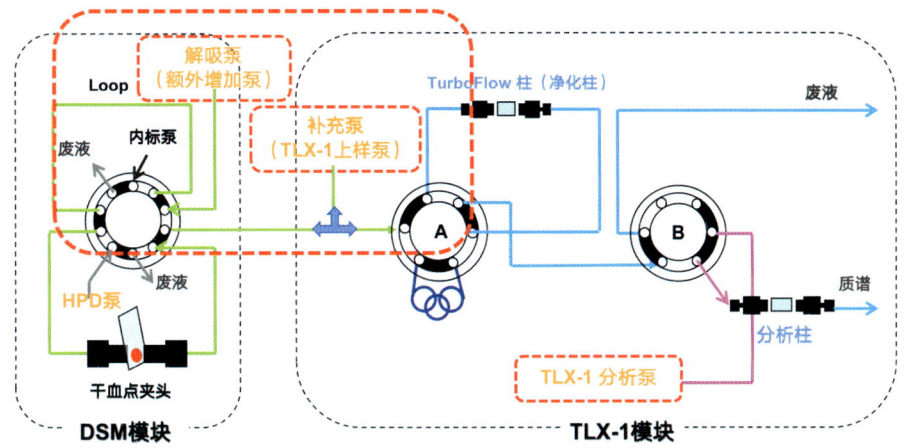

全自动干血点系统工作流程示意图

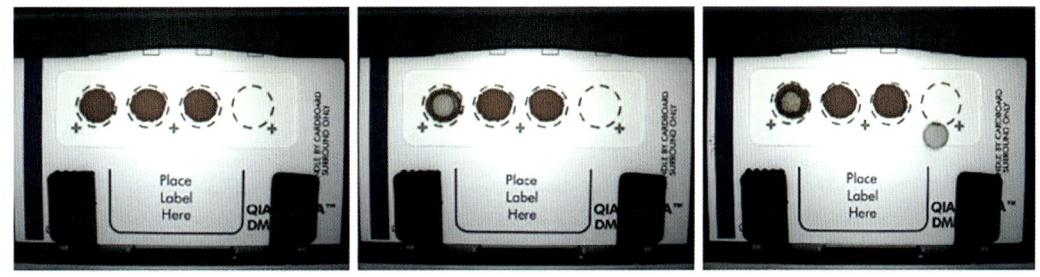

(a) 干血点样本提取前拍照确认位置　(b) 干血点样本提取后拍照确认提取效果　(c) 夹头在空白处清洗

全自动干血点样本提取模块的拍照功能及提取夹头的清洗模式示意图

联系人：陈佩杰，上海体育大学兴奋剂检测研究院，021-65506702，chenpeijie@sus.edu.cn

38. 涞源综合性体育风洞

在涞源建成了一座体育专用风洞，具备 0°、11°、32° 3 段工作段，实现了不同角度来流的科研训练功能，分别适用于通用训练、跳台滑雪起跳训练和空中飞行姿态训练。涞源综合性体育风洞成果应用低速风洞气动优化设计、内外双循环温度控制和风速精确控制等技术，工作段尺寸为 3.5 m×4.5 m，最大风速为 42 m/s，动压稳定性为 0.797%，流速湍流度 ≤ 7‰，气流偏角 ≤ 0.68°。为保障运动员全年训练的舒适性，温度控制稳定性达到 ±1.32 ℃。针对不同冰雪运动的特点研制了运动员单脚六元测力台设备及无线传输天平系统，盒式天平和悬吊天平的测力精度分别为 1.33‰、1.6‰，盒式天平加载重复性精度为 7.35‰，突破了测力与人体姿态同步采集技术，实时分析姿态响应时间为 2～5 s。运动员姿态捕捉系统识别腕、肘、肩、髋、膝、踝等姿态角度

的分辨率均在 ±1° 以内，能够实时获取运动员身体姿态和发力数据，为跳台滑雪助滑、起跳减阻姿态及肌肉力分析提供了方法。

冬奥会备战训练期间，该成果用于国家跳台滑雪队、国家北欧两项队和国家高山滑雪队科研训练，以及头盔和服装的气动力测试研究，国家队在该风洞内累计训练达 1000 余小时，助力国家跳台滑雪队男子首次飞跃 140 m，最终取得了两女一男的冬奥参赛资格，团体成绩获得了历史性突破。冬奥会之后，研制的核心装备——涞源综合性体育风洞继续发挥核心科研训练支持作用，也可开放给体育爱好者体验，培养后备人才，成为重要的"奥运遗产"，带动体育实验空气动力学和冰雪体育产业发展。在风洞训练的队伍包括国家跳台滑雪队和国家北欧两项队、河北省跳台滑雪队和北欧两项队、云南省队、河南省队、浙江省队、广东省队（深圳队）等。

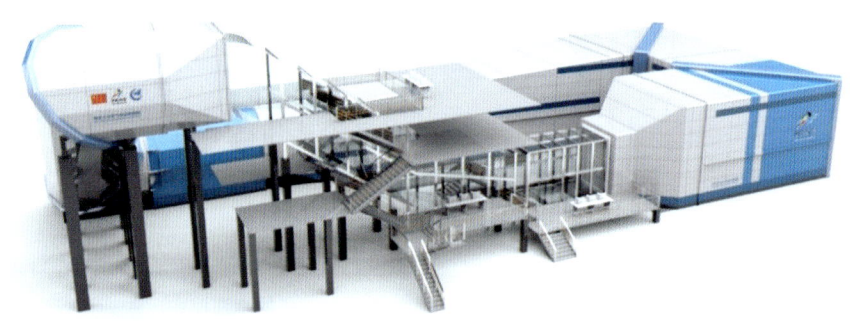

综合性体育风洞实验室

我国跳台滑雪队风洞飞行训练

联系人：李庆利，中国航空工业空气动力研究院，15004017691，liqingh68@163.com

39. 竞速项目空气动力学姿态减阻优化技术及气动减阻装备

通过3D扫描和数字模型变形技术，获得了运动员身体数字模型，通过流体力学仿真及粒子图像测速（PIV）实验探明了气动阻力来源和占比，获得了运动员姿态对阻力的影响规律，结合风洞姿态–阻力同步测量实验确定了国家队短道速滑、大道速滑、越野滑雪、钢架雪橇等项目重点运动员的减阻优化姿态，通过头部、手臂、重心高度等姿态调整方式可获得平均5%以上的减阻率，形成了可移植的姿态减阻优化技术。基于国家短道速滑队需求，通过头盔表面微结构设计实现了流动分离延迟，从而降低了压差阻力，风洞实验表明其最大减阻率达到8%。开发了柔性压印微结构制备方法并向国家短道速滑队交付了30件气动减阻头盔。

冬奥会备战期间，应用于大道速滑、短道速滑、钢架雪车、北欧两项等冬季运动项目。通过运动员姿态的优化，能够实现显著的压差阻力降低；通过编队的技战术优化，能够实现耗能减少，提高完赛成绩。本届冬奥会中，国家短道速滑队装备减阻头盔，取得了2金1银1铜的战绩，其中混合团体接力为中国队拿下了首金。减阻研究团队受到国家体育总局冬运中心表彰。冬奥会之后，形成的综合减阻优化方法可以移植到夏季、冬季多个项目，全面提升我国体育空气动力学的应用水平，与风洞结合，提高从体育爱好者至专业运动员的训练科学性。以减阻头盔为代表的减阻运动装备具有良好的产业化前景，同时随着我国运动员水平的逐步提高，减阻微结构也将随之变化，以保障未来的竞赛中我国队员装备处于世界前列。

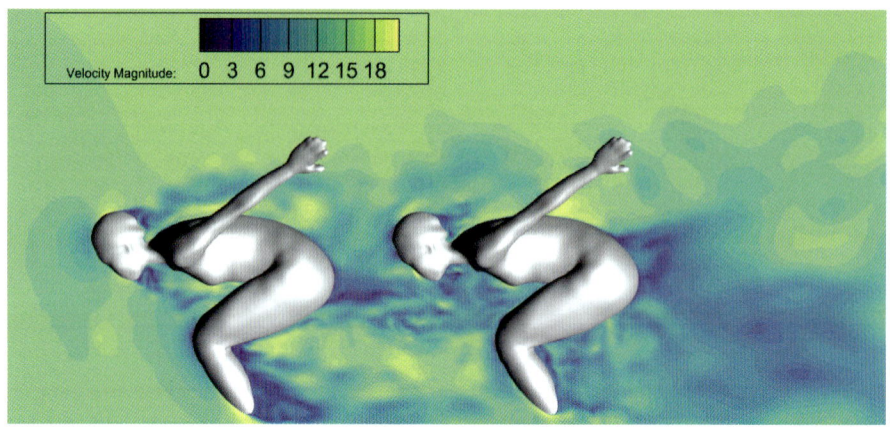

短道速滑编队阻力优化

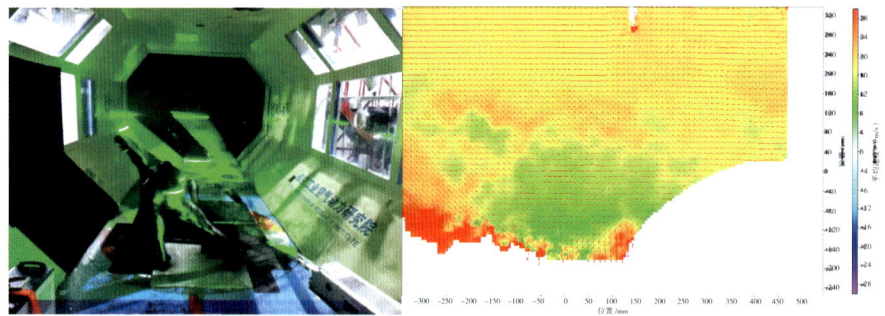

速度滑冰运动员模型风洞 PIV 实验（右图中箭头表示局部速度方向）

减阻头盔获得国家短道速滑队北京冬奥会赛场应用

联系人：翁鼎，清华大学，010-62781996，dingweng@tsinghua.edu.cn

40. 国产高端雪蜡

通过对进口雪蜡关键理化性能参数的测评，筛选并设计合成了多种具有自主知识产权的烷烃基国产雪蜡材料。系统研究了不同烷烃材料组分、含量对基础雪蜡熔点、硬度及打蜡温度的影响；确定了适合户外 10～32 ℃环境温度下的多个雪蜡系列；完成了系列类型雪蜡熔点、硬度、疏水性等理化性质测试及雪上摩擦系数测试（摩擦系数约为 0.05，与同系列进口蜡性能相当）。该系列雪蜡材料不含氟及有害重金属元素，无环境毒性、无生物毒性，已经通过国家海关技术部门鉴定。冬奥会前期，研究团队完成了 700 余块无氟雪蜡的实验室小批量试制，并随山东省雪蜡车赴崇礼赛场，保障冬奥会越野滑雪比赛训练用蜡。

本届冬奥会期间，该系列雪蜡也得到国家越野滑雪队打蜡师的认可，并应用于越野滑雪男子接力项目，助力我国运动员获得第 13 名的成绩。该工作也填补了我国雪蜡材料研究的空白。后续，团队也将积极推动该材料在冬残奥会项目上的应用。冬奥会之后，持续优化国产无氟雪蜡材料的综合性能，合成了 3 种新型纳米润滑添加剂，并将其添加到基础雪蜡中，有效改善基础蜡的硬度、润滑性能及打蜡体验；开发了系列便捷膏状雪蜡，简化雪蜡的涂覆流程，降低了涂覆难度；针对越野滑雪队对于低温减阻蜡的需求，开发了适用于极寒天气条件下的高硬度耐磨减阻蜡；改进后的雪蜡在 2024 年 2 月举行的"第十四届全国冬季运动会"中获得应用，取得了国内外专业打蜡师和运动队的认可。此国产高端无氟雪蜡可经体育装备企业转化实现国产雪蜡的产业化，填补我国雪蜡产品空白，打破国外对雪蜡材料的垄断。

系列国产无氟雪蜡

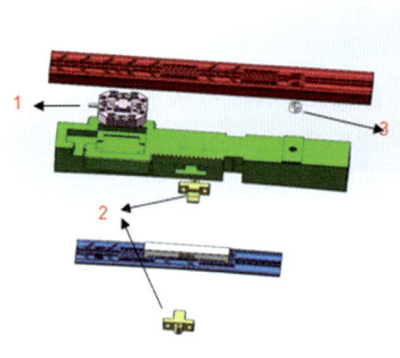
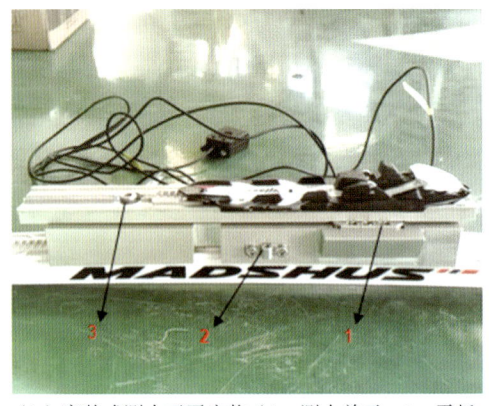

（a）穿戴式测力天平结构（1—测力单元；2—雪板固定件；3—限位垫圈）　　（b）穿戴式测力天平实物（1—测力单元；2—雪板固定件；3—限位螺栓）

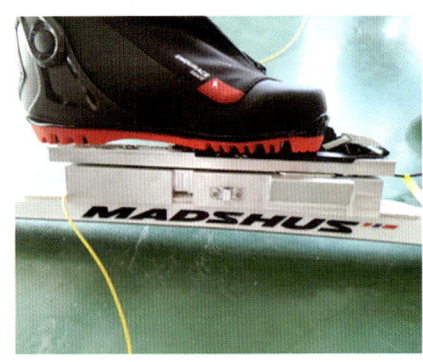

（c）穿戴效果　　（d）场地测试

摩擦力测量装置

联系人：王道爱，中国科学院兰州化学物理研究所，0931-4968169，wangda@licp.cas.cn

41. 车橇无雪模拟训练系统

雪橇、钢架雪车等项目运动员每次滑行时长约 60 s，但滑行间隔约 20 min，每日的训练次数有限且伴随伤病、事故风险，无雪季节也需要出国训练，费用高昂。为响应国家队训练需求，开发了车橇无雪模拟训练系统。该系统软件利用机器视觉和 VR 技术，基于国家雪车雪橇中心赛道扫描数据构建赛道模型，通过运动员、车橇动力学模型构建及大量滑行数据解算，形成了具有实时速度、车橇姿态及发力操控解算能力的滑行轨迹虚拟技术，授权 10 项软件著作权。系统软件基于六自由度车橇训练平台和 VR 技术实现操控姿态体感反馈，结合风洞拟真环境，构成了完整的车橇无雪模拟训练系统。该系统重点训练队员过弯发力时机和对力度的掌握，可以在每次滑行完毕后即时复位到出发点，解决了队员滑行训练时间有限的问题，保障了运动员高强度训练、无雪训练等需求的同时降低了伤病和事故风险。

冬奥会备战期间,通过视觉感知训练手段,帮助运动员熟悉赛道,熟练掌握比赛技巧,保持在无冰状态及热身环节下的神经兴奋和肌肉记忆,为运动员训练提供了技术保障,助力运动员分别获得第3、第5、第9、第14名,其中男子单人赛中夺得铜牌,使我国钢架雪车项目创造了历史。冬奥会之后,该系统持续根据运动员使用建议进行调整,多用于运动员备战及训练热身环节,持续服务于我国高水平运动员的培养。该系统展示了VR技术服务于不同运动项目及各个领域的可能,并具有产业化推广前景。

六自由度训练系统

基于运动学仿真的运动员行进路线分析及优化

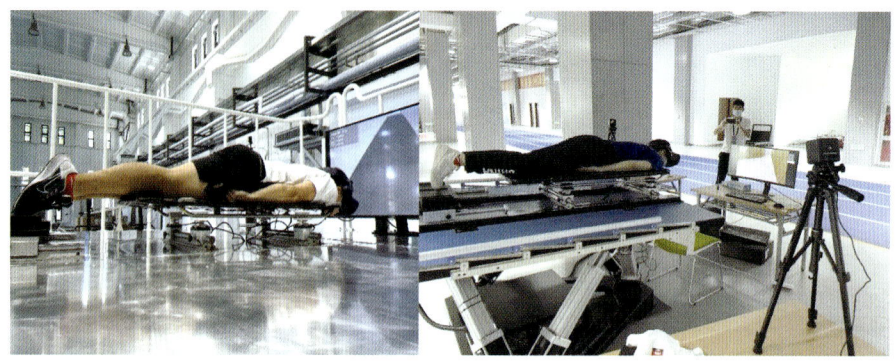

运动员使用系统训练

联系人：曹春梅，清华大学，010-62785324，caocm@tsinghua.edu.cn

42. 冰雪运动损伤风险理论及装备风险评估指标体系

鉴于我国穿戴式冰雪运动装备风险评估指标体系比较零散、技术与方法相对比较落后的实际情况，全面系统地梳理了短道速滑、冰球、自由式滑雪3个冬季项目的运动风险，包括损伤特征、损伤场景、危险因素、损伤与装备的关系、损伤的内在与外在预防策略等，并针对冰雪运动装备风险指标进行了风险属性及防护功能的定义，制定了评价标准及相应的测试方案；结合生物力学等测试手段，参照国内外的标准，设计了穿戴式冰雪运动装备运动风险关键指标，系统性地研发了一套运动风险评估实验方法并提出了运动装备的量化分级评价方法。本研究构建的评价运动装备风险的方法技术和指标体系，涵盖3个运动项目，共7类运动装备，得到24项运动风险关键指标及其评估实验、量化分级方法。该体系适用于头盔、雪鞋、雪板、冰刀鞋、护具、颈部保护器、手套等穿戴式冰雪运动装备运动风险的客观评估，是国内第一个系统和全面的冰雪装备风险实验测试方法体系，为降低运动损伤风险、推动冰雪运动的安全普及、提升冰雪装备检验水平提供了科学指导。

建立的冰雪运动损伤风险理论及装备风险评估指标体系，对预防冰雪项目运动损伤、保障专业运动员与广大运动爱好者的安全、提升冰雪项目运动训练和装备检验水平具有一定的指导意义；提出的运动风险量化分级方法可应用于冰雪运动装备的评价分级，为我国消费者选购冰雪装备、提升国产装备防护性能、完善安全标准体系提供理论依据。本成果可为制定冰雪运动装备的国家或行业标准提供科学支撑，推动我国冰雪运动装备的提质增效，具有良好的社会效益和经济效益。

下篇 "科技冬奥"重点专项优秀成果选编

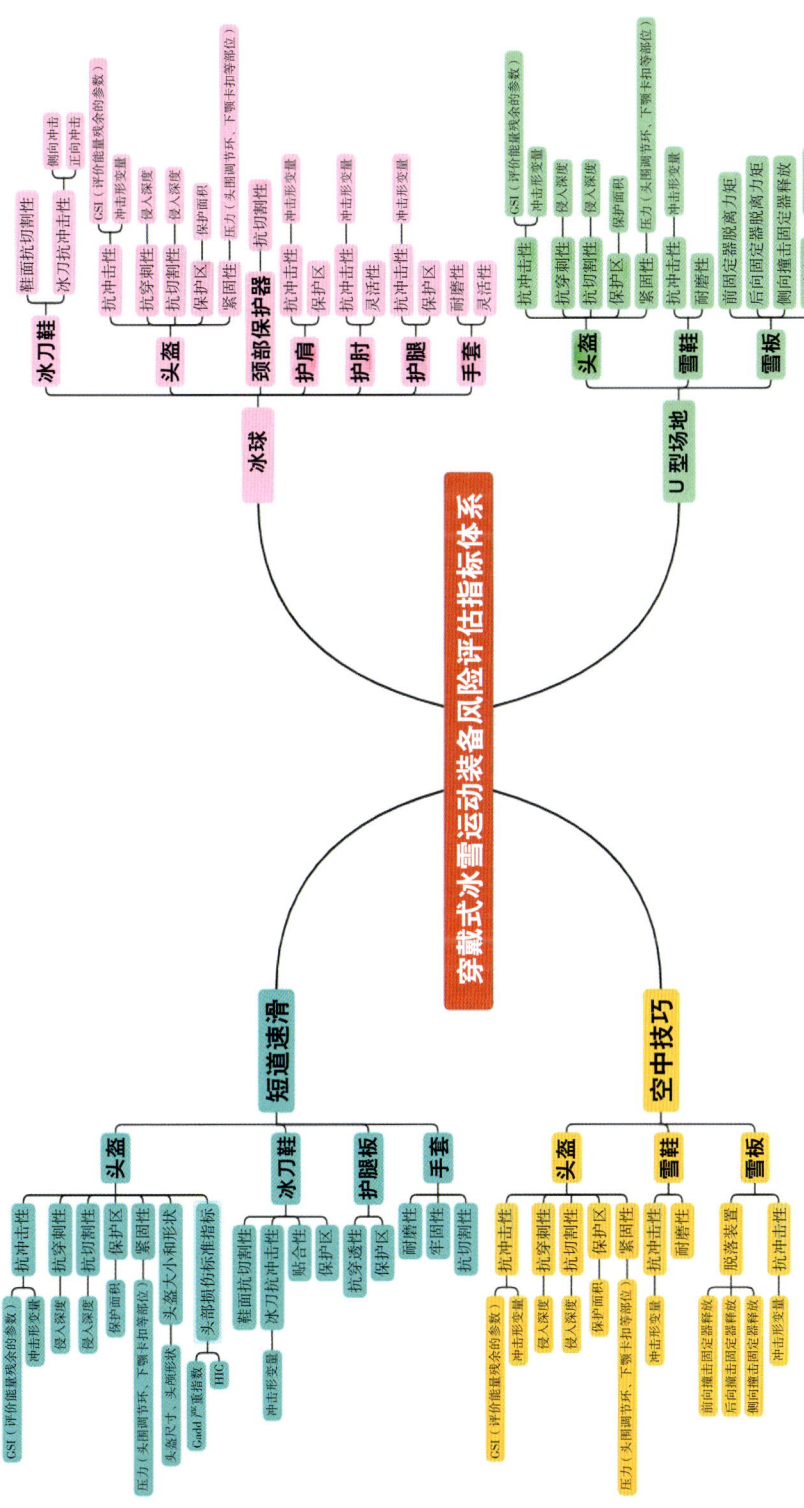

穿戴式冰雪运动装备风险评估指标体系

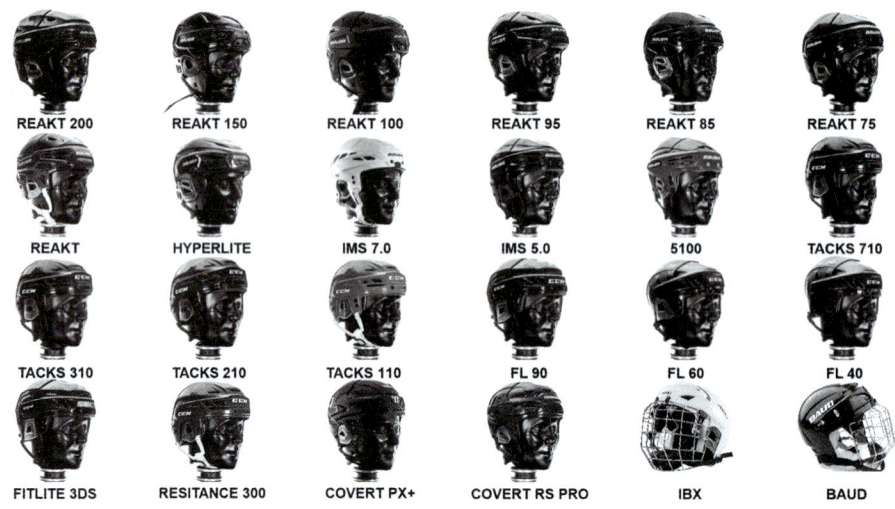

冰球头盔防护性能等级评价测试部分品牌和型号

联系人：王荣辉，北京体育大学，010-62989388，wrh.bsu@163.com

43. 穿戴式冰雪运动装备运动风险关键指标测试技术与设备

冰雪项目的高速高风险性使得其穿戴式运动装备的安全评估至关重要，然而目前国内使用的相关评估方法和技术仍然较为简单，并未对运动装备的真实风险场景进行合理重建。针对短道速滑、冰球、自由式滑雪项目的穿戴式运动装备，本研究重点突破了考虑人体生物力学特征及约束的个性化仿人重建、高速冲击及场地条件模拟、异质多源传感器高速测量等 3 项关键技术，研制了面向不同穿戴式冰雪运动装备运动风险评估的生物力学智能假人装置（包含基本惯性参数可调的体段、反映真实自由度的关节、关节外软组织、膝关节主要解剖结构等）、线性蓄能式冲击模拟试验机（对冰雪运动场地有效模拟，结构简洁，易于实现定量控制）和多模态信息误差复杂约束算法及集成测试系统，实现对 24 个主要刚体段惯性参数和关节表面压力参数的测量，形成了头盔、雪板、冰刀鞋、护具等穿戴式冰雪运动装备运动风险关键指标测试技术 21 项，为穿戴式冰雪运动装备运动风险的科学评估及分类分级奠定技术基础，提供了核心测试装备，服务我国冰雪运动装备产业的标准化建设、创新积累和提档升级。

典型应用方面，华熙冰雪体育管理（北京）有限公司使用生物力学智能假人头颈部运动风险测量系统，完成了冰场围挡的安全特性功能评估；北京信息科技大学自动化学院使用高精度多功能传感器完成了特殊工况下的加速度测量；展览示范方面，参与中国科学技术馆"冬梦飞扬"科技冬奥主题展览，参与央视科教频道《实验现场》"一

下篇 "科技冬奥"重点专项优秀成果选编

起上冰雪，冬奥项目力学解读"系列节目及北京卫视科教频道"记忆·同心家长会"冬奥节目。

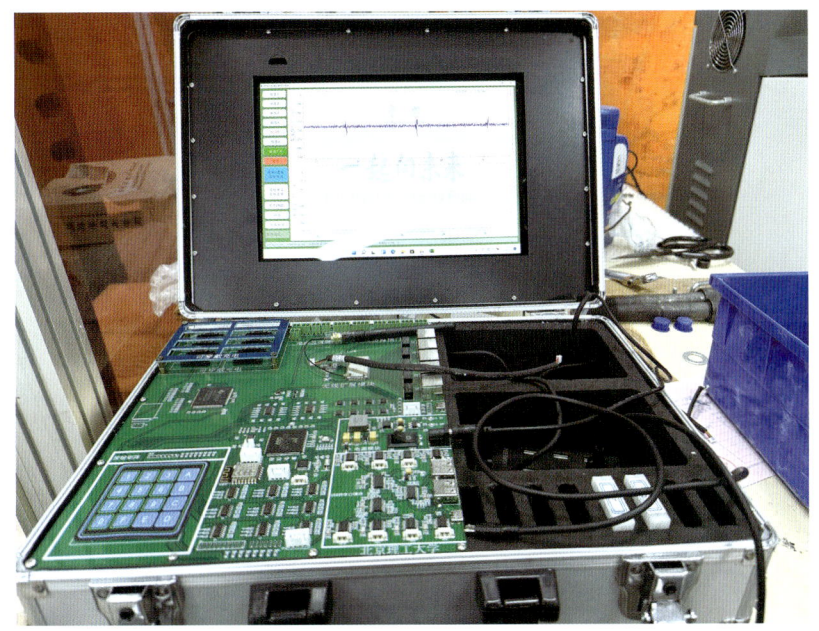

多模态异质传感器高速测量系统

含头颈部生物力学特征的头盔运动风险测量系统

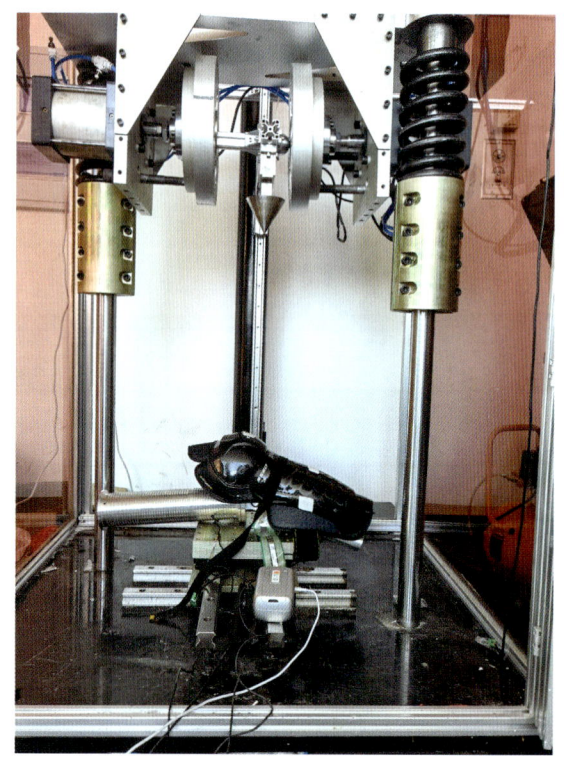

含下肢体段及膝关节力学特征的护腿运动风险测量系统

联系人：万超，北京理工大学，010-68912735，haowan@bit.edu.cn

44. 冰球护具（护肘、护腿）效能测试技术与设备

针对冰球护具的效能直接影响冰雪运动竞技及训练效果，而国内相关测试设备仍属空白的情况，本研究突破了传统防护测试技术路线，设计并实现了一套国际先进、国内领先的冰球护具效能测试装置，包括冰球护肘角度效能分析设备和冰球护腿防护效能测试设备，通过力矩-角度曲线、冲击力位移曲线，实现护肘的受力情况和姿态角度、护腿冲击过程中位移的测量，结合自主开发的具有良好人机交互的操作软件，形成了自动化、智能化冰球护具效能测试设备，实现角度分辨率达 0.1°、位移分辨率达 0.1 mm，响应时间小于 0.5 s，重复性误差小于 5%。通过装置测量，可记录护肘在不同角速度下的力矩-角度曲线、护腿在不同冲击力的位移曲线，能够分析护肘的活动范围、灵巧性，以及护腿的防护效能，以此为依据实现冰球项目护肘、护腿的性能等级评定。

该装置已在位于河北宣化的国家体育用品质量检验检测中心冰雪实验室运行,并进行了多个品牌产品的测试。形成实验室非标实验方法《冰球护肘灵巧性及活动范围测试方法》《冰球护腿防护效能测试方法》,通过了专家评审;该装置通过权威机构计量校准,取得了 CNAS 认证,于 2023 年 10 月 19 日生效。正在制定行业标准《冰球护具活动范围测试规范》(归口国家体育总局,项目计划号:202233),目前已通过了专家评审,进入标准发布阶段。对冰球护肘、护腿效能的测试,有利于冰球运动产业升级,提高我国冰雪穿戴装备的质量,培育国产品牌,对提升其国际竞争力具有积极的意义。

冰球护肘角度效能测试设备

联系人:陈先中,北京科技大学,010-62334867,18600489057,cxz@ustb.edu.cn

45. 穿戴式冰雪运动装备检验检测公共技术服务平台

选择冰雪运动手套灵巧性及活动范围测试设备、冰球护肘角度效能测试设备、头盔冲击吸收性能检测设备、冰雪头盔视域测试设备、冰球护腿防护效能测试设备等 5 套测试设备,采用 7 个测试规范或方法对冰球手套灵巧性及活动范围、冰球头盔、自由式滑雪头盔及短道速滑头盔冲击吸收性能、滑雪和冰球头盔的水平视域及垂直视域、冰球护肘活动范围及灵巧范围、冰球护腿防护效能等10项指标进行非标方法的中国合格评定国家认可委员会（CNAS）认可申请，最终通过CNAS 15项检测能力认可，包括以ISO标准申请的5项国际互认。

针对冰雪运动装备产业实际需求，完成了《穿戴式冰雪运动装备运动风险和效能评价公共技术平台示范应用方案》《穿戴式冰雪运动装备运动风险和效能评价公共技术平台应用指南》的编制，开展多场景客户示范应用工作，共计完成应用案例5项。

对滑雪头盔和护肘、护膝进行运动风险和运动效能的实验室间测试比对，比对项目包括滑雪头盔的吸收碰撞能量性能（低温）和穿透性能（低温）测试、滑雪头盔的视野测试、护膝和护肘的冲击性能测试，比对结论为满意。

完成了冰球头盔、滑雪头盔、冰球护肘、冰球手套等不同的20个以上产品测试，搭建一个集测试标准研究、检验检测技术、示范应用为一体的检验检测公共技术服务平台，为冬奥及后奥运时代推动中国特色的冰雪产业高质量发展奠定坚实基础，为"三亿人上冰雪"和全民健身提供优质服务和技术支撑，也为我国穿戴式冰雪运动装备制造业生产、冰雪场地运营和大众冰雪安全等方面，提供权威的检验检测综合技术服务，实现部分核心技术自主化的愿景，突破我国对冰雪运动员装备检测技术的发展瓶颈。

冰雪运动装备风险与效能评价实验室

联系人：胡斌，北京体育大学，010-62989335，hubin903@msn.com

46. 冬季体育运动知识与技术创新平台

助力"三亿人上冰雪",打造出一套冬季体育运动知识与技术创新平台,以科技为主线,将冬奥知识普及、冬奥文化宣传与冰雪运动项目科普相结合,突出科技馆探究、体验的特色优势,深挖内在科学原理,用多元化的交互形式,吸引公众深度参与,助力冰雪项目推广。成果包括举办"科技冬奥"主题科普展,组织"燃冰逐梦"主题巡展,在中国网开设"科技冬奥"冰雪运动推广的课题专页,实施实体、在线、流动为一体的冰雪运动传播平台,打造完整的科普传播链条。

科普推广工作的成果在北京冬奥会、冬残奥会期间得到积极应用,在相关领域得到示范推广、转移转化。例如,举办的"科技冬奥"主题科普展线上线下累计服务公众超2400万人次,获得"典赞·2022科普中国"十大科普作品奖,成为获得该奖项的唯一科技类展览。出版的优质青少年冰雪科普读物中有2个研究成果获得中宣部组织进社区推荐优秀体育类图书,以高质量科普工作推动科技体育相互助力研究注入新能量,直接受益人员超过1000万人次,国家、省市及网络主流媒体报道超过百篇。

"科技冬奥"主题科普展公众现场体验场景

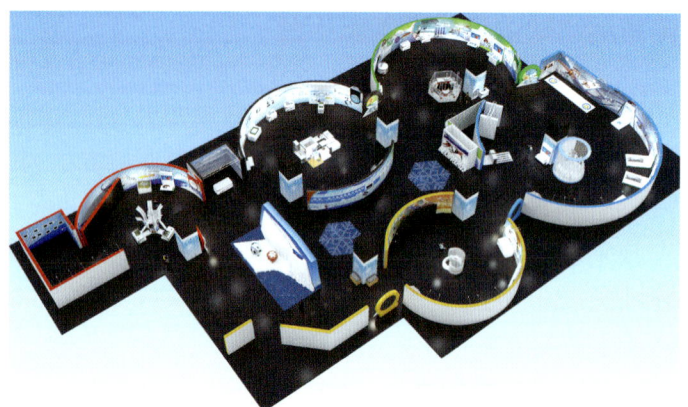

"科技冬奥"主题科普展展区示意图

项目网络专题平台截图

联系人：黄践，中国科学技术馆，010-59041064，huangjian@cstm.org.cn

47. 二氧化碳环保制冷机组与智能全时冰场监控系统

二氧化碳环保制冷机组使用 CO_2 作为制冷剂，具有安全、高效、节能的特点；智能全时冰场监控系统 24 小时不间断地监控冰场的温度、湿度、冰面状况等关键参数，以自动化管理、能效优化、远程控制的先进技术优势确保冰场始终处于最佳状态，系统采集的数据可以用于分析冰场的使用模式和效率，为未来的维护和升级提供决策支持。二氧化碳环保制冷机组与智能全时冰场监控系统可应用于大众冰上运动推广和大型赛事场地管理，采用快速环保制冰、二氧化碳环保制冰，以及适用于冰面温控的制冰管路－冰面－环境多相热传导特性建模与分析技术，针对大型冰上赛事场景下冰场使用管理的难题，实现了适应多项比赛、高回收再利用率及短搭建时间。

从 2021 年 11 月到 2022 年 3 月，二氧化碳环保制冷机组与智能全时冰场监控系统成果支撑了 3 个群众冰雪比赛与活动。在北京冬奥会与冬残奥会期间，该成果应用于北京燕山体育运动中心，为花样滑冰和冰球比赛提供高质量场地保障；在"后冬奥"期间，其广泛应用于固定冰场及移动冰场的技术升级改造。

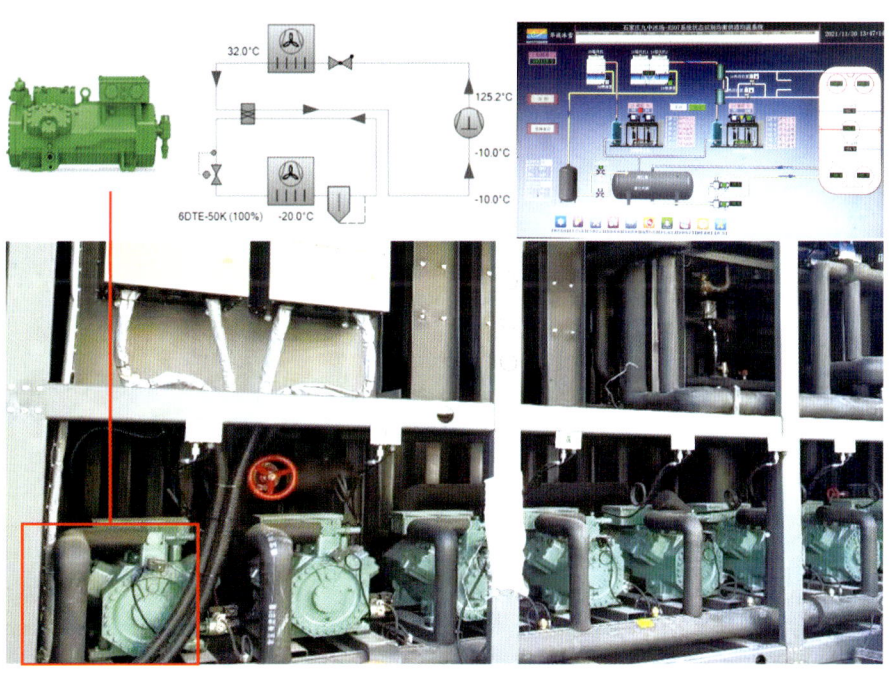

二氧化碳环保制冷机组与智能全时冰场监控系统

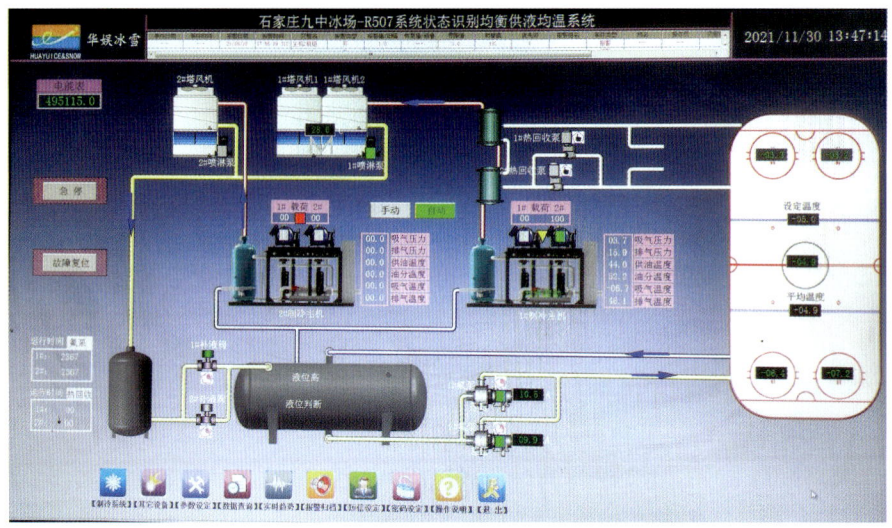

智能冰面温控系统操控面板

联系人：芦天宝，华娱冰雪（北京）文化有限公司，13701014665，Lutb_2000@163.com

48. 仿真运动冰雪装备

仿真运动冰雪装备，专为非天然冰雪环境下的冬季运动训练和娱乐活动设计，提供真实的滑行体验，支持全年无休的冰雪运动需求，同时减少对自然环境的依赖，让冰雪爱好者在春夏秋冬都能享受到滑行的乐趣，大大降低了运动门槛，使得冰雪运动更加亲民、普及。基于高分子改性复配的低成本仿真冰雪原材料制造工艺、适应于不同场景的高性能仿真冰雪装备优化设计与实验测试及大众仿真冰雪运动装备产品的环保性3个方面的研究，解决了仿真冰板和仿真雪草存在的关键技术问题，并在降低大众仿真冰雪装备成本的前提下，提升了产品的关键性能指标和多场景适用能力，推动了冰雪运动的普及和产品整体质量水平的提高。滑雪草模拟真雪的效果达到95%以上，可保证锻炼者在滑雪体验中的人身安全和舒适性，缓冲效果稳定，经久耐用，使用周期长。自润滑仿真冰的夹层结构和组成材料创新成果降低仿真冰表面的摩擦系数和挠曲变形能力，从而提高仿真冰的仿真效果、耐候性和耐磨损性，实现了仿真冰的抗蠕变和寿命延长，降低了仿真冰场的使用成本，有利于冰雪项目的推广。

该成果在"后冬奥会时代"的冰雪运动推广中发挥积极作用，冰雪运动场地仿真器材成果应用于全民健身冰雪运动推广和大型冰上赛事，服务于大众冰上运动场地管理，助力我国冰雪产业升级。在教育领域应用于北京奥林匹克教育模式，打造创新应用示范，服务于冬奥赛场和大众冰上运动，助力全民健身工作，带动体育产业发展。

目前该成果已经在山东、河北的体育场馆应用，服务于多所学校校园的冰雪运动开展。

滑雪草

滑雪草在模拟滑雪机上的应用

联系人：范利，山东泰山体育器材有限公司，0534-6295876，taishanxiangmu@163.com

49. 雪上项目夏冬转训融合智能化场地系统研究

针对夏冬转训过程中旱雪场地润滑性能不足的问题，研制了可量产的胶体粒子与高分子共混的超润滑剂，其可以在材料表面形成稳定、光滑的油膜，从而显著提高材料表面的润滑性能。对真实雪的本构关系开展研究，结合着陆缓冲区域变刚度复合结构开展了高速冲击状态下人体与雪板整体结构的仿真分析。加入了气垫支撑层结构并通过优化着陆坡的挠跨比,完成了着陆坡变刚度多层复合结构的设计方案。根据旱雪材料的摩擦系数,确定了 U 型场地的设计尺寸;通过分析运动员的滑行轨迹特点并结合仿真分析对场地的结构和铺设方案进行了优化,最终完成了 U 型场地的设计方案。研发无标记点、超大范围的运动员跟踪与姿态估计模块;基于外点滤除算法,提出了现有的鲁棒快速的图像一致性空域验证算法;重建人体附近的三维空间,实现对人体的运动学分析;对任意一段刚体变换优化获得刚体变换矩阵,实现三维空间中的优化对模型的骨骼进行定义并确定每块骨骼的姿态;转换为四元数或欧拉角表示,最终实现智能化场地人体三维数据的自动识别和三维动画反演。

着陆坡变刚度多层复合结构的设计方案和 U 型场地的设计方案应用于沈阳体育学院自由式滑雪空中技巧旱雪场地和 U 型旱雪场地的设计与施工;超润滑剂将应用于场地下滑材料与雪板之间的润滑环节;人体三维数据的自动识别和三维动画反演将应用于旱雪场地训练中的智能化评价;夏冬转训融合智能化场地系统的研究成果将有效实现运动员夏训、冬训的无缝衔接,在缩短场地适应时间的同时,大大提升运动员的训练效率。

冲击试验假人"着陆"瞬间

下篇 "科技冬奥"重点专项优秀成果选编

高强度抗冲击充气囊体及其装配

联系人：曹连众，沈阳体育学院，0451-82700800，41528311@qq.com

50. 多源场景转换下运动员技术、体能、心理训练方案

根据雪上技巧类项目的特征，结合国家队教练员、运动员和科研人员的深度探讨和技术测评，建立了我国雪上优势项目的关键技术环节和指标评价体系。获得夏冬不同场景下技术、体能、心理差异性特征，并依据国家队备战北京冬奥会赛程，完善技术、体能和心理训练方案，制定优势项目夏冬不同场景下的技术、体能和心理转训融合训练方案。开展对多源场景转换下运动员技术采集手段调研，着重分析基于视频动作解析和动力学的生物力学的方式。提出基于高速影像数据的运动员训练辅助分析系统，

研制辅助分析系统基本要求，创新性使用图像+动力学的多维度分析方式，更加立体地分析运动员动作水平，确定了建立和完善多源场景转换下运动员评价技术与方法的实施途径。针对运动员转训期间出现的心理行为问题，制定针对性的行为干预策略，行为干预策略的靶向性较强；行为干预策略既具有普适性，又能针对运动专项特点制定，突出了冬季项目特点。形成了夏冬、冬夏多源场景转换下运动员技术、心理和体能训练转换融合方案并在运动队中进行示范应用。通过现实访谈对数据进行深度挖掘和初步"扎根"，形成雪上优势和潜优势项目转训与成绩之间关系演变基础数据并协同建构基本理论模型。

通过北京冬奥周期全面总结我国雪上项目优势团队在夏冬转训过程中积累的转训技术、体能和心理方面的经验，实现了操作性与可复制性转训融合迁移方案；通过建立和优化重点运动员转训行为融合管理方案，研发运动员普遍适应行为的转化方案，形成良好的示范性。探索夏冬转训融合理论和迁移方案的实践技术路径，在冰雪项目国家队进行应用实践，不断优化雪上优势、潜优势项目团队多源环境转训融合理论和迁移方案，推动夏冬转训融合理论在更多国家队进行广泛应用。

运动员深度学习姿态识别模型

下篇 "科技冬奥"重点专项优秀成果选编

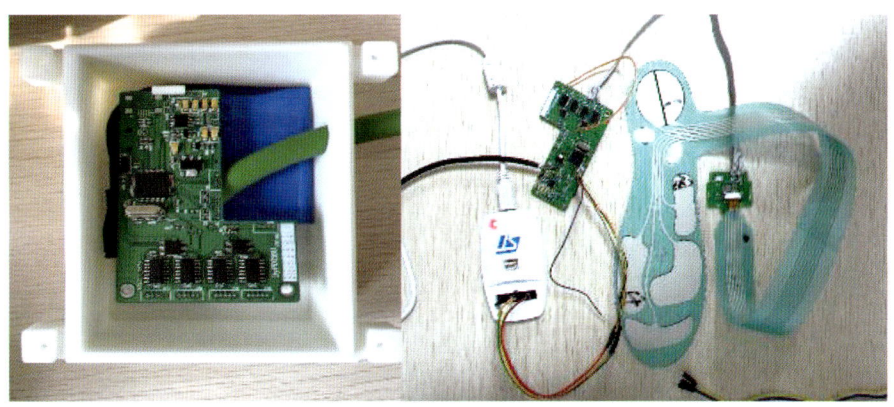

智能鞋垫工程机

联系人：董传升，沈阳体育学院，024-89166627，bestshiner@163.com

51. 夏冬两季多场景下刚度自适应运动护具研制

针对我国冬奥集训队夏冬转训中的运动防护需求及护具适配性问题，形成了护具的材料和结构等多个层次协同优化设计技术，应用了异形空间曲筋簇表征与智能优化、短切纤维增强 ABS 树脂材料和运动员生物力学数据采集与定制化设计等技术，解决了雪上项目旱雪训练条件下运动护具防护性能不足、缺乏面向亚洲运动员体型特征的针对性设计等问题。通过研究微观单胞几何参数对负泊松比材料吸能效果的影响规律，考虑高吸能材料（D3O）的应变率效应，开展了不同组分配比和排列次序等设计参数对运动员受到冲击时的吸能效果的影响研究，形成了多层级抗冲击、高吸能护具防护垫创新结构。基于运动员体型特征实测数据，建立了运动护具定制化建模与设计模块，通过模块化集成主流高性能动力学计算环境，建立了具有全局高效优化算法接口的运动护具多层级高效并发优化设计软件平台。这种应用曲筋簇表征、高吸能材料定制的高性能、抗冲击、变刚度加筋头盔，已通过欧洲滑雪头盔安全标准 EN 1077 测试，防护性能较欧洲标准提升 20% 以上。

研究成果应用于国家自由式滑雪空中技巧队训练、辽宁省第一届青少年冬季运动会和白清寨滑雪场青训队雪上项目训练，国家体育总局冬季运动管理中心评价相关成果"为项目训练提供了有力的安全保障"。成果获中央电视台、新华社、China Daily、中国教育报等央媒集中报道，取得了较好的传播效果。在"后冬奥时代"，将充分利用系列成果具有高技术含量和潜在高资本投资的特点，迁移应用于骑行头盔、安全帽及军用头盔等，有力推动我国军民护具产业蓬勃发展。

高防护性变刚度头盔实物图

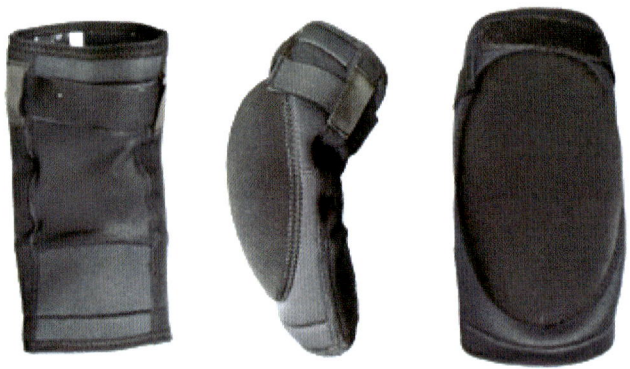

多层级抗冲击、高吸能护膝护肘实物图

联系人：郝鹏，大连理工大学，0411-84702967，haopeng@dlut.edu.cn

52. 跳台曲面修整机器人

运动员在参与自由式滑雪空中技巧、单板滑雪 U 型场地技巧等项目的比赛和训练时，滑雪跳台曲面质量的好坏影响着运动员的起跳高度和出台速度，进而影响运动员的比赛成绩。传统的滑雪跳台曲面建设采用人工修整的方式，跳台曲面修整效率低，修整之后的跳台曲面一致性差，尤其训练过程中的人工修整过程压缩了运动员的训练时间。

面向跳台场地修整需求，跳台曲面修整机器人系统采用极地冰雪面机器人移动底盘和大跨度工业机械臂，突破了硬冰面高速加工、跳台曲面高精度定位和精确建模技术，

下篇 "科技冬奥"重点专项优秀成果选编

解决了跳台曲面高精度修整、多尺度跳台自动化作业等问题，满足了人造跳台雪质曲面的修整工艺要求，机器人修整效率可达 1.76 m^2/min，可在保证跳台曲面一致性的同时，分析跳台曲面测量数据与运动员技术动作的定量关系，帮助运动员提升成绩。研制的机器人装备在国际上首次实现了面向滑雪跳台曲面的自动化修整，并在训练基地完成了应用示范。

该成果应用于沈阳白清寨滑雪训练基地，为自由式滑雪空中技巧训练提供了场地保障。冬奥会之后，该成果可用于各级滑雪跳台训练场地，可突破专业人工修整的限制，带动更多空中技巧场地的发展。

跳台曲面修整机器人系统

跳台曲面修整机器人进行修整作业

联系人：卜春光，中国科学院沈阳自动化研究所，024-23978952，cgbu@sia.cn

53. 奥运会运动员心理健康保障关键技术

本成果基于多维度数据技术，实时、自动采集运动员的心理、生理和行为3个维度，共43种指标，集成于微信小程序"运心保障系统"，结合运动项目特点、运动员在训练和比赛中的表现及教练员的评价，对运动员的心理状态进行全周期、多维度评估，从动力、行为、认知、情绪和人际五大维度形成冬季项目运动员心理状态新理论。进一步结合新理论所构建的指标体系，建立基础数据池，形成了应用于日常训练环节的运动员心理状态动态预警模型和应用于赛时备战环节的赛时心理状态预测模型。基于前期心理评估和预警模型，针对高危或已经出现竞技心理问题和睡眠心理问题的运动员进行综合性干预，包括研制针对运动员常见心理问题的智能机器人和手机应用程序，创建了线上线下交互融合的心理干预平台，提供线上自助心理服务、心理治疗等和线下无创个体化干预方案，对不同心理问题提供分层次及时响应和干预。该成果创新性地使用多种新技术，实现高水平运动员多维度心理评估和心理问题预测预警，形成新型无创综合性干预方案。其为提升运动员的心理健康水平及训练和比赛水平提供参考，同时保持与国际体育科学领域运动员心理健康问题研究前沿同步。

成果已获批软件著作权，在北京冬奥会前应用于跳台滑雪、花样滑冰和部分跨界跨项队伍，评估运动员在高强度高压力任务下的心理特征和心理状态，为运动队组织科学化训练与参赛提供参考，为开展运动员心理保障服务提供支持，帮助提升运动员心理健康水平进而提升训练和比赛成绩，为我国冬季项目全项目参赛贡献力量。本成果通过迭代优化，有望推广于国际国内各类运动项目的运动员及大学生运动员等人群的心理健康监测，与心理干预团队结合，构建运动员心理保障服务体系，开创运动员心理服务产业，降低心理保健成本，实现运动员心理保障服务资源的共享。

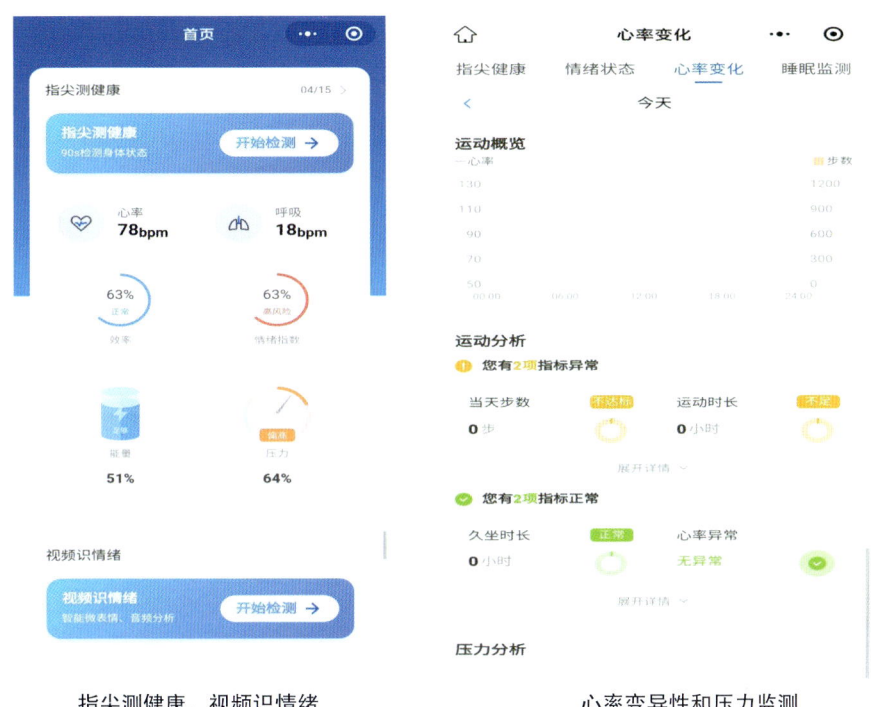

指尖测健康、视频识情绪　　　　　心率变异性和压力监测

联系人：倪照军，北京大学第六医院，18813186223，nizhaojun2008@163.com

54. 运动员心理状态动态预警模型和赛时心理状态预测模型

本成果从动力、行为、认知、情绪和人际 5 个维度探究了运动员心理状态的共性特征，将传统心理测量技术和新兴神经生理检测技术相结合，通过心理量表、脑电设备和唾液分析采集相应数据，建立基础数据池，形成心理状态预警新理论。相较以往研究，新理论的涵盖指标丰富。根据不同阶段的心理服务目标，提取预警和预测心理状态特征的核心因子，分别建立了应用于日常训练环节的运动员心理状态动态预警模型和应用于赛时备战环节的赛时心理状态预测模型；并通过获取运动员的个性化信息，进一步确定影响运动员赛时心理的指标，构造计算公式预测运动员赛时心理，解决了现有技术无法对运动员赛时心理进行预测的技术问题。

该成果在钢架雪车和单板滑雪 U 型场地技巧国家集训队应用，已获批相关软件著作权。一名团队成员进入冬奥闭环为钢架雪车队伍开展心理科技服务，助力一名运动员获得冬奥会男子钢架雪车铜牌，钢架雪车国家集训队荣获 2022 年北京冬奥会突出贡献集体，同时研究成果在心理认知领域重要会议进行交流。与河北体育学院等建立合作关系，帮助其及时掌握运动员的赛时心理，调整训练方法，开展心理干预。未来利用新兴技术联通多方平台，有利于充分发挥心理科技服务在竞技体育工作中的积极作用，实现心理科技服务的智能化并节省人力、物力。

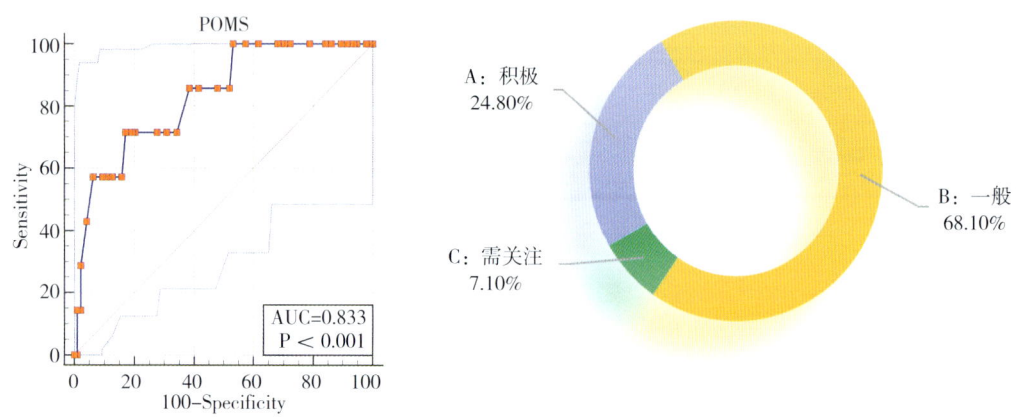

运动员心理状态动态预警模型结果分布图

（依据运动员心境状态 POMS 进行预警等分级。A 代表得分较低的积极心境状态；B 代表得分中等的一般心境状态；C 代表得分较高的风险心境状态。当预警结果为 C 等级时，该运动员可能存在某些心理风险，需要得到密切关注）

联系人：倪照军，北京大学第六医院，18813186223，nizhaojun2008@163.com

55. 运动员专用的心理调控干预平台

基于人工智能和多种无创干预技术，针对运动员进行竞技心理调控和睡眠心理问题干预。具体成果：①基于语音识别和语音生成算法，采用大数据和云计算技术，区分运动员心理状态和需求；研制智能机器人和手机应用程序，为运动员提供常见运动心理问题识别、测评、咨询等自助服务，以及危机情况的预警。可满足运动员动机、自信提升和思维控制等运动心理问题的咨询需要，提供直接、即刻的指导与建议，以调控运动员竞技心理水平。②针对运动员不同的睡眠心理问题，创建了综合心理干预平台（线上线下交互融合），提供线上自助心理服务、心理治疗等和线下无创个体化干预方案，为不同心理问题提供分层次的及时响应和干预。该成果突破了传统心理保障服务的时空限制，一定程度上弥补了运动队心理保障人力资源的不足，提高了运动心理服务的可获得性。

本成果目前已经获得软件著作权登记和申报相关专利，通过了第三方测试、现场测试和同行专家评定,并在运动员群体中推广应用,获得了国家体育总局冬季运动管理中心、多支国家运动队出具的应用证明。在本成果的支持下,北京大学第六医院被中华全国体育总会确定为"中国国家队合作医院",团队多位成员被聘为"备战巴黎奥运会心理保障服务咨询成员"和"备战巴黎奥运会医疗康复专家"。该项成果包含的智能调控干预平台可以冬奥遗产的形式继续整合服务于其他运动员,同样适用于参加夏季奥运会训练比赛的我国高水平运动员。

自主开发的运动员线上心理评估与咨询 App
(该 App 可以实现在线心理测试、在线联系精神心理专业人员,实现精神心理问题的实时诊疗,具有图文、语音、视频等多种咨询形式)

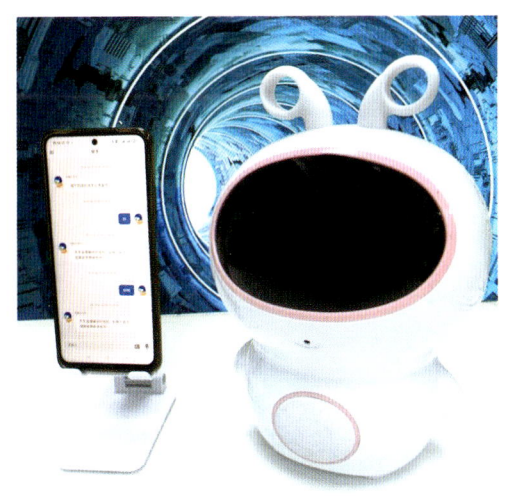

自主开发的具有运动员心理咨询功能的智能机器人与小程序
(智能机器人和手机应用程序,为运动员提供常见运动心理问题识别、测评、咨询等自助服务,以及危机情况的预警,可满足运动员动机、自信提升和思维控制等运动心理问题的咨询需要)

线下平台实景图(运动员睡眠心理服务中心)

[线下平台可以进行无创的物理干预(如经颅磁刺激、光照治疗等)、面对面的专业心理治疗等,为不同心理问题提供分层次及时响应和干预]

联系人:倪照军,北京大学第六医院,18813186223,nizhaojun2008@163.com

56. 滑雪板固定器脱离力矩检测设备

针对我国滑雪板固定器脱离力矩检测设备缺失的问题,参照 ISO 13992:2014《高山滑雪板固定器的要求和测试方法》标准设计,并按照同行专家评审后的方案进行研发制作形成设备样机,模拟滑雪过程中对固定器加载脱离扭矩,至滑雪靴从固定器脱出的过程,并记录脱离瞬间的最大力矩值 M_z、M_y,实现自动装卸雪鞋、自动生成数据曲线图等智能化设计,设备的成功研制填补了我国相关领域的空白。针对我国滑雪板固定器失效诊断分析技术的缺失,编制了《滑雪板固定器脱离力值在多元参数影响下的失效诊断分析技术导则》,广泛应用于滑雪板生产企业、冰雪产品实验室、滑雪场所,提高了我国冰雪运动装备的检测水平,为大众滑雪者合理选择参考脱离扭矩值提供科学依据,为不同滑雪者提供符合使用要求的滑雪固定器脱离力矩选择,从而达到滑雪安全系数最大化。

自主研发了滑雪板固定器脱离力矩检测设备,实现了该设备的国产化,降低了测试成本,节约了社会资源,实现了测试设备的多元参数输入,与相关 ISO 国际标准接轨,结合雪场的雪道状况和每个滑雪者的生理因素,快速精准地提供"量身定做"的滑雪固定器,达到安全系数最大化。经过与国外进口设备的实验测试比对,可以实现批量生产。经过 10 家用户试用,滑雪板固定器脱离力矩检测设备的功能、测量精度、数据处理达到了标准要求,使用性能稳定,实现了滑雪板固定器脱离值检测及检验过程中的数据自动快速采集,为滑雪者"量身"选择脱离值提供科学依据。

下篇 "科技冬奥"重点专项优秀成果选编

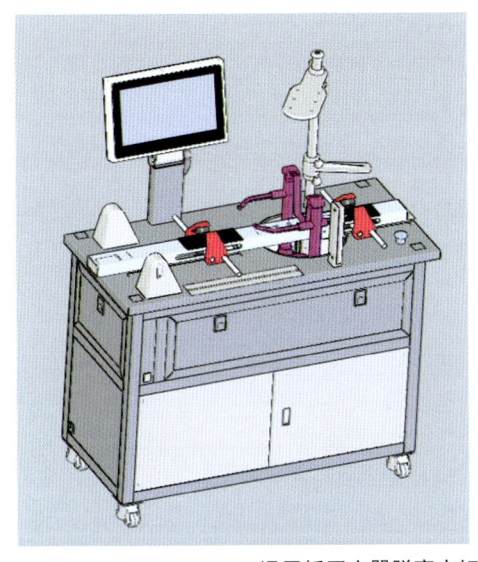 

滑雪板固定器脱离力矩检测设备设计研制

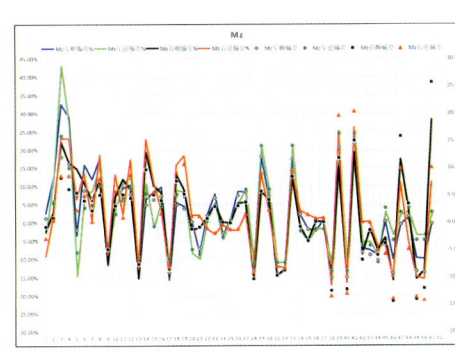 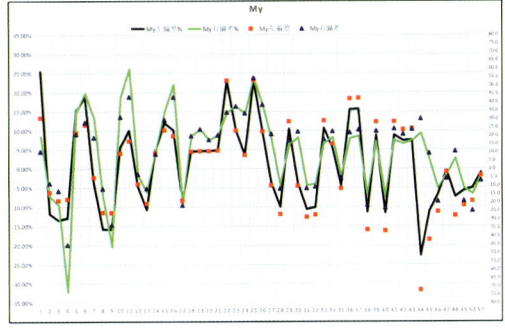

滑雪板固定器 Mz、My 失效偏差分布图

联系人：傅杰，河北省产品质量监督检验研究院，0311-83895656，676823957@qq.com

57. 冰雪运动标准比对分析及体系建立

针对我国冰雪运动标准体系尚不完善的问题，通过向下映射的方式，将冰雪运动标准体系分为 7 个领域，结合各类需要规范的主体要素，通过应用层的 4 类标准进行规范，通过归纳合并，最终形成冰雪运动标准体系框架。在此基础上，针对我国冰雪运动领域相关标准缺失、技术落后的难题，突破语言繁杂、国外标准数量较多等难点，开展冰雪运动装备标准中关键性能参数测试技术比对研究，研究我国冰雪运动装备标准与国际标准的差距并提出解决方案。以冰雪运动装备、防护装备、场地设备的重点产品为研究对象，采用标准检索与分析、比对方法研究和实际调研相结合的科学方法，

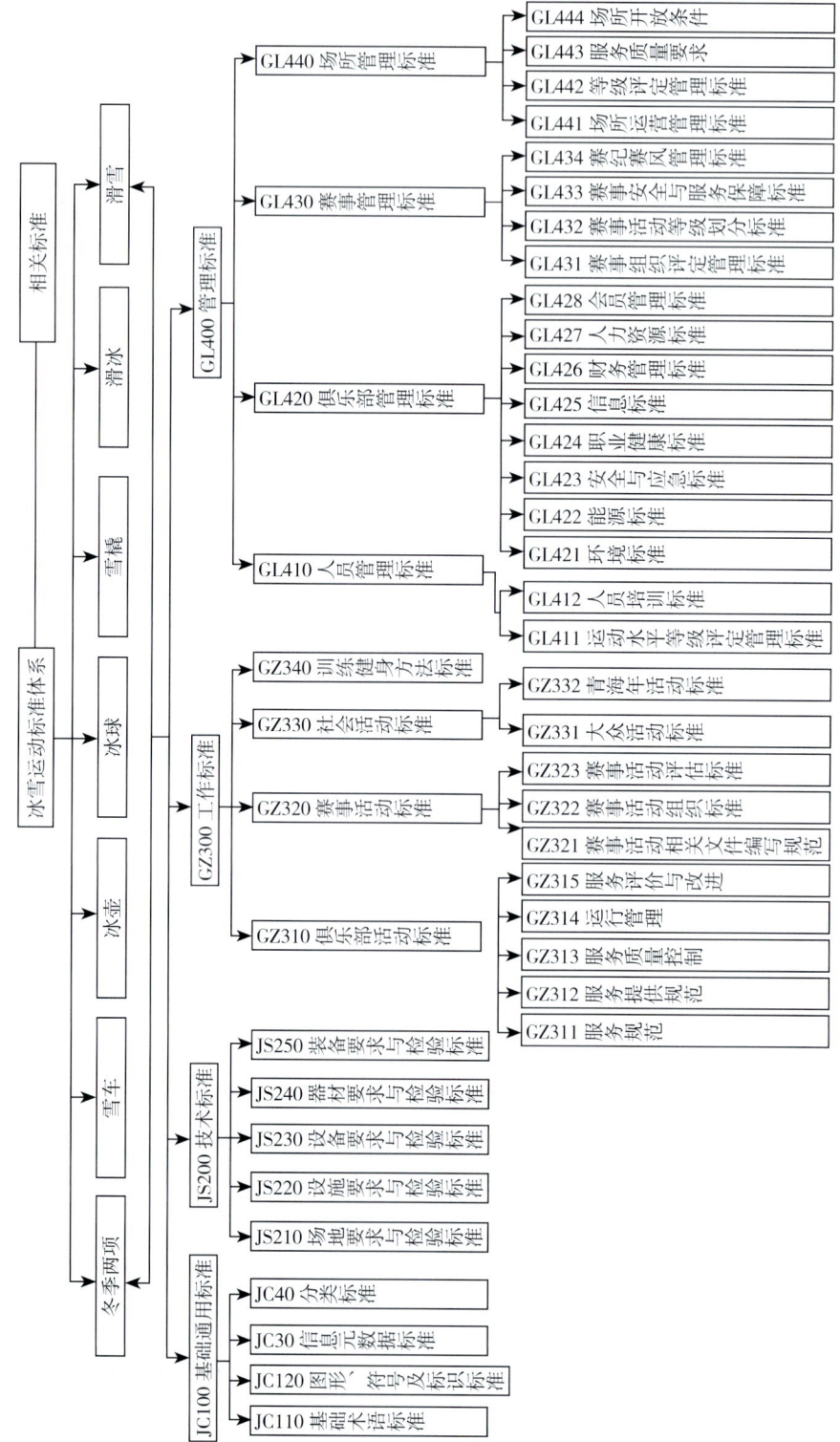

结合关键性能参数，如安全性、可靠性、稳定性等指标，通过冰雪运动标准信息系统中的国内外冰雪运动标准比对分析模块、人体模型尺寸差异性比对模块、关键参数测试方法比对模块等 3 个模块共同作用实现，经系统后台处理，最终自动形成比对结论。

该成果可促进国内企业将重点放在冰雪运动所需配置的装备器材上，通过提高质量标准、大幅提高产能、注重品牌效应、提升装备检测标准能力等方面逐步达到国际化水平，并且在工艺质量、设计美观、安全性、稳定性、智能化上投入力量进行新技术研发，对标国际相关知名品牌企业，着力在品牌推广、质量推广方面布局国际化，比对国外指标参数细项，从严逐一落实，抢占更多国际市场份额，形成国内外产供销一体化格局。

58. 冰雪运动装备服务平台关键技术

搭建了冰雪运动装备标准研究服务平台、冰雪运动装备检验检测网络服务平台、冰雪运动装备质量安全预警平台，并整合形成"一站式"网络技术服务平台，运用标准数据集成对比分析技术和多源异构数据采集技术，可快速准确地检索出所需要的标准及参数内容；应用 Kafka 消息中间件作为数据接入方式，实现检验检测数据低延迟、高可靠的数据实时采集；实时采集冰雪运动装备检验检测数据，运用产品质量特性值标准差控制方程，建立基于质量特性值标准差分析的质量安全风险评估模型，并提出了一种冰雪运动装备产品质量安全风险等级评定方法，建立了冰雪运动装备质量分析判定准则，对各项关键质量特性进行自动判定，提出了一种改进的 OGNL 表达式语言，对复杂的冰雪运动装备质量分析报告进行标记，关联原始检测数据和质量分析的结果，自动形成质量分析报告。

基于冰雪运动装备标准研究服务平台、冰雪运动装备检验检测实验室平台和网络服务平台、冰雪运动装备质量安全预警平台，通过协同冰雪运动装备制造企业、大型冰雪场馆、质量安全行业监管部门和行业协会等多应用场景实现示范应用，并开展应用验证反馈与评价，采用 PDCA 项目管理方法实现基于平台功能应用的业务流、信息流和评价流的完整闭环，达到可复制可推广的标准化作业流程，并基于 DeLone& McLean 信息系统成功模型的系统评价方法，结合平台的科研性质及实际的开发情况和进度要求，从信息质量、系统质量、服务质量、使用情况、用户满意度等方面对整个平台的试用进行分析和评价，为及时掌握国际国内冰雪运动装备最新标准提供了便利的查询渠道；质量咨询功能搭起了一个企业、场馆等单位与业内专家沟通、协作的桥梁，能够帮助示范单位开展质量管理工作，解决冰雪运动装备产业发展过程中的关键质量问题，促进产业高质量发展，有助于提升冰雪产业整体发展水平。

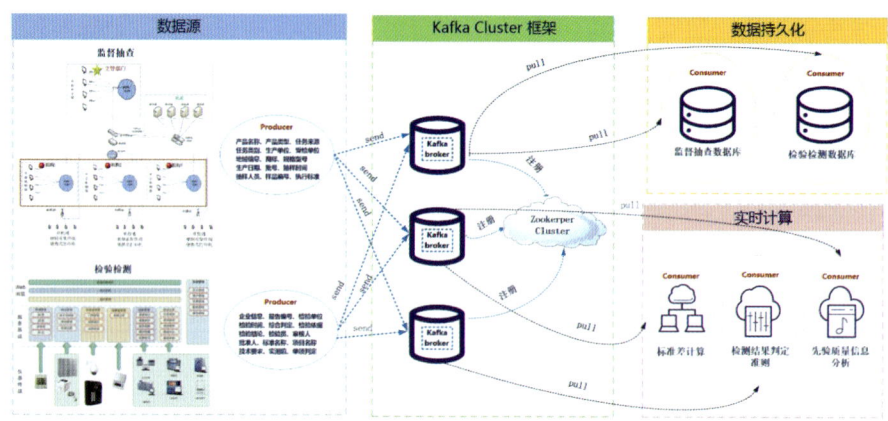

质量安全风险监测技术模型

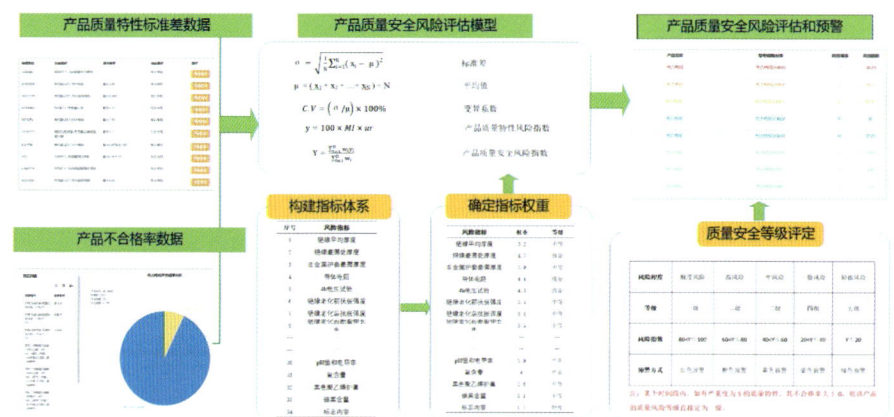

冰雪运动装备产品质量安全风险等级评定模型

联系人：熊炜，河北省产品质量监督检验研究院，0311-83895656，gjtyypzx@163.com

59. 粉末冶金双金属刀片

针对竞技速滑冰刀由刀片关键材料难以自足导致全部依靠进口的现状，采用以粉末冶金技术制备刀刃材料及激光焊接双金属刀片相结合的技术路线，突破了高纯净度刀刃材料粉体的成分设计与制备、刀刃的精密成形、双金属刀片的激光焊接与热处理性能调控等系列关键技术，开发了高精度刀刃带材的温轧成形装备与技术，建立了双金属刀片的激光焊接及在线热处理技术，解决了刀片不耐磨及热处理易变形的技术难题，突破了双金属刀片全链条制备技术，实现了双金属刀片的自主可控制造，通过对刀片材料的力学性能、耐磨性能及组装冰刀后滑度测试结果的综合对比分析，该成果综合性能达到国外先进水平，相关技术打破了国外垄断，填补了国内空白，支撑了高性能速滑冰刀的自主设计。

基于本项目研制的粉末冶金双金属刀片，配备常规的 CLAP 式铝合金或钢制圆管刀架及 T 型钛合金刀架，都表现出可与国外先进冰刀相媲美的滑度和耐磨性；同时，经国家队运动员训练应用反馈，刀片的弹性和切冰效果跟国际高端冰刀处于同一水平。高性能刀刃材料及双金属刀片的成功研制，填补了国内高性能粉末冶金速滑冰刀刀片的技术和市场空白，对于促进高性能速滑冰刀的全面国产化制造及自主设计起到重要的推动和支撑作用。

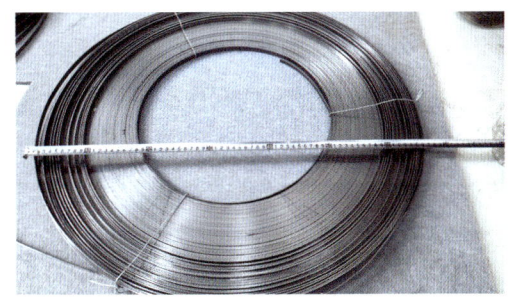 

高精度粉末冶金刀刃　　　　　　粉末冶金双金属刀片

联系人：任淑彬，北京科技大学，13439708728，sbren@ustb.edu.cn

60. T 型结构钛合金速滑冰刀

针对国内乃至国际高端竞技用速滑冰刀，90% 的运动员采用国外冰刀，国产速滑冰刀存在刀片耐磨性和滑度差、刀架结构设计不合理等问题。建立了与国内优秀运动员相匹配的速滑运动足－鞋－刀有限元模型，分析了运动损伤的风险，为冰刀产品的优化设计、制造及个性化定制提供了理论依据和实践指导；在 Clap 式速滑冰刀运动原理的基础上，通过首创的 T 型结构及航空级钛合金材料的引入，优化了冰刀的全刃着冰能力及刀体抗扭能力，提升了冰刀的结构稳定性，研制的 T 型结构冰刀在国家队运动员训练中进行了应用示范，应用示范效果良好，T 型结构冰刀的结构创新填补了国内外空白。建立了高端冰刀的批量生产能力和示范线，形成了具有我国自主知识产权的冰刀结构设计原理与方法，实现了高端冰刀从基于生物力学的创新结构设计、批量化制造到系统评价的全链条自主化，为全面提高速滑运动效率，推动国内速滑运动及冰雪装备的快速发展提供理论和技术支撑。

国家队 8 名运动员共同对 T 型结构速滑冰刀进行了应用示范，运动员一致反馈：对此款速滑冰刀的实际操控、驾驭感觉良好，能够帮助运动员较好地完成技术动作，同国际高端竞技类产品处于同一水平，同时此款产品相较于国际竞品重量轻，对运动员提高成绩有一定的促进作用，在长距离滑行过程中，整体滑行感觉更加舒适，冰刀的功效达到了项目预期目标。T型结构钛合金速滑冰刀的成功研制打破了国外对高端冰刀长期垄断的局面，让中国运动员和滑冰爱好者用上自己民族品牌的高端冰刀成为现实，研究成果也为促进冬季运动普及和体育产业发展提供了科技支撑。

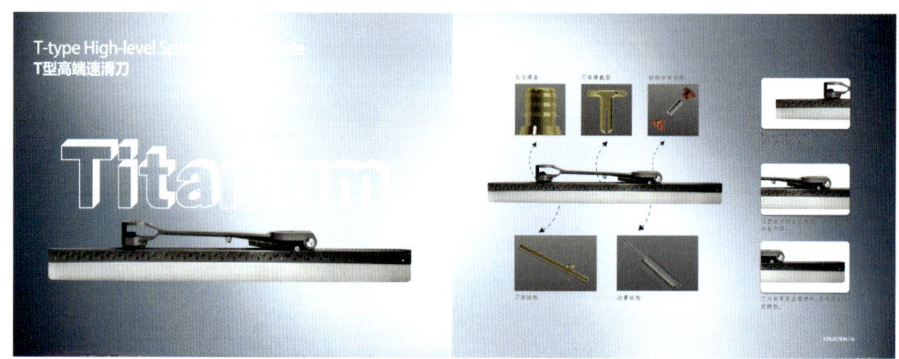

T型结构钛合金速滑冰刀

T型结构钛合金速滑冰刀鞋

联系人：郑小杰，齐齐哈尔黑龙国际冰雪装备有限公司，0452-6111291，182505568@qq.com

61. 冰刀滑度检验装置

为科学评价冰刀在冰面滑行的流畅程度，基于空气动力学原理和激光雷达技术，自主研发冰刀滑度检验装置，在统一外界环境因素（冰面冰质、冰面温度和湿度）的情况下，对不同型号高端速滑冰刀进行滑度测试，实现对不同型号冰刀滑度功效的客观评价，为运动员选择适合自身特征和项目特点的高端速滑冰刀提供优化信息，为研制高端速滑冰刀及迭代优化提供科学依据和技术支撑。冰刀滑度检验装置的发射速度可在 0 ～ 16 m/s 范围内调节（发射速度精度 ≤ 0.2 m/s），能够实时测量采集冰刀滑行时的速度、时间、位移等运动参数（速度精度 ≤ 0.1 m/s，采样间隔时间 ≤ 0.05 s，距离精度 ≤ 1%FS），且能通过软件形成数据模型；多功能冰刀架及配重砝码重量可在 50 ～ 100 kg 范围调节（配重质量精度为 1 kg），且具备高度调节、刀桥固定器位置调节、特殊固定螺丝螺母定制等功能。该装置对枫叶双极光、EVO 镂空白管、海盗蓝宝石、海盗银武士 4 款国际高端速滑冰刀，以及自主研发的黑龙 T 型钛合金冰刀进行多次实践应用，采集数据科学有效，测试误差在允许范围内，其技术处于国内领先水平。

利用冰刀滑度检验装置对参加北京冬奥会速度滑冰项目运动员、黑龙江省速度滑冰队运动员使用的枫叶双极光、EVO 镂空白管、海盗蓝宝石、海盗银武士 4 款国际高端速滑冰刀进行实践应用，为研制黑龙 T 型钛合金冰刀及迭代优化提供了科学的依据和技术支撑。该成果填补了国内冰刀滑度检测的技术和装备空白，对其他高端冰刀的研发也具有重要的借鉴作用。

冰刀滑度检验装置——多功能冰刀架

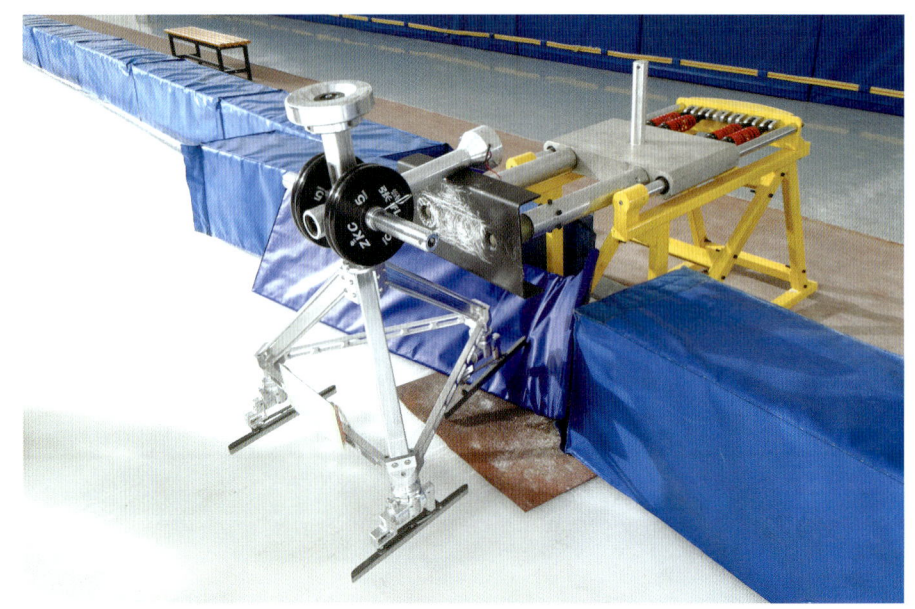

冰刀滑度检验装置——冰刀回收装置

联系人：赵鉴，黑龙江省体育科学研究所，0451-82660384，18686880779@163.com

62. 雪车雪橇赛道数字化设计关键技术

雪车雪橇项目是冬奥会比赛大项，但我国雪车雪橇运动起步晚，国内赛道设计技术尚处空白，迫切需要技术积累和创新发展。该技术将赛道设计分为场地评估、中心线设计、赛道三维曲面设计 3 个阶段。在场地评估阶段，详细阐述了如何确定赛道走向使得赛道中心线纵剖面与山体表面贴合度较高。在中心线设计阶段，提出了中心线的设计流程、设计参数、设计逻辑与设计公式，并对公式的准确性进行了验证。在赛道三维曲面设计阶段提出了三维曲面的设计步骤、曲面参数、曲面几何逻辑与设计公式。揭示了赛道中心线通过一阶导数斜率连续从而保证运动速度连续、二阶导数曲率连续从而保证运动加速度连续的微分几何与运动学相互作用规律；提出了从数学方程到赛道几何造型再到运动特性的生成逻辑，通过求解包含菲涅尔积分的微分方程组实现中心线设计，通过机器学习实现横截面设计，开发满足雪车雪橇滑行安全的赛道三维曲面几何造型智能生成式设计软件，实现了 BIM 正向建模的赛道生成式设计方法，突破了国外"黑箱式"设计技术瓶颈。经北京延庆国家雪车雪橇中心赛道验算，相比国外机构设计数据，运动方程的计算轨迹线结果更符合冬奥会期间运动员的实际滑行反馈情况。

该项成果使我国得以破解雪车雪橇赛道设计核心技术，形成具有自主知识产权的雪车雪橇赛道设计方法、技术体系和设计工具，为我国承接和引领未来雪车雪橇赛道的设计、建造奠定了基础，提升我国在雪车雪橇项目设计领域的话语权，有助于推动我国冰雪产业发展和产业技术升级。

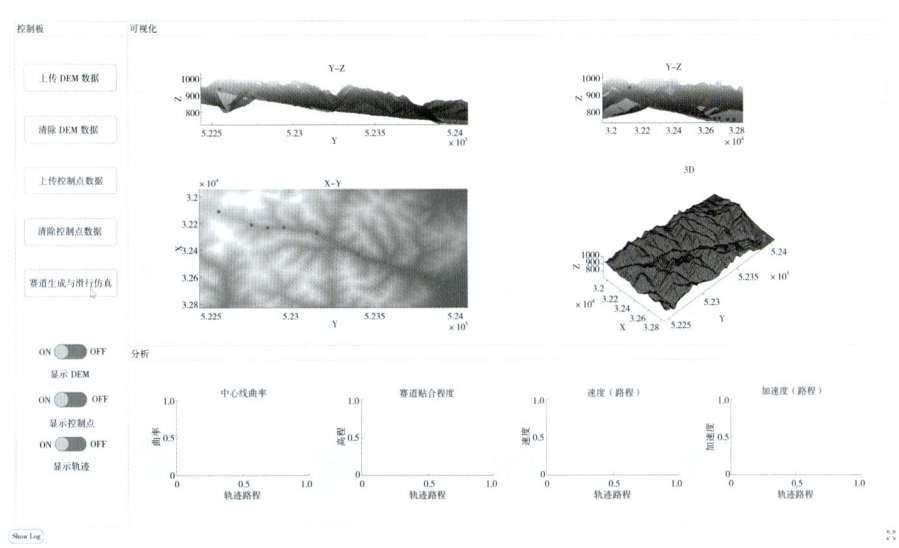

赛道智能化设计软件工具界面

联系人：陈维亚，华中科技大学，15902725652，weiya_chen@hust.edu.cn

63. 雪车雪橇高速滑行全过程智能精确感知技术

在冬奥会备战任务紧迫的条件下，针对国家队训练需求，克服雪车雪橇高速滑行精准测速的技术难点，研发了一套针对半室外长距离高速运动的滑行全过程智能精确感知技术及装置，该技术主要包含两部分，一部分基于沿赛道固定安装的 UWB 基站，实现三维滑行轨迹的厘米级定位；另一部分通过安装于车橇的移动式传感器，实现对滑行速度等各类运动参数的精确测量。移动式测量设备通过集成光脉冲心率臂带、惯性测量单元、运动相机、空速管等设备，实时获取滑行过程中运动员的心率及雪车雪橇滑行速度、离心加速度等运动参数，与第一视角的滑行录屏结合，形成辅助运动员训练的仪表盘回放系统。攻克了超宽带多尺度信道划分与时分复用技术，实现了信号遮蔽条件下长距离高速滑行轨迹厘米级定位；提出了基于高精度同步时钟的多传感器融合与结合赛道 BIM 模型的信号非视线传输技术，形成了一套便携式滑行轨迹与姿态采集装置；建立了多感官耦合的体感控制滑行模拟方法，研制了一款沉浸式多通道六自由度模拟滑行装备，形成了集数据感知和体感模拟于一体的滑行运动实时孪生系统。

该套感知训练装备整体达到发达国家同等装备的水平，实现了运动员滑行过程中关键运动特征数据的智能感知，使我国运动员可以更好地利用国家雪车雪橇中心场地进行精准训练，同时，移动式的滑行仪表盘系统也可帮助我国运动员在其他国家训练时更好地掌握赛道特性，从而全面提升运动员的技术水平和场地适应能力。

该项成果为雪车雪橇国家队数字化训练提供了技术支撑，在国家雪车雪橇中心针对国家队运动员训练进行了技术验证和示范应用，受到国家体育总局冬运中心、雪车雪橇国家队领队与运动员的认可和感谢。

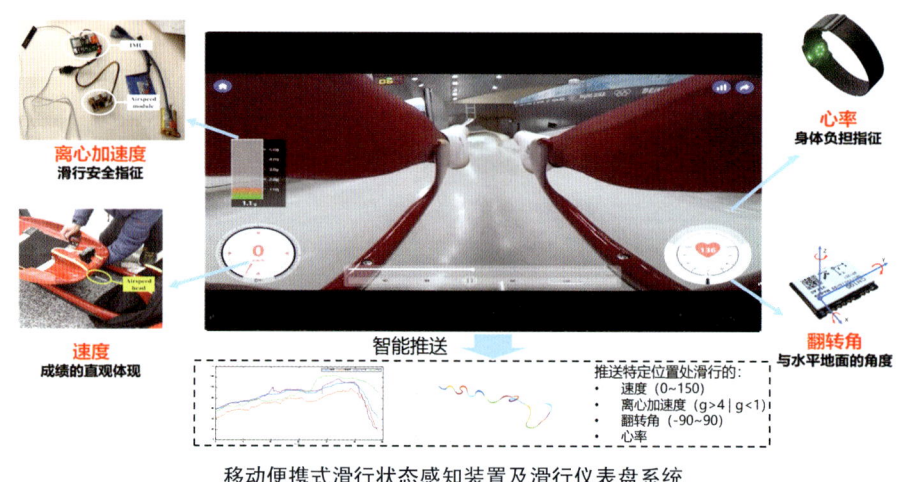

移动便携式滑行状态感知装置及滑行仪表盘系统

联系人：陈维亚，华中科技大学，15902725652，weiya_chen@hust.edu.cn

64. 基于数字孪生的滑行轨迹可视化及虚拟仿真技术

在冬奥会备战期间，针对雪车雪橇项目的训练需求，研发了一套滑行轨迹数字孪生可视化系统及滑行虚拟仿真装备。成果包含理论最优轨迹推算方法、滑行轨迹数字孪生可视化纠偏软件、虚拟仿真滑行训练装备3个主要部分。在赛道数字模型的基础上，基于运动过程计算模型建立雪车雪橇最优轨迹运动控制方程，对比单个弯道下不同的计算策略，实现面向不同体重运动员、针对特定赛道和弯道的理论最优轨迹计算。基于理论和实际的滑行轨迹数据，研发了一套基于数字孪生的全过程（包括过弯）滑行轨迹智能优化和可视化工具。提出基于体感控制的滑行仿真模拟技术，形成了一套虚拟滑行仿真模拟系统及装备。

为我国运动员提供了有针对性的训练指导建议，使其更好地掌握滑行轨迹的空间特征，如出弯入弯的时机、入弯高度等，以直观的可视化应用和量化分析帮助运动员针对过弯策略进行调整，助力我国钢架雪车项目历史上首次获得奖牌。

下篇 "科技冬奥"重点专项优秀成果选编

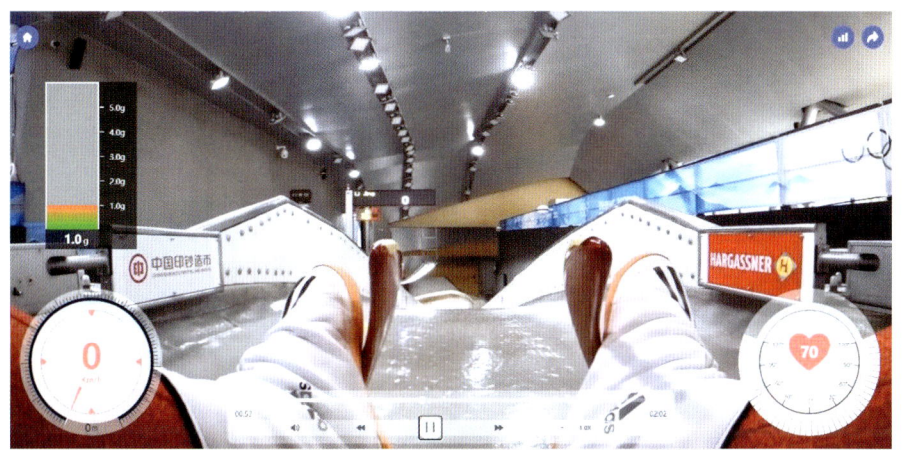

基于数字孪生的滑行轨迹与运动参数可视化系统

雪车雪橇滑行虚拟仿真系统

联系人：陈维亚，华中科技大学，15902725652，weiya_chen@hust.edu.cn

三、智慧观赛板块

智慧观赛板块全称是全球影响传播和智慧观赛关键技术，主要面向冬奥会场馆、赛事转播、互联网传播等场景部署任务，应用智能化、可视化、信息化等技术提升观赛体验，打造冬奥的"科技感、未来感"，在发生疫情的情况下，通过更高水平的转播技术，让更多观众感受冬季运动的魅力。该板块部署了16个项目，中央财政经费预算为2.30亿元，集成应用了5G、8K、云转播、数字仿真、虚拟现实等技术，从赛会方案设计、视觉效果呈现、高清转播、观赛体验等多维度为全球观众呈现了一届富含科技感的奥运盛会。

1. 超高清 8K 转播技术系统（8K 转播车）

按照技术领先、安全可靠、运行高效的系统建设原则，超高清 8K 转播技术系统（8K 转播车）采用全 IP 架构和基于 SMPTE 2110 无压缩标准的 8K 视音频 IP 传输技术，构建了以类叶脊 – 双核心网络架构为主体的 8K 转播系统，通过 SDN 集中控制系统集中调度 8K 视音频 IP 数据流，进行实时冗余备份管理，实现了从拍摄采集到收录传输的 8K 全流程制作，建成了超大规模、超高传输速率的 8K 无压缩全 IP 架构转播系统。系统支持 8K 分辨率输出、10bit 色彩深度、高动态范围、ITU-RBT.2020 宽色域、50 帧逐行扫描等；使用 SDN 集中控制系统实现全车统一调控，统一完成 TALLY、源名推送、IP 流调度、KVM 调度等设置，同时监测业务网和控制网的网络状态；支持 5.1.4 三维声制作、支持多种 IP 协议音频信号的处理；支持 CCU IP 通话接入及 IP 通话面板、IP 通话腰包的使用，可实现系统间 IP 通话级联；可为 AI 设备、"猎豹"、索道、虚拟制作、航拍等多类型高精尖特种设备提供优质制作系统平台；采用 4 链路 12G 以 SQD 的方式实现从拍摄采集到收录传输的 8K 制作流程，同时兼容 8K 和 4K 制作需求，可容纳 12 路 8K 讯道，并可接入多路 8K 外来信号或接入 4K 信号进行 8K 变换参与节目制作，可以适配时政、体育、综艺等各类节目形态、多种应用场景及多样化制作需求，是目前世界上最先进的 4K/8K 兼容制作全 IP 架构超高清转播系统，充分满足北京冬奥会 8K 和 4K 国际公共信号制作需求。在与国内外同类产品的比对中，该系统是目前国内乃至世界范围内功能最强、系统最灵活的外场转播系统。

按照北京冬奥会电视转播和信号制播要求，该成果在北京冬奥会期间，圆满完成开闭幕式、首钢自由式滑雪 / 单板滑雪大跳台、速度滑冰等项目 8K 公共信号制作，并进行了 8K 单边制作花样滑冰 / 短道速滑项目的 8K 内容制播，信号由奥林匹克转播服务公司（OBS）在全球范围内分发，共完成开闭幕式与各类赛事 8K 节目直播。为"百城千屏"8K 超高清推广及总台 8K 超高清频道提供了珍贵的顶级赛事 8K 直播资源。

北京冬奥会成为全球首次规模化使用 8K 技术提供公共信号直播的体育赛事活动，也是奥运会历史上首次使用 8K 技术进行公共信号开幕式直播的赛事活动，实现了"科技冬奥·8K 看奥运"目标，显著提升 4K/8K 公共信号制作水平，获得中共中央国务院、奥林匹克转播服务公司及多个国外制作团队等各方高度赞誉。该成果同时打破了广电行业核心设备长期依赖国外进口设备的局面和瓶颈，充分彰显国产技术硬核实力，有力推动了我国 8K 超高清电视制作、播出、传输的全产业链的快速发展，大力促进了后续产业规模化发展和应用。

下篇　"科技冬奥"重点专项优秀成果选编

超高清 8K 转播技术系统圆满完成北京冬奥会开幕式

联系人：周磊，中央广播电视总台技术局，18611108735，zhoulei@cctv.com

2. 8K 图文在线包装系统

针对"科技冬奥"数字转播技术与系统中 8K 图文在线包装的需求，系统重点突破了大画幅渲染效率、宽色域与 HDR 实时转换等技术点，确定了板卡输入输出的组合配置方案，形成了多项技术成果。系统采用先进的 GPU+CPU 技术架构，以自主研发的顶点／片段变换处理算法结合 GPU 高级语言编程，实现优异质感与光感效果的三维图文场景的实时渲染。系统采用 16 位浮点计算方法结合 CUDA 技术进行实时处理，实现 HDR 与 SDR 相互转换。同时，为解决 HDR 与 SDR 转换与监看需求，可自定义参考白，以实现对输入 HDR 信号进行转换时，保证在本地使用的仅支持 BT.709 色域的显示器上，可以在设定范围内监看与实际输出的 BT.2020 色域相同的视觉效果。系统输出采用多 I/O 卡并行输出，以实现 8K Key + 8K Fill 信号输出。

8K 图文在线包装系统实现了 8K 图文关键技术突破，为三维场景、三维图文、动态视频拼接应用提供功能强大的渲染平台，逼真地描绘出超大画幅展示，其质感、光感、动感和实时渲染能力取得了突破性、跳跃性的提升。在与国内外同类产品的比对中，无论是效率、效果、技术先进性还是操作便捷性都处于领先地位。

8K 图文在线包装系统在男篮世界杯转播期间得到了首次应用。系统部署于 8K 转播车上，接入节目直播 EFP 系统，开展了对各技术点的功能和性能全方位测试及验证。在 2022 年冬奥会期间，8K 图文在线包装系统在中央广播电视总台的 8K 演播室中全程参与了 8K 赛事节目生产，与文稿系统对接生成图文包装条目，实时以 8K/ 宽色域 /HDR 的技术要求生成内容并渲染输出，高质量地完成了数字转播中的图文包装工作，完全满足本课题的技术指标，取得了预期效果。

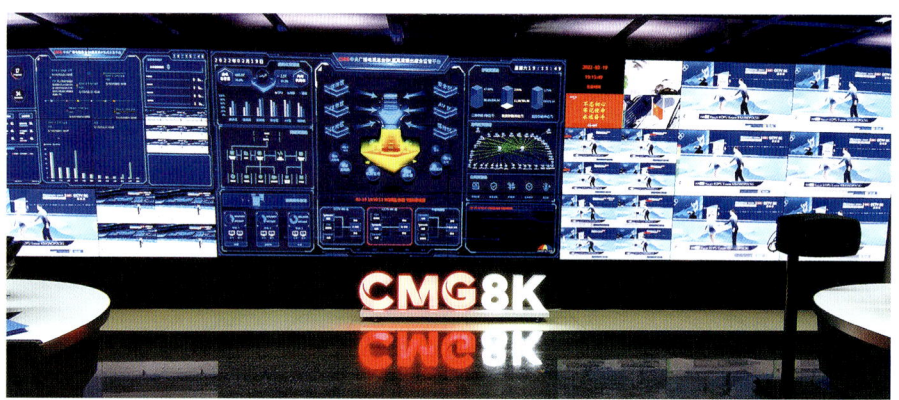

8K 图文在线包装系统在中央广播电视总台 8K 演播室应用

8K 图文在线包装系统在冬奥会花样滑冰中应用

联系人：郑培枫，新奥特（视频）技术有限公司，13683592029，zheng_peifeng@cdv.com

3. 实现 8K 超高清多轨实时编辑的 GPU 并行计算架构

超高清视频在分辨率、帧率、色域、动态范围、色深、音频多维度大幅超越高清视频。同时，超高清视频的数据量也大幅增加，广电级别 8K 节目的码率超过 2000 Mbps，10 分钟的 8K 节目，文件至少在 150 G 以上。随着 8K 专业摄像机、呈现面板、编码技术、网络传输技术的不断突破，受制于专业软硬件系统性能难以支持 8K 海量数据对带宽、存储、计算的高要求，8K 内容制作成为完善 8K 业务全流程的关键环节。该成果基于"技术调研—架构设计—策略优化—实验验证"的技术路线开展研究，设计了 GPU 并行计算架构，通过将多个 GPU 经由独立的 PCIE 插槽分别连接 PCIE 总线实现了单机带宽的高效利用。针对视频处理与渲染的特性，该成果创新设计了多 GPU 渲染帧排序、位置判断和下行输出等策略，实现了渲染任务的合理分配、单机多 GPU 资源的高效调度，从而使原来的超高清非编软件突破性地达到 XAVC 编码 4K 50P 10 轨、8K 50P 4 轨的视频编辑性能，相较于国外竞品，在视频编辑实时层数上取得了技术领先。以苹果 2020 年推出的工作站为例，其原生支持 ProRes，仅可实现 8K 29.97P 3 轨的实时编辑。

该成果成功应用于中央广播电视总台的 8K 频道制播系统，支撑了"相约北京"系列测试赛、北京 2022 年冬奥会的 8K 内容制作、2022 年春节联欢晚会等重大活动。在"相约北京"测试赛期间完成了国际滑联短道速滑世界杯 8K 节目的制作；在北京冬奥会期间共完成开闭幕式与冬奥会部分重点赛事的 8K 内容制作；在 2022 年春节联欢晚会中完成 20 多条 8K 晚会节目。该成果助力中央广播电视总台实现 8K 超高清网络化全流程制播业务，支撑了"科技冬奥·8K 看奥运"的目标，并进一步推动"百城千屏"超高清视频落地推广活动。冬奥会与春晚等 8K 节目通过更加真实、沉浸的观赏体验提升了观众体验与消费的意愿，促进 8K 产业链发展。同时 8K 频道的成功运行，提升了我国在国际超高清视频领域的竞争力。

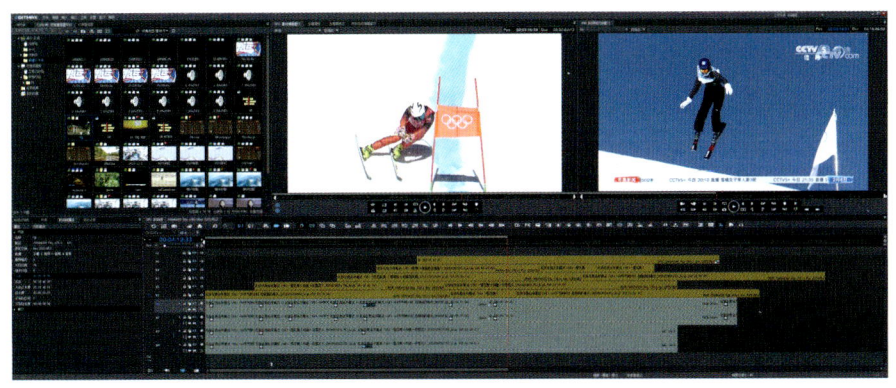

8K 多轨实时编辑效果图

北京 2022 年冬奥会 8K 节目内容制作图

联系人：王莎菲，成都索贝数码科技股份有限公司，028-85174791，wangshafei@sobey.com

4. 面向 8K 超高清视频应用的高效编码标准及编解码器

面向 8K 超高清视频应用的高效编码标准 AVS3.0 是以我国具备完全自主知识产权的 AVS 系列视频编码标准为基础，面向 8K 超高清视频复杂运动特性与精密的时空采样特性进一步研制的新一代高效视频编码标准。通过对编码单元划分、运动补偿、仿射变换和环内滤波等编码技术的深入研究，AVS3.0 实现了同等压缩质量下信号传输所需带宽相比 AVS2.0 节约一倍的先进技术水平，成为国际领先的视频压缩处理标准。以 AVS3.0 为基础进一步研发的面向 8K 超高清视频应用的高速视频编解码器，通过对超高清信号特性的分析建模与对 AVS3.0 技术特性的针对性设计，在同等计算复杂度的同代视频标准中实现了世界首例可用于 8K 超高清视频的实时编解码系统，性能显著超越国际知名的 x265 编码器，实现了在编码速度提升近一倍的同时编码效率提高 30%。

所研发的 8K 超高清视频实时编解码系统不仅在北京冬奥会、冬残奥会期间为 8K 超高清信号编制进行技术保障，还成功支撑 CCTV-8K 超高清频道开播，以及春节联欢晚会、杭州亚运会、卡塔尔世界杯等多项大型节目和赛事信号的编制。以该编解码系统为基础研制的 AVS3 8K 超高清编解码器技术要求和测量方法有效支撑"百城千屏"超高清视音频传播系统构建。

下篇 "科技冬奥"重点专项优秀成果选编

CCTV-8K 超高清频道直播冬奥会开幕式

北京冬奥村 8K 巨屏

联系人：王苫社，北京大学，18612707001，sswang@pku.edu.cn

5. 8K 超高清跨域传输网

中国有线以北京冬奥会推出 8K 超高清转播为契机，研究了 8K 超高清跨域传输覆盖的应用实践，在国干网现有网络结构的基础上，构建了 8K 超高清跨域示范网 SDH 和 DTM 双网络平面，基于国干网 OTN 系统实现了全国 30 个省（自治区、直辖市）有线电视网络前端的接入覆盖。

通过中央广播电视总台播控机房与中国有线北京首站机房之间的光网络，将 8K 超高清数字信号以 ASI 格式送至首站机房 8K 节目复用及格式转换设备，通过首站机房的 8K 节目复用及格式转换设备将其中的一路 ASI 信号转换成 IP 信号，送到国干网 SDH 网络平面并覆盖到各省（自治区、直辖市）有线电视网络前端；同时首站机房的 8K 节目复用及格式转换设备对另一路 ASI 信号不做任何处理，直接由国干网 DTM 网络平面传送并覆盖到各省（自治区、直辖市）有线电视网络前端。

在 30 个省（自治区、直辖市）有线电视网络节点分别部署一台 8K 节目复用及格式转换设备，该设备分别接收国干网 SDH 传输的 IP 信号和 DTM 传输的 ASI 信号，并进行二选一切换，最终输出两路 ASI 格式的 8K 超高清数字信号进入省（自治区、直辖市）网前端系统。

北京冬奥会期间，通过在主媒体中心（MMC）、首都体育馆、延庆赛区场馆、张家口山地新闻中心、海南观赛点及北京清水苑示范小区的终端机顶盒上接入 8K 超高清电视直播信号，实现中央广播电视总台冬奥会 8K 超高清赛事直播节目在 8K 观赛大屏上的精彩呈现，为运动员、媒体记者、志愿者、奥运保障等人员提供了良好的 8K 观赛体验。北京冬奥会后中国有线应用 8K 跨域传输研究成果承担了 8K "百城千屏" 济南、烟台、福州、重庆传输 8K 超高清频道视音频内容及终端交互任务。

主媒体中心 8K 展示点

下篇　"科技冬奥"重点专项优秀成果选编

张家口赛区 8K 展示点

北京清水苑示范小区 8K 展示点

联系人：周希，中国有线电视网络有限公司，18618389964，zhoux@chinabtn.com

6. 央视专区 8K 超高清点播节目分发

为满足北京冬奥会赛事点播节目的用户快速访问、时移回看，以及播放画面低时延、高质量、无卡顿等需求，需要将点播节目资源提前引入并存储于有线电视网内，通过中心节点推流分发至各省边缘节点。中国有线通过与中央广播电视总台央视专区互动点播平台对接，将央视专区冬奥 8K 点播节目资源引入有线电视网。

中国有线 8K 业务对接及分发系统采用分布式部署方式，中心节点部署在北京首站机房，在原有支持 4K 业务的统一内容管理系统、融合服务系统及数据库、存储等功能的中心平台系统基础上，增加部署 8K 流媒体服务和切片服务能力，实现 8K 点播节目的引入和传输，通过对 8K 视频进行切片加工，实现视频的时移和回看，并通过 CDN 系统进行分发。边缘节点部署在省网机房，主要包含门户系统、流媒体 CDN 推流服务系统、8K 流媒体服务器和 8K 切片服务器，实现为地市用户推流和本地融合访问的服务功能。其中，8K 流媒体服务器支持组播分发。服务器采用配置双网络的方式进行部署，同时连接中心节点网络和本地机顶盒服务网络。终端播放授权系统为终端提供视频播放鉴权能力，点播节目的内容数据接口由央视专区提供。

北京冬奥会通过在终端机顶盒上部署央视专区应用程序，在央视专区互动点播平台源端注入冬奥 8K 点播节目视频源，经过 8K 业务对接及分发系统处理、编排、传输及分发，在各观赛点和示范小区点位 8K 大屏上实现了端到端 8K 点播节目播放，实现了有线电视 8K 节目点播分发和流媒体跨域适配对接，验证了 8K 码流的中心直推和跨域对接模式。

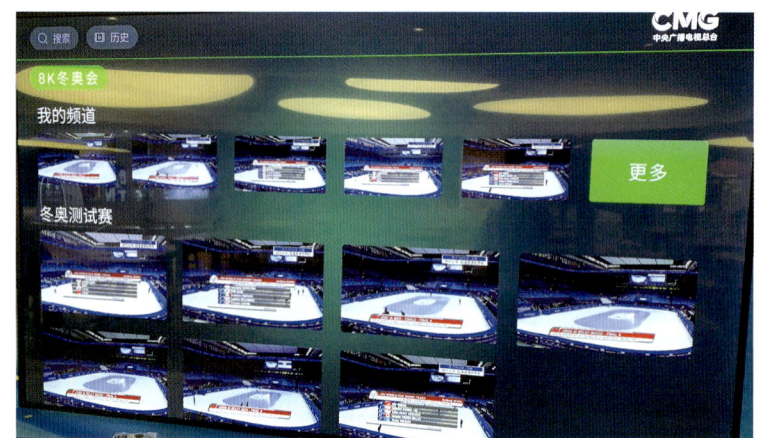

央视专区 8K 点播节目列表

央视专区 8K 点播界面节目播放

联系人：周希，中国有线电视网络有限公司，18618389964，zhoux@chinabtn.com

7. 8K 终端机顶盒

北京歌华有线对 8K 机顶盒样机进行试制和测试，编制完成 8K 机顶盒终端技术规范书，制定了 8K 机顶盒终端的技术方案，并完成相关研发工作和 8K 机顶盒采购。8K 机顶盒采用国科微电子股份有限公司研发的国内首款 8K 超高清芯片 GK6525V100 主芯片，支持 8KP60 解码和显示，支持 AVS3/H.265/AV1 等主流解码协议。8K 机顶盒终端系统集成央视专区、歌华有线直播、IDMS 等应用，从测试阶段到最终试点部署，累计发布超过 30 个软件版本。

通过研发支持我国自主知识产权的 AVS3 编码标准，具备解码 8K 超高清、120 帧、

BT.2020 宽色域、高动态范围 HDR、80Mbps 码率节目的超高清家庭业务终端；支持 HDMI2.1 接口，可单接口输出 8K/120 帧超高清视频；集成 8 核 64 位高性能 Cortex A73 处理器、内置 NEON 加速引擎；集成高性能 Mail G52 MC6 加速引擎；集成最大 4T 算力的 NPU；具备从同轴射频接口及 IP 输入接口接收 8K 视频的能力。

8K 终端机顶盒产品应用于冬奥会 8K 转播，在首都体育馆、延庆冬奥村、张家口冬奥媒体中心和国际广播中心、媒体中心接收中央广播电视总台 8K 超高清冬奥会赛事直播节目信号，所测直播信号接收光功率、数字频道电平、数字频道调制误差率 MER、数字频道误码率 BER、频道间电平差和接收光功率、吞吐量、时延、丢包指标符合要求，冬奥会赛事入户收看信号正常。8K 超高清视频技术提供了迄今为止最极致、最真实的观看体验，在未来必将会结合各类技术，为观众带来以超高清视频为载体的新现场、新视觉、新体验。

8K 终端机顶盒

通过 8K 终端机顶盒播放冬奥会开幕式

联系人：陈森，北京歌华有线电视网络股份有限公司，13911356792，chensen@bgctv.com.cn

8. 8K 超高清显示器

根据终端产品应用场景，显示终端分为针对室内应用的 8K 超高清 LCD 显示终端和室内/外 8K 超高清 LED 显示终端。

针对 8K 显示在 LCD 技术领域的研究，解决像素充电不足、透过率低等技术瓶颈。同期市场在售的 8K 显示产品，受制于 LCD 显示机制的技术瓶颈，易出现亮度不均、灰阶过渡不平滑等问题，在 HDR 等高动态范围方面的色彩表现细节不够丰富。研究成果按照产品尺寸分为 75 英寸及 110 英寸共 2 款产品，产品支持 8K 超高清物理分辨率（7680×4320）、10 bit 色彩深度、ITU-BT.2020 色域，以及最大 1000 nit 峰值亮度。产品采用了全新的氧化物高精度背板加工工艺、低电容像素设计、自主显示充电补偿算法等技术方案，解决了 LCD 8K 技术中显示亮度不均匀、亮度低、功耗大等技术问题。同时面向 HDR 显示应用需求，采用了直下式点阵背光及自主的分区补偿驱动算法，峰值亮度达到 1000 nit，提升 LCD 产品的动态范围，匹配面板的 10 bit 显示驱动芯片，以及 LCD 面板 BT.2020 色域呈现，获得了更加真实的色彩还原能力、灰阶细节表现等，提升了 8K 的显示呈现，除了体现在物理分辨率的精细度提升方面，在色彩、亮度、灰阶平滑过渡等方面全方面提升了 LCD 的画质呈现效果。

针对 LED 显示产品的特点，围绕室内、室外 LED 8K 显示终端，在 LED 显示模组的设计，以及亮度、色彩和户外使用防护设计等方面进行深入研究，开发了超高清 LED 显示模组，无缝拼接实现 8K 显示，包括 10 bit 色彩深度、宽色域范围、50 P 逐行扫描、高动态范围。破超大分辨率显示技术瓶颈，研发具有自主知识产权的 8K 显示驱动技术，并研制出 8K LED 显示设备。

8K LCD 110 英寸大屏显示终端，在 2022 年冬奥会及冬残奥会期间，分别在崇礼云顶酒店服务大厅、首都体育馆大厅展示应用，75 英寸大屏显示终端，分别在延庆冬奥村运动员餐厅，东直门示范小区展示应用，获得了优质的 8K 超高清内容呈现及传播效果。8K LED 显示终端产品在国家体育场"鸟巢"、主媒体中心开展示范应用，实时转播 8K 频道的超高清播出内容，在 2022 年北京冬奥会期间将精彩的开闭幕式画面与赛事内容呈现在受众面前，保障了冬奥会 8K 转播任务的圆满完成。

全新研发的 8K 显示技术，全面提升了 LCD 大屏产品在 8K 领域的显示效果，在亮度、色彩表现等方面全面提升，显示终端承接 8K 显示链条中的前端内容处理及编解码，为后续 8K 显示技术的大规模产品化应用奠定了坚实的技术基础。自主开发的 8K LED 显示终端产品在冬奥会的成功应用，不仅大大提升了观众的观赛体验，并且带动了 8K LED 显示技术的应用和推广，激发了更多的技术创新和产业升级，有助于推动相关产业链的协同发展。

下篇 "科技冬奥"重点专项优秀成果选编

110英寸8K LCD终端冬奥会期间公共展示

75英寸8K LCD终端冬奥会期间公共展示

"**科技冬奥**"重点专项优秀成果选编

主媒体中心 MMC 冬奥会期间 8K 公共展示

联系人：林凯，北京京东方显示技术有限公司，010-87119733，linkai@boe.com.cn

9. OBS 直播信号全面上云及云上转播

针对北京冬奥会云转播需求，研究提出了云上转播方案，开展了基于云平台的奥运赛事公共信号制作和管控、版权控制与内容合规性监测及人工智能导播等技术研究，搭建了云上奥运转播中心平台、支持多点远程制作的云端赛事制作共创平台，攻克了内容分发网络全链路信号传输、多路实景抠像、实时音视频通信、实时传输网络、多路视频合屏展示等关键技术，支撑全流程内容生产、快速编辑，支持直播/点播/延时播/循环播/垫播和实时流导播切换，满足视频、图片、文字格式 16 通道，支持 50 fps 帧率，分辨率不低于 1080 P，实现了全球首次赛事节目高清电视和网络渠道直播信号同时通过云上传输，助力全球媒体实现远程直播、精彩回放、制作特效视频和内容集锦等远程异地制作和分发能力。通过超高清 IBC 实时收录、智能场记、制作、分发等方面关键技术探索，实现了实时多通道收录、超高清在线图文包装等功能，应用服务于北京冬奥会滑雪、滑冰等共计 12 个大项、187 个小项、15 个场馆、3 个颁奖广场的赛事活动。

本成果在北京冬奥会、冬残奥会期间应用，为奥林匹克广播服务公司（OBS）向所有奥运持权转播商的云转播服务提供技术支持，双方合作被收录到 OBS 向全球发布的《北京 2022 年冬奥会和冬残奥会 OBS 媒体指南》，并得到了国际奥委会主席托马斯·巴赫的认可，他在 2022 年 2 月 6 日的新闻发布会上表示，"基于阿里巴巴的数字技术，奥运实现了有史以来第一次核心系统全面上云，并用云计算支持全球转播，这为奥运留下了全新的技术标准"。该成果将作为阿里云与 OBS 长期合作项目，在巴黎奥运会等赛事活动中持续为奥林匹克赛事活动提供服务。

OBS 直播信号全面上云

超高清 IBC 实时收录

联系人：孙铭，阿里云计算有限公司，0571-83859456，yaotao.sm@alibaba-inc.com

10. 冰雪项目交互式多维度观赛体验技术与系统

传统的转播方式一直存在用户交互性不够、沉浸感不足的问题。因此，VR 视频技术开始逐步受到关注，5G 时代的到来，对 VR 技术又起到了推波助澜的作用。该成果应用自主研发的虚拟视角影像智能生成技术，对摄像机采集的视频进行深度计算和虚拟视角三维重建；应用自主研发的自由视角视频节目实时编解码器和自适应传输等系统，使终端用户可以选择任意位置和方向观看比赛，改变了以往只能被动观看电视导播画面的情况。该系统在几秒内即可生成精彩回放视频并实现传输，而当前国际主流系统需要几分钟时间。

冬奥会期间，该成果应用于冬奥会第一和第二阶段测试赛。冬残奥会期间，该成果服务了冰球的转播，为冬残奥会的转播提供精彩瞬间的子弹时间特效回放，累计拍摄时长约 32 小时，提供 200 余段精彩瞬间特效视频，其中 17 段被冬残奥会的公共转播信号采纳并传播到全世界。冬奥会之后，该成果已经用于 CBA 等重要赛事，并在咪咕视频上线直播 20 余场比赛。在 VR 视频技术领域布局了一系列发明专利，为 VR 视频产业培养了硕博研究生及博士后等专业人才 100 余名，进一步促进了 VR 视频产业的发展。

冬残奥会比赛现场的自由视角阵列相机

下篇　"科技冬奥"重点专项优秀成果选编

项目成员为冬残奥会的转播提供精彩瞬间的子弹时间特效回放

联系人：杨韫利，北京大学，010-62757835，yunli.yang@pku.edu.cn

11. 面向冰雪项目的 VR/360° 全景节目设计与生成软件系统

VR 技术能够为线上观赛提供身临其境的体验，解决场地不足、疫情影响等问题，"VR 科技＋冬奥"可以为赛事组织呈现出不同以往的风貌。以构建 VR 冬奥赛事孪生推演与视听语言创意设计为目标，研制了面向冰雪项目的 VR/360° 全景节目设计与生成软件系统。该系统包括全景视频三维重建、场景级别光照反射率建模、运动员建模与运镜规划技术及 VR 直播智能化设计等主要技术模块。实现了对冬奥场馆的三维重建，提供了真实渲染、高真实感模拟、快速拼接等功能；在运动员建模、赛事孪生推演、VR 视角镜头体验优化等方面实现了技术创新。特别针对冰球等赛事，该系统提供了特定镜头体验，营造出独特的观赛魅力。三维视觉与视听语言技术的整合，为冰雪项目观赛带来了更丰富的视听体验。

相关成果在"相约北京"系列测试赛及测试活动、北京冬奥会及冬残奥会期间得到充分展示与应用，显著提升观赛体验，效果突出。具体而言，在冰球、速度滑冰、花样滑冰、冰舞等 26 场北京冬奥会测试赛中实现了应用示范，并在 2022 年北京冬残奥会正赛期间，完成了 16 场冰球比赛的公共信号制作，效果获得奥林匹克广播服务公司（OBS）高度认可。冬奥会期间在"北京小屋"中为国内外运动员和教练员提供了展示体验。成果作为"交互式多维观赛"转播技术的一部分入选 2022 年北京冬奥会遗产名录。

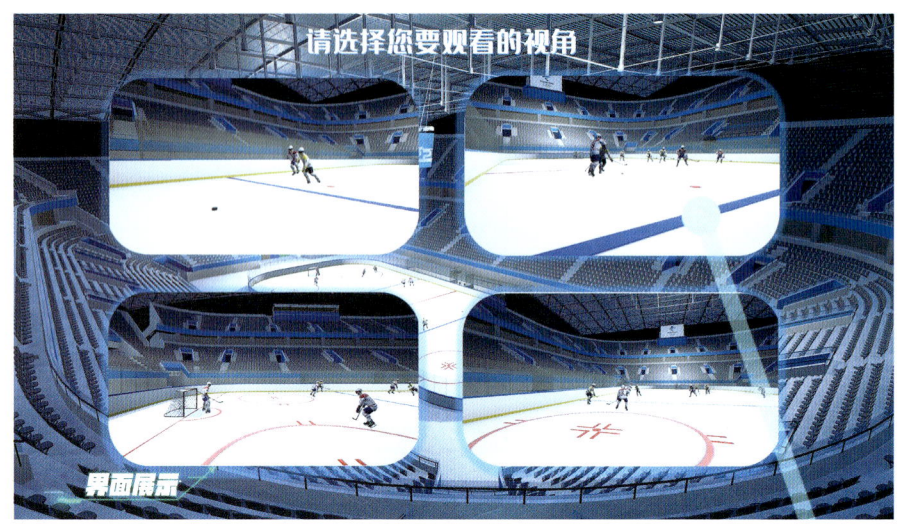

面向冰雪项目的 VR/360° 全景节目设计与生成软件系统界面

联系人：杨韫利，北京大学，010-62757835，yunli.yang@pku.edu.cn

12. 超短焦 8K MR 一体机

混合现实是新一代信息技术的重要前沿方向，是数字与物理世界融通、作用的沉浸式互联空间，是新一代信息技术集成创新和应用的未来产业，是数字经济与实体经济融合的高级形态，有望通过虚实互促引领下一代互联网发展，加速制造业高端化、智能化、绿色化升级，支撑建设现代化产业体系，也是数字经济的重大前瞻领域。由创维自主研发的超短焦 8K MR 一体机在以下三方面实现了技术创新与突破：①超短焦 8K MR 一体机支持双眼 3552×7680、Micro OLED 显示，产品具有独立处理和显示能力，无须外接电脑使用；②采用 Pancake 超短焦折叠光学，相比菲涅尔透镜能极大程度降低产品厚度及重量，佩戴更舒适；③超短焦 8K MR 一体机支持手势识别和彩色透视 MR 功能，支持头手双 6 自由度识别。截至 2024 年 3 月 1 日，市场上采用超短焦 8K MR 一体机的，国内仅有创维超短焦 8K MR 一体机，如 PICO 4、YVR 2 分辨率为 4K，国外仅有苹果 Vision Pro，产品主要指标参数对比如下表所示。

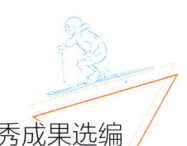

下篇 "科技冬奥"重点专项优秀成果选编

产品主要指标参数对比

	国内	国外
品名	创维超短焦 8K MR 一体机	苹果 Vision Pro
显示分辨率	3840×3552×2	3648×3144×2
屏幕	Micro OLED	Micro OLED
光学	Pancake 光学	Pancake 光学
Slam 精度	RPE＜3 mm，抖动误差＜1.5 mm，定位延迟＜18 ms	RPE＜1 mm，抖动误差＜0.5 mm，定位延迟＜18 ms
RGB VST	支持	支持
手势识别	支持	支持

成果超短焦 VR 产品在冬残奥会冰球项目进行展示应用。冬残奥会结束后，继续研发迭代产品创维 PANCAKE 1 和创维 PANCAKE 2，为用户提供具有更超高清视界和更便捷的、交互的混合现实体验效果，其 PANCAKE 2 为国内首款采用 Micro OLED 屏的 8K MR 产品，并对 PANCAKE 1 和 PANCAKE 2 进行推广销售，从 2022 年 2 月至 2024 年 1 月用户达 2 万户，并在教育、文旅、医疗等行业应用，带动行业发展，开启 8K MR+ 全新娱乐方式，丰富居民文化生活。

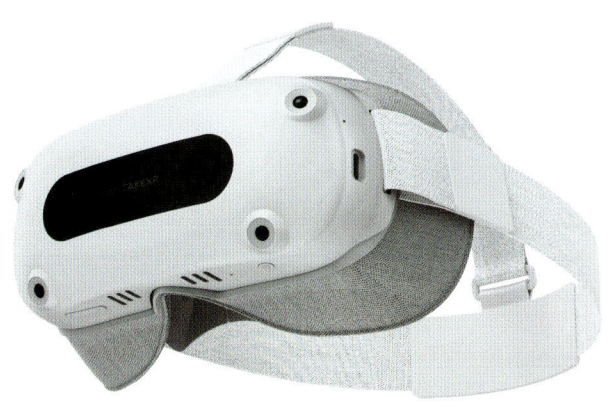

超短焦 8K MR 一体机

科技冬奥测试赛现场观赛体验

联系人：李文权，深圳创维数字技术有限公司，0755-26010741，beck.li@skyworth.com

13. 便携式翻译设备

项目团队针对冬奥会不同场景，攻克多语种语音合成、具有冬奥会特征的多语种机器翻译、多语种智能问答关键技术，构建冬奥会语音语言资源库。通过将多语种语音识别、机器翻译和语音合成等技术集成嵌入硬件产品，形成面向冬奥会的便携式、穿戴式翻译设备与 App。技术设计路线方面，考虑不同用户群体的使用习惯，面向冬奥会参赛选手、国内游客等研发手持式翻译机设备，提供即需即用的便捷翻译；面向安保人员、工作服务人员研发穿戴式翻译耳机设备，使得在提供翻译服务的同时不会影响其正常工作；面向普通游客、观众研发冬奥会翻译 App，降低使用门槛，普及冬奥会资讯。在性能稳定性方面，针对重点语种方向提供在线和离线端云一体化的服务，使得网络环境不佳的情况下仍具备离线翻译能力，提升性能水平。在核心效果保障方面，为保障冬奥会场景下的翻译效果，针对冬奥会常用词汇、术语、句子进行资源搜集，通过资源运维的方式提高翻译效果。在冬奥会语音语言资源库构建方面，完成 6 个语种、12 个类别，共计 6.8 万个知识库和新闻，以及 20.8 万条冬奥会语音数据构建，积累 400 多小时的冬奥会议数据，翻译平行语料 40 余万句，双语术语超过 1 万条。

智能翻译设备应用多语种语音识别、语音合成、机器翻译等技术，为解决冬奥会跨语言沟通和多语种赛事国际传播提供关键技术和设备支撑。面向语音翻译的汉/英/俄/法/西/日/韩等重点语种语音识别正确率达95%以上。支持语种数达60个，覆盖全球人口比例超70%。

冬奥会期间，项目团队已累计交付智能翻译机产品上千台，分别在冬奥会测试赛及正赛、冬残奥会、媒体运行中心等不同场景、不同环节下提供跨语言交流服务。为提供抵离相关问题咨询服务，在各抵离服务点提供自动翻译服务，取得了高质量的翻译效果，为不同语言国家的观众、参赛运动员、媒体等人员解决了抵离相关疑问，得到了使用者的一致好评。

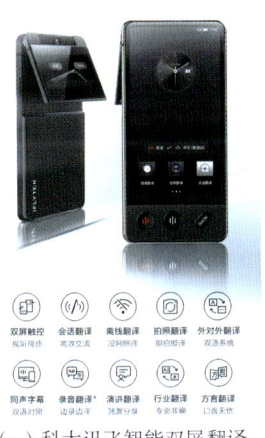
（a）科大讯飞智能双屏翻译机设备及功能介绍

（b）科大讯飞智能双屏翻译机交流翻译场景

（c）科大讯飞智能双屏翻译机亮相冬奥媒体中心

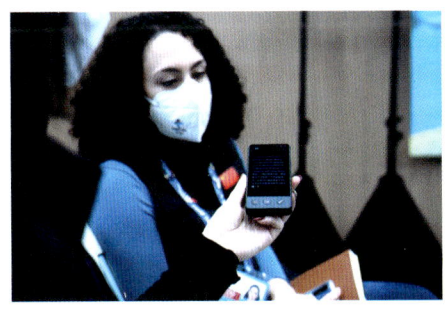
（d）科大讯飞智能双屏翻译机助力中外记者无障碍交流

便携式翻译设备

14. 智能会议系统

针对冬奥会期间多语种交流多、信息播报时效性要求高等问题，通过攻克连续语音流数据训练、中文语音识别转写、自然语言理解、远距离降噪等技术，为冬奥组委办公人员及众多会议室提供语音转写、中英互译服务，让识别结果更加准确、规范。同时，智能会议系统支持离线转写，确保用户涉密信息的安全。系统主要具有实时会议转写、历史音频转写及会议信息管理三大主要功能，还具有智能分段、关键词优化、屏蔽禁忌词等辅助功能。系统可同时支持50场会议转写、翻译服务，提供中英双语字幕上屏展示，辅助参会人员更好地理解和整理会议内容。

智能会议系统能够将会议内容实时记录并转写成文字，一方面，辅助会务工作人员进行会议记录材料整理，提升工作效率；另一方面，全程留痕的方式便于进行内容知识管理。在发布会和记者采访等场景将语音转换成文本信息，有助于字幕和文稿的快速产出。系统提供批量的音频文件转写、实时的音频转写和翻译、智能化的自动字幕生成、音频快速转文稿等服务，并可实现音频与文字的联动编辑、关键词优化、禁忌词屏蔽等功能。

冬奥会期间，项目团队积极与冬奥组委对接，多次调研、沟通、对接需求。完成了项目产品的开发与应用，提供超过300场会议服务，高效完成了冬奥会议的交流保障。

（a）讯飞听见会议系统（提供多语种实时转写、翻译等服务）

下篇 "科技冬奥"重点专项优秀成果选编

(b) 讯飞听见会议系统保障各类冬奥会议(提供多语种实时转写、翻译服务)
智能会议系统

联系人：姚方，科大讯飞股份有限公司，0551-65331836，fangyao@iflytek.com

15. 大型表演智能创意资源知识库

针对表演创意体系缺乏、数字化进程慢、智能化程度低的问题，成果突破了智能创意体系、建模、构建方法。研究了艺术表演创意元素的知识采集、管理、检索等关键技术，形成了中国表演创意知识服务，为表演创意生成提供了可计算多维知识及数据支持。从表演创意知识的数据表示、知识实体及实体关系出发，融合人工智能方法，实现了对知识实体进行抽取、知识融合填充及补齐、实体知识对齐、知识迁移等，构建了创意资源知识库。在知识库基础上实现了导演在特定表演目标下，对知识、素材、表演逻辑的创意策划组织模式建模，为表演创意生成提供知识的关联性支持。综合运用图神经网络、数据增强及数据迁移等方法，基于创意策划的量化模型实现表演创意智能评估。采用人机协同、对抗生成、数据增强及数据迁移等方法，依据知识库提供的内容及关联关系，进行方案推荐，利用导演策划模式进行结构推荐，利用创意质量评价方法进行方案评估，并针对薄弱问题及结果进行迭代计算。

该成果搜集超过20 G的文本语料，抽取约100万条实体—情感知识，并结合实体的情感成分统计及聚类算法筛选评分较高的20万条，构建创意知识资源库，通过导演创新思维模式架构，即对部分著名导演的作品风格进行分析、对比和量化，根据不同导演的个人审美偏好和创作风格形成可计算的情感分布模型，并且根据该模型进行模仿创作，最终在表演创意及策划系统中应用，在冬奥会期间为各位导演提供建议，辅助导演进行创意策划，同时为未来大型表演的智能创意提供数据基础。

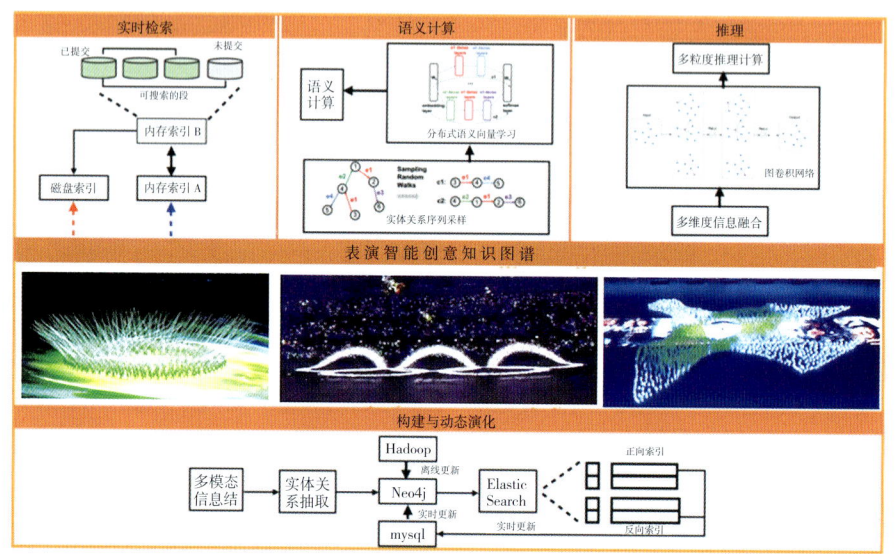

大型表演智能创意资源知识库存储的知识图谱

联系人：黄天羽，北京理工大学，13810028281，huangtianyu@bit.edu.cn

16. 大型表演一体化协同仿真控制系统

针对北京冬奥会、冬残奥会开闭幕式环节的演出装备协同控制需求，研制一体化协同仿真控制系统，解决 5G 环境下的大型表演一体化协同仿真控制的关键核心技术问题，提出了基于 LVC 架构的、针对复杂舞台设备控制的全链路一体化仿真控制方案，解决了针对复杂舞台与复杂情形下的 5G 接入与通信技术，针对复杂大型舞台表演协同仿真控制，实现了视频数据交换与显示屏展示方案、舞美数据交换与舞美道具集控方案、灯光数据交换与灯光效果舞台呈现方案、音响数据交换与表演沉浸感音频环境构建方案、协同仿真模型评估和协同指挥可视化。在 5G 网络环境下进行了视频、音频、灯光控制等要素的传送试验，信号传输延迟时间 < 300 ms。重点围绕场馆频谱、演出装备 5G 信号切片管理开展了技术实施方案研究，通过在不同区域部署不同频段，权衡覆盖和容量，优先保障冬奥会室内外演出区域；通过切片保证演出应用的大带宽，支持区域内各类业务的差异化保障。

大型表演一体化协同仿真控制平台联动控制 1 : 100 的微缩的冬奥会开幕式实景，

对冬奥会舞台美术、灯光效果、视觉效果一体化呈现。协助导演组高效完成创意彩排、灯效试用、演出复盘等，支撑了2022年北京冬奥会、冬残奥会开闭幕式四场仪式表演，受到了北京冬奥组委开闭幕式工作部和国家体育场运行团队的表彰和媒体的广泛报道。

冬奥会开闭幕式大型表演智能化创编排演一体化服务平台

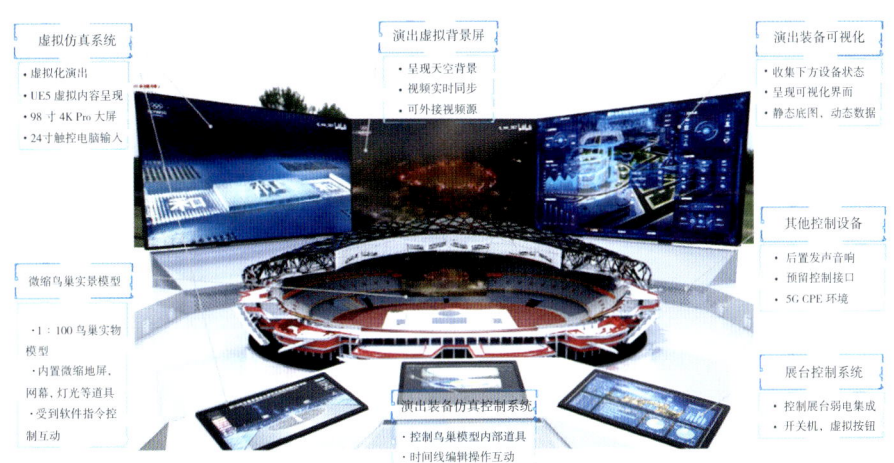

冬奥会开闭幕式大型表演智能化创编排演一体化服务平台操作界面

联系人：黄天羽，北京理工大学，13810028281，huangtianyu@bit.edu.cn

17. 大型表演创编排演一体化集成系统

针对大型表演智能化创编排演服务能力及技术平台缺乏、一体化程度亟待提高的问题，研制了冬奥会开闭幕式大型表演智能化创编排演一体化服务平台，实现了大型表演全要素、全流程、全业务的集成。形成了基于平行仿真架构的大型表演智能化创编排演一体化服务流程与服务流程规范；构建了数据服务共享平台，支撑数据共享、模型共享、资源共享等服务应用；集成了活动策划与智能创意、智能化训练彩排方案生成、基于强交互的表演预演、演出装备协同仿真控制等系统。大型表演创编排演一体化服务流程分为 5 个阶段：初期创意阶段，快速组装生成初期创意可编辑的简易模型；创意深化阶段，多部门并进同步搭建环境、舞美、机械等各表演模块，生成表演创意模型；要素编排和预演阶段，融合迭代排练信息与表演预演模型，实现各要素间信息共享、融合匹配和效果检视，形成排练物理模型；全流程演出阶段，形成完整演出模型、时间进程管控平台和规范化演出的品质控制工具。集成系统统筹 5 个阶段不同工作将平行仿真引入大型表演，实现大型表演全生命周期服务与管理。该项成果填补了文化科技领域表演行业技术系统的空白。

该成果全面服务于北京 2022 年冬奥会、冬残奥会开闭幕式创编排演各环节，优化生成表演和排练方案百余个，其中《立春》120 个、《构建一朵雪花》19 个、《闪亮的雪花》42 个、《致敬人民》25 个、《点亮》24 个、《运动员入场》87 个、《缅怀》33 个、《熄火》15 个，以及其他表演方案 30 余个。完成方案建模 13 000 余个，生成表演手册与演员排练素材 65 000 余份，仿真推演 70 000 余秒。

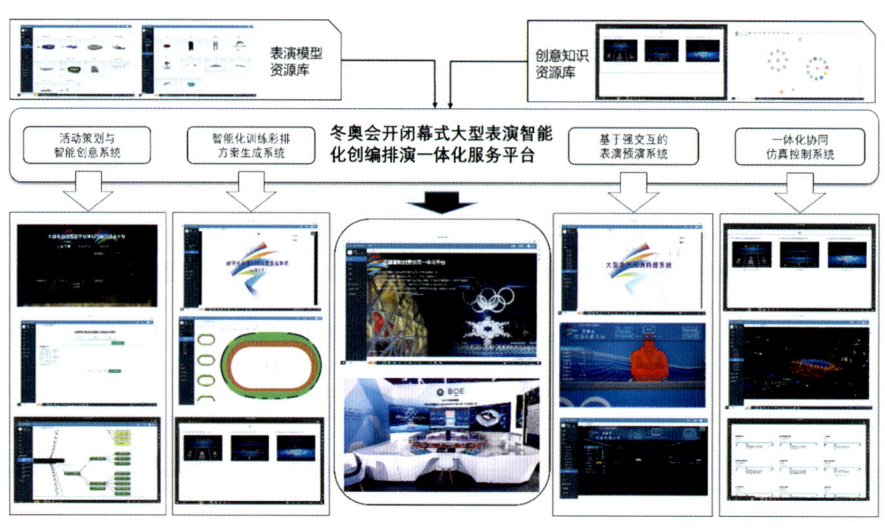

创编排演一体化平台集成方案

下篇　"科技冬奥"重点专项优秀成果选编

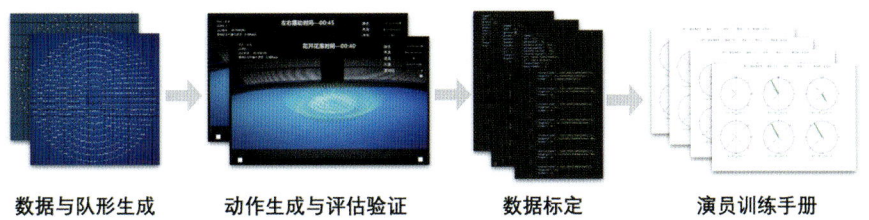

数字化训练彩排方案生成系统在表演《立春》中的应用

成果形成社会影响

联系人：黄天羽，北京理工大学，13810028281，huangtianyu@bit.edu.cn

18. 大型表演预演仿真系统

面向冬奥会、冬残奥会开闭式"简约、安全、精彩"的要求，提升了冬奥会开闭幕式表演的创编实施效率，提出了针对大型表演要素和行为描述体系的大型表演行为建模方法，突破了互操作的实况—虚拟—构造的表演平行仿真、基于虚拟现实/增强现实/混合现实的交互引擎，研制了支持舞美、道具、演员、视频、转播等表演元素的大型表演预演仿真系统。实现了基于表演预演的转播仿真关键技术，完成了对8个品牌、200种型号的真实摄影机的仿真资源建模，支持50个以上摄影机位的信号模拟；针对超8K应急渲染需求，基于国产芯片架构的渲染流水线、协同集群计算、快速视频裁切等技术，自主研发了渲染集群协同，解决50帧超高分辨率视频渲染，支撑视频渲染效率提升5倍以上。成果应用于奥运、党庆、春晚等国家重大庆典活动的仿真技术保障，实现大型表演全要素、全流程、全业务的预演仿真。

大型表演预演仿真系统实现了 2022 年北京冬奥会、冬残奥会开闭幕式预演仿真，服务了奥林匹克转播服务公司（OBS）、中央广播电视总台的转播直播。针对超大规模地屏的紧急渲染需求，在国家体育场搭建了 16K 应急渲染集群。冬奥会期间集群运行时间达 1512 小时，共完成渲染任务 105 项，共计渲染 16K 超高分辨率素材 472 428 帧。该工作获得了 2022 年北京冬奥会、冬残奥会开闭幕式工作部高度评价，受到了北京冬奥组委表彰和媒体广泛报道。

冬奥会、冬残奥会开闭幕式预演仿真

联系人：黄天羽，北京理工大学，13810028281，huangtianyu@bit.edu.cn

19. 冬奥赛事全球传播动力学演化机制与传播模型

面向冬奥赛事国际传播能力提升的应用需求，构建了冬奥赛事全球传播专家知识库，涵盖冬奥赛事全球传播相关理论、全球传播指标体系、过往赛事全球传播案例及冬奥知识图谱。基于传播要素分析、最优触达率模型（TURF）及传播动力学等先进理论，构建了考虑地理人文特点的宏观、中观及微观三维传播战略。研究了冬奥赛事全球传播机制，构建了冬奥赛事全球传播效果量化指标体系，通过全面考虑 5W 传播要素，建立了覆盖传播全过程的冬奥赛事全球传播模型。针对冬奥赛事全球传播方案的层次推荐问题，综合运用多种算法实现了最佳传播方案的联合生成。赛前通过节点综合影响力模型确定投放关键节点及渠道；赛中从传播广度、强度及速度 3 个维度构建跨平台传播效果模型，实时评估修正全局传播方案；赛后运用主题分析法复盘全程传播模式，分析传播关键要素，全面支撑冬奥赛事全球传播影响力提升。

通过在宏观、中观、微观3个层面上制定冬奥赛事全球传播战略，为冬奥赛事宣传工作的开展提供了智库服务。构建了冬奥赛事国际传播效果提升评估系统，依托该系统对冬奥赛事期间多项热点事件开展传播效果评估，形成了多份传播效果分析报告，为冬奥组委新闻宣传部门提供了决策支持。项目搭建了基于Web的冬奥知识图谱系统，实现了冬奥相关知识的收集、整理、搜索、可视化与知识挖掘，用户可以通过该系统交互式地获取冬季奥运会相关知识。

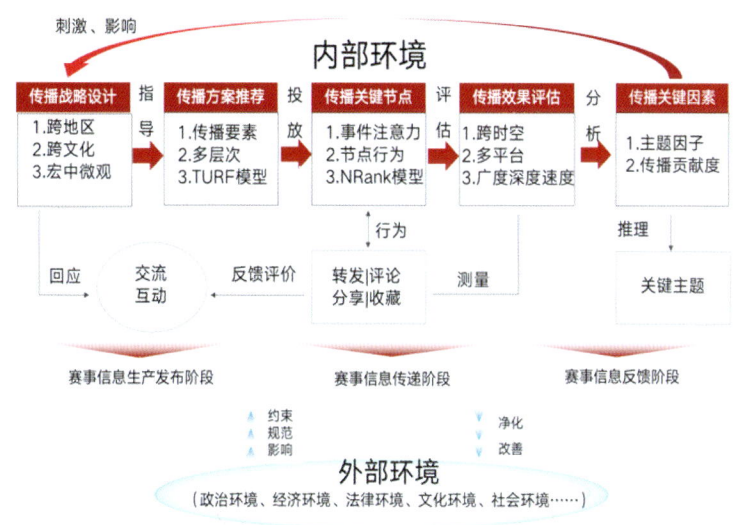

冬奥赛事信息全球传播机制

联系人：陈俊沣，清华大学，18813119833，aa12345bbqq@163.com

20. 冬奥赛事全球传播数据挖掘、内容生成与传播技术

面向冬奥赛事全球传播数据多源异构特性，研发了融合传统搜索架构和多模态预训练模型的跨模态检索技术。利用多模态一致性约束关系，基于CLIP模型生成了多模态数据的特征向量，结合深度哈希算法完成向量编码，实现了多模态数据的稀疏信息挖掘与统一整理表达，构建了基于预训练模型和召回排序的跨模态检索系统。

面向赛事信息精准推荐需求，研发了基于对称信息交互的推荐方案生成方法。通过构建轻交互注意力网络用户模型，降低了无关信息对用户兴趣偏好的干扰，实现了用户新闻类型偏好的高精度、细粒度提取。构建了基于异质图神经网络的新闻特征表达增强模型，实现了新闻潜在相关性的发掘表征。

面向冬奥赛事内容自主创作需求，研发了冬奥赛事专题快速生成技术。开发了基于多层次主题引导的多标签专题分类技术和广义零样本专题检测技术，具备多源异构赛事信息快速实时整合功能。研究了冬奥图像中文描述生成技术，实现了各类型冬奥图像的自然语言描述生成。开发了文本生成冬奥图像技术，综合运用多模态预训练技术、渐进式文本生成图像技术实现了冬奥和中国文化图像编辑。

建立的冬奥全球传播资源库，融合了29个语种数据2亿余条，支持语种覆盖99%全球冬奥受众。研发的冬奥赛事传播多模态信息检索技术，显著提升了冬奥赛事数据管理效率，并为冬奥全球传播服务平台提供了秒量级延时的全球赛事信息检索服务。建立的冬奥赛事跨模态内容生成技术，为冬奥赛事图像自动生成文本描述及为冬奥赛事文本自动生成相关图像，基于此研发的冰雪打卡滤镜小程序在冬奥测试赛和正式赛期间实际应用。研发的冬奥赛事信息精准推荐系统实现了面向全球用户的跨语言、跨模态信息交互，将热点新闻专题生成及推荐时间缩短60%以上，推荐性能相比目前先进模型也有2%～3%的提升，有力提升了冬奥赛事传播效果。

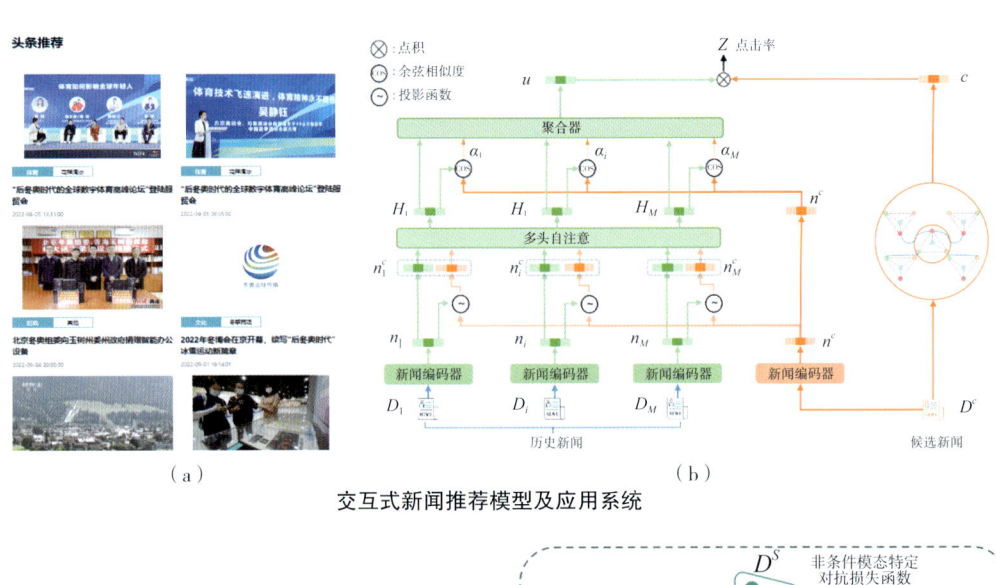

交互式新闻推荐模型及应用系统

（a）

下篇 "科技冬奥"重点专项优秀成果选编

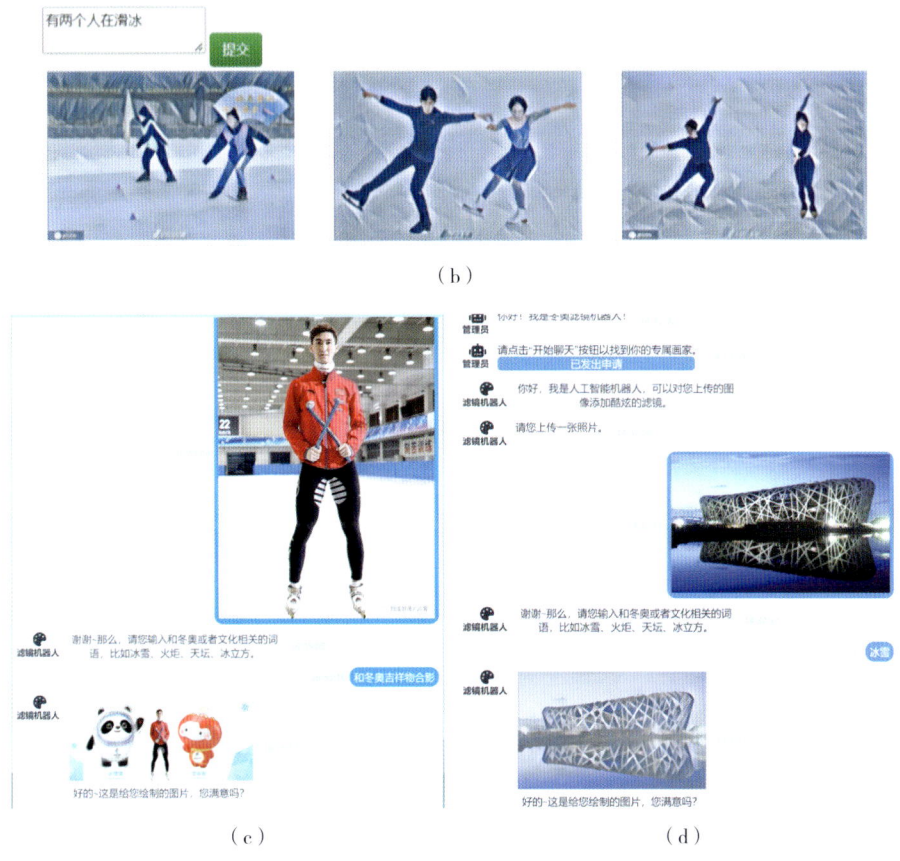

冬奥文本生成图像技术框架及应用系统展示

联系人：陈俊沣，清华大学，18813119833，aa12345bbqq@163.com

21. 冬奥赛事和中国文化多语种全球传播服务平台及应用示范

针对冬奥全球传播数据多源异构、语种多样等特点，研发了拟人化多模态数据高效获取技术，建立了冬奥赛事数据分类标记规范，构建了冬奥赛事全球传播资源库，实现了冬奥赛事多语种信息互联互通，为冬奥赛事全球传播服务平台开发提供了数据基础。

构建了支持5G的跨域多语种冬奥赛事和中国文化传播服务平台，平台涵盖冬奥多语种资讯采集、发布、分析和多语种展示，冬奥赛事全球传播服务态势感知与趋势分析，冬奥赛事在线传播策略管理及文稿翻译等功能。平台作为集成成果，实现了全球冬奥多模态数据汇聚与融合，运用整站翻译技术支持了29种语言讲述冬奥故事，传播中国文化，作为北京冬奥组委官方宣传矩阵的学术和民间补充，提升了冬奥全球传播影响力。

在充分调研冬奥场景下全球传播服务需求类型后，根据需求群体划分一系列应用场景并开展冬奥全球传播服务平台应用示范。综合运用多种渠道提升平台影响力,向全球冬奥会受众介绍赛事资讯的获取、直播和推送途径,向驻京媒体介绍查询、下载、发布和传播冬奥赛事信息功能,向外国驻华使馆、冬奥组委等机构提供多语种冬奥赛事资讯服务。

采用活动类、会议类、文创类、地标类、点对点类、新闻类等多种方式围绕平台进行示范推广,举办专场媒体推介会3场,通过国际会议和学术会议宣传推广5次,发放电子及纸质宣传册5000余份。平台推介至外国媒体驻京记者386人、涉及外国媒体驻京机构189家、外国大使馆120家,让北京2022年冬奥会和冬残奥会在全球范围的传播与推广能力走在世界前列。持续服务测试赛和冬奥组委重大活动的新闻宣传工作,平台应用示范成果《冬奥传播快报》(共提交66期)和《冬奥传播决策要报》(共提交17期)被冬奥组委作为内刊订阅。

冬奥赛事全球传播多语言多模态资源库

冬奥全球传播服务平台宣传手册

下篇 "科技冬奥"重点专项优秀成果选编

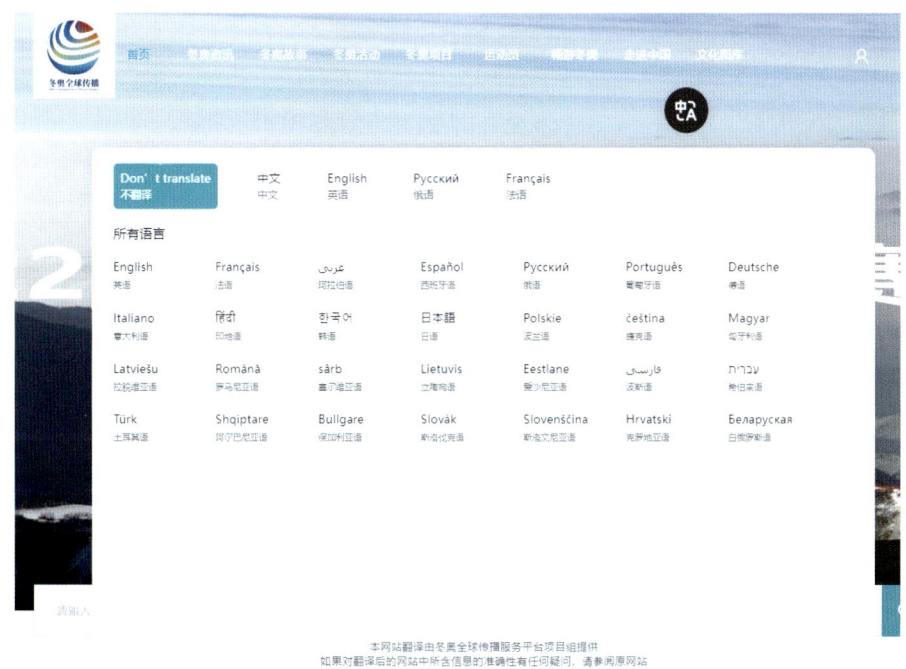

冬奥全球传播服务平台整站翻译技术应用

联系人：陈俊沣，清华大学，18813119833，aa12345bbqq@163.com

22. 冬奥会氢燃料手持火炬

该成果是世界首次采用高压储氢方式、首套采用碳纤维外壳的奥运会火炬，突破了多特征复杂耦合条件下的手持火炬燃烧系统总体参数设计方法和具有可控造型的高稳定性火炬燃烧技术及环保焰色可视技术；手持火炬轻量化单弹簧活塞式减压阀、平衡式切换阀、软硬复合密封单向瓶口阀技术；高安全性、轻质化手持火炬气瓶复合材料增强设计与制造工艺技术；先驱体浸渍裂解工艺、缠绕、树脂传递模塑、三维编织等复杂外形曲面复合材料成型技术；模拟温湿度、风量、雨雪、高海拔（气压）、火炬传递运动状态的测试试验技术及火炬性能试验方法等多项关键技术。

该火炬总重≤1.5 kg，有效燃烧工作时间＞5 min，经测试，可满足在风速18 km/h、65 km/h、100 km/h（多角度），雨、雪量50 mm/h，湿度99%等环境工况，跑步、轮转、晃动、倒置、跌落（1.6 m、3 m）等运动工况，在室温、低温−20 ℃、−40 ℃工况，在低气压54 kPa（5000 m海拔）、76.2 kPa工况等复杂恶劣工况下稳定燃烧。

该火炬实现了批量生产及应用，填补了高压储氢手持火炬的国内外技术空白，具有自主知识产权，全部技术自主可控，整体技术达到国际领先水平。

该成果全面应用于北京2022年冬奥会及冬残奥会火炬接力活动。依据军令状各阶段目标，提交技术图纸、为工业化生产提供了高质量的技术指导，确保了产品质量，为火炬接力活动提供了重要的技术支撑，实现了手持火炬燃烧稳定、可靠、零熄灭的目标。该成果为火炬接力活动安全、顺利、高水平的运行打下了良好的基础，确保了北京2022年冬奥会和冬残奥会火炬接力圆满完成。

在"双碳"背景下，氢燃料手持火炬借助冬奥会火炬接力这一广泛关注的活动，将清洁能源利用理念广泛传播，为氢能产业发展、国家能源战略的落实贡献力量。

（a）　　　　　　　　　　　（b）

冬奥会火炬

火炬手康智（右）与韩小炎进行火炬传递　　　残奥会火炬接力
（图片来源：中央纪委国家监察委网站）

联系人：韩宗捷，北京航天动力研究所，01087093694，hanzj@calt11.cn

23. 多机器人跨域火炬传递技术

多机器人跨域火炬传递应用冰水跨介质高适应性运动、复杂流场扰动的水下动态对准、空中目标识别定位与自主作业、地面机器人高通过性与精细作业、冰雪面六足机器人抗扰动平衡、火炬跨介质燃烧与抗介质扰动等技术，研制出水陆两栖、水下变结构、空中飞行、地面和冰雪面六足共五型机器人和水下、空中两型特种火炬，实现了水下、空中、地面的机器人间跨域火炬传递。其中，水陆两栖机器人、水下变结构机器人和水下火炬应用于北京冬奥会圣火传递。机器人间水下火炬传递水下突破冰水跨介质高适应性运动控制、复杂流场扰动的水下动态对准、水下机器人－机械臂厘米级精准作业、冰下高精度定位导引、水下火炬火焰跨介质稳定燃烧与形态维持等关键技术，在野外水流扰动的复杂环境条件下，保证了浮动的水下变结构机器人－机械臂手持奥运水下火炬达到并持续保持在末端厘米级的对接精度。

该成果应用于北京 2022 年冬奥会火炬传递活动。2022 年 2 月 2 日，水陆两栖机器人和水下变结构机器人在北京冬奥公园圆满完成了水下火炬传递，实现了奥运史上首次机器人与机器人之间水下火炬传递，创造了历史性的时刻，展示了我国机器人领域的科技进步，彰显了奥运和科技的完美结合。北京冬奥组委发来感谢信，信中指出："北京 2022 年冬奥会机器人水下传递火炬圆满完成，这是奥运史上首次机器人与机器人之间水下火炬传递，创造了历史性的时刻。"机器人之间水下火炬传递引起了国家主流媒体关注，成为北京冬奥火炬传递的亮点，带动了机器人的普及应用，产生了广泛的国际社会影响。

（a）　　　　　　　　　（b）　　　　　　　　　（c）

水陆两栖与水下变结构机器人

（a）水陆两栖机器人冰面滑行　（b）水陆两栖机器人冰洞入水　（c）水陆两栖机器人下潜　（d）水陆两栖机器人悬停

（e）水下火炬传递　（f）水下变结构机器人冰下航行　（g）水下变结构机器人上浮至水面

机器人水下火炬传递过程

联系人：田启岩，中国科学院沈阳自动化研究所，024-23970745，tianqiyan@sia.cn

24. 助力机器人辅助火炬手火炬传递技术

上肢助力机器人辅助残疾人火炬手火炬传递成果应用仿生刚柔耦合结构设计、人机协同平衡控制、多信息融合人机交互等技术，解决了任务多样性和人体姿态随意性影响、针对火炬手的定制化优化与适应性训练等问题，根据监督和检测数据进行人机行为分析，以分析结果调整控制策略和控制参数，实现残疾人火炬手自主控制假肢，完成火炬传递任务。下肢助力机器人辅助残疾人火炬手火炬传递成果围绕下肢支撑助力机器人运动学与动力学特性、柔顺控制方法及步态影响因子个性化评估进行多方面研究。结合压力、角度、加速度和生理信号等多传感信息，实现人体运动意图的鲁棒识别与连续运动估计；与火炬手开展长期适应性匹配测试与训练，反演火炬手差异性步态特征，提出应对人机耦合系统多约束的行为优化框架，辅助火炬手实现平稳自然助力行走，完成火炬传递活动。

该成果应用于冬残奥会火炬传递活动。2022年3月4日，在北京冬奥组委驻地举行的2022年冬残奥会火炬传递活动中，上肢助力外骨骼机器人成功协助火炬手彭园园全程稳定抓握火炬，完成火炬传递，传递出"科技改变生活、让不可能变为可能"的理念，体现出"技术温暖人心"的精神；下肢助力外骨骼机器人成功协助火炬手杨淑亭实现直立行走，完成火炬传递，让腿脚不便的人摆脱轮椅重新站立行走，圆了瘫痪患者的

下篇 "科技冬奥"重点专项优秀成果选编

行走梦。这将激励更多残疾人朋友勇敢面对生活,而这也是对北京冬残奥会火炬传递"包容、融合、共享"理念的生动诠释。

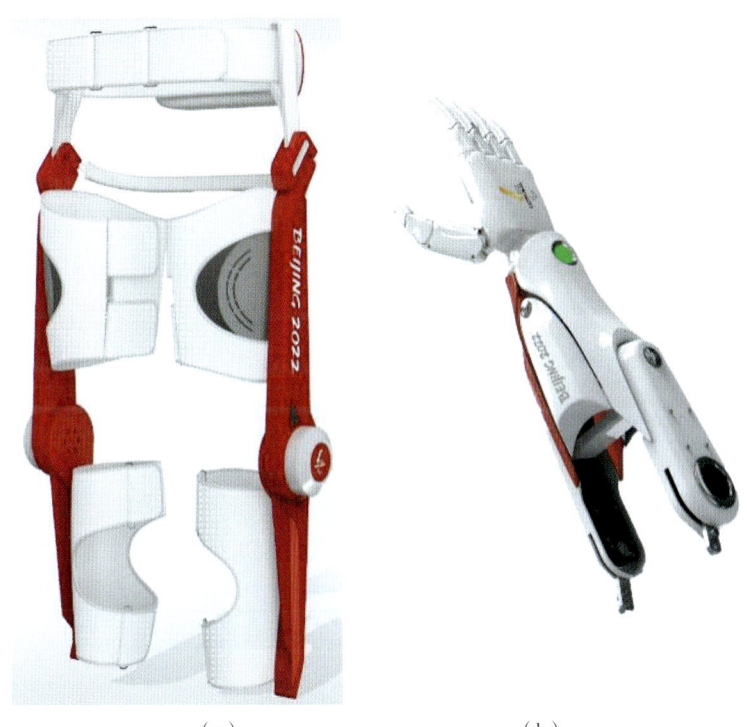

（a） （b）
下肢外骨骼助力机器人、上肢外骨骼助力机器人

联系人:田启岩,中国科学院沈阳自动化研究所,024-23970745,tianqiyan@sia.cn

25.《奥运与科技互动发展理论及实践研究》著作

针对如何厘清奥运与科技的互动机制、管理好奥运与科技的互动关系、发挥好科技对奥运的助力作用和奥运对科技创新的促进作用的问题,通过历史研究、文献分析、系统分析、案例分析、情景分析、愿景分析及综合归纳等方法,从历史逻辑与现实逻辑统一的视角,揭示了奥运与科技互动发展理论、历程、实践和趋势:在理论方面,分析了奥运与科技互动的作用机制及其影响途径,构建了奥运与科技互动发展系统理论模型,模拟分析了北京奥运的经济效应及其影响;在历程方面,将奥运与科技互动发展历程划分为互动萌芽期、互动发展期、互动提升期和互动融合期4个阶段,并从互动向度、深度、广度揭示互动规律;在实践方面,重点从科技和场景两个维度分析了北京冬奥与科技互

动实践，结合重点案例总结北京冬奥与科技互动实践的四大经验；在趋势方面，从互动结果、产业带动与组织管理三大视角展望奥运与科技未来互动发展趋势。

该成果对于深化奥运与科技基础理论研究，促进相关研究方向的发展，具有重要价值和意义。该成果作为 2022 年北京冬奥科技奥运的一项理论研究性和实践总结性研究成果，为 2022 年北京冬奥会"以史为镜"打造科技亮点、凸显特色宣传提供了素材，从而更好地以先进科技传播奥运精神、展示中国发展与奥林匹克运动的携手共进，展现我国先进技术领域和相应产业发展的不俗实力，输出我国的经济、文化影响力。该成果可应用于支持奥运会等大型体育赛事活动的科技应用管理部门，为以后的奥运等大型体育赛事活动的科技需求及技术应用管理提供理论依据和实践指导，促进奥运与科技的良性互动发展。

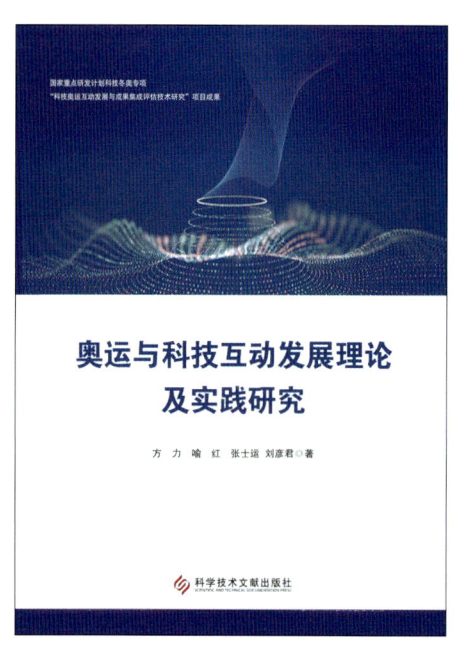

《奥运与科技互动发展理论及实践研究》著作封面

联系人：刘彦君，北京市科学技术研究院科技情报研究所，13520298862，liuyj@bjstinfo.ac.cn

26.《科技冬奥技术成果评估报告》

报告以科学性、系统性、综合性、动态性为原则，采用文献调研法、专家咨询法、层次分析法等多种研究方法，根据科技冬奥成果评估要求和目标，以"绿色、共享、开放、廉洁"的办奥理念为指引，参考奥运科技成果评估指标体系，从技术价值、经济效益、社会效益、环境效益 4 个方面，建立了一套面向科技冬奥技术成果评估的指标体系，指标主要包括技术先进性、技术可靠性、成本可控性及预期经济、社会和环境效益等维度的评定指标。以上述指标体系为基础，课题组起草团体标准《重大体育赛事技术应用评估规范》，规范了重大体育赛事技术应用评估的技术要求，进行重大体育赛事技术应用评估包括 4 个内容：技术价值、经济效益、社会效益、环境效益等。该规范适用于重大体育赛事的技术布局、技术选择、技术成效评估。该项团标已于 2023 年 3 月 3 日通过了由中关村国基条件科技资源共享服务创新联盟组织的立项评审。

依据该报告的指标体系对冬奥会科学办赛关键技术、全球影响传播和智慧观赛关键技术、公共安全保障关键技术、绿色智慧综合示范区建设关键技术、冬季项目训练与比赛关键技术 5 个领域的技术成果进行了评估。在此基础上完成的《科技冬奥技术清单及应用场景分析报告》等研究报告上报市领导，得到市领导充分肯定，相关技术成果被推荐到北京各市级单位、各区、场馆，以及河北省科技厅。北京市科委中关村管委会、冬奥组委特发来感谢信对团队的技术评估工作表示感谢。

一级指标	二级指标	选评/必评	指标说明
技术先进性	先进性等级	必评	该指标评估在特定地域范围以及应用领域范围内，科技成果的核心性能指标或功能参数与具有相同应用目的的对标科技成果相比所处的水平。结果可选项包括：国际领先、国际先进、国内空白、国内领先、国内先进、行业领先、其他。
	首次应用情况	必评	该指标评估科技成果的应用推广情况，包括技术成果在全球范围内是否首次应用和技术成果在冬奥场景中是否首次应用。
	创新类型	必评	该指标评估技术成果的技术实现类型，结果可选项包括：原始创新技术、集成创新技术、引进消化再创新技术，是否局部有重大突破或改进。
	创新点	必评	该指标评估该项技术相比于国内外同类技术的创新之处。
技术可靠性	知识产权	必评	该指标评估该技术属：自有知识产权、共有知识产权或其他，以及不同知识产权类及数量。
	冬奥测试赛应用情况	必评	该指标评估的是科技成果在冬奥测试赛中应用的情况，分为：（1）参加冬奥相关测试赛及测试情况；（2）是否可于冬奥期间应用，包括通过测试确定应用、未通过测试、完成测试赛验证后可应用、改进后应用、不可应用5个结果选项。
	应急处置	必评	是否有应急预案或故障排除方案。
	奥运场馆应用情况	必评	该指标用来评估科技成果在奥运场馆中的应用情况，包括（1）对该技术进行测试的场馆；（2）已确定应用该技术的场馆；（3）有可能推广应用该技术的其他场馆。
成本可接受性	安装部署成本	必评	该指标评估安装部署该技术产品所需成本，包括单台套成本（单位：万元）、可以部署的场馆名称以及每个场馆的部署成本（单位：万元）。
预期经济效益	研发投入	必评	该指标评估用于研究开发该技术的总投入资金（单位：万元）。
	市场定位	必评	该指标描述技术及产品在目标市场上所处的位置。
	市场规模	必评	该指标评估技术成果实施转化的目标市场规模（单位：亿元），该项指标的内容可包括以下4个方面：当前国内目标市场规模；未来国内预期市场规模；当前国际目标市场规模；未来国际预期市场规模。
	市场竞争力	必评	该指标描述技术及产品在目标市场中与同类产品相比的综合实力。
预期社会效益	对城市运行水平的提升作用	必评	该指标描述技术成果在城市安全、城市交通、公共卫生等方面对城市运行水平的提升作用。
	对冰雪运动的促进作用	选评	该指标描述技术成果对冰雪运动的促进作用，包括对全民参与冰雪运动的促进作用和对冰雪产业的促进作用。其中，对冰雪产业的促进作用是指对冰雪运动个人装备、冰雪运动基础设施和冰雪运动相关的其他方面的促进作用。
	对全民健康水平的提升作用	选评	该指标描述技术成果对伤病防控、心理健康、科学营养及奥运会后对全民健康方面的促进作用。
预期环境效益	对水资源的保护作用	选评	该指标描述技术对水质提升的促进、对水资源节约和循环利用的作用等。
	对空气质量的提升作用	选评	该指标评估技术对空气质量的监测和提升方面的作用或影响。
	对资源循环利用的作用	选评	该指标评估技术对垃圾等废弃物加工处理能力的提升等方面的作用。
	对能源系统完善的作用	选评	该指标评估技术对能源利用量、能源结构及利用效率等方面的作用。
	对保护区的作用	选评	该指标评估技术对环境保护区和历史文化保护地的保护作用。
	对土地资源利用的作用	选评	该指标评估技术对土地资源利用类型、面积及其分布的作用。
	对生物多样性的作用	选评	该指标评估技术对生物多样性的作用。

"科技冬奥"技术成果评估指标体系

联系人：王强，北京市科学技术研究院科技情报研究所，13581695782，wangq@bjstinfo.ac.cn

27. 异构网络环境下多专业事件协同控制技术

针对异构网络环境下场馆现场音频、视频、灯光等专业设备与云端大规模互动终端之间由于控制机制、协议标准、网络通信延时的差异性带来的协同控制难题，研发体育展示互动要素，包括音频、视频、灯光和移动终端等多专业事件的协同控制技术、网络通信协议和同步机制，完成了系统软硬件及接口设备开发，实现了基于异步通信方式的赛场多种专业设备和云端终端在互动应用控制中的随机切入、控制信号时间同步和呈现效果的时序协同。

从具体实现来说，在基于异构网络的协同控制中，系统既可以工作在局域网，实现局域网内设备的多专业事件协同控制，也可以工作在广域网，实现广域网线上设备和局域网线下设备多专业事件协同控制。对于工作在局域网的多专业演出事件协同控制功能，实现了多专业演出事件同步，降低演出现场音响、灯光、视频和机械等多系统连接和操控的复杂性。通过研发基于以太网的多专业演出事件协同控制技术和多级控制系统互联互通技术，为多专业演出协调服务提供时序上的协同一致的控制和管理，实现异构网络环境下多种专业设备在演出控制上的随机切入机制，以及多种专业设备的集中控制，相关技术方案的提出及大规模应用在国内尚属首次。

成果在北京冬奥会、冬残奥会期间国家体育馆男子冰球项目中展示，对国家体育馆的多路声音进行控制，取得了声音地图的效果，并配合其他冰面投影、大屏等实现了多专业内容的协调，在后续的推广中，开发完成"卫星定位同步播控系统"，应用在嘉兴游船夜游、无锡荡口古镇游船夜游、湖南芷江游船夜游、山东临沂游船夜游等项目，实现了游船音响系统和两岸灯光、音响、视频及装置等专业系统的同步与集中控制，提升了视听体验效果，取得良好的经济效益与社会效益。

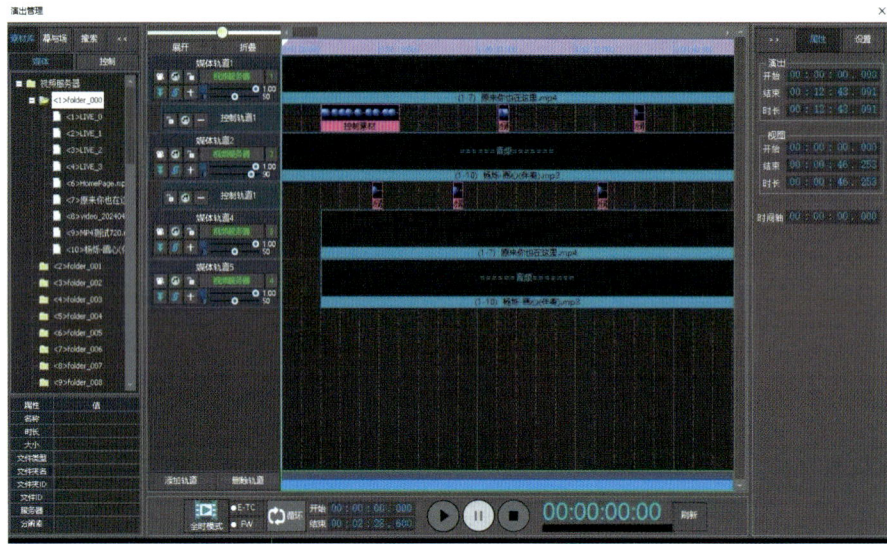

专业演出事件同步控制界面

卫星定位同步播控界面

山东临沂游船夜游项目现场照片

联系人：王琦，中国传媒大学，15210753497，vita1982@cuc.edu.cn

28. 云端互联的一体化云资源分发系统

针对在大型演出中，观众用手机与现场进行互动的场景，研究了相应的终端同步算法及方案和大规模移动终端互动数据交互方法，实现了大规模移动终端的跨平台数据分解和相应的内容分发，实现了大规模移动终端设备与监控平台的控制数据交互。云端互联的一体化云资源分发系统包括3个模块，分别是控制台、运维管理、帮助模块。该软件包括技术成果描述的所有内容，实现对赛时现场每个终端的同步控制及实时监控，实现接收和显示移动端状态信息、向移动终端发送指令、监控同步基准时间、资源文件及云通信等运行状况、统计和测算参与人数、运行日志记录等功能。

该成果在北京冬奥会、冬残奥会期间国家体育馆男子冰球项目中展示，国家体育馆啦啦队进行了内测互动，在后续的推广中，应用在嘉兴游船夜游商演等商演项目中。该成果主要应用在观众手机互动场景，在大型演出或其他观众较多的场景中，观众可通过扫码或其他方式与云端同步，并把位置信息（与座位相关的信息）发送给云端，云端服务器把互动的信息下发到每个手机中，这样就可以形成统一的图案进行现场交互。

"**科技冬奥**"重点专项优秀成果选编

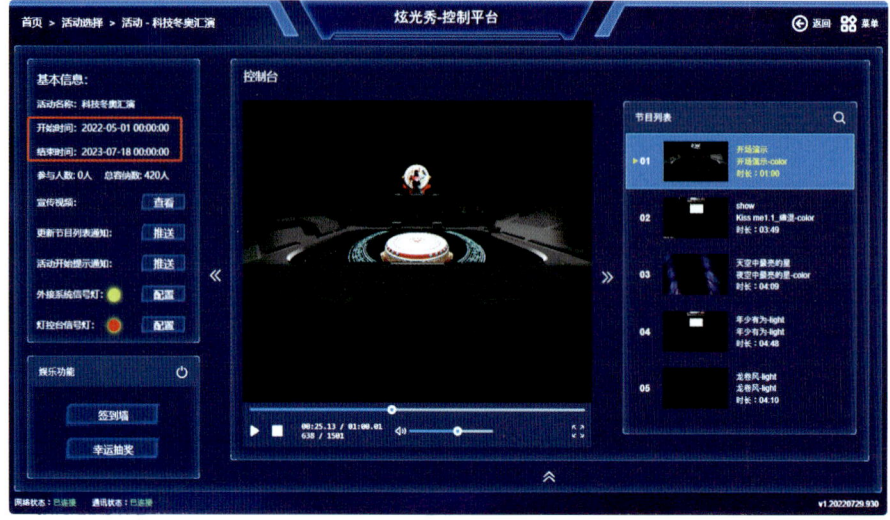

云端互联的一体化云资源分发系统

云端互联手机交互模块

联系人：陈超，中国传媒大学，13466336686，chenchao@cuc.edu.cn

29. 面向可穿戴发光设备的互动体验视听控制系统

针对冬奥赛事室内场馆上万名观众手持（或观众席摆放）可穿戴 LED 发光设备的群控需求，提出了一种"上位控制——二级分发——下位定位"3 层架构体系，"两阶段映射机制、二级分发和二级拆包策略"，"像素数据压缩、发送端数据压缩、可穿戴设备控制数据合并压缩"的数据压缩策略和数据传输格式，支持"工作频段可调"的大规模无线荧光棒群控集成技术，实现了对大规模（上万个）可穿戴发光设备点阵（荧光棒）的无线群控。

为了实现基于音乐感知特征的视听效果一致性呈现，针对大规模无线荧光棒视觉效果呈现与音乐感知特征的协同呈现问题，需要挖掘并提取区分度高解释性强的音高等声效要素，图像颜色等视效要素，通过视听跨模态主观评价实验，构建声效因素与视效因素之间的关联规律，为互动体验视听控制系统的构建提供技术支撑。

针对引导员、吉祥物或拉拉队员进行引导体育互动场景，利用穿戴的臂环采集引导员的行为动作数据，研究基于机器学习、深度学习的手势动作识别模型，将预测结果作为观众席大规模发光设备画面呈现的触发信号，触发对应的演出模式，如行列波浪等，实现互动式体育展示。

该成果在北京冬奥会、冬残奥会期间五棵松体育中心和国家体育馆男女冰球项目中展示，在后续的推广中，应用在多个大型商业演出中。

冬奥会现场技术保障效果

"科技冬奥"重点专项优秀成果选编

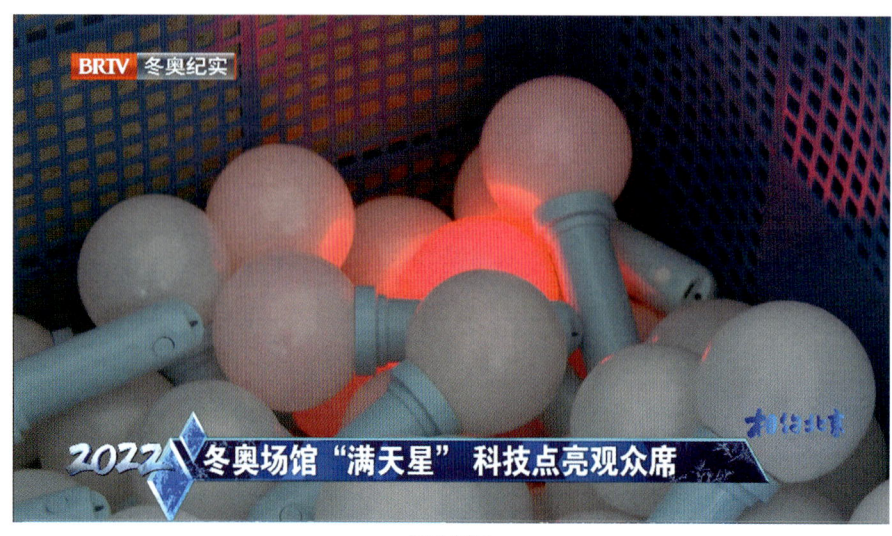

相关新闻

（图片来源：BRTV 冬奥纪实）

联系人：蒋玉暕，中国传媒大学，13401088538，yjjiang@cuc.edu.cn

30. 基于多模态智能交互的奥林匹克云展厅系统

针对目前世界上缺乏基于奥林匹克文化与精神抽取挖掘、多元呈现、高效传播的数字博物馆，以及对形成体系化、智能化、交互友好的冬奥会奥林匹克数字博物馆系统的现实需求，突破了传统传播技术路线，充分应用新兴人工智能算法，并与传统计算图形学算法相结合搭建多模态虚拟形象智能交互服务平台，基于特定领域结构化知识库建立的智能问答技术，研发出支持个性化虚拟形象生成的虚拟角色快速构建技术及面向云展厅的多模态虚拟形象交互技术，构建了基于互联网协同技术的智能自助云布展系统及基于负载平衡和弹性计算技术的大流量观展智能运维平台，形成基于多模态智能交互的奥林匹克云展厅系统，实现了精准问答服务，在电脑端（Win & Mac）及移动端对话交互系统意图识别准确率为 86%～89%，并且支持鼠标、触控 2 种模态的交互模式设计，具备 3 个自助式布展模板，上传系统可支持布展、审核与发布功能，云展厅提供了线下展厅 5G+VR 超高清直播接口，集成了精准问答与虚拟形象对话交互系统接口。该技术成果总体性能指标良好，与国内外同类技术相比处于领先地位。

该技术成果在冬奥会期间获得全方位应用，为有效传播奥林匹克知识、弘扬中国文化、展示大国风采等提供了关键支撑，技术成果上线运行后，为来自中国、美国、日本、英国 4 个国家，覆盖国内 29 个省份或直辖市，共计 111 个城市的访客提供了优质服务，获得了各方高度肯定。在后冬奥时代，云展厅持续在线下各地进行展出，发挥对冬奥精神文化的宣传作用,成功地在北京科技周活动、中国科学院软件研究所博物馆、清华大学附属中学广华学校、中科汇联公司等进行了展出,获得了良好收益,该项技术成果为普及奥林匹克知识、创新知识传播路径提供了关键支撑。

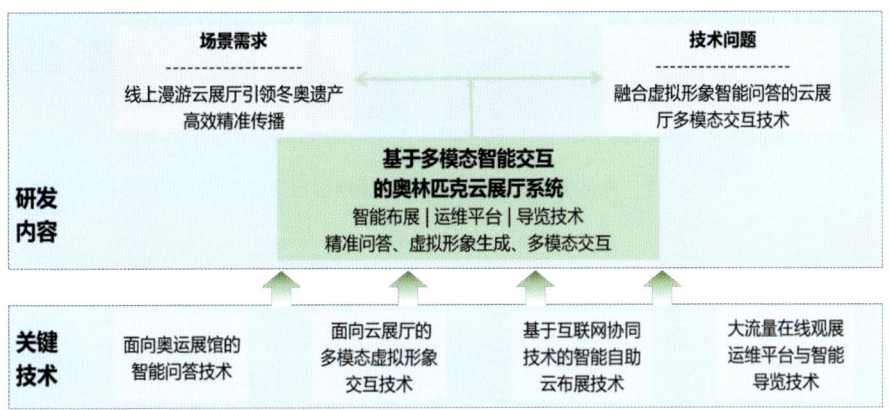

主要研究内容和关键技术

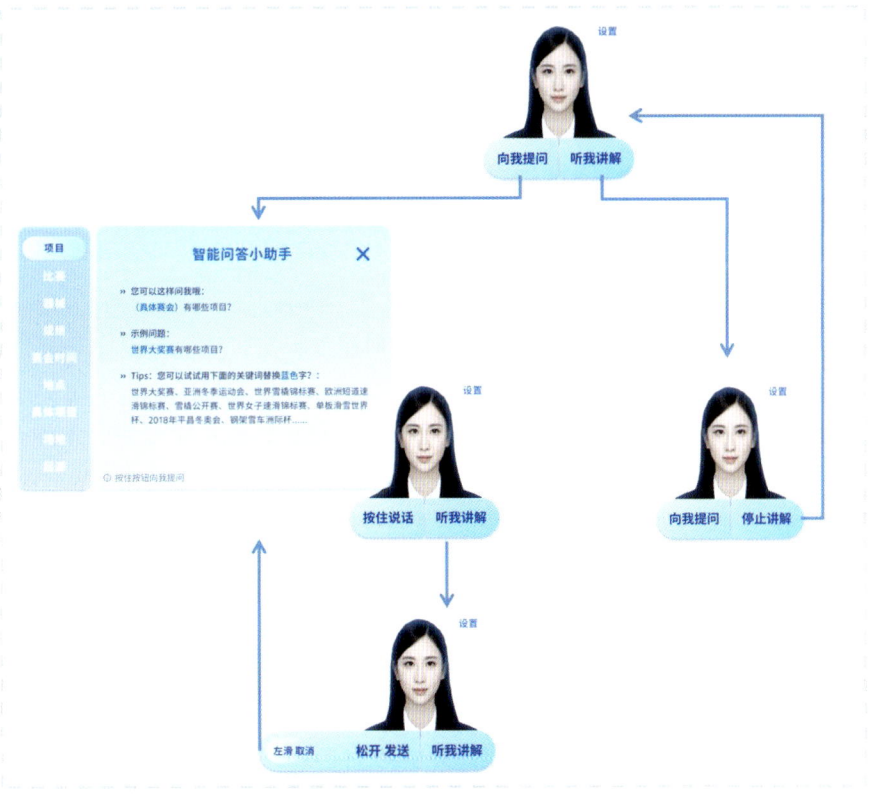

虚拟讲解员语音讲解与问答交互流程

（a）　　　　　　　　　　　　　　　　　　（b）

冬奥会期间云展厅北京小屋展出报道

联系人：刘舫，清华大学，010-62782406，lfang@tsinghua.edu.cn

31. 异形复杂场景沉浸式交互展厅系统

针对特定异形空间畸变处理后的影片在其他显示终端几乎不可重复使用的难题，以及线下异形复杂场景超高清交互影片呈现的准确性、沉浸性、艺术性的内在要求，实现冬季奥林匹克题材影片在不同空间和媒介上高效传播的现实需求，突破了不同异形复杂场景沉浸式交互视频与软硬件系统集成开发定制的多工序与高投入问题，集成线下视听多感调动技术打造效果震撼的立体沉浸交互式展厅系统，实现了奥林匹克运动和冬奥遗产的深度阐释与呈现。通过对三维舞台预演、三维模型搭建等系统的综合运用，查看素材精度与分镜画面效果，利用 UE4 引擎的实时光影场景渲染、8KAE 特效制作等技术形成 8K 分辨率标准的整套影片内容，再结合影片的主题内容设计语音讲解内容，从而形成整套叙事型沉浸式数字影片内容。完成了一个满足 8K 及以上视频编码格式 HVC（Hirender Video Coding），三维图形畸变投影反算的异形场景投影影像呈现技术，使得异形投影面调试更高效、时间人力投入大大降低。完成了协同与一体化呈现功能，以及投影成片视频在裸眼三维效果下的多视域快速复用。该项技术成果填补了展演行业现有编码格式上无法达到需求的空缺，总体性能指标稳定良好，与国内外同类技术相比，在国内处于领先水平，与国际水平齐平。

HVC 可以在 Adobe Premiere、After Effects 中进行编解码操作，可广泛应用于舞台演艺、展馆展厅等场景中；异形复杂场景超高清视频自动融合技术及多要素协同中控预演技术，对于解决不同非几何形态空间的沉浸式投影呈现与多感官交互体验具有极强的适用性，面向文博展示、专业展会等不同应用场景具有较好的推广性和市场前景。该成果在首钢冬奥广场国际创忆馆和奥林匹克教育博物馆开展线下应用示范，在北京冬奥会期间和会后，对奥林匹克文化传播、奥林匹克教育及北京冬奥遗产的可持续与

下篇 "科技冬奥"重点专项优秀成果选编

传承做出了应有的贡献。该成果已成功推广应用至北京鼓楼数字沉浸展示项目中,并产生很好的社会反响。

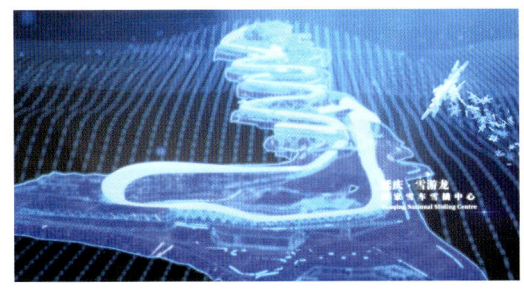 

(a)　　　　　　　　　　　　　　　(b)

《首钢·不止钢铁》沉浸影片

 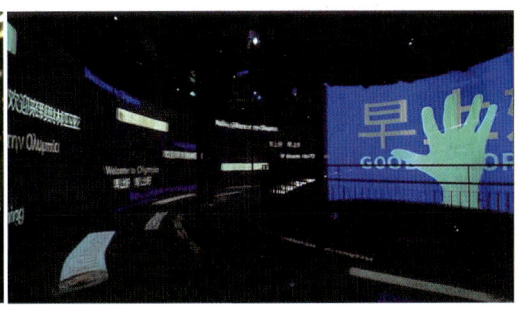

(a)　　　　　　　　　　　　　　　(b)

首钢冬奥广场国际创忆馆应用示范

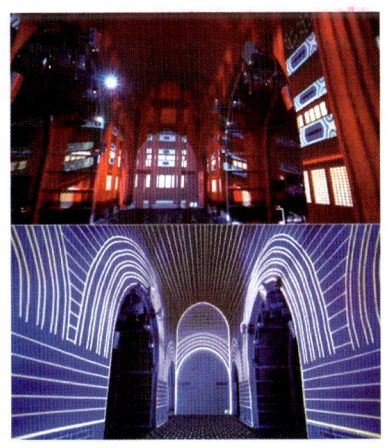  

(a)　　　　　　　　　　　　　　　(b)

 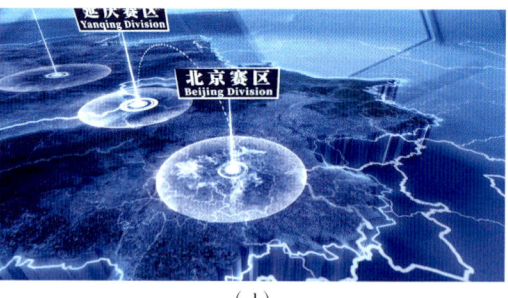

（c）　　　　　　　　　　　　　　（d）

北京鼓楼数字沉浸展示项目中的技术应用

联系人：康迎，清华大学，010-62798933，zhlie@mail.tsinghua.edu.cn

32. 装配式集约化数字沉浸时空仓

针对冬奥会对沉浸式影厅、VR 与 AR 交互体验空间的现实需求，突破了以往平面化传播的技术局限，形成了模块化、集约化、多媒体交互集成化的数字沉浸时空仓，通过装配式可移动舱体模组化设计，完成了一套装配式集约化数字沉浸时空仓系统，实现了 VR 观影仓整体占地小于 $1\ m^2$，直供电全天候使用，无须人员引导；该成果是全球首个装配式集约化数字沉浸时空仓，为冬奥会奥林匹克呈现与传播提供了全面技术支撑。创新了冬奥会奥林匹克数字博物馆线上线下融合传播方式，形成了线上线下融合呈现传播方案，实现了面对多场景、覆盖多人群的高效应用示范模式；并依托北京国际奥林匹克学院实现了赛后可持续利用的战略价值。

技术成果在 2022 年北京冬奥会、冬残奥会期间获得全方位应用，在北京冬奥村——北京小屋完成应用示范，得到时任中宣部部长黄坤明、北京市委书记蔡奇的好评，并接待科技部、北京市科委、河南省文旅厅等领导调研，为普及推广奥林匹克知识、展示科技进步等提供了关键支撑。该成果在比赛期间接待冬奥村国外运动员上千人，包括来自美国、英国、加拿大等多个国家，让外国运动员身临其境感受三大赛区和北京中轴线的魅力，弥补了闭环的遗憾，为弘扬中华文化、展现大国形象等提供了重大支撑，北京冬奥组委等各方对于成果发挥的应用示范作用给予了充分肯定，获得了冬奥组委及多部门感谢信。

下篇 "科技冬奥"重点专项优秀成果选编

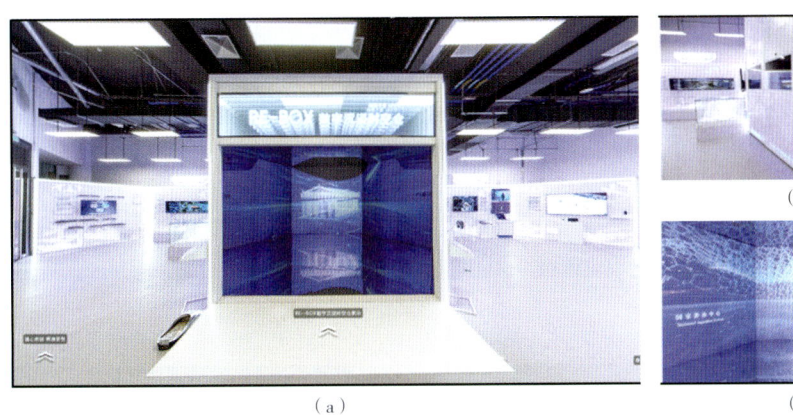
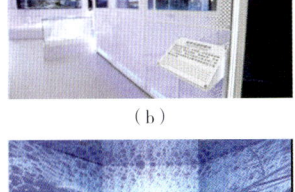

北京小屋内完成的六边形仓体 2.0 版本成品照片

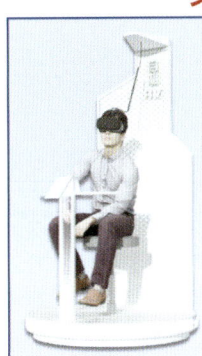

自助式 VR 观影仓先进性指标对比

自助式 VR 观影仓成品照片

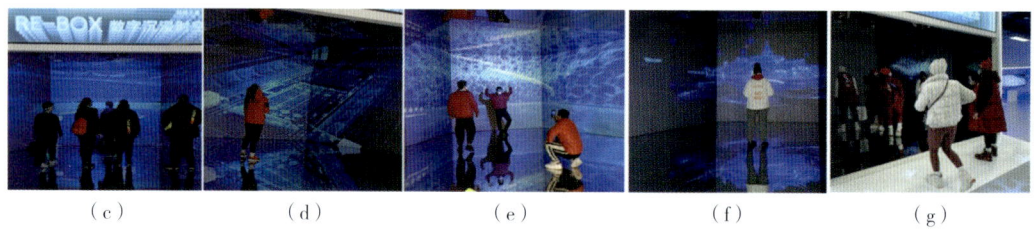

数字沉浸时空仓在北京小屋应用示范

联系人：邰云，北京清城睿现数字科技研究院有限公司，010-50951726，taiyun@thid.cn

33. 导盲六足机器人

针对视障人士参与冬奥会和冬残奥会赛事活动的导盲需求，面向机场、宾馆、街道及火炬接力等导盲应用典型场景，研发了导盲六足机器人。现有导盲机器人普遍为轮式或四足机器人，轮式机器人无法适应非结构化地形，六足导盲机器人比四足机器人具有更好的稳定性和地形适应能力。该成果解决了机器人构型、自主感知规划、人机交互等难点问题。导盲机器人采用六足构型，具有中国特色，采用3-3步态行走，稳定性高，适合盲人行走步伐。开发了导盲六足机器人视觉、激光和惯性传感器融合的环境感知与定位导航系统，建立了导盲六足机器人适应复杂地形的稳定行走与平衡控制算法，研制了导盲六足机器人基于语音和力觉的人机交互系统。导盲六足机器人续航 4 h、速度 3 m/s、越障 270 mm、爬坡 36°，能够利用视觉力觉感知实现室内外环境自主防碰撞行走和平衡控制，通过语音和触觉盲棒与盲人实现人机交互和意图理解，在视觉-力觉-语音融合的人机交互控制技术方面具有创新性，速度、越障、爬坡等性能优于国际相关机器人。

导盲六足机器人作为北京冬奥会机器人科技成果之一，先后参加香港"创科博览2022"、北京"走进科技 你我同行"展览。在后冬奥会期间，导盲六足机器人在上海虹桥国际机场等真实应用环境中开展了典型示范应用。成立了上海交通大学－联想集团六足机器人联合实验室，开展六足机器人产品研发与产业化。导盲足式机器人目前还在初期阶段，重要的研究方向是将人工智能和导盲足式机器人结合，提高导盲足式机器人的智能化水平，尽早推出导盲足式机器人产品，引领导盲足式机器人行业。

虹桥国际机场导盲示范应用

街道环境导盲示范应用

联系人：陈先宝，上海交通大学，13761230232，xianbao@sjtu.edu.cn

34. 冰壶六足机器人

针对冰壶运动员训练的科学化和数字化、机器人冰壶比赛表演展示等需求，研发了冰壶六足机器人。该成果采用六足机器人来设计运动方式及冰壶投掷行为与运动员一致的新型冰壶机器人。提出拟人投掷冰壶行为的冰壶六足机器人功能构型方法，通过不同的腿部设计，实现六足行走、四足调整和双足投掷等不同功能。建立冰壶击打树和击打域的概念及可视化描述方法、依赖切向与径向速度比的冰壶运动前后异性摩擦动力学模型构建方法，实现精准冰壶投掷和击打。开发基于视觉的冰壶定位与运动轨迹测量的机器人智能决策技术，用于比赛过程中冰壶投掷决策。冰壶六足机器人投壶角度精度 0.05 度、最大投壶线速度 4.03 m/s、最大角速度 31 rpm、投壶命中率 10 次 10 中、机器人横向位移 < 1 cm，北京冬奥会期间在冰立方的公开表演中投掷 6 次全部击中。现有冰壶机器人普遍为轮式机器人，与运动员投壶方式迥异，该成果采用六足机器人仿人行为方法开展冰壶机器人设计与控制，系统方案具有创新性。该成果的投壶角度精度、最大投壶线速度等性能优于国际相关机器人水平。

在 2022 年 2 月 18 日北京冬奥会的冰立方冰壶赛场上，冰壶六足机器人公开表演，进行了 6 次的冰壶击打，6 击 6 中。这次的表演震惊了场内的观众及众多网友，得到了世界各地的报道。借此，也展示了我国机器人自主创新能力和水平。在 2023 年 2 月的天津全国冰壶锦标赛上，冰壶六足机器人与冰壶运动员进行了专业的冰壶比赛，进一步促进冰壶机器人的发展。

冬奥会冰壶场机器人冰壶表演

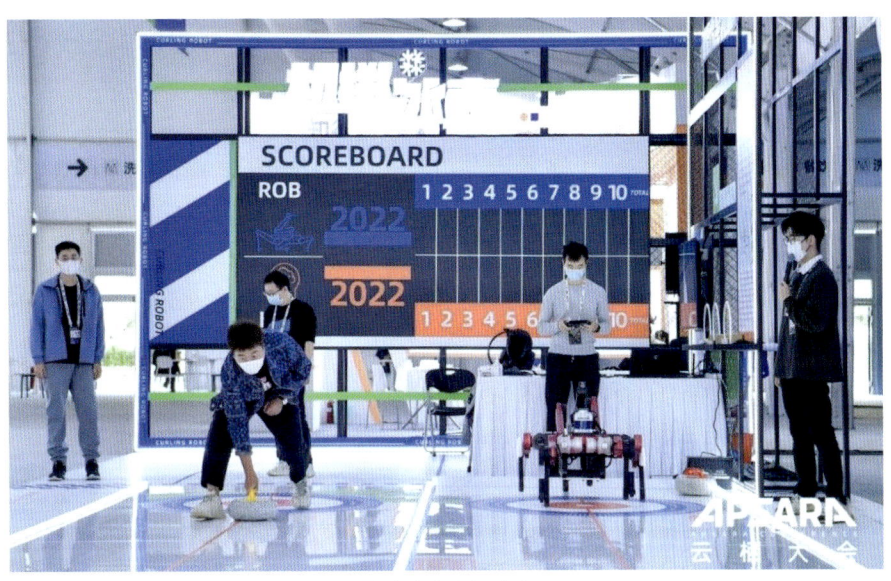

旱地冰壶人机比赛

全国冰壶锦标赛人机冰壶比赛

联系人：陈先宝，上海交通大学，13761230232，xianbao@sjtu.edu.cn

35. 北京冬奥会开闭幕式主火炬关键技术

主火炬的点燃是整个开幕式的重要环节之一，新、奇、美是历届火炬的特点，是彰显东道主国家人文和科技的重要途径。北京 2022 年冬奥会主火炬创意为"微火+屏显"方案，采用氢气为燃料，最大的变化就是"不点"，即把最后一棒火炬直接放在主火炬台上成为主火炬。场内主火炬从外观看是一朵大雪花，由镌刻着 96 个参赛国家和地区名称的小雪花及6个橄榄枝组装而成，象征全世界人民紧密团结在一起，凸显"人类命运共同体"的重要意义，昭示全世界必须团结互助，才能战胜困难。区别于传统的静态主火炬，场外火炬台采用动态雕塑方案，增添了雪花的轻盈与灵动感，是对冬奥艺术美学的全新阐释，体现了冰雪运动与自然的和谐之美。该成果研制了具有独立火检、自动点火的氢气双燃烧系统，研制了高可靠气电一体化插接装置，实现了低温环境下的氢燃料安全切换和盲插操作，实现了主火炬燃烧系统双模式切换工作。开发了固态焰色反应剂及固化成型方法，实现了长周期的焰色控制。研制的LED发光显示装置，解决了舞美部件与主结构的嵌入装配、LED异型显示、高透光及窄出光难题；研制了一种可实现多姿态精确控制的主火炬系统，攻克了在提升、翻转、旋转等姿态动作下的大面积薄壁复杂曲面结构稳定性难题；提出了一种轻质高强、大面积薄壁结构的设计方法，实现了结构轻量化，保证了舞美造型及供氢等多个系统工作的稳定可靠。研制了多索式大跨距顶部移动供电的空中设施及电缆/氢气软管同步收放装置，实现了主火炬气、电及光缆信号可靠传输；研制了一种适用于低温环境的氢气旋转接头并提出了动态测试方法，实现了主火炬执行结构在低温环境的氢气旋转接头并提出了动态测试方法，实现了主火炬执行结构在低温旋转状态下的稳定可靠供氢。

该成果全部技术自主可控，总体技术国际先进，火炬燃烧及供氢系统国际领先，该项目有力保障了北京冬奥会的成功举办，相关技术具有广泛的应用前景，产生了巨大的社会效益和显著的经济效益。

该成果全面、安全、可靠地应用于北京2022年冬奥会及冬残奥会的实际场景中，支撑了场内火炬开幕式4场仪式成功举办和场外主火炬赛事期间安全稳定运行，为北京冬奥会和冬残奥会的成功举办做出了重要支撑。

最后一棒火炬留在雪花中心组成主火炬

下篇　"科技冬奥"重点专项优秀成果选编

开幕式上"构建一朵雪花"环节

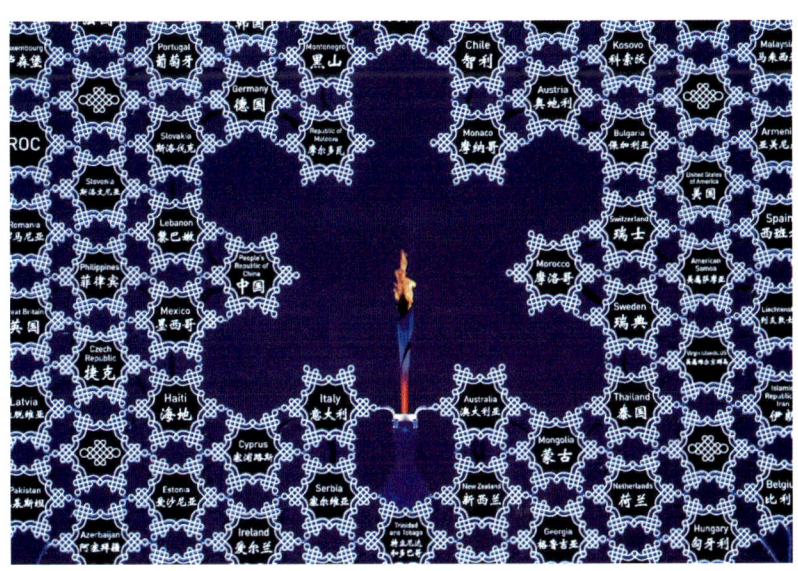

北京冬奥会开幕式上主火炬的经典瞬间

联系人：韩宗捷，北京航天动力研究所，01087093694，hanzj@calt11.cn

36. 超大尺寸 LED 系统设计验证方法

针对 LED 显示系统中系统规模大，多供应商导致系统设备标准、接口不一致，运行可靠性难以保证等问题，研究多级冗余分布式 LED 屏幕控制系统设计技术，突破了双冗余 LED 系统架构、异构 LED 接口设计等关键技术问题，形成了超大规模 LED 屏幕控制系统设计方案，包括总体架构设计、部署架构设计、系统接口设计、分系统方案设计、系统"六性"设计等，充分保证信号传输、网络、电力等的高可靠运行。在冷、热及不同湿度环境及雨、雪、沙、尘等综合作用下，满足排练、演出等使用场景。设计完善的测试验证方法体系，包括 LED 模组功能性能测试、"六性"分析与试验、极端外部环境测试验证、系统综合测试验证，确保 LED 显示系统建设完毕后各项功能、性能满足设计要求。基于物联网技术建立综合监控平台，实现复杂系统故障识别与快速定位。

研究成果将航天复杂装备设计方法与系统工程理论创新应用在大型 LED 显示系统研发与工程管理中，同时利用物联网技术实现大型 LED 显示系统的运行监控和维护保障。

以该成果为基础，建设 LED 屏幕，屏幕面积超过 14 000 m^2，分辨率达到 7 个 8K，与地面舞台、冰爆、冰立方装置融为一体，拥有 5 万多块 LED 模组和 4 亿多颗灯珠，建设成世界上规模最大的三维立体 LED 舞台。LED 地面显示系统支撑了冬奥会及冬残奥会开闭幕式导演组至少 60% 创意的实现，使用大量的先进显示及控制技术，在排练和正式活动中进行表演演员与地面显示的融合，形成光影追踪的逼真显示效果。系统架构设计有效保证了系统各组成部分的匹配性、功能正确性和运行可靠性。

现场效果

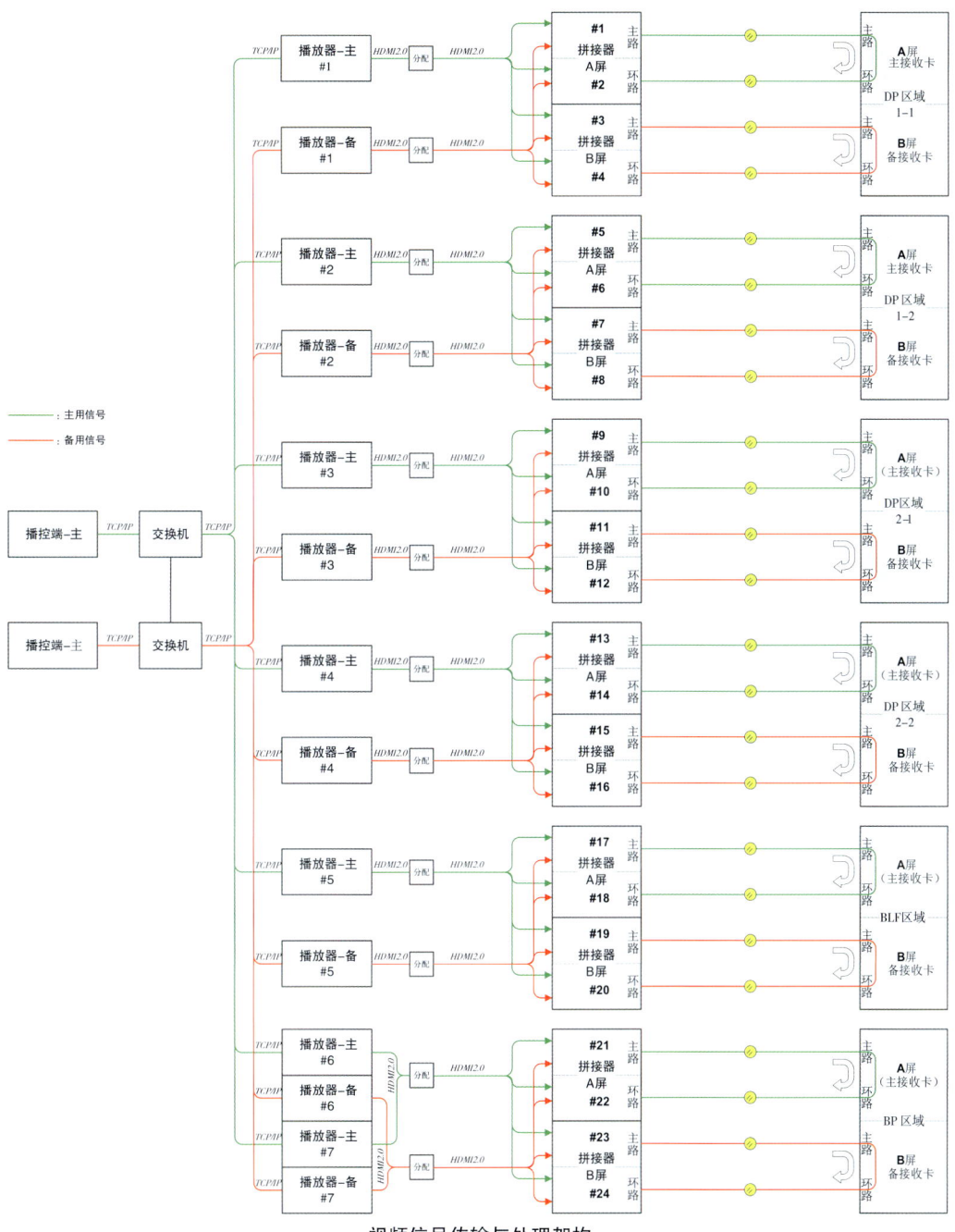

视频信号传输与处理架构

联系人：杜志托，航天新长征大道科技有限公司，13261335536，dzt1090801094@163.com

37. 面向异构 LED 显示模组的超大图像、高可靠、高精度同步播放控制技术

针对北京冬奥会超大尺寸（分辨率超 8K）画面及视频播放的流畅度、同步性挑战，以及超大规模异构 LED 屏幕的控制难题，深入研究了超 8K 高清图像及视频的高精度同步显示方法，创新了超亿级像素 LED 带载的拼接发送融合显示控制技术，攻克了复杂场景下异构 LED 模组的大规模显示控制技术难题，并设计出具备高可靠性的播控系统冗余与自动无感切换技术。

实现了单机 8K 级高清显示画面播放的帧率偏差极小化，多机之间时钟偏差精准控制，以及多机 8K 高清画面同步硬件解码和播放渲染的高帧率稳定性。这些技术突破不仅提升了视觉展示系统的高清化、可靠性及高精度，更实现了核心播控系统的国产化，极大提升了我国在超大型 LED 屏幕综合播控方面的技术水平。

该成果使我国在超大尺寸展示综合播控平台方面实现了跨越式发展，推动了行业升级，为大型活动、仪式等提供了强有力的技术支持，展现了我国在超高清显示领域的创新实力。

围绕北京冬奥会现场 11 626 m² 显示系统，运用超高分辨率视频服务器、超大规模视频拼接器、超大带载单口 8K 主控，超 10 万张接收卡，为场内外地屏、冰屏、火炬屏、20 块户外 8K 直播屏等 LED 显示屏，提供了稳定、高效、可靠、出色的全链路显示解决方案，解决了超 8K 分辨率的超大图像、高可靠、高精度同步播放问题。该成果满足了北京冬奥会的重大科技需求，显著提升了赛事视觉呈现效果，赢得了国内外广泛赞誉，相关成果后续已成功应用于 2023 年杭州亚运会及成都世界大运会等重大国际赛事活动。促进了视频播控技术的快速发展，助力我国超大分辨率商业显示技术世界领先。

下篇 "科技冬奥"重点专项优秀成果选编

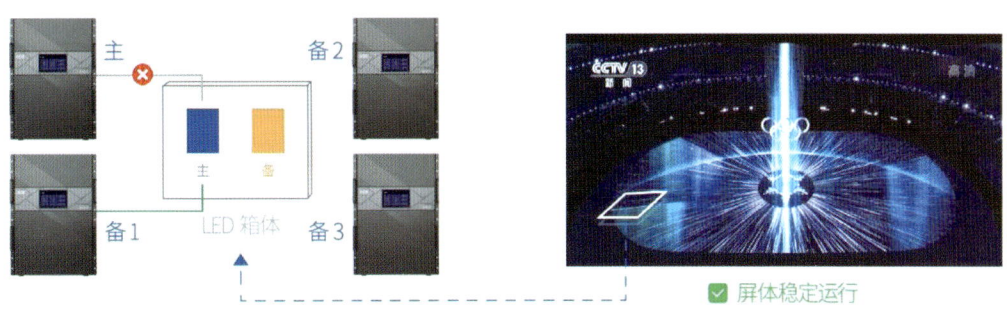

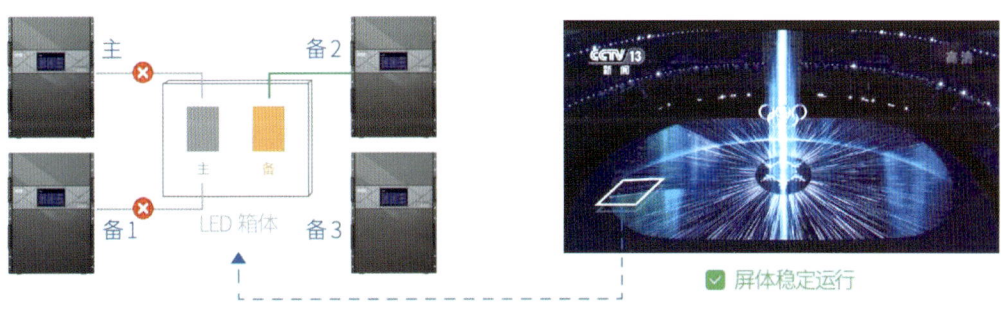

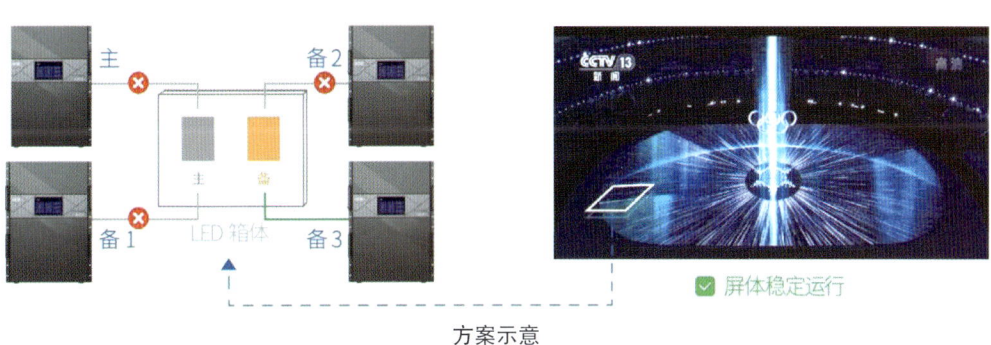

方案示意

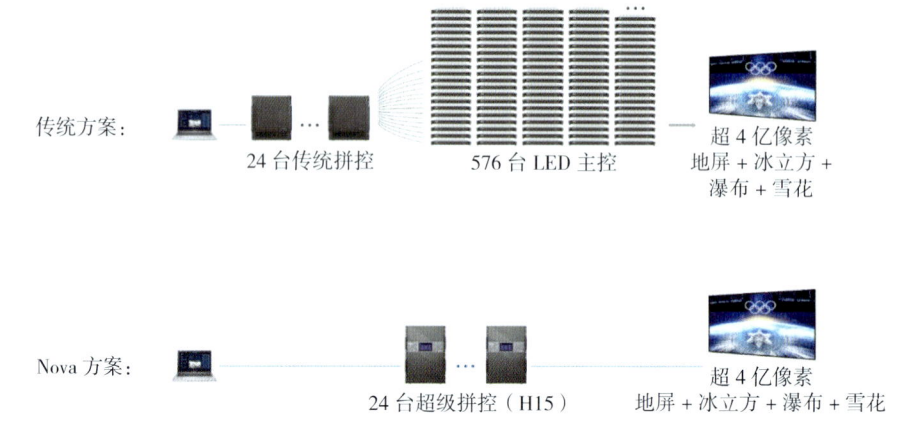

系统架构对比示意

联系人：宋静静，西安诺瓦星云科技股份有限公司，17792421860，029-68216000，songjj@novastar.tech

38. 多元防护 LED 显示模组

北京冬奥会开闭幕式表演场地及表演人数规模宏大，且对舞台显示要求极高，一般户外 LED 显示模组在超大尺寸显示可靠性方面的表现有显示信息缺失、可靠性低、抗干扰能力弱、环境适应性差等问题；北京冬奥会开闭幕式时间短、任务重、排练紧等各个客观因素直接决定着超 10 000 m² 的 LED 显示模组应用完成后没有整体调换的可能，同时因全球直播不允许有任何的显示问题。该成果创新提出的适应各类极端环境的多元防护 LED 显示模组研发方案，突破 LED 显示模组的整体物理保护、全方位防水、雾化面罩设计、全封闭结构设计及快速插拔的防水设计，开发的高可靠性 LED 显示模组采用备份技术进行可靠性设计，避免了 LED 显示屏的因像素缺失所导致的图像缺失，解决了以往技术像素单元损坏所造成的屏幕图像缺失的技术问题。采用二合一拼接器方案，不同的驱动芯片根据控制信号驱动对应的显示单元发光，像素备份、信号备份和电源备份是 LED 显示模组显示可靠性的三重保险，保障了在极端环境下的安全应用。

研发出具有自主知识产权的 LED 显示模组多元防护技术，解决了 LED 显示模组应用中存在的防水等级低、眩光、表面耐磨性能差、安全荷载低的难题。针对 LED 显示模组在复杂外部环境下如何实现高可靠运行的问题，突破了现有 LED 显示模组作为复杂电子显示器件在应用中防护性能较低的应用瓶颈，实现了大规模异形 LED 显示模组在北京冬奥会、冬残奥会等大型文艺演出和仪式活动中直接用作舞台的应用，在尺寸规模上刷新了当时 LED 显示屏幕作为地面舞台显示应用的新纪录。

多元防护 LED 模组

联系人：罗蜜，利亚德光电股份有限公司，010-62888888-370，luomi@leyard.com

四、安全保障板块

安全保障板块全称是公共安全保障关键技术，从国家、城市、赛场等多个维度，研究冬奥会安全风险评估、监测与预警、应急处置和运动健康保障技术及装备，支撑解决冬奥会安全风险监测预警和运动健康保障等技术和装备问题。该板块部署了 17 个项目，中央财政经费预算 3.01 亿元，研发的风险研判和决策模型、口岸检测、场馆消杀等关键技术装备为疫情防控的多个重要环节提供了技术支撑，态势感知、食品安全、特种设备安全运行等多项技术为冬奥会安全举办提供了有力支持，现场急救、快速转运、远程诊疗等系列关键技术和装备为受伤运动员提供了全方位医疗保障。

1. 冬奥会多灾种、多尺度风险识别与评估技术

针对冬奥会的公共安全风险覆盖自然灾害、城市运行、防恐反恐、冬季流行病等多重公共安全风险的影响，以及"点—线—面—社会空间"等不同特征风险源，攻克了风险感知与监测技术，构建了冬奥会多灾种、多尺度风险识别与评估技术体系和覆盖自然灾害、事故灾难、公共卫生和社会安全等四大类 13 个行业领域的风险评估模型，实现了每一个行业领域识别的风险因素不少于 15 个，定量指标超过 50%，并提出了针对性风险防御与管控策略；建立冬奥会公共安全风险识别与数据采集方法，提出了基

于"互联网+"的风险数据采集方式、内容和动态更新方法，保障了风险数据动态变化采集和更新，实现了每天数据更新量超 300 万条；形成了城市公共安全风险数据分类及编码标准、城市公共安全风险识别标准、城市公共安全风险分析标准，实现了城市风险评估核心流程的标准化；创新研发了冬奥会综合评估与风险管理一张图系统，实现了定量风险评估模型的数据采集集成及模型自动化处理和风险结果可视化展示。

通过建立"辨识—审核—再评估"及"一对一"服务指导的应用模式，保障技术成果的应用效果。该成果在北京冬奥会期间，共评估延庆赛区风险事件 299 项，指导延庆区生命线运行监测系统的建设；在对张家口近千公里的燃气管网的风险评估中，发现 3 起可燃气体浓度达限风险事件，避免事故的发生；在国家体育场开闭幕式风险评估、控制和预案更新工作中，全程主导编制 5 轮风险评估报告，保障了冬奥会和冬残奥会开闭幕式圆满顺利举行。

风险评估应用——张家口

风险评估应用——延庆

联系人：吴鹏，清华大学，18601190163，wupeng@gsafety.com

2. 基于大数据、事件链和情景推演的冬奥会综合风险评估技术

针对自然灾害、事故灾难、公共卫生和社会安全四大类突发事件触发的事件链，研发了事件链表达方法，构建了北京冬奥会公共安全典型风险事件链关系图谱，为相关部门的减灾断链等风险预控工作提供理论指导。引入动态风险评估指标体系和贝叶斯网络，实现了对事件链耦合风险及区域性多灾种综合风险进行量化评估，从而为冬奥会的风险防控工作提供更为科学、合理的支撑。充分考虑了冬奥会等重大活动突发事件、承灾载体和应急管理力量特点，以及由原生事件可能产生的次生、衍生事件等突发公共事件特点，形成了事件链风险情景推演技术，实现了多尺度、全过程风险情景态势评估，兼顾了微观和宏观层面的预测。形成了《重大活动安全风险评估情景构建》（T/CAPSA 11503—2021），填补了我国重大活动安全风险评估中关键技术标准空白，为非常规突发事件风险评估提供了基础。

该成果全程支撑北京冬奥会和冬残奥会公共安全风险评估、控制、预案更新和应急值守工作。在北京市应急局、延庆区应急局开展了应用示范，服务于北京赛区冬奥会安全服务保障综合应急演练，为应急管理部门风险辨识、北京冬奥会公共安全风险评估与防控、冬奥会重大活动应急演练、建党100周年系列活动等业务提供了科学依据，为测试赛期间耦合风险感知和综合风险态势分析提供了重要技术支撑。

情景推演应用

联系人：吴鹏，清华大学，18601190163，wupeng@gsafety.com

3. 中国嵌入式喙突移位骨科术式（Cuistow 术）

肩关节具有灵活性强、稳定性差的特点，常发生前向脱位，且复发率高达95%，严重影响普通人群的运动能力；对于专业运动员，则有可能提前结束运动生涯。喙突移位术（Bristow-Latarjet 术）是目前常用的手术治疗方法，但传统的喙突移位术存在术后骨块愈合率不稳定、康复周期长等亟待解决的问题。围绕这两大瓶颈问题，项目在

传统 Bristow 手术基础上，创新性地引入中国传统建筑学中的榫卯结构，通过在关节盂制作骨槽，并对截取的喙突进行修整，使其与骨槽构成完美匹配的"榫卯"结构，极大提升了喙突骨块的稳定性，患者术后骨愈合率从 74% 提升至 96% 以上，术后回归运动比例由 71% 上升至 94.4%。该术式被命名为中国嵌入式喙突移位骨科术式（Chinese Unique Inlay Bristow，Cuistow 术），这是第一个以国人名字命名的骨科术式。为提高手术精确性和安全性，团队依托北京大学第三医院医工交叉研究平台，设计并制造了与原创手术配套的一组手术器械及耗材，并建立了完整统一的标准化手术流程方案，使得该术式精准、简单、安全、高效，提高了手术效果。

目前，团队已完成 700 余例 Cuistow 术，Cuistow 术相关器械已成功实现转化，相关成果已受邀在国内外各类学术会议上进行几十次分享，吸引了来自全国几十家医院的医师主动学习并推广应用，应用范围覆盖全国 15 省 20 市。该术式作为国家重点研发计划项目的突出成果，已帮助数十名国家队优秀运动员术后重返赛场，再夺金牌。在国家"健康中国"的发展战略背景下，为广大热爱运动的人群提供了优质、经济的治疗，切实保障人民群众的运动健康。

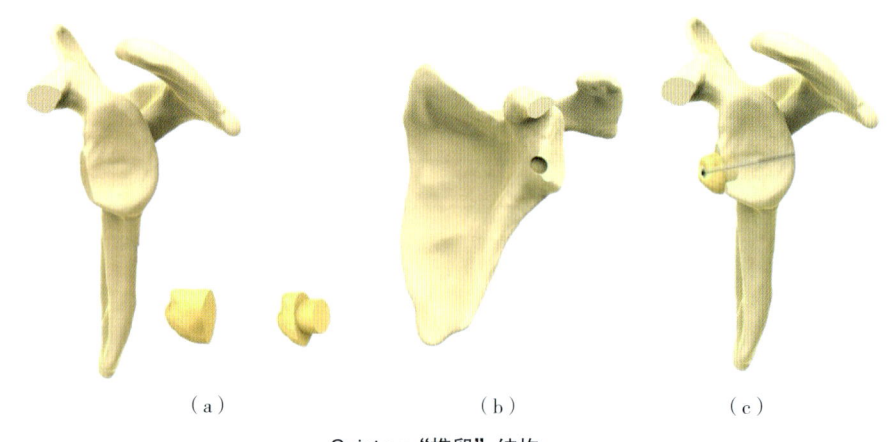

Cuistow "榫卯" 结构

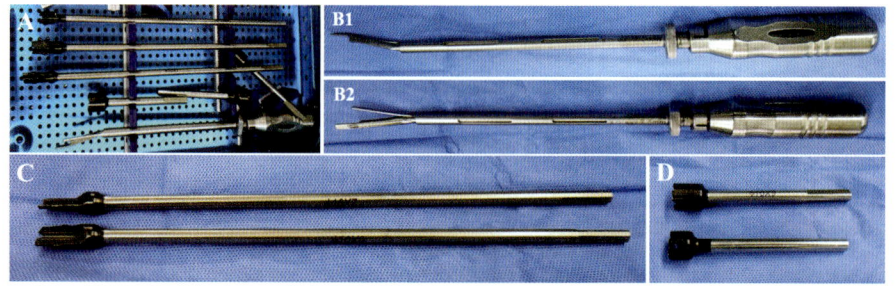

配套研发的手术器械

联系人：崔国庆，北京大学第三医院，13911598100，cgq3019@vip.163.com

4. 冬奥特种设备安全监测与应急平台系统

针对冬奥关键区客运索道、电梯、锅炉、压力容器、供热与燃气管道五大类特种设备安全监测的场景与多源信息特性，以物联网"感传知用"为技术架构，开展了冬奥特种设备安全监测与应急平台的系统研究。建立了基于在线监测信息的特种设备动态风险评估模型，融合社会信息和自然环境信息要素，形成了多尺度、多维度、可视化的冬奥多种类特种设备动态综合风险评估方法，研发了冬奥特种设备安全监测与应急平台基于多元传感信号融合提取、高灵敏度泄漏监测、基于设备健康状态诊断及故障预警的安全运行等技术，构建了特种设备事故应急响应与科学处置系统平台。该系统平台是国内（国际）首个涵盖多品类特种设备的安全监测与预警平台，实现了北京、张家口两地三赛区内五大类特种设备的安全运行状态、风险等级、健康诊断及预警等信息查询与管理功能，对保障冬奥会、冬残奥会赛事举办期间的特种设备安全运行检测、监测提供了全方位一体化技术支撑。

该成果用于冬奥会、冬残奥会关键区内特种设备综合保障及动态风险评估，完成北京赛区、延庆赛区和张家口赛区特种设备综合动态风险评估 10 000 余次，全赛程内三赛区特种设备综合安全指数均在 75 以上（0~40 为重大风险，40~60 为较大风险，60~75 为一般风险，75~100 为低风险）。系统被纳入延庆赛区外围保障综合指挥系统，该成果可用于重大活动及日常的多品类特种设备综合安全监测场景，实现对设备运行整体安全态势的把控，带动安全监管领域产业发展。

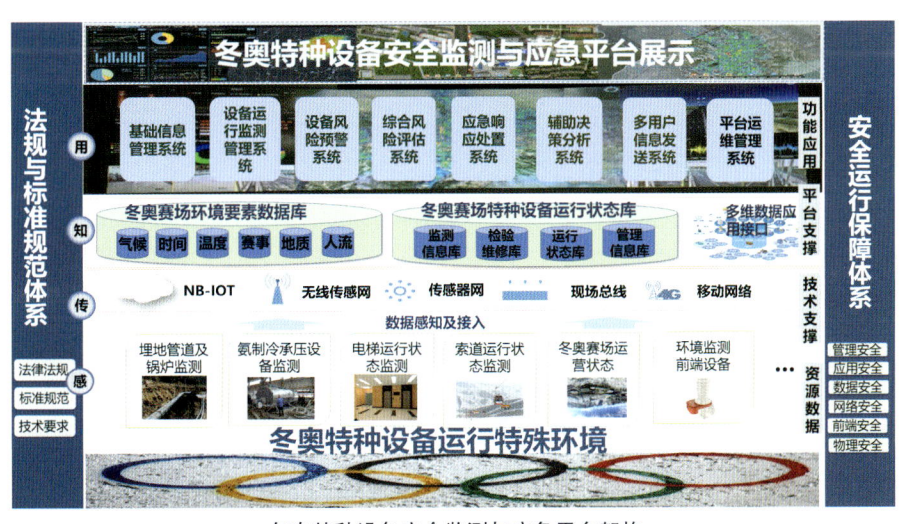

冬奥特种设备安全监测与应急平台架构

冬奥特种设备安全监测与应急平台系统报警及外围保障

联系人：徐彤，中国特种设备检测研究院，010-59068299，xutong@csei.org.cn

5. 客运索道监测与健康诊断云服务平台

围绕严苛环境（冰雪、大风、机械电磁干扰）下客运索道运行安全保障技术需求及客运索道快速巡检与故障预警能力不足问题，集成磁记忆应力集中快速检测、钢丝绳损伤快速表征、基于声发射与振动检测的索道运行状态监测、索道健康状态识别及故障预测与预警、基于物联网的客运索道全天候全方位安全监测等技术，攻克了统一通信架构技术、多源数据转换与融合技术，研发了集检测、监测和数据驱动的健康状态诊断等功能于一体的客运索道监测与健康诊断云服务平台，解决了索道多源运行监测数据特征挖掘难、客运索道健康状态识别准确率低、故障预测与预警不及时等关键技术难题，该系统平台是国内首个集日检、月检、定检、在线监测等数据于一体的客运索道综合运维与管理服务平台。

冬奥会、冬残奥会期间，客运索道监测与健康诊断云服务平台成功应用于云顶滑雪公园3号索道（固定抱索器）和5号索道（脱挂式抱索器）。监测3号索道钢丝绳状态数据107万条，监测5号索道钢丝绳状态数据40万条，两条索道断丝信号均低于临界阈值（无断丝），为客运索道安全运行提供了关键技术支撑。该成果可用于景区、滑雪场等场所客运索道安全运行状态监测、健康诊断与预警、综合运维管理等，对索道安全运维管理水平有重要支撑。

下篇 "科技冬奥"重点专项优秀成果选编

客运索道监测对象及参数展示界面

客运索道云服务平台前端传感器及终端展示

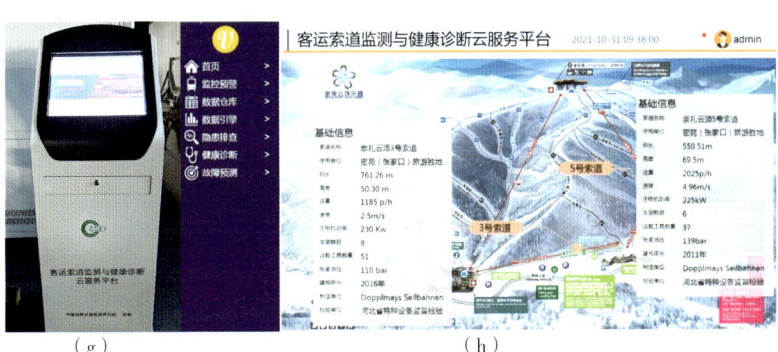

联系人：徐彤，中国特种设备检测研究院，010-59068299，xutong@csei.org.cn

6. 电梯智能监控综合管理系统

针对低温冰雪等严寒复杂环境带来的电梯运行安全风险，以及电梯运行短时高负荷、救援高时效的安全技术需求，基于电梯物联网技术，集成了高分子与金属材料及关键部件的低温性能快速评价、电梯安全运行监测与性能评价、异常状态诊断、困人自动感知和智能报警技术，达到了对电梯实时运行状态、故障情况和预警状态的感、传、知、用，实现了冬奥赛区电梯地图分布、实时状态监控、故障管理、维保管理、预警及评价和数据管理及展示等功能。切实提升了电梯故障排查与应急响应能力，达到了冬奥赛区电梯安全评价与应急预警体系"高负荷"和"高时效"的要求，为冬奥赛区电梯的运维安全提供了有效支撑。

冬奥会、冬残奥会期间，该成果在北京冬奥村、首钢滑雪大跳台、延庆雪车雪橇中心、延庆高山滑雪中心、张家口冬季两项中心和张家口赛区媒体中心的52台电梯上开展了应用。纳入应用示范的电梯运行平稳安全，共上报系统1618万余条数据记录，各电梯水平振动、垂直振动及起制动加速度、噪声及开关门时间等级均评判为优，未发生故障报警。该成果可用于电梯智能管理应用，带动电梯制造产业、维保产业发展，提升电梯安全运行技术保障能力。

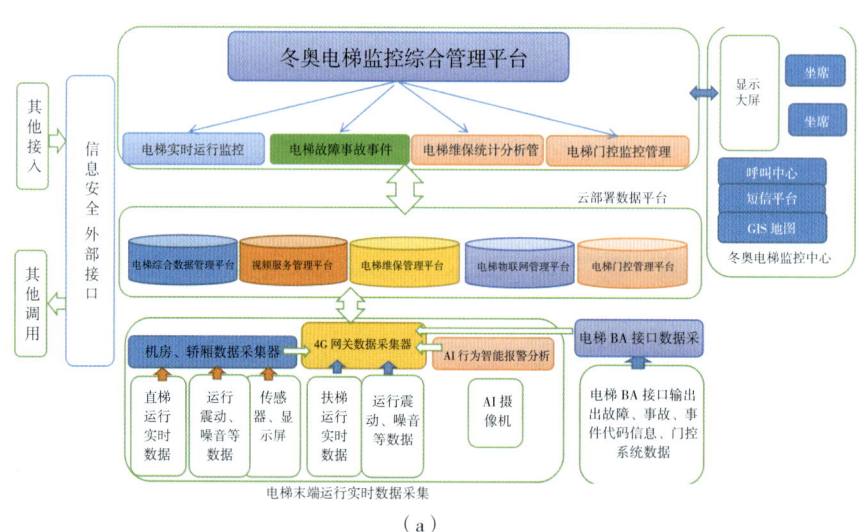

（a）

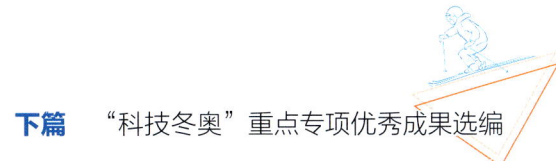

下篇 "科技冬奥"重点专项优秀成果选编

（b） （c）
基于物联网的电梯智能监控综合管理系统架构、硬件安装及平台界面

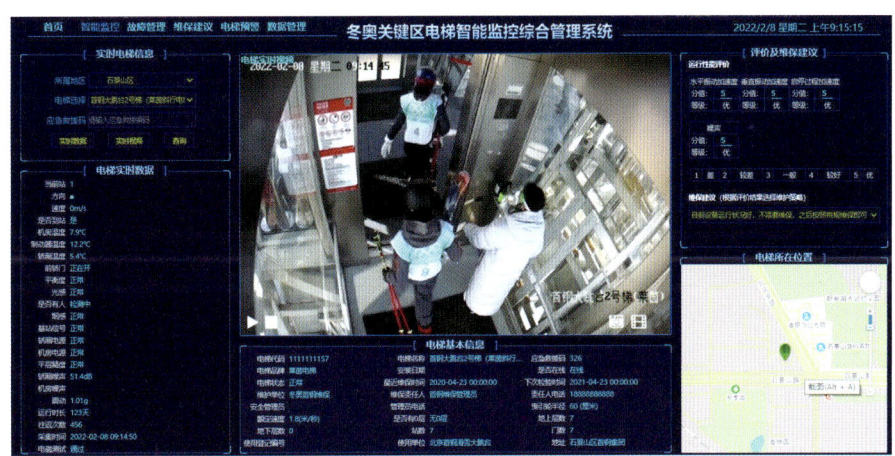

电梯智能监控综合管理系统见证首钢大跳台夺金时刻

联系人：徐彤，中国特种设备检测研究院，010-59068299，xutong@csei.org.cn

7. 低压力低排量燃气、供热管道安全监测系统

针对冬奥关键区内供热、燃气管道的管网分布复杂、低排量泄漏安全监测难度大、监测设备长期低温环境服役等技术挑战，针对冬奥关键区低压力低排量燃气钢质管道、PE 管道、供热管道，研究开发了材料低温韧性快速评价、多频谱瞬态弹性波、场指纹

腐蚀监测、光纤感温监测、阴极保护点位测量、动态风险评估及远程快速预警等技术设备，实现了低压力低排量燃气管道（0.1 MPa级）和高温（250 ℃以上）供热管道的高精度（测温精度≤1 ℃、定位精度≤1 m）、快速（响应时间≤2 s）实时泄漏监测预警，结合关键区域地理三维测绘建模及信息化技术，开发了可实现管道风险动态实时展示与突发泄漏的快速远程预警系统平台。该系统平台提升了压力管道、锅炉等特种设备的检测、监测能力和风险预警能力，完善大型赛事特种设备事故应急机制，为冬奥关键区特种设备安全运行提供了技术保障。

该技术设备和系统平台成功监测张家口崇礼冬奥关键竞赛和生活区域约10公里埋地燃气管道、1.8公里供热管道的安全运行情况，冬奥会、冬残奥会期间持续监测时长达650小时，获取压力管道阴保、温度等状态实时监测数据19万余条，解决了张家口崇礼赛区运动员村、云顶大酒店等区域的管道本体安全状态实时监测，动态风险状况评估等问题。该系统保障了赛事用气用热与公用设施安全。成果可为城镇区域燃气、供热管道的安全运行提供本体安全状态实时监测动态风险评估，智能预警和救援决策等，提升公共安全防控能力。

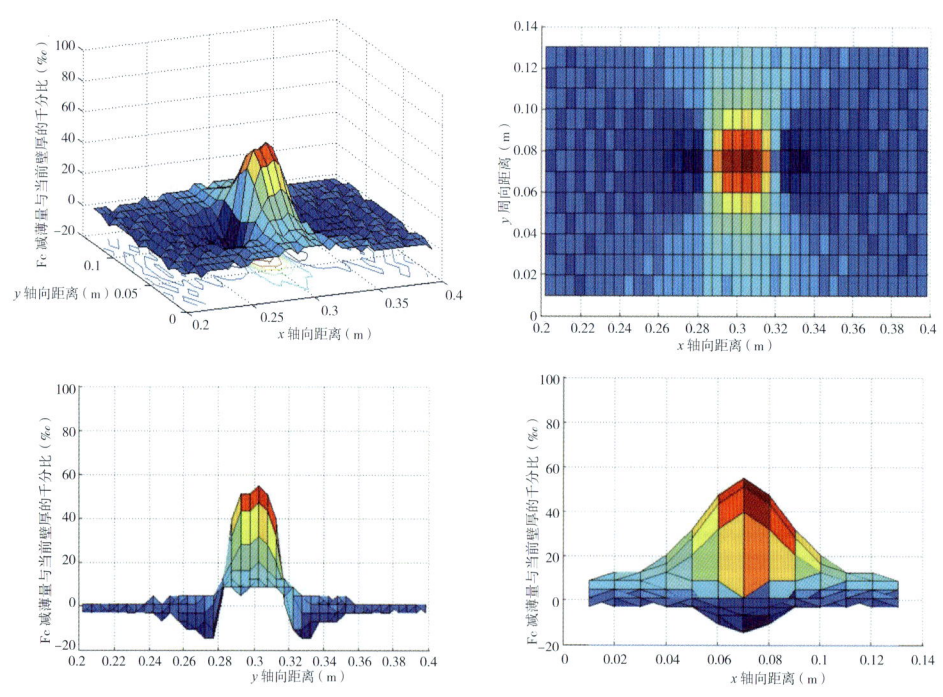

场指纹监测原理及设备研发

下篇　"科技冬奥"重点专项优秀成果选编

实时监测、动态评估及智能预警系统

联系人：徐彤，中国特种设备检测研究院，010-59068299，xutong@csei.org.cn

8. 氨制冷系统承压设备动态风险远程监控预警技术

针对国家雪车雪橇中心氨制冷压力容器及相关设备的安全监测与风险评估、预警等安全需求，自主研发了基于 TDLAS 和超声波的氨泄漏监测设备，集成了氨制冷设备、管道及阀门泄漏快速辨识、数据远程无线传输、动态风险评估、三维场景设备风险实时展示及快速预警等技术，解决了国家雪车雪橇中心现有氨制冷运维系统无法快速定位氨泄漏源、实时综合评估氨制冷承压设备动态风险大小及综合风险三维可视化展示预警等技术难题，实现了从点到面氨泄漏源精准定位、ppm 级高灵敏度、30 m 远距离、空间 360°大范围、短时间（5 s）内氨泄漏监测，基于 500 余家氨制冷设备设计、制造、检验检测等基础数据构建了动态综合风险评估系统，达到准确、快速的风险监控和预警功能，保障了场馆氨制冷设备平稳运维和人员安全，为精准判断氨泄漏风险提供了有力支撑。

在冬奥会、冬残奥会期间，该成果应用于国家雪车雪橇中心氨制冷机房安全监测，持续监测氨制冷机房、国家队训练馆、赛道出发 1 区的氨泄漏实时状况数据 600 万余条，成功预警氨制冷机房泄漏检修过程氨浓度超限 2 次，为氨制冷机房内运维人员精准判断氨泄漏风险提供了有力的技术支持，得到场馆运营方一致好评。该成果可用于涉氨的"产输储用"全产业链场景安全保障，带动涉氨类承压设备向泄漏智能监测预警、安全智能管控、风险智慧监管方向发展。

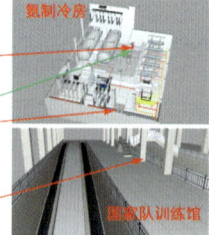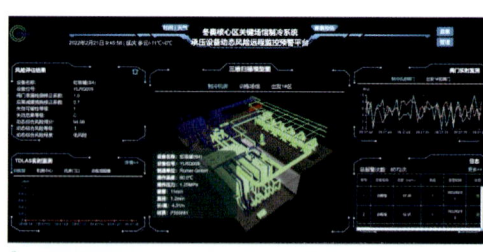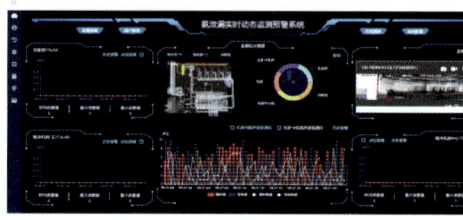

（a）3台TDLAS（红线）和2台超声波（绿线）氨泄漏监测设备　　（b）三维展示　　（c）氨制冷系统承压设备泄漏监测和动态风险远程监控及预警系统

氨制冷系统承压设备动态风险远程监控预警技术

（a）场馆氨制冷系统中控室　　（b）监测系统应用界面　　（c）邮件报警信息

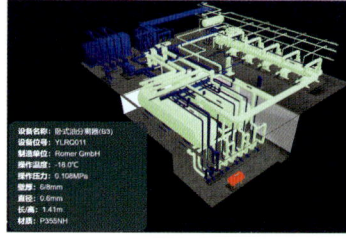

（d）延庆赛区外围监管和支撑团队　　（e）动态风险三维展示（颜色代表风险高低）　　（f）现场检修　　（g）现场氨监测

氨制冷系统承压设备动态风险远程监控预警平台应用情况

联系人：徐彤，中国特种设备检测研究院，010-59068299，xutong@csei.org.cn

9. 大型体育赛事应急医学救援指挥调度系统

针对2022年北京冬奥会和冬残奥会赛场分布广泛、气候环境复杂、人员构成多样，尤其是冬季赛事风险度高、现场急救难度大等挑战,创新研发了北京冬奥会大型体育赛事应急医学救援指挥调度系统,构建了五大类共25种医学突发事件的情景构建模型与应急医学救援预案;创新应用了5G、物联网与云计算等新技术,解决了场馆、医疗救援资源、突发事件位置的标记、定位及态势呈现问题,实现应急医疗救援指挥中心、上级指挥中心、协同单位指挥中心、定点医院、救援单位在"一张图"上进行"一张图分析""一张图决策""一张图指挥"功能。

该成果应用于冬奥会,实现了3个赛区、12个竞赛场馆和27个非竞赛场馆的医疗资源分布、人员配备、赛事情况与救援目标态势等信息的实时监控,为冬奥组委及时掌握伤员救治信息、精准调度医疗资源、有效缩短转运时间、提升救治效能提供了科学决策和保障支撑。

冬奥会赛事应急医学救援突发事件情景构建指挥调度系统

联系人:郝昱文,解放军总医院院医学创新研究部灾害医学研究中心,010-57975010,how_yuwen@163.com

10. 科技冬奥应急医学救援培训网站

科技冬奥应急医学救援培训网站作为北京冬奥组委唯一指定的线上医疗保障培训平台,面向京冀41家定点医院的冬奥医疗保障人员开展线上培训考核。截至2月7日,累计线上培训19 867小时,通过考核的医疗保障人员2166人,覆盖了冬奥会的133个医疗站。该网站设立了医学救援、公众急救、疫情防控、指挥调度等9个模块,应用3D建模、伤情模拟特效和VR、AR等技术构建了批量伤员救治情景,开发制作了冰雪赛事应急医学救援等13个应急预案及128个情景构建演练视频,通过沉浸交互式案例教学创建了智能化、标准化、一体化的培训新模式,为提高北京冬奥会医疗保障人员能力水平提供了有力科技支撑。

该网站面对京冀两地41家冬奥定点医院、39个场馆、3个奥运村综合诊所,参加冬奥医疗保障服务的约2500名医务人员,全覆盖开展线上培训并通过考核,切实提升了医疗救援人员和团队应对重大突发事故的应急准备、紧急处置和现场救治能力,成为此届科技冬奥医疗救援培训的重要平台。也得到北京冬奥组委、科技部及北京市、河北省相关部门充分肯定,是北京冬奥会医疗服务保障和项目研究的重要标志性成果,为2022年北京冬奥会和冬残奥会的医疗保障做出了突出贡献。

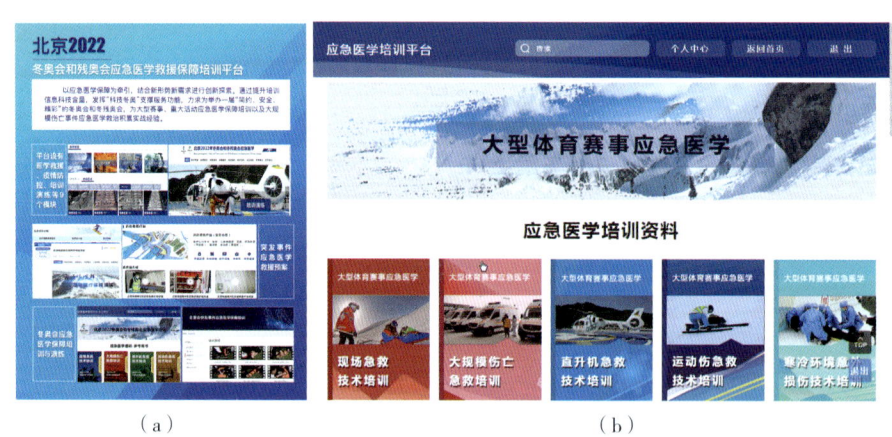

冬奥会应急医学救援培训网站

H-135医疗型直升机救治伤员

联系人:潘菲,解放军总医院第一医学中心,13439077658,panf301@163.com

11. 伤员快速定位装备

针对冬奥会在极寒气候条件下卫星导航定位时间长、定位不准的问题，构建可在极寒气候条件下使用，具备连接伤员、急救人员、医疗设施、救治决策平台的广域物联网功能的快速定位设备，快速定位设备采用实时卫星参量广播、多源融合定位技术来实现便携式信息终端的低功耗快速定位。目前，国内已有的定位产品缺乏快速定位、极寒环境下使用、传感器自动发现和自动配置等功能。伤员快速定位装备攻克了快速高精度定位技术、极寒小型化信息终端等技术，解决了高寒条件下电池容量小、冬奥会山地峡谷卫星导航易遮蔽、极寒情况下首次定位时间长等问题，实现了冬奥会赛场快速定位、准确定位、设备携带方便的功能。

在冬奥会期间，该成果用于五棵松体育中心冰球场馆冬奥医疗保障区。在冬奥医疗保障区内，设备由现场医务工作人员在室内及室外寒冷环境下操作使用。设备使用过程中携带方便、性能稳定，能有效精准定位，为冬奥会参赛运动员提供安心的救援保障。在冬残奥会期间，该成果用于张家口赛区冬残奥医疗站。

伤员快速定位装备

联系人：张广，军事科学院系统工程研究院卫勤保障技术研究所，13821408453，zhangguang01@hotmail.com

12. 移动高级生命支持装备

针对冬奥会现场急救与转运环节中伤员转运需求，以能独立开展对重症患者急救为核心，满足现场、转运、入院勤务作业各环节顺利衔接，实现立体连续救治，体现"医疗与伤员同在"。移动高级生命支持装备由移动生命支持背囊、呼吸机、输液泵、可穿戴体征检测仪和耳温枪组成，可实现机械通气支持、液体输注支持和穿戴式体征检测，满足冬奥会紧急医学救援队伍现场急救和移动生命支持要求，安全有效。移动高级生命支持装备攻克微涡轮呼吸机闭环电动电控技术、高精度直流大功率无刷电机驱动技术和移动生命支持背囊一体化集成技术，实现机械通气。攻克了涡轮叶片结构优化、减振降噪隔音和模块结构集成优化技术，解决了复杂条件下的高质量液体复苏和呼吸复苏问题，建立模糊机械通气和液体输注自动控制策略，实现了机械通气和液体自动输注的精准反馈调控功能，研发出高级急救生命支持背囊。

2021年11月，移动高级生命支持装备在北京冬奥会崇礼赛区测试赛中进行使用，于2021年9月北京第二十四届科博会中进行展示。移动高级生命支持装备的研发以重症患者急救为核心，满足了冬奥会现场急救与转运环节中伤员转运需求，设备体小质轻，可快速展开与普通担架配合形成可移动的生命支持系统，能独立对重症伤员实施急救综合处置、复苏，提供高级生命支持，稳定患者生命体征，立体连续救治。

移动高级生命支持装备

联系人：张广，军事科学院系统工程研究院卫勤保障技术研究所，13821408453，zhangguang01@hotmail.com

13. 可穿戴式生命体征监护装备

针对极寒环境下对伤员生命体征监测需求进行深入分析，采用穿戴式胸衣等方式，采集伤员生命体征数据，开展穿戴式胸衣及中央集成监护终端系统的关键技术及产品研发，并完成相关临床适用性评价。通过开展可穿戴胸衣结构、传感器布局、舒适可靠性等系统优化设计，实现了伤员穿戴式生命体征监测的低负荷、抗运动伪迹、超低功耗、高信噪比、抗极端环境等技术要求；另外，针对多节点远程信号传输的需要，开发集成监护终端系统，实现了多节点的无线生理信号监测，并具备基本的健康状态预警功能。相较国外产品，可穿戴式生命体征监护装备攻克了 ECG 织物检测电极、超低功耗呼吸感应体积描记和可穿戴人机工效设计等穿戴式生理参数监测技术，达到了冬奥高寒环境下伤员生理参数的高精度实时获取等功能。

在北京冬奥会期间，可穿戴式生命体征监护装备在赛事现场作为现场保障装备进行了实地应用。其间，为多位身体不适的奥运赛事志愿者提供了体征监测服务。在冬残奥会期间，该成果用于张家口赛区冬残奥医疗站。

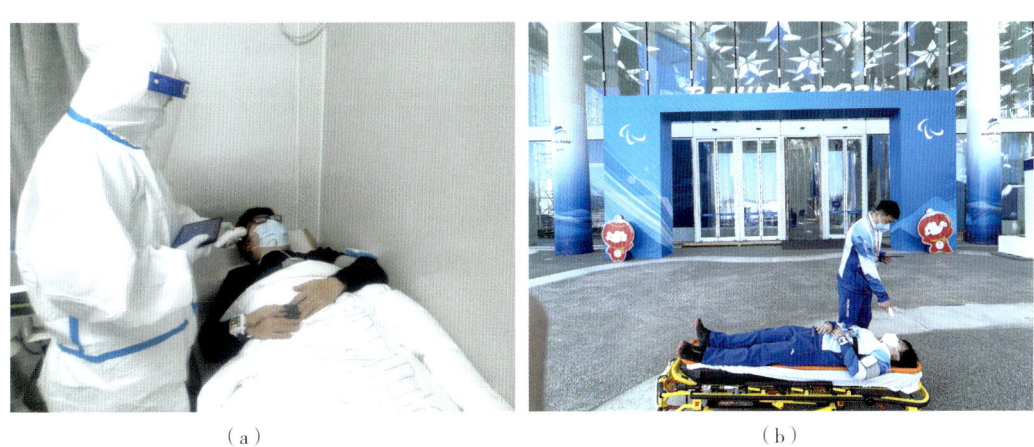

(a)   (b)

可穿戴式生命体征监护装备

联系人：张广，军事科学院系统工程研究院卫勤保障技术研究所，13821408453，zhangguang01@hotmail.com

14. 一体化急救生命支持装备

针对冬奥会伤员后送转移过程中的紧急救治和生命支持等需求，基于系统建模、结构仿真、有限元分析和 CAD 辅助设计方法，攻克了整系统一体化结构成型、力学性能仿真和功能集成优化等关键技术，成功开发液体输注、微涡轮通气和多参监护等功能模块，研制了集输液、通气和监护功能于一体的一体化急救生命支持装备。

一体化急救生命支持装备设计了具有各功能模块集成结构和高强度材料整体成型的承载架，解决了冗余功能与结构，实现了插拔式模块化组合；设计了便携手提携行方式，解决了冬奥会期间医疗救治设备携带困难的问题，减轻救援的负荷，提高救援的效率；实现和通用担架或挂架机动式转运平台舱壁配合，满足了高质量急救生命支持力量的快速投放要求，提高冬奥会期间救治时效。

在冬奥会、冬残奥会举办期间，一体化急救生命支持装备在赛事现场作为现场保障装备进行了实地应用。一体化急救生命支持装备具备良好的自动化通气、输注、监测等集成功能，可实现现场急救和后送转运过程中的高质量急救生命支持，满足冬奥会、冬残奥会各项要求。

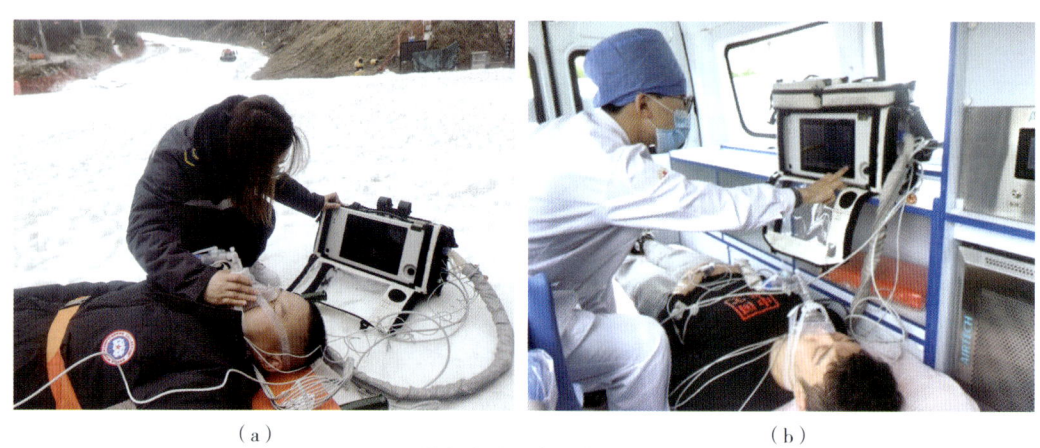

（a） （b）

一体化急救生命支持装备

联系人：张广，军事科学院系统工程研究院卫勤保障技术研究所，13821408453，zhangguang01@hotmail.com

15. 重症伤员转运装备

针对冬奥会伤员现场急救和后送转运环节"快速诊断、高效救治、连续后送"的紧急救治和生命支持需求，开展重症伤员装备平台作业能力、可操作性、机动性、环境适应性、自我保障能力等关键指标的整体设计；攻克内部微环境气流控温、伤病员重点部位控温等技术，创新研制开发了一种集诊断、监护、救治、微环境控制、隔振等功能于一体，能够搭载汽车、火车、直升机等运载平台的重症伤病员转运系统；攻克伤员体征与定位数据快速联网、智能体征监测与伤情快速辨识、移动高级生命支持、多自由度组合化伤员搬运和重症伤病员生命支持一体化集成等关键技术，设计重症伤病员转运系统中生命支持和微环境控制等功能模块的最优融合一体化集成方案，形成了适用于多种运载平台的重症伤病员转运系统。

在冬奥会、冬残奥会举办期间，重症伤员转运装备为赛事现场进行综合保障。重症伤员转运装备的研发能够实现我国冬奥会紧急医学救援装备的体系完善、标准配套、装备成套、运用科学等目标,为冬奥会高效现场急救与后送连续生命支持提供技术与装备保障,切实提升我国冬奥会紧急医学救援能力。

重症伤员转运装备

联系人:张广,军事科学院系统工程研究院卫勤保障技术研究所,13821408453,zhangguang01@hotmail.com

16. 冻伤及颌面创伤移动式智能化诊疗平台

冻伤和颌面创伤是冰雪运动中较为高发的两类损伤,而我国尚缺乏该领域的专业人员及现场救治专业装备。针对冬奥会现场冻伤和颌面创伤精准、快速诊治的需求,研发冻伤及颌面创伤移动式智能化诊疗平台。①硬件部分:诊疗平台改装可移动式厢式方舱,集成卧式CBCT、冻伤面部数据采集系统、心电监护仪、简易呼吸机、心肺复苏机等用于冻伤及颌面创伤现场诊治的关键诊疗整体化装备。设计外部设计和内部布局,在自供电、辐射屏蔽、减振、抗寒等方面达到冬奥会赛场转运及使用需求。在该成果研发过程中,共获批2项国家发明专利、4项实用新型专利和2项外观设计专利。②软件部分:基于医疗大数据,依靠人工智能和深度学习算法,研发了针对冻伤和颌面创伤的人工智能诊断软件,并进一步结合冻伤和颌面创伤规范诊疗流程和专家诊疗方案,形成了反应时间短、诊断敏感性高的智能化诊疗软件;基于5G网络、语音智能提示,建立了包括人工智能标准诊断治疗报告、专家审核团队、网络传输协议、专家审核流程在内的响应时间短、诊疗决策准确的远程专家审核软件。冻伤和颌面创伤移动式智能化诊疗平台,有效提高冻伤及颌面创伤现场诊疗效率,形成了科学快速的现场诊治流程。

2022年北京冬奥会和冬残奥会期间，冻伤及颌面创伤移动式智能化诊疗平台作为奥运会历史上第一台移动CT车，于国家体育馆为冰球赛事提供医疗保障，为冰球项目的46场正式比赛、近300场训练提供医疗保障及技术支持。诊断速度与准确率均达国际水平。国务院副总理韩正、北京冬奥组委主席蔡奇、国际奥委会医学和科学委员会主席巴吉特都曾到访诊疗车，给予高度评价。

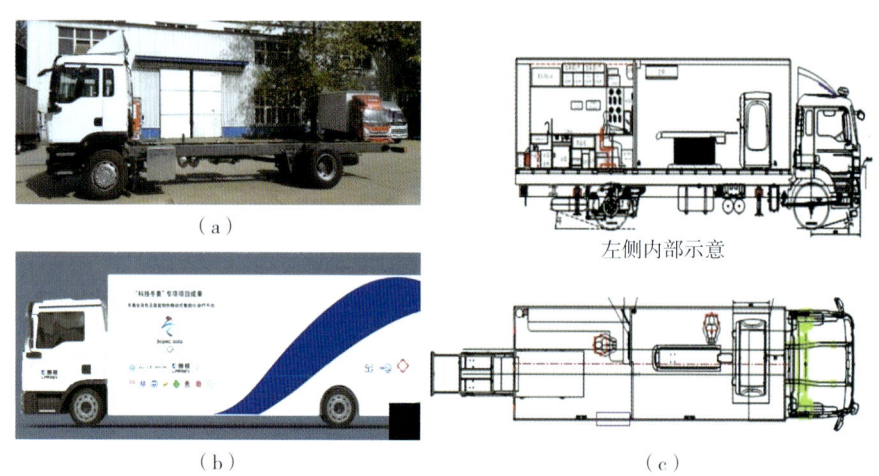

冻伤及颌面创伤移动式智能化诊疗平台模式（硬件部分）

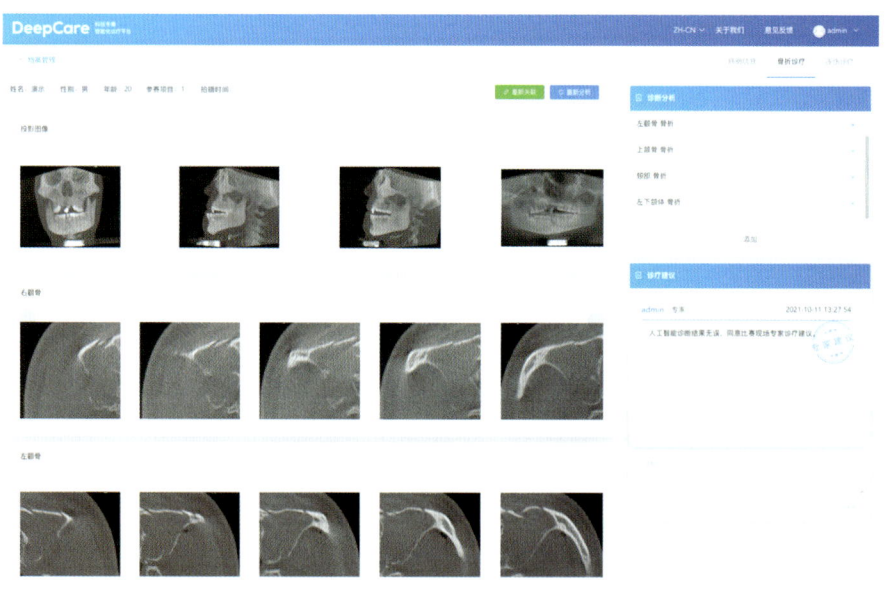

冻伤及颌面创伤移动式智能化诊疗平台模式（软件部分）

联系人：章文博，北京大学口腔医院，010-82195992，michaelzhang1016@126.com

17. 北京冬奥口岸卫生检疫技术装备和系统

针对冬奥会期间，国际旅客短期集中入境、传染病疫情输入风险显著增加的问题，突破了利用全球公共平台数据进行传染病自动预警的技术，研发了"冬奥会口岸传染病监测和预警信息平台"。该平台创新性地将监测、预警与旅行医学服务功能相结合，提升了传染病的信息发布效率和预警水平，提高了公众特别是冬奥会参与人员预防跨境传染病的主观意识和防控能力，并为口岸传染病查验提供信息支持和预判，提升了口岸传染病查验的前瞻性和有效性。

针对口岸快速、现场检测的需求，攻克了微流控技术、微机电技术及先进的分子生物学分析技术整合的难题，形成了 CarryOnP1000Q 手持式全自动快速核酸检测系统。创新性地将实验室核酸分子检测流程集成于手持式全自动化设备中，完整复现了实验室核酸检测的金标准流程，实现了精准性、高效性、安全性、便携性和操作去专业化等性能兼备的现场级核酸检测。该设备适用于检验检疫、诊断、处理突发公共卫生事件等现场应用；封闭一体化的反应体系，避免危险物质的扩散和对操作人员的危害；全自动操作过程，实现从样品进入至结果读出的简捷过程，降低对操作人员的技术要求；反应快速，可以在 60 分钟内完成从样品至结果的整个检测过程。此外，研发了传染病检测试剂盒 60 余套，满足传染病检测需要通量高、速度快、准确性高、病原体覆盖面广的要求。

"冬奥会口岸传染病监测和预警信息平台"被北京冬奥组委运动会服务部和北京海关卫生处等单位应用，使检测通量从每天 300 人份增加至 3000 人份，检测能力提升近 10 倍。特别是为了缩短样本转运的时间和风险，在首都机场隔离区内开设了 P2 实验室，其被称为"机翼下的实验室"，为快速检测发挥巨大作用，成为北京冬奥会承诺"6 小时反馈核酸检测结果"的制胜法宝。

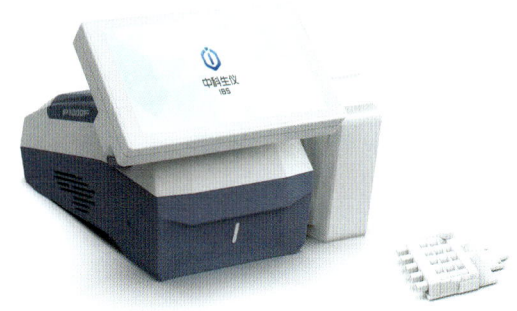

"全自动封闭式核酸扩增分析仪"及其配套检测卡

联系人：张奕，海关总署（北京）国际旅行卫生保健中心，13810856141，zps347@163.com

18. 口岸大型集装箱/车辆智能机检审图系统

针对冬奥会期间口岸入境货物复杂繁多、行包数量急剧增长、违禁品瞒报伪报风险显著上升等实际问题，直面集装箱/车辆检查图像中透视重叠干扰严重、CT机三维图像数据庞大等多重挑战，开展了深入的创新研究。在集装箱/车辆检查方面，研究了货物多维度图像融合学习、车辆夹带改装的无监督识别、多模态数据深度融合风险筛查等技术，克服了仅利用灰度信息的违禁品识别误报多、车辆夹带改装有效报警少、风险筛查仅利用视觉信息局限性大等问题。在CT机行李查验方面，研究了高性能多尺度目标智能识别、多光谱高分辨实时立体成像、行李再识别等技术，突破了多类违禁品快速准确识别的瓶颈，解决了查验中缺乏行李外部信息的问题，降低了可疑行李追踪和定位的成本。进一步研发了智能查验装备，并将其深度嵌入查验流程，形成了大型集装箱/车辆智能机检审图系统及行李智能机检审图系统，能够对数百种物品进行有效识别，极大地提高了口岸通关效率，相关核心技术具有完全自主知识产权。

冬奥会期间，该成果在海运港口、陆运口岸、机场旅检、快件中心等多种监管现场进行示范应用，据不完全统计，冬奥会期间累计检查约10万个标准集装箱，30万件行李包裹，查获毒品、象牙、枪支部件、废塑料伪报、中药材伪报等各类案件近百起，系统查验时间小于常规人工审图，能够24小时不间断工作，为冬奥期间口岸监管工作提供了有力支撑。该成果能够提升口岸监管效能和智能化水平，并持续在社会安全、生态安全等领域发挥风险防范作用。

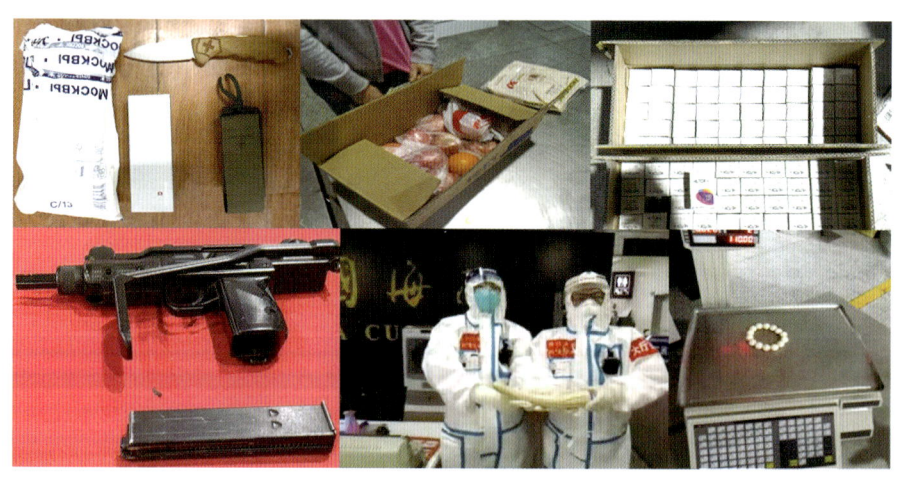

部分查获案例

联系人：李苇，同方威视技术股份有限公司，13581704997，liwei4@nuctech.com

19. 手持式核辐射监测设备

为解决固定式核辐射监测设备覆盖视野有限和面对突发事故灵活度不足的缺陷，研究了掌上可视化核辐射成像技术，研发了轻量便携手持式辐射监测设备。包括：高集成度位置灵敏探测器模块、探测器自编码技术、图像重建算法及各模块系统集成，成像视野＞120°，定位精度＜2°。手持式核辐射成像设备主要由闪烁晶体探测器、数据处理板、可见光摄像头、平板电脑、电池等部分构成，具有集成度高、重量轻、便于手持使用的特点。设备对放射性物质进行实时成像定位，可手持移动使用，实现对涉核恐嫌疑人的定点移动执法，实现核恐因子全方位多角度移动式监控和智能化追踪。

设备采用自主研发的探测器自编码技术，实现伽马射线方向和能量的精准测量，相关技术极具创新性，处于国内外同类产品领先水平。

设备实际应用于北京冬奥会期间，用于首都机场海关 T3D 入境监管、国家体育馆环境监测及 2021 年"两会""探月工程成果展"等重大活动保障工作，有效提高了海关针对核风险的排查监控能力，确保重大国际活动口岸通关监管万无一失。

手持式核辐射监测设备

联系人：吕振雷，清华大学，13811268700，lvzhenlei@gmail.com

20. 核辐射全息定位系统

核辐射有害因子监测是海关口岸风险监管的重要内容之一。针对口岸入境人流量大、监测空间开放、入境人员携带物种类繁多等问题，研发了核因子全息定位系统，包括基于三维位置灵敏探测器、基于人工智能定位算法的全景核辐射成像模块和三维辐射场统计迭代定位重建算法。实现了辐射源的三维空间定位，定位精度达 5 cm，为公共安全保驾护航。

该成果实际应用于 2022 年北京冬奥会和冬残奥会期间首都机场 T3 航站楼的海关入境监管、国家体育馆环境监测及重大外事活动保障工作。首都机场 4 个旅检监管通道安装使用了 5 台设备，累计稳定运行已超过 1200 小时，监管 3 万余人次通关，有效提高了海关针对核风险的排查监控能力。

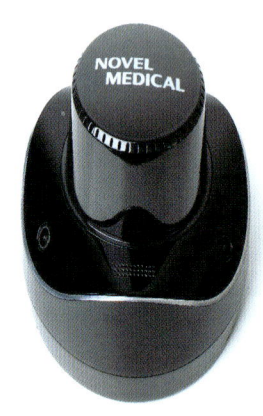

全景式放射性物质图像定位系统

全景设备海关现场应用

联系人：王欢，成都永新医疗设备有限公司（原北京永新医疗设备有限公司），+86-10-50825999，wanghuan@novelmedical.cn

21. 痕量气味嗅探仪

痕量气味嗅探仪集成吸气采样和擦拭采样双进样器，可完成低沸点气态物质吸入采样和高沸点物质擦拭热升华采样。样品经过离子迁移谱和质谱可在数秒内获得二维谱图数据，提升样本谱峰空间的分辨能力。气路组件保留直接进样和前置色谱分离两种前处理方式，分别能够提供最快分析速度和最高分析精度两种分析性能模式。根据使用地点高海拔低气压的特点，气路组件使用了主动式气压调谐装置，使设备在海平面至高原地区拥有一致的样本信号峰位。该设备检测速度快，物质库容量多，集成进样、前处理、分析三大组件，是口岸物质检测的高性能移动化学分析工作站。国内外尚无小型化的离子迁移谱——质谱联合使用先例。

痕量气味嗅探仪设备在北京冬奥会期间应用于北京邮局、海关多个查验场所，提升了海关针对跨境邮包、信函通关监管工作效能。

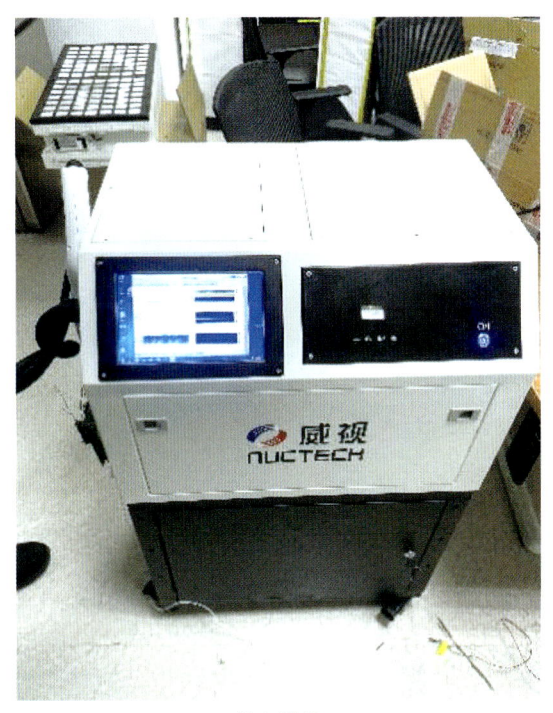

设备照片

联系人：王岩，同方威视技术股份有限公司，13021191600，wangyan1@nuctech.com

22. 智能巡检机器人

针对北京冬奥期间入境旅客和货物的庞大数量及分散性研发的智能移动机器人，融合了核辐射成像、气味嗅探、自主智能导航和多模式人机交互等技术。可在多个角度和方位上移动监控核因子和其他危险物质，并智能追踪包括毒品和爆炸物在内的违禁品。同时，可利用机器人的气味嗅探功能对送检的快件和货物进行快速检测，秒级给出检测结果，提升通关效率和监管灵活性。

智能巡检机器人实际应用于北京冬奥会期间的大兴机场、机场快件中心、天竺保税新区等。

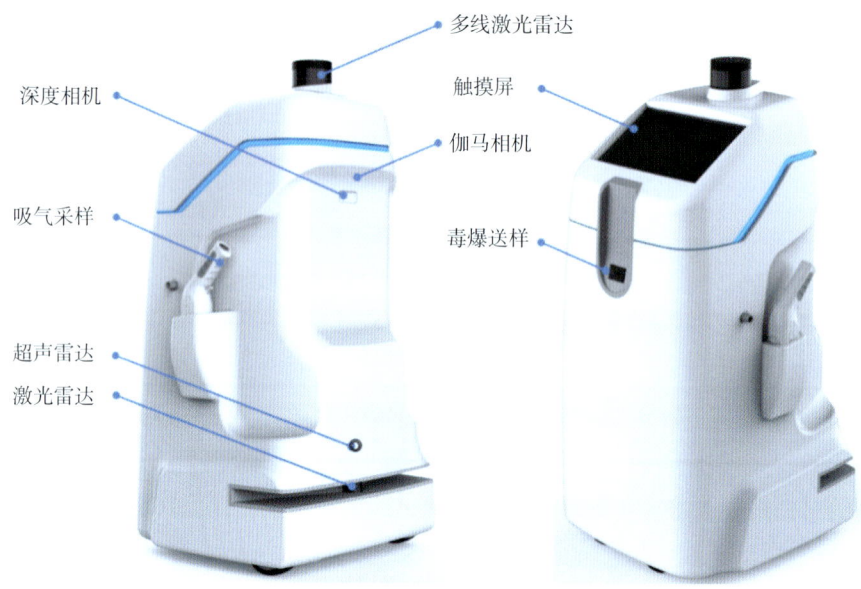

智能巡检机器人

在机场快件中心应用

联系人：谭杨，同方威视技术股份有限公司，17701346995，tanyang@nuctech.com

23. 食品供应链风险监控预警智能系统

针对冬奥食品供应链有害因子的时空特性与演化规律，开展冬奥会食品安全情景推演与风险管控数据治理机制研究。应对食物中毒等食品安全突发事件，以冬奥食品供应链有害因子风险管理为主线，基于"一条链、一个码、一张图"实现了食品供应链有害因子风险智能预测预警和精准有效溯源。系统融合 20 余万条监管部门的监督抽检数据、现场快检数据、食品生产经营企业质控信息及产品信息等多源异构数据，结合食品安全知识图谱突破食品供应链有害因子智能预测技术。采用风险矩阵模型，从风险可能性和风险严重性两个维度量化食品安全风险，实现食品安全风险分级预警。以产品批次码为载体，动态监控食品有害因子在食品供应链中的分布与演化，快速识别食品污染源头。集成基于症状的食物中毒物质查询系统，采用模块化设计理念实现食品供应链不同环节、不同有害因子的响应处置预案智能生成，面向系统不同层级用户精准推送预案。

在跳台滑雪、北欧两项等 8 个冬奥会测试赛及冬奥会、冬残奥会正式比赛期间，系统接入张家口市场监管局智慧监管保障平台，为冬奥（张家口赛区）食品安全保障提供了有效风险预警响应技术支撑；技术成果通过在冬奥会官方农副产品供应商北京顺鑫农业股份有限公司食品安全保障中的成功应用示范，与顺鑫控股集团下属北京福通互联科技集团有限公司基于工业互联网二级标识解析平台开展食品全生命周期智慧监管技术研发合作，积极推动食品企业智能制造产业升级。后冬奥时代，与澳门市政署签署"食品安全风险监测评估网络预测预警平台"建设科研合作项目，服务澳门日常食品安全风险监测及 2025 年全运会重大赛事活动的食品安全保障需求。

食品供应链风险监控预警智能系统

澳门市政署食品安全风险监测评估网络预测预警平台

联系人：陈婷，北京市科学技术研究院，13811425607，chenting@bcpca.ac.cn

24. 冬奥食品中化学危害因子高效富集和精准检测确证技术

针对真菌毒素、杂环胺、高毒性有机磷农药、邻苯二甲酸酯类塑化剂、重金属离子、全氟磺酸等危害物，采用多肽、DNA 探针等分子识别器件，结合纳米纤维、纳米薄膜、磁珠等材料制备技术，针对食源性兴奋剂克仑特罗、沙丁胺醇、米酵菌酸等化学危害物，攻克了新型生物分子识别和结合材料的设计与合成的共性关键科学难题，突破了目前食品安全危害物检测领域的重要的技术障碍，形成了相关化学危害物高选择性识别免疫亲和柱、免疫磁珠等靶向识别、富集、高效净化前处理材料及危害物标准物质的研制等系统的技术成果。包括针对涉恐化学品研发了高选择性抗体，开发了免疫亲和柱、免疫磁珠等前处理材料；针对重金属离子等危害物，研制了将新型金属有机框架材料作为富集和净化的前处理材料；结合化学污染物高通量快检技术，通过化学方法从动物组织样本中提取河豚毒素及氯氟氰菊酯等，用来制备生物毒素和农药残留物质的标准样品与参考物。研制的食品安全危害物新型前处理材料，成本相对于国外同类产品降低 1/3，处理速度缩短 1/5；针对研制的奥运食品现场快检配套用化学质控参考物质，开展稳定性、均匀性、不确定度评估、联合定值研究，形成与质控参考物质配套的应用标准化，可用于国家或省级食品安全抽检或食品安全风险监测。

相关成果应用于冬奥食品供应基地，包括北京德青源农业科技股份有限公司、顺义区顺鑫石门农产品批发市场、北京二商集团北水公司水产品、北京同德发食品加工有限公司蔬菜、牛肉、鸡蛋、水产等食品安全检测应用。2021年11月，相关研究成果应用于由国家市场监督管理局指导、河北省市场监督管理局及张家口市人民政府主办、张家口市市场监督管理局承办的北京冬奥会及冬残奥会（张家口赛区）食品安全突发事件应急演练。在2022年2月冬奥会期间，研究成果新检毒箱被推荐为示范技术，由相关单位进行冬奥会安保现场应用执勤。

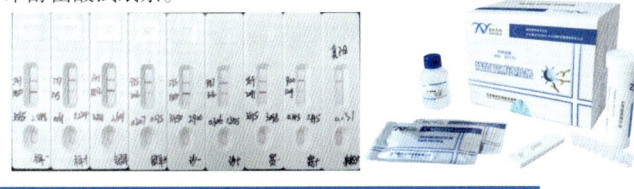

冬奥食品中米酵菌酸毒素富集前处理和现场快检材料示意

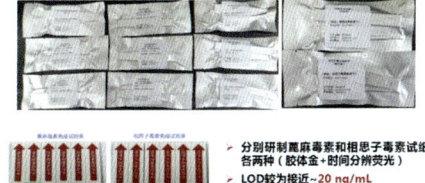

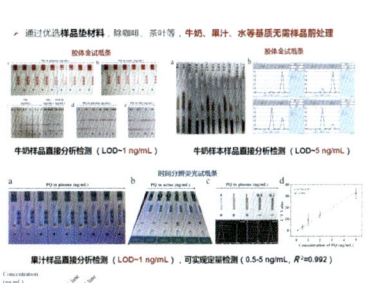

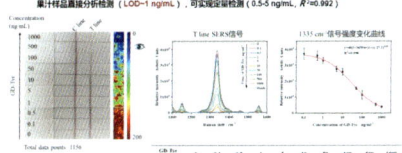

冬奥食品中化学毒剂富集前处理和现场快检材料示意

"科技冬奥"重点专项优秀成果选编

新版检毒箱总体性能

检测对象	响应时间	检测模式	敏度（μg/mL）
神经性毒剂*	10 min	液体比色	0.01
糜烂性毒剂	5 min	液体比色	1
全身性毒剂*		液体比色	0.04
失能性毒剂		液体比色	0.06
砷化物			0.1
汞		固体比色	0.1
路易氏剂			0.5
神经性毒剂*	8 min	胶体金试纸条	1.5
GD-Tyr*			0.02
GB-Tyr*	8 min	胶体金试纸条	0.2
Vx-Tyr*			2
蓖麻毒素	8 min	胶体金	0.02
		荧光	0.002
相思子毒素	8 min	胶体金	0.02
		荧光	0.002
伏马毒素*	8 min	胶体金	0.05
T-2毒素*	8 min	胶体金	0.0
		胶体金	0.005

旧版检毒箱

新版数字式检毒箱

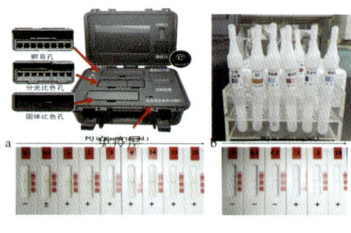

（1）检测项目从10种拓展至30余种（部分未列出）；（2）形式从单一的颜色反应提升至数字式、比色、胶体金、荧光检测四种；（3）有部分检测模块灵敏度得到提升；（4）现场可操作性、数据溯源、大样本分析能力有效提升

（a）

比色检测模块

以颜色标记不同检测项目

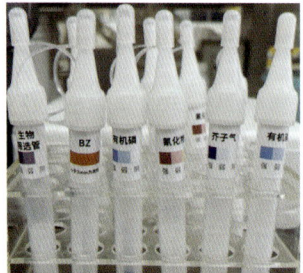

分光光度比色检测

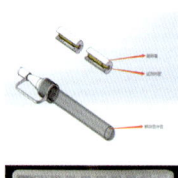

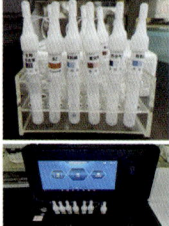

阴性 阳性	阴性 阳性	阴性 阳性	阴性 阳性
生物筛选管	氰化物	芥子气	BZ

（b）

冬奥期间安保执勤的化学毒剂检测箱技术

联系人：刘继锋，天津科技大学，022-60902585，jfliu@tust.edu.cn

25. 诺如病毒现场快检试剂盒

诺如病毒现场快检试剂盒采用重组酶聚合酶扩增（Recombinase Polymerase Amplification，RPA），同时在核酸扩增阶段，采用了重组酶、聚合酶等温扩增技术，针对重组酶、聚合酶等温扩增的特点，设计并筛选了具有高度特异性的引物和探针，解决了 RPA 方法检测诺如病毒特异性差的问题，可以在 42 ℃的恒温条件下，在 12 分钟内完成诺如病毒核酸的扩增。在核酸扩增产物检测阶段，试剂盒采用了胶体金检测技术，扩增产物可以和胶体金上的抗体进行反应，形成肉眼可见的显色条带，解决了 PCR 产物必须依赖仪器检测的问题，可在 1～2 分钟完成检测，适宜现场检测。我国目前未见有同时检测诺如病毒 GⅠ和 GⅡ的 RPA 快检试剂盒的相关报道与产品。研制的"诺如病毒现场快检试剂盒"，实现了食品和水源中诺如病毒 4 小时内出结果，腹泻患者粪便、肛拭子和呕吐物样本 30 分钟出结果的目标，检测时间大大缩短，满足了对于食品安全突发事件的快速、准确识别可疑食品的要求，为确保 2022 年北京冬奥赛时食品安全提供了重要的技术支撑。

诺如病毒现场快检试剂盒科研成果应用于北京冬残奥会，采集 17 份北京供奥蔬菜企业的工作人员粪便开展诺如病毒的应急检测，并及时提供检测结果。"冬奥食品病原微生物快速检测技术研究"成果应用于澳门"食品安全风险监测评估网络预测预警平台"建设，将服务澳门在 2025 年承办全运会重大赛事活动的食品安全保障需求。

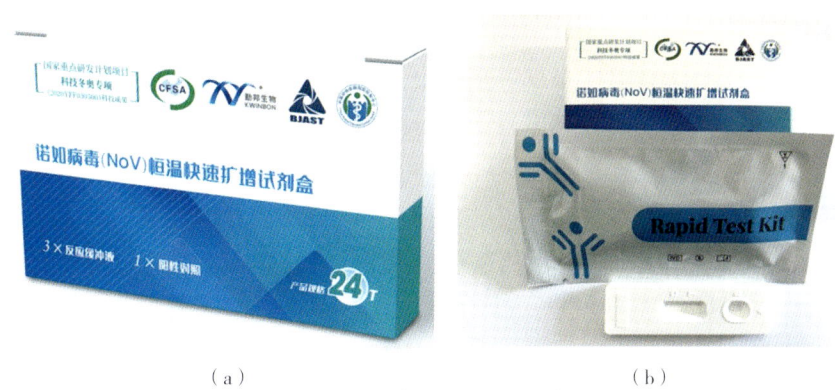

（a） （b）

诺如病毒现场快检试剂盒

北京 2022 冬奥会和冬残奥会（张家口赛区）诺如病毒食品安全突发事件应急演练

联系人：徐进，国家食品安全风险评估中心，13701185102，xujin@cfsa.net.cn

26. 违背民族饮食习惯的掺假食品快速物种鉴定检测试剂盒和快检装备

针对冬奥等重大活动食品安全供应过程中，可能出现的有毒生物源性成分（有毒鱼类、有毒植物和毒蘑菇）和违背民族饮食习惯的食品掺假问题，基于实时荧光 PCR 技术，研发了常见的 24 种有毒生物源性成分和 15 种违背民族饮食习惯掺假食品的甄别技术方法，集成为可以现场应用的科学、精准、高效的快速物种鉴定检测试剂盒和快检装备，形成系列重大活动食品安全掺假甄别技术规范 40 项，并成功应用到冬奥食品安全保障中，为冬奥食品安全供应提供了强有力的技术支撑。

通过系统培训，技术成果在北京 2022 冬奥会 5 家主要食品安全保障单位（北京市朝阳区疾控中心、北京市石景山区疾控中心、河北省疾控中心、张家口市疾控中心、石家庄市疾控中心）进行了推广应用，并到北京 2022 冬奥会举办地鸟巢进行了现场模拟测试。虽然冬奥期间未发生类似的事件，但本项目的研发与推广应用切实提高了冬奥食品安全保障单位违背民族饮食习惯掺假食品的甄别能力和有毒生物的现场快速鉴定检测技术水平，为冬奥食品安全保障从装备技术研发、技术人员培训到预案、流程制定做好了全面系统储备，为潜在的食品掺假与有毒生物中毒事件的现场快速处置提供了强大的技术支撑与保障。

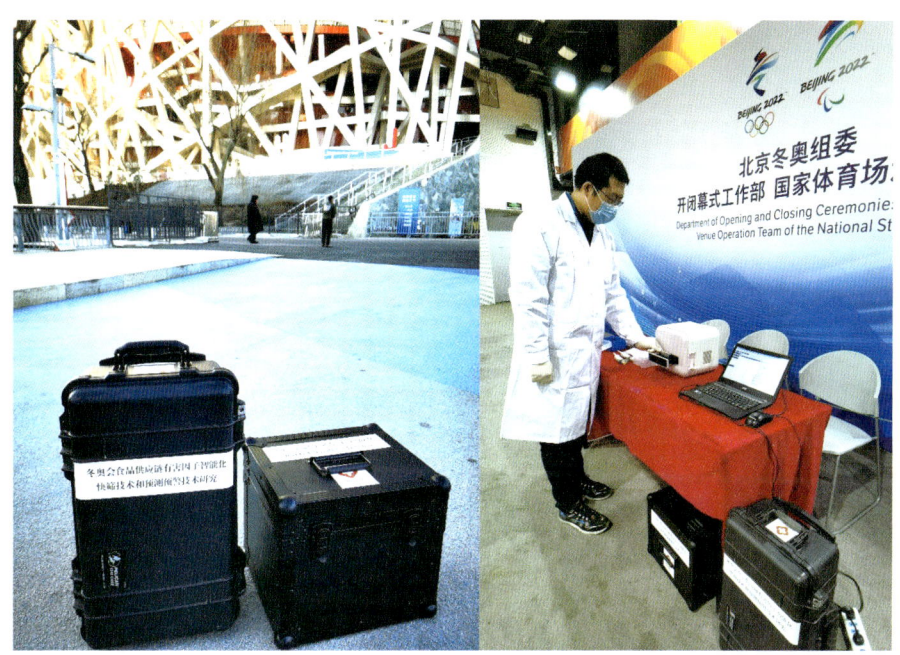

快速鉴定检测装备与方法在冬奥场地模拟测试

联系人：李海蛟，中国疾病预防控制中心职业卫生与中毒控制所，15001256024，lihj@niohp.chinacdc.cn

27. 基于智能医疗大数据中台构建自主可控的诊疗一体化信息系统

针对北京 2022 冬奥会和冬残奥会地域跨度大、场馆分散、地形复杂等特点和医疗保障高及时性等问题，突破性实现跨地域、跨层级医疗资源高效协同、诊疗一体化，整合来自不同地区、不同医院、不同赛场的异构数据及多样化术语，面向实际需求，打造一体化平台，高效整合调配医疗保障资源，有效支撑和覆盖完整的医疗救护场景，并进而形成适用于各类国际大型重要体育赛事的智慧医疗保障体系范式。

智能医疗大数据中台以稳定性为基础、易用性为导向、准确性为准绳，采用数据安全主动防御技术、并行结构化分布式医学多维数据仓库存储技术、数据脱敏技术等关键技术，实现了数据存储管理、数据处理与计算管理、辅助监控管理等功能，服务冬奥会急救指挥调度、智能辅助诊疗等业务系统。

在智能医疗大数据中台的基础上，采用软件工程瀑布模型构建方法，从诊疗一体化数据体系设计与模块研发任务入手，通过构建来自多源监测数据的通用数据模型

（Common Data Model，CDM），完成从不同渠道接入实时/非实时数据转化与映射，对一体化诊疗多模异构数据检索方法进行研究，结合云计算、大数据、物联网、5G、人工智能、互联网+及区块链等前沿信息技术，弥补了全天候跨区域、跨时空的一体化诊治能力与临床应用体系的薄弱环节，提升了医疗保障团队的应急保障能力和救治能力，构建了一种基于国产设备的安全可控的数据采集和传输系统，建立了跨区域一体化诊疗标准数据集及跨区域一体化诊疗应用系统和软件，实现了区域一体化诊疗管理云平台总体架构。一体化诊疗信息系统的建设最大限度地满足赛区救治业务系统功能需要，提高医疗资源利用效率，构建以运动员为中心的医疗健康服务模式。

以赛区中心医院为支撑，接入各级奥运定点保障医院、奥组委社区及社区医疗服务网点，形成了以中心医院为核心的赛区专属医疗服务一体化支撑IT体系，实现医院核心业务数据存储、处理、共享等业务支持和价值提升，提供满足冬奥保障医院-场馆-救护车之间信息数据传输、加工、存储需求，后冬奥时期适应医院业务发展灵活性、可扩展性的医疗大数据。

基于智能医疗大数据中台构建自主可控的诊疗一体化信息系统在北京2022年冬奥会和冬残奥会"赛时一天"综合演练测试赛中测试应用，并于正赛期间在北京冬奥组委医疗指挥部进行了正式应用，实现了多赛区医院数据的整合，促进了区域内医疗数据互通和医疗资源共享。

后冬奥时代，将研究过程中所形成的多源异构数据融合技术和分布式数据交换技术加以梳理，形成较为标准化的后端服务体系，抓住医院内部及医院之间业务协同逐步增长这一契机，将相关的智能数据中台服务能力导入医疗机构，用于医院内部及医院之间的数据协同共享及整合服务，对医院数据进行治理，实现医院数据资源标准化、数据服务规范化、数据安全一体化，初步形成"数据业务化"的能力。目前已经在多家医院及医院集团的互联网医院的数据服务领域得到了应用，将院内数据和互联网医疗服务加以归一化和整合，打通了线上线下服务数据，实现了患者健康画像，方便医护接诊和患者自我管理。后续会进一步扩大院内业务数据整合服务，向院内临床数据一体化数据中心及数据服务拓展。

下篇 "科技冬奥"重点专项优秀成果选编

冬奥智能医疗大数据中台

北京冬奥会运行指挥部调度中心应用

联系人：万伟庆，首都医科大学附属北京天坛医院，13701069223，wanweiqing@bjtth.org

28. 雪上运动航空医学急救及应急智慧救援平台

针对冬奥赛道落差大、难度系数高、危险度高，梳理了冬奥赛道救援的各项风险点，制定出了冬奥赛道救援飞行技术程序与救援应急预案，优化机载医疗设备。通过数十次的实地演练飞行，在不同的气象条件下，得到了宝贵的冬奥赛道救援飞行经验和飞行参数数据。

通过研发的航空医疗急救平台，构建匹配直升机、急救车的专业急救调度平台；整合国内先进的通信应用技术，基于5G网络技术构建赛区5G急救专网，突破了5G智能网关自适应采集传输技术，通过5G急救专用网关内置多种物理接口（RS232、

RJ45、USB、Wi-Fi等）完成多种型号的院前急救场景医疗设备的数据采集传输，并通过动态配置形成适应于特定医疗设备的消息处理机制，以满足急救车与直升机等急救转运工具对于医疗设备数据的共享需求，实现数据的自动传输与转换。医疗站内医务人员可通过应急终端采集语音、视频、定位等内容，并进行实时回传，平台可实时查看信息并发出指令，提高应急任务处理效率。最终实现了北京冬奥组委总部、两地三赛区和各个竞赛场馆之间的实时沟通和指挥调度。

该成果应用于国际奥委会与国际雪联组织的直升机高山滑雪赛道救援验证和飞行演练等活动中，得到了国际奥委会官员、国际雪联官员和国外雪道救援专家的赞赏，为北京 2022 年冬奥会的安全、顺利进行奠定了坚实的基础。在冬奥会期间完成了 2 次直升机救助。基于 5G 的应急智慧救援平台在北京冬奥组委医疗指挥部、北京市卫健委指挥部及各场馆均得到应用。

冬奥会结束后，航空医学急救平台继续为政府职能部门、医疗救援机构、急危重症患者、涉外群体等人群，提供高效、安全、优质的航空医疗救护服务。多次受中资企业委托转运境外务工人员回国，接受使领馆咨询及转运任务百余起，为政府分担华人海外救援重任，提升了海内外华人对多元化、现代化航空医疗救护服务的获得感。

基于 5G 的应急智慧救援平台测试赛应用

下篇　"科技冬奥"重点专项优秀成果选编

北京大学第三医院崇礼院区直升机转运患者演练

张家口赛区直升机转运患者

联系人：盛煜，中国联合网络通信有限公司，18601102989，shengyu2@chinaunicom.cn

29. 点面结合的"全流程、全方位"冬奥会精准防控与应急预案体系

针对北京 2022 年冬奥会和冬残奥会精准防控的需求，构建了一套适用于冬奥会等大型活动举办的 COVID-19 防控体系和应急预案体系。设计不同情景体现防控措施的

强度或频率，模拟各情景下 COVID-19 的传播情况，分析评价不同措施及其组合对控制疫情传播的效果；梳理从入境到出境全流程中疫情发生和传播的可能环节和可控措施，建立从入境到出境的全流程人、物、环境等全方位的多维度防控措施库，利用现代空间信息技术和传染病动力学模型在融合多源异构数据的基础上进行量化分析和情景模拟，建立基于实证的精准防控措施和应急预案体系，为冬奥会的顺利举办提供全面、高效和智能化的辅助决策支持。

该成果是针对新冠大型背景下国际大型体育赛事举办而首次编写，并在北京 2022 冬奥会中实际应用。经实践检验，研究成果既保证了传播风险得到有效控制，同时满足了运动员及部分不可替代人员可正常参赛或工作的需求。该成果《北京 2022 年冬奥会和冬残奥会突发公共卫生事件应急处置预案（第一版）》由冬奥组委颁布执行，为制定《北京 2022 年冬奥会和冬残奥会防疫手册》提供了理论基础和量化依据，同时为新冠疫情背景下计划筹办大型体育赛事的相关机构和团体提供了疫情防控措施的借鉴。

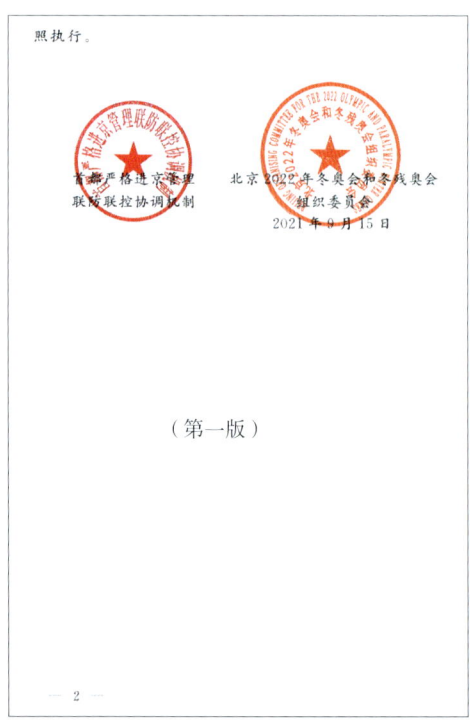

《北京 2022 年冬奥会和冬残奥会突发公共卫生事件应急处置预案（第一版）》

防控措施应用——集成到"冬奥会疫情风险分析与应急辅助决策系统"

联系人：黎岢，清华大学，15911169977，like2020@mail.tsinghua.edu.cn

30. 冬奥会国际传染病动态监测技术

针对北京 2022 年冬奥会和冬残奥会"一馆一策"情境，突破将疫情特征与冬奥会管理流程表征到疫情预警预测模型的瓶颈，开展复杂场馆情景下不同赛事、不同人群特征的疫情预警预测。构建不同冬奥会系统管理环节监测体系下的传染病时空传播动力学模型，辨识赛事期间传染病疫情暴发风险，优选冬奥会疫情风险监测策略。建立基于大数据的冬奥会传染病疫情预警预测模型，分析赛事相关不同风险人群与传染病疫情的耦合强度，计算复杂场馆情景下暴发疫情的概率。通过对疫情的风险进行评估与分级，优化动态监测策略，降低潜在的疫情传播风险，提高响应能力，提升疫情防控的科技水平。

研究成果为《境外人员来华新冠肺炎疫情远端防控工作指引》《涉冬奥必要技术人员赛前来华隔离居住闭环工作新冠肺炎疫情防控方案》《涉冬奥相关境外必要人员赛前附条件短期来华新冠肺炎疫情防控方案》等的制定提供了技术支撑。其中，核酸检测方案优选方案为《北京 2022 年冬奥会和冬残奥会新冠病毒核酸采样检测工作方案》中每 24 小时的核酸检测频率制定提供数据。研究成果形成的国际传染病流行特征本底库、传染病监测系统、预警预测模型也将为以后的大型赛事举办提供指导。

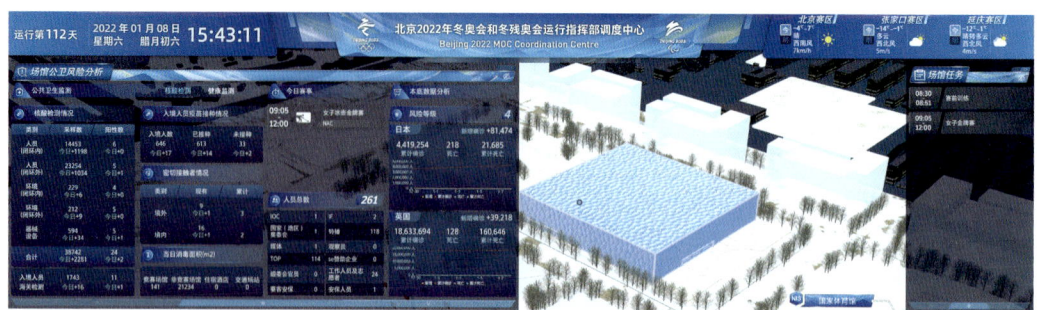

核酸检测、国际多种传染病流行本底数据库实时监测

联系人：黎峎，清华大学，15911169977，like2020@mail.tsinghua.edu.cn

31. 北京冬奥会新冠病毒疫情场景建模及溯源、追踪推演技术

针对北京 2022 年冬奥会和冬残奥会"一馆一策"的精准防控需求，突破过往单一人种和单一场景的局限，运用多智能体系统（Multi-Agent System，MAS）和 3D 建模仿真技术构建与冬奥会和冬残奥会相符的多人种、多毒株的活动场景，1∶1 还原实际三维环境并展开传染病疫情的模拟，实现了场馆级别精准的传播链分析、溯源和追踪。构建智能体的交互关系模型和健康状态转换模型，仿真追踪个体级别的行为状态，推演疫情发展情况，以精准筛查出高风险易感人群、高风险易感区域、高风险易感场景行为，以及薄弱的疫情防控措施；基于物理模型的时空预测方法标记具有感染属性和密接属性的多智能体时空关系，推演疫情可能的发展趋势；使用采样动态消息传递算法自动快速判断源头，实现了精准的追踪溯源技术，程序处理时间约为 7 s，为疫情防控政策的制定和论证提供重要的依据。

该成果构建的与实际情况基本相符，精细粒度的三维虚拟仿真系统实现了新冠疫情传播风险的时空分析预测，精准评估风险点，为冬奥委员会防疫措施的有效制定提供重要科学依据和多场景的前瞻性研究；构建精准的追踪模型，开展了时空分析方法的追踪验证，为疾控部门快速追踪去向进行快速响应；建立的新冠病毒谱系快速配对方法，流调报告自然语言处理自动分析及生成技术配合疾控部门精准溯源；面对新冠仍然不断演变的突变株的新形势和未来不明传染病的预测技术，实现了该成果在大型比赛的后续应用。

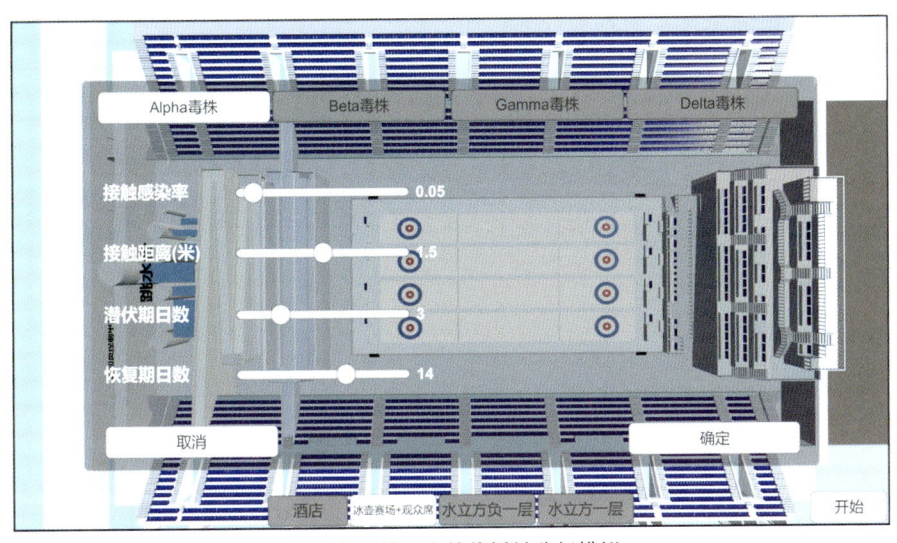

场馆级别精准度的传播链分析模拟

联系人：黎岢，清华大学，15911169977，like2020@mail.tsinghua.edu.cn

32. 软件缺陷静态自动化检测工具

针对北京 2022 年冬奥会和冬残奥会的冬奥赛事系统复杂异构、来源多样的现状，围绕源代码安全风险高效检测，精确发现软件脆弱性等安全需求，提出了基于程序分析的多语言静态源代码缺陷检测方法，突破了数据流分析、缺陷可达性分析、缺陷样本特征提取、缺陷类型匹配等核心技术，实现了漏洞库构建、代码预处理和自动化静态缺陷识别与检测等步骤，进而研发了软件缺陷静态自动化检测工具。该工具具备针对多种源代码的自动化静态缺陷检测能力，支持 C/C++、JAVA、C#、PHP、GO、Python、Objective-C、SQL、Cobol、JavaScript、Ruby、Scala 等 12 种主流开发语言，能够实现包括跨站脚本、代码注入、缓冲溢出等至少 1000 种常见代码缺陷的自动化检测，实现了对系统源代码的高效、精确缺陷检测，从源代码层面为冬奥赛事系统提供了安全保障。

面向可获取源代码的奥运会赛事业务系统及相关办公系统，在系统正式部署应用前，以及紧急升级后，使用本工具开展代码安全检测服务。依托软件缺陷静态自动化检测工具共计对 7 个信息系统开展了代码审计服务，共计发现 256 个安全漏洞，其中高危漏洞 74 个、中危漏洞 167 个、低危漏洞 15 个，共计形成分析报告 10 份，为冬奥赛事相关系统的漏洞修复提供了可靠依据，为北京冬奥会网络安全"零事故"目标的达成提供了重要技术支撑。该成果的关键技术支撑了 2022 年度中国通信学会科学技一等奖和 2023 年度中国电子信息产业集团有限公司科学技术进步奖（民品）一等奖的获得。

软件缺陷静态自动化检测工具任务列表

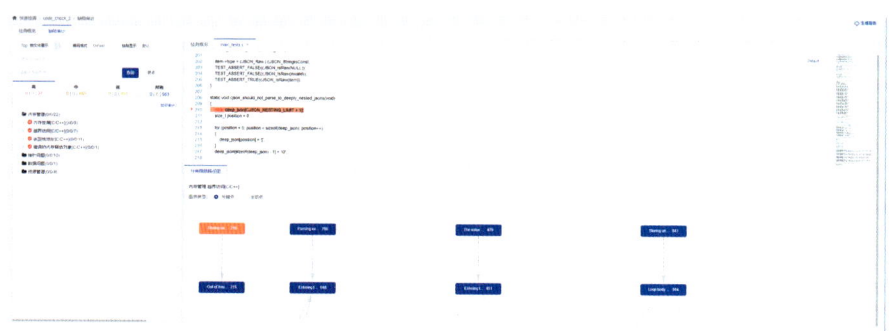

软件缺陷静态自动化检测工具缺陷审计界面

联系人：黄亮，奇安信科技集团股份有限公司，13811229041，huangliang@qianxin.com

33. 软件供应链安全预警工具

针对北京冬奥会和冬残奥会的冬奥赛事系统复杂异构、来源多样的现状，围绕减少软件供应链安全隐患的实际需求，提出开源组件安全检测与预警方法，突破开源组件模块解析、开源组件多维度特征表征、高效漏洞组件信息识别、漏洞模块精确识别等关键技术，通过对软件系统所使用的开源组件及版本的精确识别和对软件自身代码及复用组件之间的调用依赖关系的构建，结合漏洞信息，实现了对软件系统中存在安全漏洞的开源组件的有效分析识别。进而研发了软件供应链安全预警工具，该工具具备软件供应链安全预警能力，能够识别开源软件版本达到 5000 万个，识别的开源代码模块数量不少于 15 万个，漏洞库包含的漏洞达到 14 万个。实现了对系统中使用的开源组件版本的识别，从软件供应链层面提高了冬奥赛事系统的安全性。

下篇　"科技冬奥"重点专项优秀成果选编

面向可获取源代码的奥运会赛事业务系统及相关办公系统，在系统正式部署应用前及紧急升级后，使用本工具开展组件安全检测服务。依托软件供应链安全预警工具共计对 7 个信息系统开展了组件安全检测服务，共计发现 640 个安全漏洞，其中超危漏洞 109 个、高危漏洞 300 个、中危漏洞 213 个、低危漏洞 18 个，共计形成分析报告 10 份，为冬奥相关系统的漏洞修复提供了可靠依据，为北京冬奥会网络安全"零事故"目标的达成提供了重要技术支撑。该成果的关键技术获得 2022 年度中国国际大数据产业博览会领先科技成果奖"新技术"奖和 2023 年度"武汉网络安全创新论坛"网络安全创新成果一等奖。

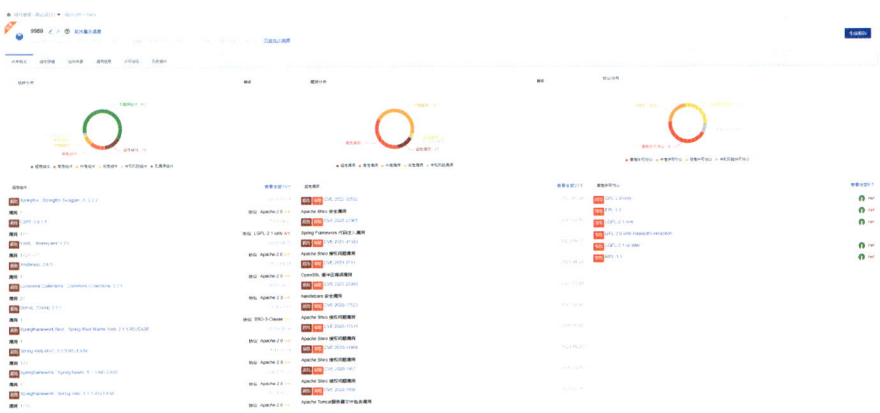

软件供应链安全预警工具结果概览

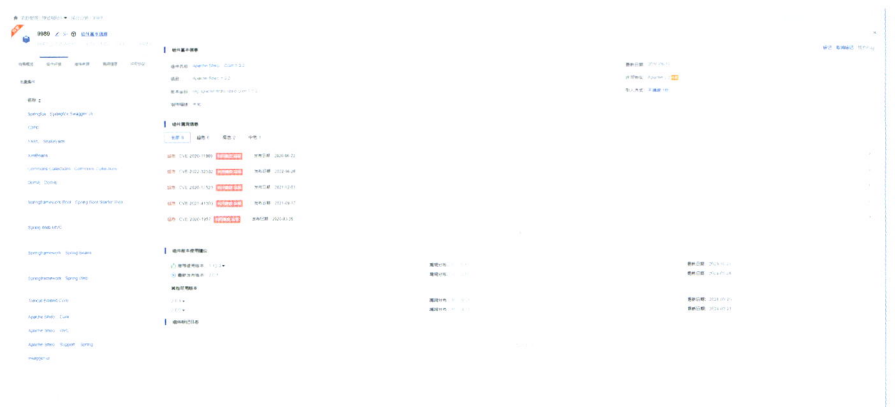

软件供应链安全预警工具组件详情

联系人：黄亮，奇安信科技集团股份有限公司，13811229041，huangliang@qianxin.com

34. 自动化渗透测试工具

针对冬奥赛事系统上线前需要在有限时间内完成系统安全检测的现状，围绕冬奥赛事网络和系统复杂多样且正式上线前测试时间有限的实际场景，突破了实战化、自动化渗透测试技术，将渗透行为按照流程和场景进行细粒度拆解，根据目标系统的攻击场景和威胁建模，智能选取相应渗透行为构成针对性的渗透测试方案并实施，提高了渗透测试效率；突破渗透隐蔽关键技术，实现攻击载荷变形和攻击流量加密，有效规避了基于特征的检测机制；建立软件定义渗透测试关键技术，实现自定义接口和渗透测试能力插件化，有效发挥了专家的经验和能力，实现了更贴近实战、更有针对性的定制化渗透测试，进而研发了自动化渗透测试工具。该工具具备插件管理、社会工程、漏洞利用、口令爆破等自动化安全渗透测试能力，支持 310 个并发渗透测试。

该工具面向奥运会赛事业务系统及相关办公系统，在系统正式部署应用前及紧急升级后，使用本工具开展安全检测服务。依托自动化渗透测试工具共计对 5 个信息系统开展了渗透测试服务，共计发现 64 个安全漏洞，其中高危漏洞 12 个、中危漏洞 30 个、低危漏洞 22 个；参与攻防演练 1 次，发现安全问题 33 处；共计形成报告 15 份，为冬奥赛事系统安全隐患发现和漏洞修复提供了可靠依据，为北京冬奥会网络安全"零事故"目标的达成提供了重要技术支撑。

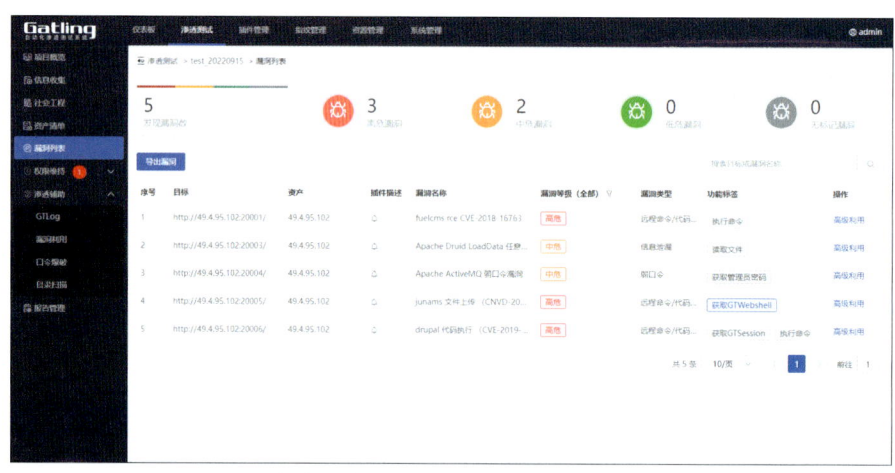

自动化渗透测试工具发现的漏洞列表

联系人：黄亮，奇安信科技集团股份有限公司，13811229041，huangliang@qianxin.com

35. 冬奥赛事网络和系统的安全检测与防护平台

针对冬奥赛事的网络和系统受到各类攻击组织关注，面临着复杂多样的网络威胁现状，围绕冬奥赛事网络和系统跨国多源异构、系统及数据间难以统一规范、数据层面关联难、系统层面协同不畅等现实困难，构建了网络攻击范式和防御体系框架，突破了跨境攻击预警发现技术、攻击溯源定位技术、多源数据关联分析技术、线上线下高效指挥调度技术和网络安全事件应急处置等关键技术，解决了高时变和强对抗的跨境攻防中安全事件发掘分析难、隐蔽式多步攻击中攻击意图识别溯源准确性差、动态复杂时变网络中指挥调度的时效性差等问题，进而研发了冬奥赛事网络和系统的安全检测和防护平台。该平台具备跨境攻击预警发现、攻击溯源定位、多源数据关联分析、线上线下高效指挥调度、应急处置等能力，能够及时检测网络安全威胁，保障冬奥赛事的网络和系统的安全稳定运行。

面向北京冬奥组委信息技术网络中的奥运会管理系统、奥运会数据分发系统、赛事管理系统、综合办公系统等业务系统，覆盖 12 个竞赛场馆、26 个非竞赛场馆、188 个服务场站，超 1 万台终端，开展网络安全威胁监测、分析等工作。累计接入数据源 1500 多个，累计收集日志超 1850 亿条，共计监测到安全告警 64 157 条，其中涉及高危告警 16 699 条、中危告警 25 505 条、低危告警 21 953 条，全部完成处置，有力保障了核心业务的不间断运行，为北京冬奥会网络安全"零事故"目标的达成提供了重要技术支撑。

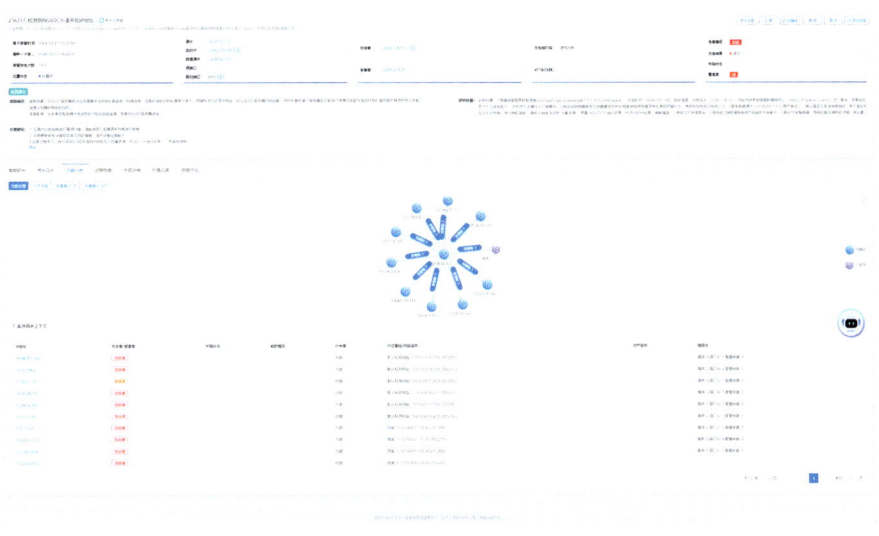

溯源定位

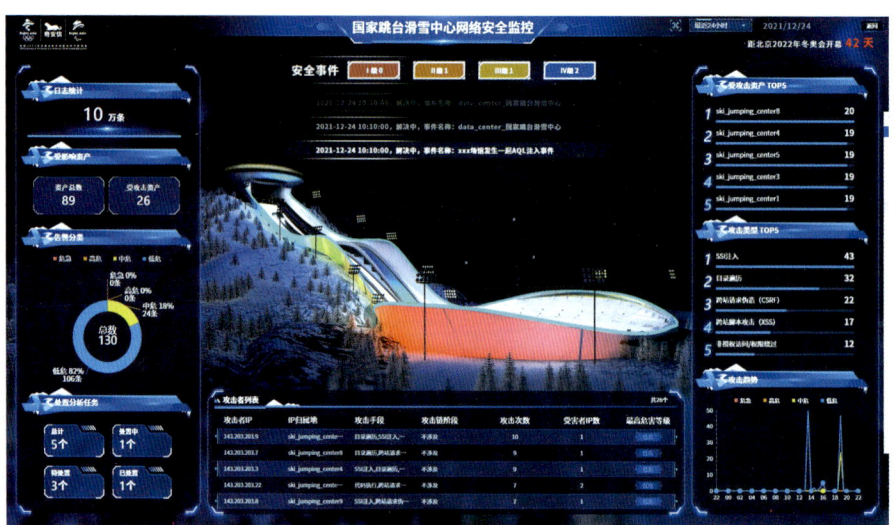

针对场馆开展全天候网络安全威胁监测和防护

联系人：黄亮，奇安信科技集团股份有限公司，13811229041，huangliang@qianxin.com

36. 核生化医学救援模拟培训体系

核生化事件作为一类特殊的突发公共卫生事件，具有破坏性强、影响范围广、偶发性等特点。作为应急救援体系的重要分支，核生化医学救援人才的储备不足是目前亟待解决的关键问题。本成果着眼于核生化应急医学救援人员能力的提高，将专业培训书籍（教材）、实地模拟演练流程、基于计算机仿真技术的模拟演练系统和实地演习四大模块内容有机结合，采取理论＋模拟＋实操的多维度训练方式，自下而上、循序渐进地增强培训效果，夯实应急救援人员需要掌握的各类技能，提高其在各种复杂环境下实施救援的能力和水平。该成果首次将 VR 技术与实际医疗保障工作经验等用于核生化医学救援培训工作中，具有较强的创新性。成果应用于冬奥赛前及赛时医疗人员培训工作，在后冬奥时期用于卫生应急演练及教学等工作，具有较高的应用价值。

该成果在冬奥赛前进行了 3 次模拟演练，为北京冬奥会的成功举办贡献了力量，并为后冬奥时代大型赛事的核生化医学救援培训提供了宝贵经验及理论指导。其中，《新突发传染病医院防控模式与流程》在冬奥会赛前已发至 130 名现场安保救援人员手中供培训用；《地方医疗机构核生化医学救援实用手册》《核生化应急医学救援临床决策思维导图》两本专业培训教材均已出版，为后期培训工作提供理论基础；模拟培训系统用于北京大学医学部临床医学专业本科生选修课"应急医学"课程教学。

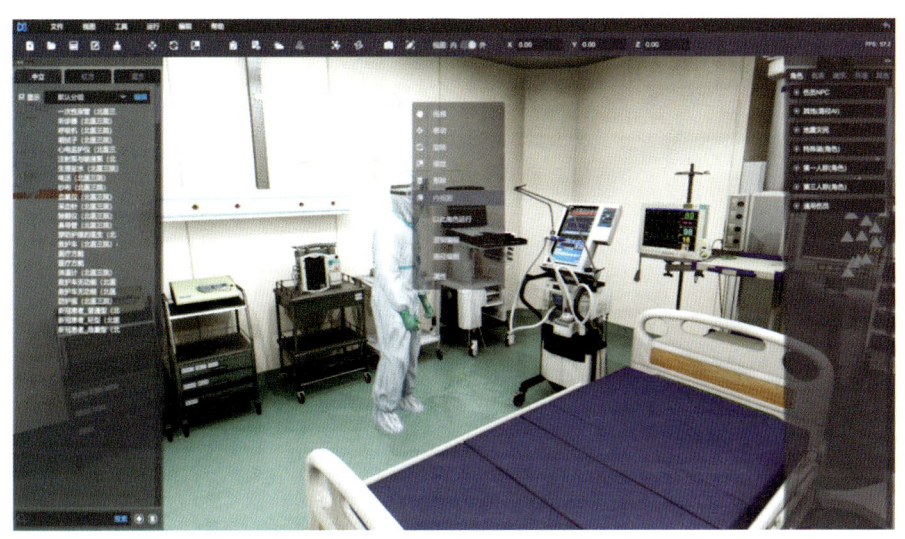

基于 VR 的核生化损伤医学救援模拟培训系统

联系人：任珍，北京大学第三医院，15611908548，18234115832@163.com

37. 跨机构搭建医学信息共享联动平台

针对核生化事件发生后伤员信息亟须快速采集、高速共享，而患者院前—院际—院内之间的信息缺乏高效共享方案的问题，以医疗信息采集共享全链条化为目标，基于 5G 通信、北斗精准定位技术，建立了医疗信息共享联动平台，打破不同地区、不同级别医疗机构医疗信息封闭的壁垒，推动就医流与数据流一致闭环，实现了跨区域、跨机构的医疗资源协同、信息全程流转安全保障。该平台覆盖了从赛场应急救治、院际转运、院内救治的全流程信息共享，构建了赛区医院和中心医院全流程的协同应用体系，完成跨机构交互应用及数据共享体系建设，为未来多种运动赛事提供了可复制、可推广的信息协同、数据共享方案。

根据国际既往大型赛事的经验以及冬奥会总体医疗保障原则，该成果提出的智慧急救信息共享方案可概括为"1233N"，具体包括 1 个平台（急救医疗信息共享平台），2 个基础支撑（5G 通信与北斗精准定位），3 种智能终端（AR 智能眼镜、车载平板、医生工作站），3 个急救流程场景，N 个扩展交互应用。覆盖了从急救现场、急救途中、院内救治的完整急救流程。

研发团队在北京冬奥会赛前对相关研究成果进行了多次模拟演练应用，该成果可实现急救车载设备与接诊医院信息平台连接、患者医疗健康档案数据同步传输，推动院内急救关口前移，完善了医疗急救体系建设，全面提高了医疗急救能力。赛后，研发团队对成果研发过程中的数据及文件等进行了分析整理，并顺利进行了编撰软件著作权，总结申请专利，编写 5G 通信保障报告等工作。

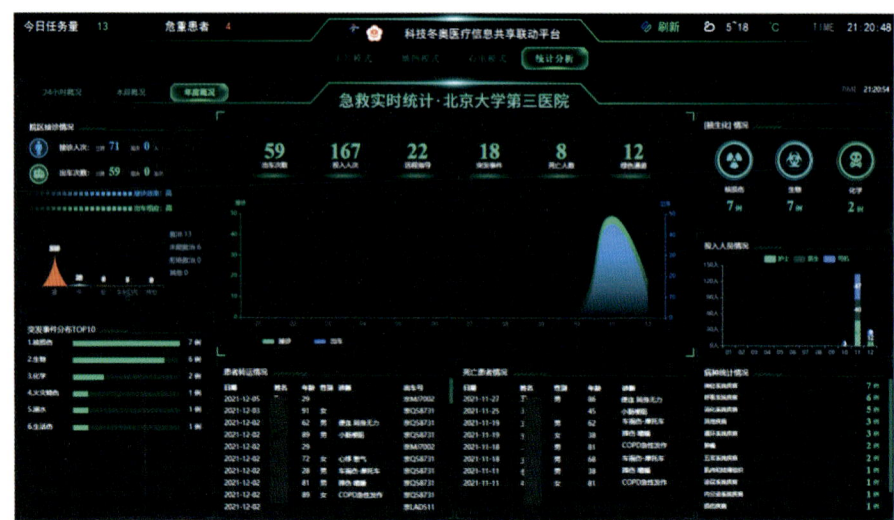

医疗信息共享联动平台统计分析

联系人：王梦莹，北京大学第三医院，18810362875，645018376@qq.com

38. 核生化应急医疗资源配置调度体系

为满足北京冬奥会核生化突发事件医疗救援需求，促进核生化应急优质医疗资源有效扩容和均衡布局，统筹协调好定点医疗机构核生化应急医疗资源调度，为人民群众提供更优质、更高效、更便捷的医疗服务，项目组整合项目各参与单位多年的核生化应急医学相关工作及实践，总结并形成了一套较为完善的核生化应急医疗资源管理理念、思路、方法和经验，构建了北京 2022 年冬奥会和冬残奥会跨区域一体化核生化应急医疗资源配置调度体系。

本成果从应急医学救援处置预案、应急医疗资源预警及配置机制、应急医学响应辅助决策与指挥调度系统 3 个方面开展相关研究工作。通过实地考察、国内外文献调研、理论分析、数学建模、大数据/AI/GIS、仿真模拟等研究方法，对核生化应急医疗救援进行了军地深度融合，通过联合示范应用，增进军地相互了解，加强相互磨合，确保核生化应急医疗救援时做到有机结合、有条不紊。

成果首次聚焦大型赛事核生化突发事件的应急医疗资源问题，研究制定了适合冬奥会核生化事件场景的装备体系、运行机制、应急预案等，实现核生化应急医疗资源决策调配一体化。总体性能指标良好，方案技术成熟性较高。

该成果为北京冬奥会的成功举办贡献了力量,也为后冬奥时代大型赛事的核生化应急医疗救援提供了理论指导及经验参考。其中,核生化系列应急预案在北京冬奥会实际应用,并在后冬奥时代的北戴河安保任务、中国共产党第二十次全国代表大会等安保工作中得以应用。同时,《核生化损伤防护知识 50 问》可为非"核生化"相关专业医务人员的知识科普及决策参考。

核生化应急医疗辅助决策、指挥调度与情景推演仿真系统

联系人:任珍,北京大学第三医院,15611908548,18234115832@163.com

39. 空气消毒净化装备

针对北京冬奥会及冬残奥会室内场馆内空气中病原微生物、甲醛、TVOCs、颗粒物等污染物消毒、净化及公共安全关键技术保障需求,突破传统技术向空气中喷洒药剂和必须在无人情况下紫外照射消毒操作模式,通过研制的分子筛基消毒、抗菌、净化的多功能核心材料,开发了低温催化氧化新技术,设计了持续动态"消毒+净化"的高效、无须更换辅材、无二次污染的一体化空气消毒新装备,解决了人员密集空间内的空气迅速消杀净化,实现了"人机共存",综合提升了空气消毒和净化的整体效果,集成构建了具备完全自主知识产权的技术体系。研编了《冬奥场馆多维度立体式病原生物消杀关键技术和示范应用实施方案》,组织设计国家体育馆、北京冬奥会技术运行中心(TOC)等室内消杀空间布局,指导安装并运维消杀设备,对典型病原微生物的杀灭率达 99.99%,有效阻断了病毒等的二次传播,改善了空气质量,保障了人员安全,形成了指导商场消毒操作指南的行业标准。

技术成果在北京 2022 年冬奥会和冬残奥会赛时期间,部署于国家体育馆、北京冬奥技术运行中心（TOC）、鸟巢、延庆冬奥村和奥运小屋等涉奥场馆多个重点疫情防控区域，为场馆内闭环域内疫情防控和公共卫生安全提供了措施保障，场馆内环境空气采样检测结果均为阴性，为简约、安全、精彩的冬奥办赛提供了强有力的科技支撑。同时在北京冬奥村下沉广场、全国科技活动周（北京科技周）的科技冬奥成果展区和2022年北京服贸会集中展示，为系列产品市场化推广助力。冬奥结束后部分产品已被紧急调拨至青岛崂山区防疫办，助力疫情防控。

空气消毒设备在奥运小屋应用

空气消毒设备在国家体育馆媒体中心应用

下篇 "科技冬奥"重点专项优秀成果选编

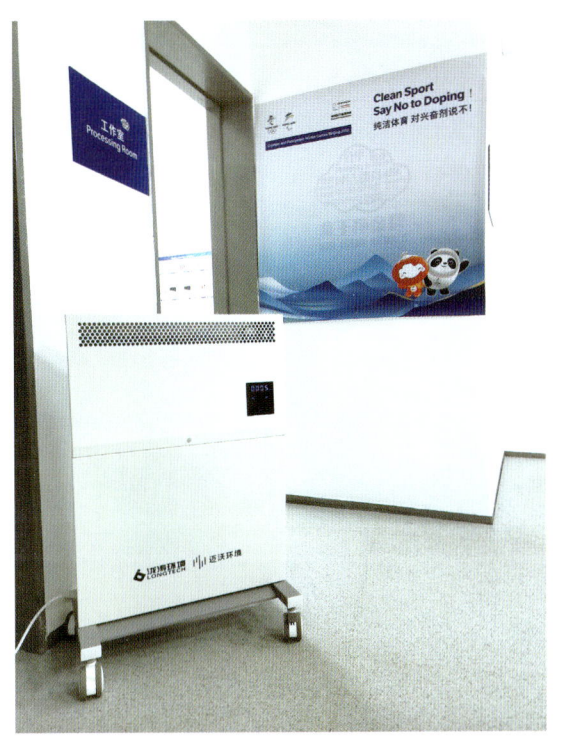

空气消毒设备在国家体育馆兴奋剂检测室应用

联系人：史东军，北京泷涛环境科技有限公司，010-83878193，shidongjun@longtech-env.com

40. 中央空调及制冰机冷却循环水消杀净化装备

针对制冷机和空调循环冷却水，以及生活热水系统中多污染物传播与净化消杀问题，该装备攻克了消毒剂的现场制备、消杀和循环使用难题，在实现有效消毒的同时大幅减少化学药剂用量。成果主要由多个部分构成，其中臭氧-溴协同杀菌技术主要是通过臭氧氧化将水系统中的溴离子激活为具有消毒能力的氧化型溴，借助循环水系统实现氧化型溴与污染物的接触完成消毒，被还原后的溴可被臭氧多次激活，往复使用。绿色除垢过滤技术，主要利用旁路去除悬浮物和微生物，减少消毒剂用量，降低结垢，达到了节能降耗、绿色安全的目的。关键污染物动态监控平台和智能监测系统可精准反馈消杀技术效果及装备运行状态，并提出科学合理的改进措施，提升综合治理效果。本成果突破了传统水处理采用的消毒剂与缓蚀阻垢剂模式，解决了化学药剂过量使用和污水不达标排放的问题，在实际应用中兼顾了消毒、净化与绿色环保。

北京2022冬奥会和冬残奥会期间，该成果应用在国家体育馆制冰机冷却循环水系统中，为冬奥会、冬残奥会冰球比赛服务，通过处理出水，保证了场馆内水循环系统的卫生和安全,取得了切断包括嗜肺军团菌在内的有害微生物在水系统传播途径的成效,满足了奥运赛事的保障要求。冬奥会和冬残奥会之后,该成果可用于包括医院、学校、地铁、车站、写字楼等公共楼宇的循环冷却水系统消杀除菌,带动水系统消毒产业发展。

中央空调及制冰机冷却循环水消杀净化装备

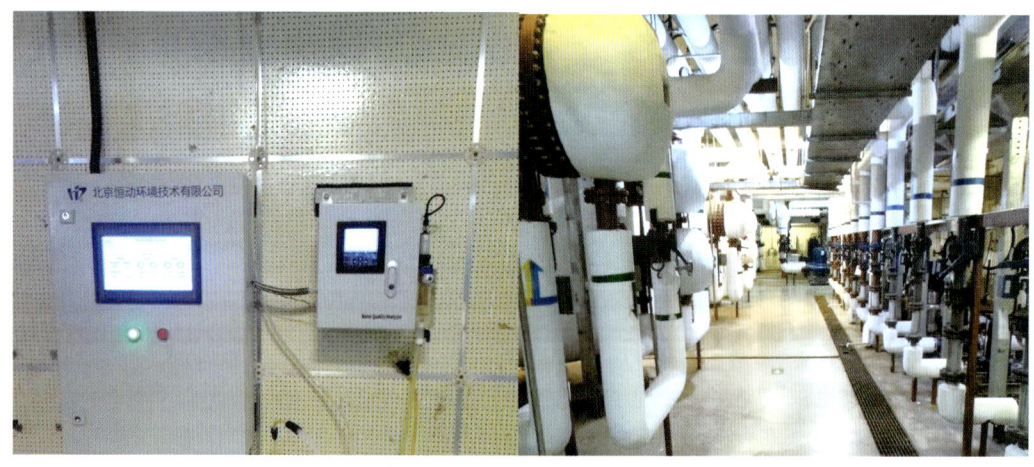

水系统病原微生物预防和治理技术装备

联系人:陈雷,北京恒动环境技术有限公司,010-84378719,13901141391@139.com

41. 智能消毒机器人

针对2022年北京冬奥会和冬残奥会期间以新冠病毒为代表的各类病原微生物产生的潜在生物安全风险，以及比赛设施、运动员装备、电子设备等物品亟须高效快速、非接触无损伤和无残留无污染的消毒需求，本成果攻克了国内领先的芯片消毒技术难题，突破了智能机器人技术和机器视觉技术难点，研制了多款智能消毒机器人，形成的机器人集第三代半导体高效消毒模组、多自由度机械手臂、激光雷达、双目视觉、自动导航等功能于一体，以非接触、无残留、无损伤和自主智能的工作方式，在 0.05～6.00 m 的消毒工作距离下，实现 10～600 m^2/h 的消毒面积，对各类物体表面的以新冠病毒为代表的病原微生物的杀灭率最高达 99.99%。通过了中国人民解放军军事医学科学院和中国科学院武汉病毒研究所等专业机构的多次严格测试。该技术成果解决方案填补了国内外在非接触无损伤高效消毒智能机器人领域空白，其中，半导体芯片式消毒技术、多轴多折机械手柄技术和双目视觉算法等核心技术实现了完全自主可控。

在冬奥会和冬残奥会期间，成果在国家体育场、国家体育馆、北京颁奖广场和延庆冬残奥颁奖广场等地进行了应用，取得了良好成效，获得了场馆运行团队和防疫团队的一致好评，并得到来自新华社、中央电视台、凤凰卫视、光明网和美国历史频道等官方媒体的多次报道。赛后，除被北京奥运博物馆收藏外，智能消毒机器人还部署在首都机场、北京大兴机场等重点场所及部分首都重要活动保障工作中服务。

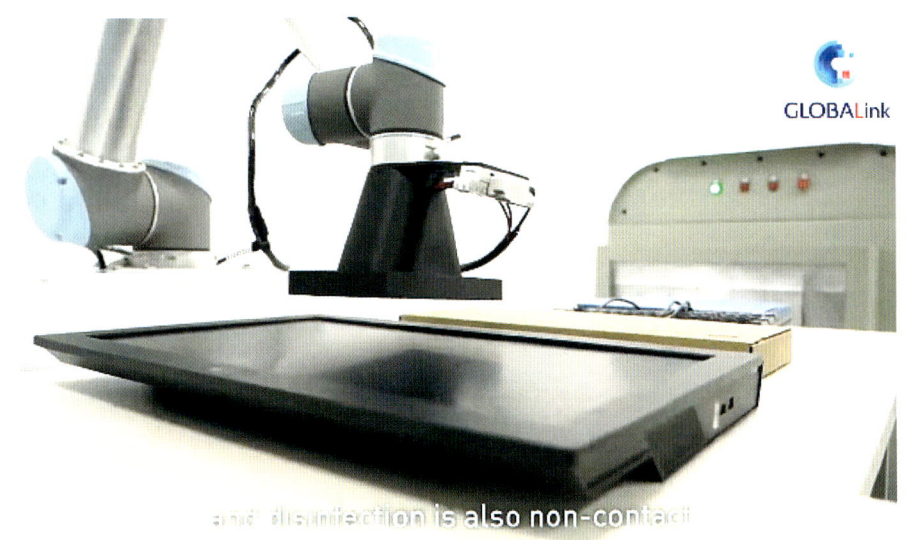

部署在国家体育馆的智能消毒机器人（新华社报道）

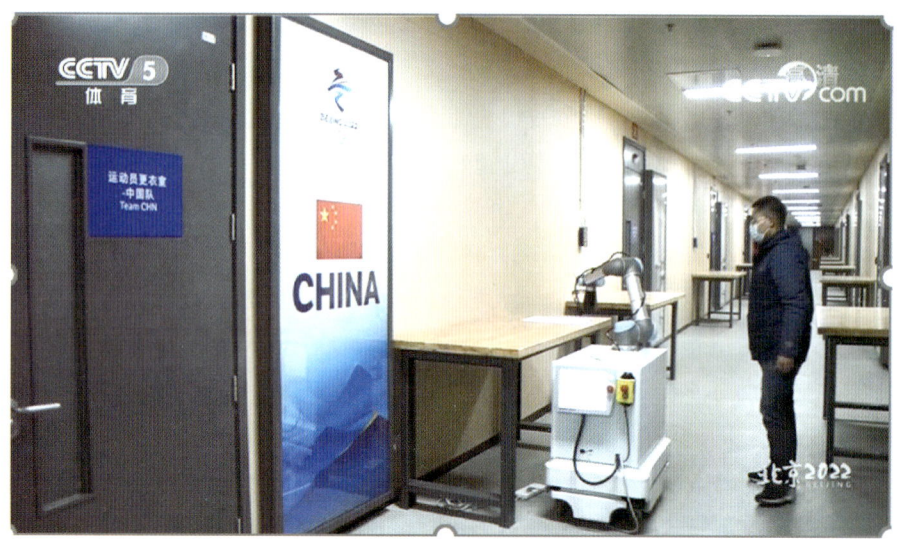

服务了中国冰球队更衣区的智能消毒机器人（央视报道）

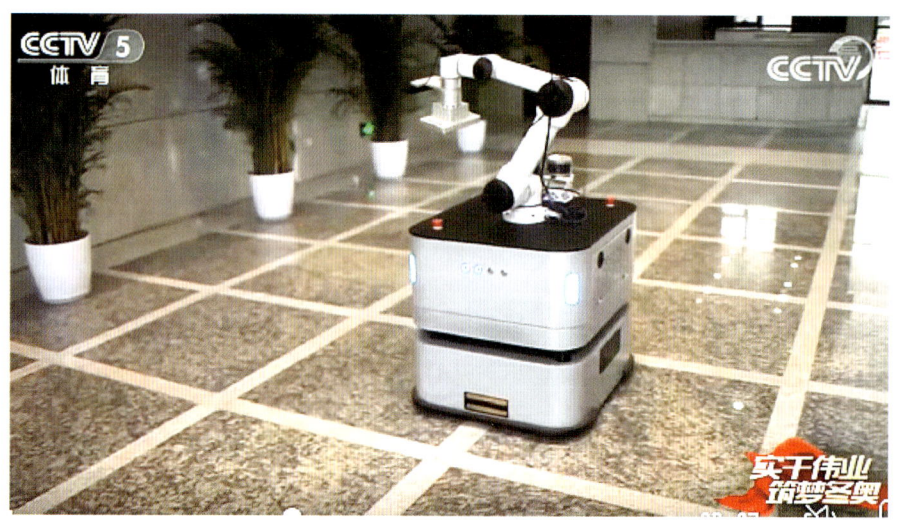

赛后智能消毒机器人为重点场所提供保障服务（央视报道）

联系人：王泓江，安徽德徽创芯科技有限公司，010-88430268，harmonytech@163.com

五、绿色智慧综合示范板块

绿色智慧综合示范板块落实《北京 2022 年冬奥会和冬残奥会可持续性计划》，在

下篇　"科技冬奥"重点专项优秀成果选编

冬奥会核心区研究和示范应用可再生能源、智能电网、新能源汽车、5G 通信等技术，并进行冬季运动项目的推广应用示范，开展绿色智慧小镇综合示范，借助冬奥的国际舞台加快推进这些技术的转化应用。该板块部署了 10 个项目，中央财政经费预算 1.93 亿元，推动了 5G 共享、氢能出行、智能车联网、100% 清洁电力、服务机器人等新技术在冬奥会场景中集成应用，助力北京冬奥会实现 5G 全覆盖、场馆全绿电，有力支撑北京冬奥会成为首个"碳中和"的冬奥会。

1. 冬奥电磁频谱监管与综合分析平台

在冬奥会开闭幕式及各项赛事中，大量无线电会同时展开应用，在复杂电磁环境和低温高寒的条件下，精准、快速地开展无线电安全保障工作，是国家无线电管理机构面临的重点、难点问题。利用多重干扰信号检测算法实时当前电磁环境监测，实现对干扰源的米级精度定位，在累积分布函数（CDF）小于 90% 时，定位精度小于 2.5 m，同时可在 2 s 内实时更新干扰源位置，并支持干扰源轨迹溯源；此外研发了基于信号射频指纹、调制参数为特征输入的智能干扰源分类方法，以及基于原始序列特征流和统计特征驱动的深度神经网络方法，对干扰发射源进行调制方式识别和辐射源识别，发射源识别准确率可达到 90%，填补了该应用场景下的多项技术空白。结合上述多项技术创新，搭建了冬奥电磁频谱监管与综合态势分析系统。冬奥会及冬残奥会期间，该系统在 5 个场馆共部署前端节点设备 19 台，并构建各场馆赛时专属信号库，共包含无线业务用频 6500 余条；开闭幕式期间保障了核心区 1600 余条无线电频率的安全使用、核心区及周边 48 000 余台无线电设备的正常工作；共计进行了长达 77×24 h 的持续监测，积累频谱和时域数据总存储量逾 1500 GB，针对赛程中近 20 万台次用频设备密集使用的复杂电磁环境，全面保障了比赛和赛事相关业务的正常进行，发挥了重要作用。

冬奥会和冬残奥会期间，该成果对开闭幕式和比赛场馆进行不间断地干扰自动化监测和电磁频谱态势可视化展示，有效监测并全面保障了比赛的正常进行，协助场馆无线电保障团队排查不明信号和干扰隐患十余起。工业和信息化部在冬奥会圆满落幕后表示："本届冬奥会开闭幕式以及赛时 27 个场馆 622 场比赛和训练赛的无线电安全保障工作实现了零干扰、零失误"。该成果可用于后续各类重大活动中的无线电安全保障任务，为国家无线电管理机构及相关领域的科学研究提供技术支撑和人才支撑，带动无线电安全保障产业发展。

2022冬奥电磁频谱监管与综合态势分析平台首页

2022冬奥电磁频谱监管与综合态势分析系统前端设备在鸟巢部署应用

联系人：张小飞，国家无线电监测中心，010-68009121，zhangxf@srrc.org.cn

2. 适配冬奥室内外环境的新型 5G 基站

研发了满足低温、高海拔、强风极端条件的新型 5G 宏基站和满足十万人级场馆需求的大带宽、高容量新型 5G 微基站。面对高海拔、超低温、超强风的巨大挑战，通过创新低温自加热、采用实心介质谐振器的介质滤波器和新型风阻设计等技术方案，研发出适应北京冬奥极端环境挑战的新型 5G 基站设备，不仅满足了 –45 ℃ 超低温、2000 m 以上高海拔和 10 级以上强风极端环境挑战，还实现了目前中频段业界最大带宽（200 M）、最高功率（320 W）的 5G 新型 AAU 设备，满足北京冬奥场景下的大带宽、高容量业务需求。为匹配场馆十万人级用户大容量和用户直播大带宽业务的双重需求，创新研发了新型 5G 微站设备，设备带宽达到业界最高的 300 MHz，是主流 5G 设备的 3 倍，同时体积只有 2 L、重量只有 2 kg，可以满足场馆内各种复杂条件的安装需求。在 300 MHz 带宽情况下可以实现 3.4 Gbps 的业界最高峰值速率，满足数百用户同时接入。结合室内分布式 Massive MIMO 技术创新，通过精准的波束配对、赋型和资源分配，极大提升高干扰场景下 RB 的利用率，使单个小区容量再提升 3～4 倍。

借助研发成果，中国联通在冬奥室外场馆部署了一张全方位、无死角的优质 5G 网络，保障比赛场馆信息畅通，助力 5G 智慧医疗。在鸟巢部署 5G SA 网络，奥运开幕式过程中实现了下行 1.5 Gbps、上行 500 Mbps 的最快速率，实现了全场景视频直播。完成了奥运史上 5G 网络带宽最大、覆盖最广、速率最高的一届奥运会，获感谢信及赞誉等多次，产出标准、专利等多项技术成果，设备能力和网络性能达国际领先水平，获经济效益数亿元，成果推广至国际机场等场景及世界各国，影响力巨大。

高山滑雪中心的 5G 基站设备

冬奥开幕式现场"鸟巢"实测速率

联系人：孙昊，华为技术有限公司，17611570780，tim.sunhao@huawei.com

3. 全覆盖 5G 网络赋能科技冬奥

北京冬奥会是 5G 网络全覆盖的首届奥运盛会，需要克服 $-45\ ℃$ 低温、2000 m 以上高海拔、10 级以上强风等极端环境挑战，满足"鸟巢"等十万人级场馆的超大容量需求和满足京张高铁 350 km 时速的高速移动覆盖需求，达到"零干扰""零失误""零投诉"的高可靠性要求，在国际上没有任何经验可供借鉴。针对北京冬奥会应用需求，借助新型设备，创新三维立体覆盖和室内高密组网技术方案，在北京市和河北省张家口市两地三赛区实现了所有冬奥场馆及连接场馆的道路、沿线城镇、酒店和京张高铁的 5G 网络全覆盖，使北京冬奥会成为奥运史上 5G 网络带宽最大、覆盖最广、速率最高的一届奥运会。为了更好地支撑科技冬奥，创新各种应用全面覆盖了"智慧观赛、智慧办赛、智慧参赛"三大场景，主要包括智慧观赛 [京张高铁央视 5G 演播室、OBS 5G 回传、北京 2022 冬奥 INFO-AV 系统（云转播）、OBS 自由视角拍摄]、智慧办赛 [5G 无线对讲（POC）、沃智护]、智慧参赛（5G 智慧急救、5G 智能车联网）等。

研究成果助力北京冬奥会打造了首个 5G 全覆盖奥运场馆、首个"5G+4K+高铁"直播演播室、首个基于"5G+北斗"的无人驾驶火炬传递等多个"全球首次"的创新应用,彰显了我国在 5G 技术和应用方面的引领地位。项目组在冬奥期间提供了优秀的 5G 网络服务保障,得到了中共中央国务院的表彰,并获得国际奥委会、奥林匹克广播服务公司及各运动员、媒体记者和工作人员的高度评价,向世界展示中国的大国形象和科技力量。

空中技巧自由视角 5G 直播机位部署

云转播 5G 背包

联系人:宋东冬,中国联合网络通信有限公司,010-66250122,songdd12@chinaunicom.cn

4. 面向冬奥复杂环境的 5G 智能车联网技术及解决方案

冬奥园区环境复杂、人员密集、物资及设备众多，园区交通面临"路网协同难""精准定位难""统一管理难"等挑战。提出了 5G 与蜂窝车联网（C-V2X）创新融合组网机制，构建了"核心云—边缘云（MEC）—路侧边缘计算"三层分级模型，提出基于 5G 基站辅助的 C-V2X 栅格化资源池配置、业务优化接入等方法，实现了时延小于 10 ms 的车路云协同数据交互；突破了"5G+北斗"多源融合高精定位关键技术，创新提出了基于 5G 大规模天线波束赋形结合 RSU 信号校正的定位方法，成功打造北京首钢园区无缝覆盖的厘米级高精定位服务，经中国电子学会组织鉴定委员会进行第三方评价，研究成果属于国际先进水平。

该成果获得第二十三届中国专利奖、2022 年中国通信学会科学技术奖二等奖等多项国家级、省部级、行业级重要奖项。成果应用于北京 2022 冬奥会和冬残奥会，完成了奥运史上首次 5G 无人车火炬接力等 4 种车型、十大场景的 5G 车联网创新业务示范应用，并在多次重大赛事活动中完成 5G 车联网业务示范验证，多位领导莅临现场调研，并获得 CCTV、人民网、《科技日报》等主流媒体报道，收到科技部、冬奥组委等多封感谢信。成果参加国家"十三五"科技创新成就展等重大展会，得到业界高度关注和广泛认可，并在北京首钢园区、雄安新区等地进行商业推广，形成显著的社会、经济影响力。

无人车火炬接力

下篇 "科技冬奥"重点专项优秀成果选编

无人清扫作业

联系人：刘琪，中国联合网络通信有限公司，18601106706，liuqi49@chinaunicom.cn

5. 面向复杂混合交通群体的 5G+C-V2X 车联网通信解决方案

针对冬奥期间复杂的物资、设备、人员的密集车流高效安全运输出行需求及特殊的作业运行需求，突破传统通信技术和信息安全技术无法应对复杂混合交通场景和 L4 自动驾驶场景所需的低时延、高可靠、高带宽通信需求，以及各类复杂信息安全风险的问题，重点考虑冬奥园区复杂混合交通环境下车联网典型应用场景的数据交互和通信需求，开展 5G+C-V2X 车联网通信关键技术和融合组网方案研究，设计了 5G+C-V2X 融合的系统架构、通信模式切换方法、联合回传机制等，为不同的业务应用提供不同的通信链路和网络资源；提出了系统性的通信安全解决方案，包括安全架构、证书体系和申请流程、PKI 跨域互信机制、终端异常行为管理、设备初始认证等多个方面，既满足智能车联网的信息共享和获取需求，又充分保护个人隐私安全。

该成果可用于支持高级自动驾驶的毫米级通信延迟需求和 99.999% 通信可靠性需求，在车联网终端直通关键、车联网通信安全、车联网无间断通信、C-V2X 与 MEC/网络切片融合等方面具备显著创新，填补了国内融合组网方案领域空白，核心技术实现了完全自主可控，为科技冬奥智能车联网项目的系列课题提供了坚实的理论支撑。

　　该成果在北京冬奥会首钢园区获得全方位应用，保障了复杂混合交通场景和高级自动驾驶场景的可靠通信。同时，该成果还应用于国内各大车联网先导区、示范区、新基建、重大专项、双智城市等中。例如，重庆 G5021 石渝高速涪丰路段，双向道路总长 128.6 km，共部署 350 套 C-V2X 路侧基础设施，为道路管理提供丰富的可视化信息和远程管控手段，提升了高速通行安全、通行效率和应急处置能力。截至 2022 年 6 月，全国共有 50 余个区域规模部署了 C-V2X 路侧基础设施，特别是在北京冬奥会首钢园区、亦庄的全球首个网联云控式高级别自动驾驶示范区等均批量部署 C-V2X 路侧基础设施，取得了良好的示范应用效果。

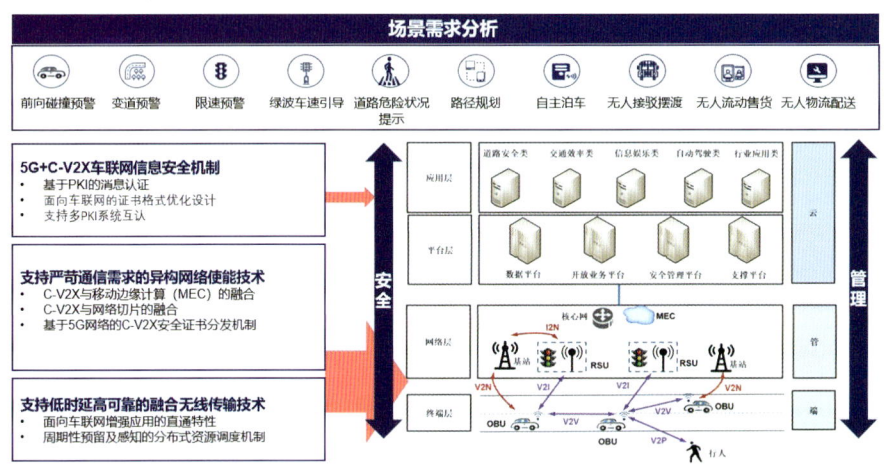

场景需求分析

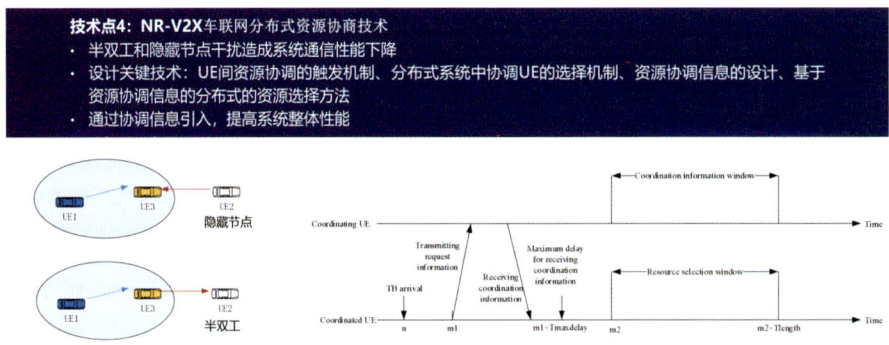

NR-V2X 车联网分布式资源协商技术

联系人：江霞，大唐高鸿股份网络有限公司，010-62304966，jiangxia@gohigh.com.cn

6. 复杂车联网环境下的多维网络资源感知及多业务场景下无间断通信技术

针对冬奥园区内由于各种网联车辆通信方式多样化、业务需求个性化等造成的业务连续性保障困难问题，提出了基于多维网络资源感知的无间断通信技术：基于当前的 5G 技术具有的高带宽、低时延的特性，提出了一种多维度的网络资源状态透彻感知模型，感知资源的维度达到 8 种，业务优先级种类 3 种；将透彻感知不同交通群体所处环境周围的网络资源分布情况和各用户业务需求对网络资源需求大小不同博弈得到的深度表征结果发布给协同传输算法，得到相应的网络接入和切换决策，切换时延下降 22%，解决了冬奥园区复杂场景中各种车辆高速运行通信和业务易中断的难题。该技术为冬奥园区内车辆的无间断通信提供了基础技术支撑，整体技术达到国内先进水平，并集成应用到冬奥园区的车联网系统中，效果良好。

该成果应用到北京冬奥会的 5G 智能车联网示范中，基于面向车联网的多模态融合感知及无间断通信等技术，与冬奥园区近 200 台网络设备、30 余辆无人驾驶车对接，实现了涵盖 5 种车型、十大场景的 5G 智能车联网业务系统通信业务连续不中断，为在北京冬奥会首钢园区实现 5G 智能车联网的全天候安全平稳运行提供了技术支撑，社会效益明显。

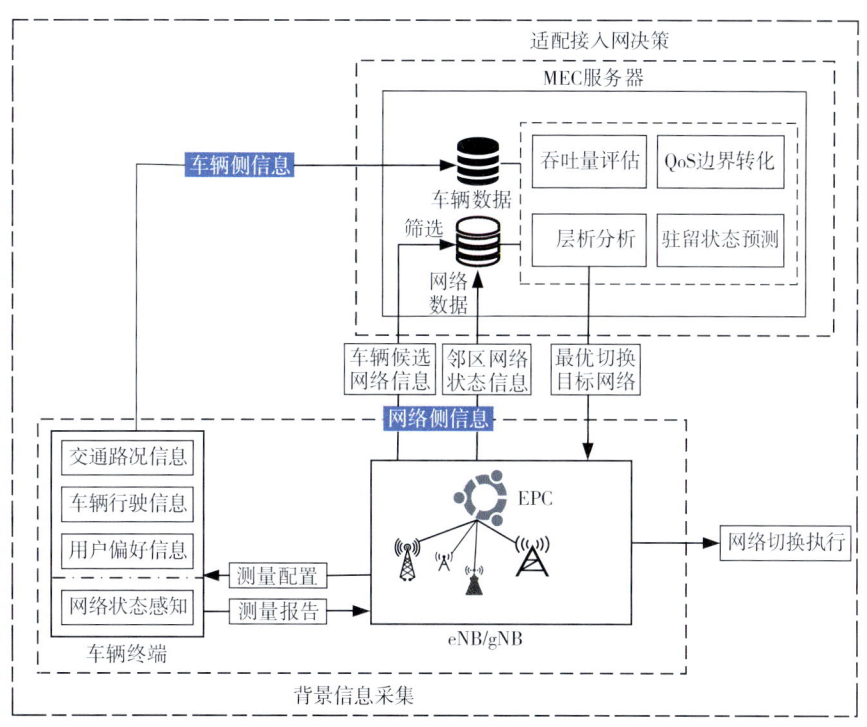

基于 MEC 的网络感知与资源适配架构

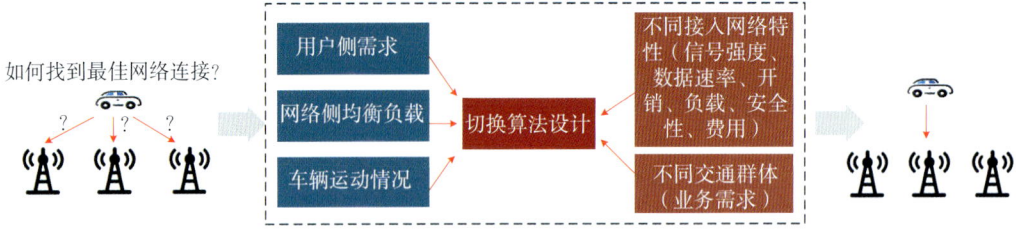

异构网络之间垂直切换算法

联系人：苏伟，北京交通大学，010-51685364，wsu@bjtu.edu.cn

7. 车－路协同环境下交通协同感知体系及交通态势演进技术

面向冬奥期间密集车流高效、安全运输出行需求，针对现有的感知方法感知信息不全、计算量大、实时性不够、协同性欠缺等问题，基于车－路协同平台采集的摄像头、激光雷达、毫米波雷达数据，提出并构建了针对冬奥园区交通目标的"面向多模态、融合多粒度、包含全过程"的协同感知体系；重点开发了冬奥会期间雨雪雾低能见度条件下的实时目标检测、分割和跟踪算法，对主流交通目标感知平均精确度达 80%，处理速度超 30 FPS；基于深度学习和强化学习方法研发了冬奥会人－车混合场景的 9 种交通关键参数提取和态势理解算法，实现交通态势时空分布的标准化建模；建立了目标轨迹预测、事故风险预警、车辆应急调度和驾驶行为评估等 4 类交通态势预测模型，保障冬奥园区智能车联网安全运行；面向冬奥园区不同交通需求，建立了基于首钢园区交通流数据仿真的态势推演系统和全场景智能路侧感知系统，通过集成部署在路侧的感知设备、计算设备和通信设备，实现实时数据采集和车路通信的软硬件支撑。

技术成果在北京冬奥会期间的首钢园区场景进行示范应用，协同感知技术在线应用于道路交叉口的近百时段视频流中，为道路安全提供实时风险预警；基于应用结果形成《车路协同环境下交通状态感知体系研究报告》，发表 11 篇高水平学术论文，获得 2 项专利和 3 项软件著作权授权，填补了国内路侧设备融合感知领域部分技术空白；在冬奥园区 15 个点位部署路侧感知设备，支撑 C-V2X 信号在西区道路的全覆盖；在重庆沪渝南线部署 350 余套协同感知设备，提升高速路段安全通行效率和应急处置能力。

下篇 "科技冬奥"重点专项优秀成果选编

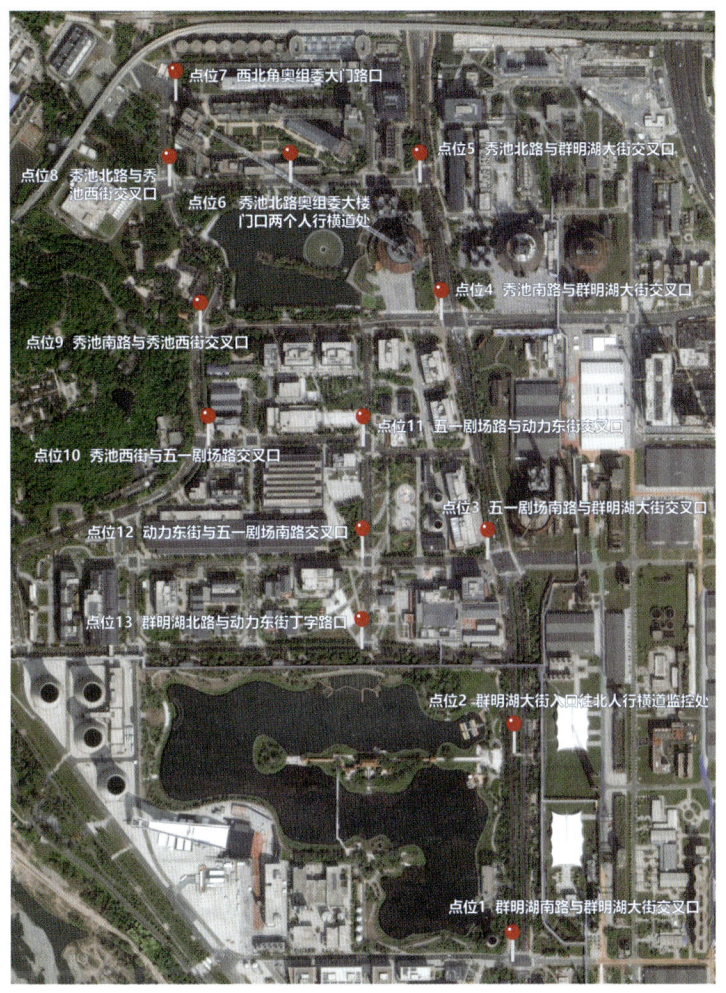

冬奥园区 RSU 设备部署

面向多模态图像的交通目标融合感知平台应用

交通目标协同感知结果展示——首钢园区道路交叉口

联系人：胡坚明，清华大学，13683278978，hujm@tsinghua.edu.cn

8. 车辆队列自动驾驶技术

队列自动驾驶车队由 1 辆人工驾驶的领航车和若干辆自动驾驶的跟随车组成，实现车队加减速、紧急制动、转弯掉头、跟驰等功能场景及车队管理功能。车辆队列自动驾驶技术采用智能和网联结合的技术方法，通过前车有人驾驶、后车无人驾驶、无须高精度地图的技术方案，解决了当前单车智能 L4 级自动驾驶的关键核心技术瓶颈问题。车辆队列自动驾驶技术通过车队互联通信技术，可以根据实际情况调整跟随车数量，解决了冬奥期间复杂的物资/设备/人员的密集车流高效安全运输出行需求。车辆队列自动驾驶技术降低了车辆的传感器配置，减少了后车人员的配置，实现车辆及车队人员成本可控，解决了 L4 级类人驾驶高额成本导致难以落地的成本问题。队列自动驾驶技术基于滑动模式控制（Sliding Mode Control）理论，可实现纵向车间距 10～15 m，横向偏差不超过 30 cm，车间通信距离不小于 300 m，最高车速可达 70 km/h，车间距最优性能能达到 8～10 m，解决了保持期望的车队间距和车队稳定性的关键技术问题，性能指标领先于国内外同类技术水平。

4 辆巴士在冬奥会期间满足园内游客及园内办公人员接驳、公务接待等需求，在首钢园内实现从园区东门经三号高炉、冬奥组委南门至园区西门的往返接驳，此路线队列运行全程 5 km，单车接驳人数为 11 人左右，4 辆车可单次接驳人数为 40 余人。搭载队列自动驾驶技术的车辆，可以减少车辆之间的距离，从而减少风阻，降低汽车油耗和废气排放；同时可以增加道路的利用率，提高道路的通行效率；此外，跟随车辆更加安全，车主不需要集中精神关注前方路面情况，可以有空闲时间进行娱乐、休息和从事其他工作。尤其卡车等商用车行业成本主要在于燃料消耗和人力成本，通过车辆组队方式能减少卡车司机数量、降低油耗，能极大地降低卡车运营成本。

队列自动驾驶巴士

联系人：姚轩，北京汽车研究总院有限公司，010-56637229，yaoxuan@baicgroup.com.cn

9. 5G+C-V2X 的低时延高可靠车载 OBU 商用产品

为了解决传统通信技术和信息安全技术及解决方案无法满足智能车联网带来的低时延、高可靠通信需求，以及面临各类复杂信息安全风险的问题，在对车联网典型场景和技术需求进行分析的基础上，研究和实现低时延高可靠 C-V2X 车载系统，基于提出的 5G+C-V2X 融合组网方案，研发了一款车载 OBU 商业产品，适用于各类车联网典型场景和通信需求。

为解决 LTE-V2X 到 NR-V2X 演进时设备不兼容问题，研发的车载 OBU 支持最新协议标准：C-V2X PC5 支持 3GPP Release 14 PC5 直连通信；支持 5G NR，可支持 NSA 和 SA，3GPP Release 15，可支持上行 2×2 MIMO，下行 4×4 MIMO 多天线配置，支持频段 n28/n41/n77/n78/n79。为解决不同车载终端、芯片模组、车型及安全平台之间的互联互通问题，研发的车载 OBU 支持国内最新 V2X 协议标准，支持中国汽车工程学会 V2X 应用层消息集，支持 YDT 3709-2020 基于 LTE 的车联网无线通信技术消息层技术要求的国内最新标准，支持高性能 HSM 芯片，支持国密算法与国际商用密码算法，并与主流厂家 OBU/RSU 设备完成新四跨、四跨、三跨互通测试。为了应对复杂混合交通场景和 L4 自动驾驶场景，研发的车载 OBU 支持与车辆 CAN 对接，支持与车路协同云平台对接，支持实现各类应用场景，包括V2V前向碰撞、V2V变道预警、V2I限速预警、V2I绿波引导、V2I道路危险状况提示等，还支持V2P等弱势交通参与者预警应用。考虑到特殊场景下对通信和定位的需求，研发的车载OBU适用于隧道、地下车库等无GNSS信号场景，支持RSU和OBU之间的PC5空口同步，支持实现RSU和OBU的通信及OBU的定位功能。5G+C-V2X的低时延高可靠车载OBU产品已实现商业化，且技术水平达到国际一流。

该成果应用到北京冬奥会5G智能车联网示范中，涵盖了首钢园内的典型车路协同应用，为北京冬奥首钢园区5G智能车联网车路协同应用的顺利安全运行提供了技术保障。此外，该成果还应用于国内各大车联网先导区、示范区、新基建、重大专项、双智城市等，如郑州金水智能汽车5G-V2X车路协同安全测试认证基地项目，通过在智能汽车安全测试认证基地使用、测试和用户体验等，验证了产品的合规性和可靠性，在操作便捷程度和性能表现上都获得一致好评。

该成果以低成本的优势，可作为车辆辅助被动安全措施，降低车辆智慧化成本。同时，减少交通事件引起的间接经济损失，提升道路运行效率节约出行时间成本与经济成本。

5G+C-V2X的低时延高可靠车载OBU商用产品奠定了车路协同从试点、先导区到产业化、商业化、规模化转型的基础。配合路侧感知，将对公路沿线车路交互网络技术和装备关键技术、基于物联网和大数据的公路运行态势感知和智能决策技术的示范工程验证及全面推广起到推动作用，为车路协同建设提供技术和经验积累。同时，构建智慧高速车路系统标准体系，从而带动相关产业显著增长，具有明显的经济效益和社会效益。

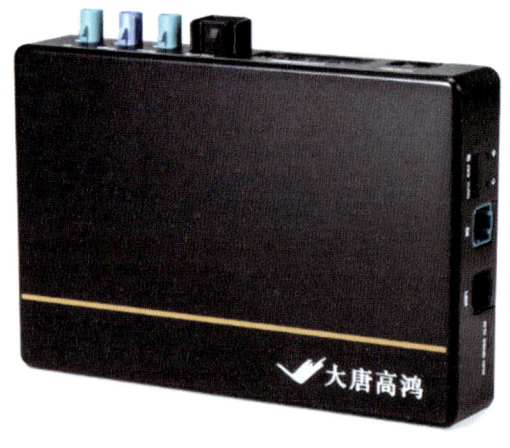

5G+C-V2X 的低时延高可靠车载 OBU 商用产品外观

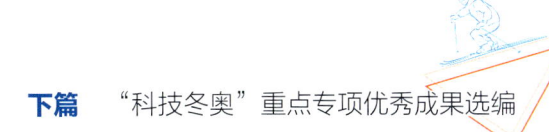

下篇 "科技冬奥"重点专项优秀成果选编

车载 OBU 应用实景

联系人：江霞，大唐高鸿网络股份有限公司，010-62304496，jiangxia@gohigh.com.cn

10. 5G+AI 智慧泊车服务系统

随着中国城市和汽车产业的发展，停车位供给不足问题日渐突出，停车拥堵和找车位难的问题已经成为困扰城市发展的难题，且现有车位存在资源利用率低、信息化水平不高的问题。目前的政策引导和技术发展方向都指向了自主代客泊车（AVP）方案，自主代客泊车将会是智慧交通与自动驾驶最佳结合场景。

5G+AI 智慧泊车服务系统，充分利用 5G 网络的能力，助力智慧交通和车路协同发展，该系统对停车场进行了信息化升级，结合边缘云算力服务和 5G 专网技术，在云端部署 5G+AI 智能泊车服务平台，提供了车辆行泊一体能力、"车路网云"一体化能力及综合运营服务能力，实现停车场的数字化升级改造，并结合用户终端应用，实现全无人化管理，打造优秀的自主泊车体验和完整的商业闭环。解决了地下定位、车端成本过高等问题，通过采用 5G + 北斗与 SLAM 定位的融合，实现在地下场景下的高精度定位问题。攻克"端—边—云"协同计算技术，通过云端导航，分发路径规划信息、路侧障碍物感知消息，大大降低车端成本。

智慧泊车云平台是智慧泊车系统的中枢大脑，具备以下能力。第一，通过路侧赋能，提供停车场的运营管理能力及车端 V2X 预警服务能力；第二，对 AVP 车辆进行智慧泊车运行监管；第三，为管理者提供可视化的综合监控；同时，系统提供手机小程序和车辆人机交互应用，实现车位预约、一键召泊、路径规划、费用结算等，为用户提供便捷、放心的使用体验。

基于"车路网云"一体化协同能力，系统提供了协同感知、协同定位、协同规划和协同控制四大能力。通过协同感知能力和协同控制能力，利用 5G 的低时延功能，把场端感知结果传递到车辆，作为自动驾驶的决策依据，在必要时还会对车辆进行系统控制，解决了停车场盲区多、遮挡多等问题，全方位提升自主泊车的可靠性、稳定性和安全性。协同定位能力，是指通过 5G+ 北斗技术，实现了室内亚米级定位，并利用车辆自身的 SLAM 定位，完成自动驾驶需求的定位；协同规划能力，是指在车辆入场时立即发送停车场的高精地图和全局路径规划到车辆上，提高了泊车的整体效率。

研究成果已在北京亦庄 5G 智能网联示范基地进行了充分验证，并且在苏州国际博览中心的商业停车场打造示范标杆，作为第 29 届智能交通世界大会期间重点智能网联开放场景之一，率先行业探索"车路网云"一体化自主泊车商业化落地方案。

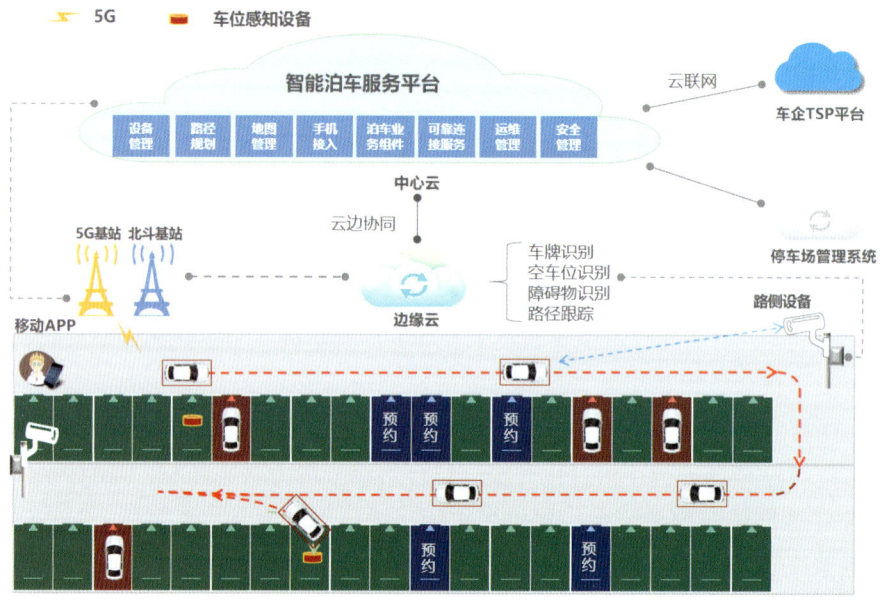

智能泊车系统示意

下篇 "科技冬奥"重点专项优秀成果选编

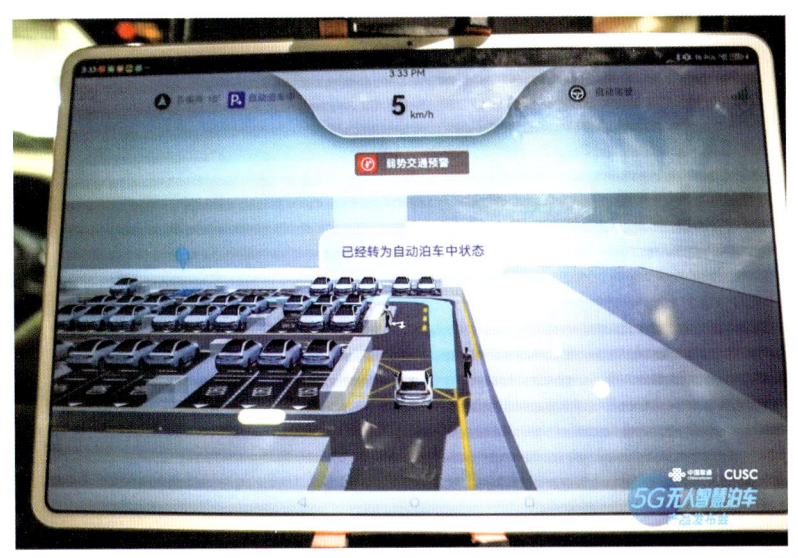

自动泊车业务演示

联系人：辛亮，联通智网科技股份有限公司，010-68106868，xinliang_jia@sina.com

11. 动态信息汇聚计算及高精度动态地图平台

该平台深度融合大数据分析与人工智能技术，创新性地提出了动态信息汇聚计算及高精度动态地图技术，攻克了自动驾驶领域中的两大难题：多源、异构空间数据的高效整合与精确分析及动态信息与高精度静态地图的实时匹配与动态融合。

在数据处理层面，平台借助先进的大数据分析技术，实现对海量、实时动态信息的快速捕获与深度解析。通过智能算法和模型的精准运用，平台能够智能筛选、无缝整合及高效转换多源数据，有效消除数据间的冗余与冲突，显著提升数据的一致性和可靠性。这为自动驾驶车辆提供了坚实、可信的决策基础，大大增强了其行驶的安全性与稳定性。

在地图更新方面，平台结合人工智能技术，实现动态信息与高精度静态地图的即时匹配与动态融合。通过实时感知道路细微变化，平台能够即时更新地图信息，确保地图的实时性与精准性。这一举措有效解决了传统地图更新滞后的难题，为自动驾驶车辆提供了实时、精准的导航服务，进一步提升了行驶效率与用户体验。

平台支持高达 5 万辆车的实时接入，能够处理多达 7 种动态交通信息，展现出强大的数据处理能力。同时，其峰值处理能力超过 5 万次 /s，确保了系统在高并发场景下的稳定运行。在地图服务方面，平台提供的高精度动态地图具备卓越的绝对精度和相对精度，静态数据查询响应迅速，为自动驾驶车辆提供了高效、准确的导航支持。

地图平台成功融合了静态地图与多源动态数据，通过先进的大数据处理技术，在北京冬奥会、冬残奥会期间为赛事提供高精度位置服务和实时交通信息，显著提升了交通效率与驾驶安全性。该平台不仅保障了物资、设备、人员的高效安全运输，还推动了车路协同及自动驾驶技术的快速发展。同时，平台严格保护用户数据安全，构建健康的出行数据生态，为商业模式创新提供有力支撑。此外，地图平台在相关领域实现了示范推广与转移转化，显著提升了企业市场竞争力，产生了可观的经济效益和社会效益。该成果的广泛应用与转化，不仅提升了交通出行的智能化水平，也为自动驾驶技术的进一步普及与应用奠定了坚实基础，展现了其在相关领域的深远影响力与广阔前景。

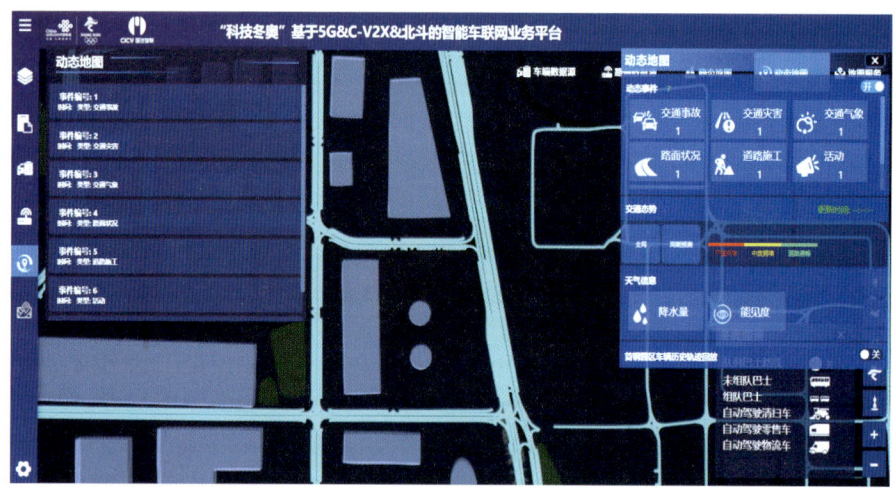

动态地图

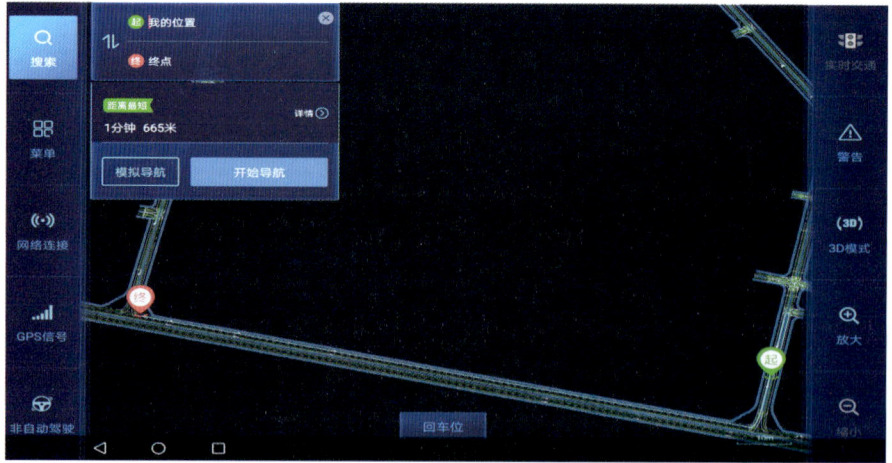

基于地图信息的车辆规划服务

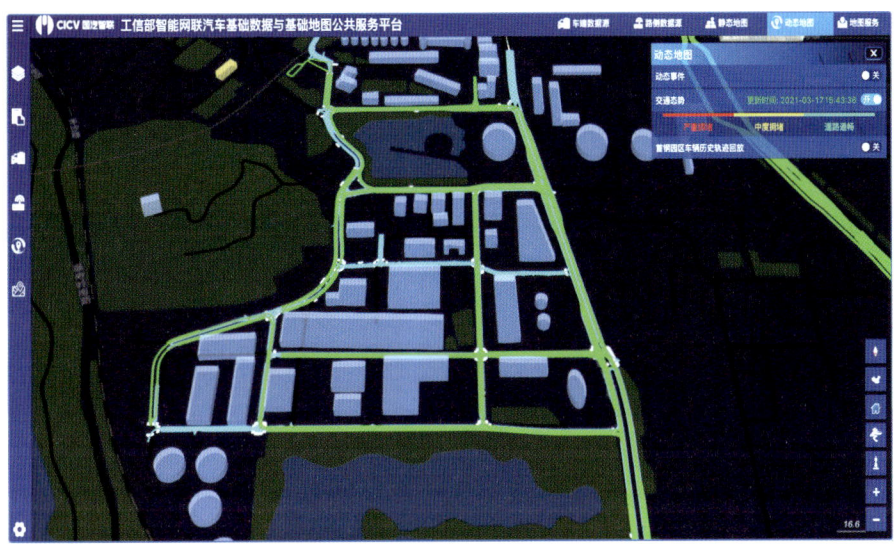

交通态势展示示意图

联系人：郑义，国汽（北京）智能网联汽车研究院有限公司，13341591827，zhengyi@china-icv.cn

12. 冬奥场馆周边植被远程智慧补水灌溉技术

林木节水、智能补水灌溉是一种新兴的林木养护手段，在干旱、交通不便地区和困难立地条件的造林活动中尤为重要。我国在研发智能节水灌溉系统方面虽然起步较晚，但发展迅速，林木智慧补水，是利用入射到物质表面的电磁波在特定波长处形成吸收和反射特性，这些吸收和反射特性难以清晰地反映在传统的多光谱遥感数据上，而高光谱遥感能够精确地捕捉物质的反射（或吸收）特征并用来反映物质的组成和结构。本成果基于对树木冠层光谱特征反映的需水信号综合判译，结合天气预报信息，科学制定树木的补水灌溉方案。并基于移动 APP 和远程管理系统，实现树木补水灌溉的实时、远程、智慧管理，完成试验示范 560 亩。为实现科技奥运、绿色奥运提供坚实支撑。与以色列等国际领先的节能补水技术相比较，本成果技术先进、适用范围广泛，但目前仍处于起步阶段，应用示范范围较小，有待进一步进行效果验证。

本成果目前集中应用于北京冬奥会崇礼太子城核心区（雪如意跳台对面），节约了造林灌溉用水的成本，保障了该区域的造林成活率，同时为冬奥廊道植被快速建设提供了技术支撑，打造了行业样板，起到了引领示范作用。

远程智慧补水灌溉技术示范　　　　远程智慧补水灌溉技术信号传输装置

联系人：李瀚之，中国林业科学研究院生态保护与修复研究所，62824101，lhz@caf.ac.cn

13. 生态修复的物种选择和配置技术与应用

北京冬奥会延庆赛区坡面因工程建设需要开挖形成，多镶嵌在森林中，边坡生态修复具有特殊性。物种选择和配置是修复的关键。本研究结合相关数据，采用样线—样方方法，在冬奥廊道周边选取有代表性的调查样线，开展修复区域内的适生乡土植物调查。提出了适合北京冬奥会延庆赛区及周边区域生态修复的参考植物群落 17 种和适生乡土植物 57 种；提出了适合北京冬奥会廊道裸露创面、延崇高速及联络处裸露创面和延庆赛区技术道路和冬奥村周边边坡生态修复的适生乡土植物（灌木）的配置模式 10 种；依托筛选出的生态修复适生乡土植物名录，研发了"华北地区边坡绿化植物选择系统 V1.0"，支撑了北京冬奥会延庆赛区及其周边的边坡、雪道等裸露坡面的生态修复；虎榛子和小叶白蜡是在边坡适生乡土植物调查和植物群落调查中，综合评价选出的优良生态修复树种。建立了生态修复优良野生灌木虎榛子和小叶白蜡的苗木繁殖技术体系，填补了虎榛子和小叶白蜡人工繁殖技术的空白。

研发的"华北地区边坡绿化植物选择系统 V1.0"，支撑了北京冬奥会延庆赛区及其周边的边坡、雪道等裸露坡面的生态修复；利用研发的虎榛子和小叶白蜡繁殖技术所培育的苗木，对生态修复区进行了苗木补植，修复面积约 14 000 m^2；评估筛选的植物物种及其配置模式全面应用到研究区域的边坡生态修复工程。

乡土植物用于裸露边坡生态修复效果

联系人：尚策，北京林业大学，13811368110，ce_shang@bjfu.edu.cn

14. 冬奥廊道山地残次林景观优化与生态功能快速提升技术

冬奥会核心赛区气候寒冷、干旱，同时森林植被以华北落叶松、白桦等落叶树为主，存在冬季绿量少、景观效果差、生态功能不强等问题。为了提高张家口冬奥赛区太子城核心赛区周边的山地植被景观效果及生态功能，针对影响植被发育的高寒、干旱、鼠害等不利因素，构建了山地森林景观优化配置技术、山地残次林近自然结构改造技术、退化林地立地改良植被快速恢复技术及樟子松鼠害无公害防治技术等4项技术，引入抗寒能力强、景观效果好的云杉、樟子松等5个造林树种，提出了落叶松+云杉+樟子松、白桦+云杉+樟子松、云杉+山桃+榆叶梅、山杏+樟子松等4套造林模式，对当地原有的低质华北落叶松林、白桦林及退化荒山进行了改造提升和生态修复。该成果提出的技术及造林模式解决了当地原有造林树种适宜性差、成活率低、冬季景观效果差等问题，所选植株对当地的气候及土壤条件具有很好的适用性，明显提高了造林成活率，成活率达到92%以上。

依托该成果在北京冬奥会张家口太子城赛区周边山地建设残次林改造示范林550亩。示范林冬季含绿量提升90%，美景度提高32.1%，水源涵养能力提升22.6%，水土保持能力提升16.0%。该成果明显改善了冬奥会赛事期间太子城周边山地森林植被的景观效果及生态功能，实现了春有花、夏有荫、秋有彩、冬有绿的植被建设效果。一方面，提升了冬奥举行期间参赛人员的参赛感受和体验，体现了科技冬奥、绿色冬奥的办赛理念；另一方面，也为后奥运时代太子城周边冰雪项目及旅游资源的开发奠定了良好基础。该成果技术成熟，在同类地区具有较高的推广价值。

残次林改造前面貌　　　　　　　　　残次林改造后效果

联系人：许中旗，河北农业大学，0312-7528799，xzq7110@163.com

15. 冬奥交通廊道沿线平原地带景观质量提升技术

针对冬奥会主要道路沿线平原地带森林廊道林带残缺、色彩单调、层次结构简单、群落类型少等问题，以提升林分风貌景观、优化群落结构、提升林分生态功能为目标，研发集成了冬奥交通廊道沿线平原地带景观质量提升技术。

根据冬季观赏特性筛选适生冬季景观乔木 55 种、灌木 81 种，建立了景观质量评价体系，提出了适宜不同立地条件和景观需求的 3 种组合配置模式；建立了断缺林带识别、补植模式设计、林木大苗移栽造林、ABT 生根粉灌根、播草覆盖等于一体的近自然植物群落快速营建技术，实现了断缺林带的快速补植与修复；建立了全年周期精细化的绿色管护技术。该技术体系已经指导了示范区建设，示范区成活率达 93%，美景度提高了 2.7～7.1 倍。国内外景观研究偏重于春、夏、秋三季景观研究，冬季景观的研究处于起步阶段。而且为避免其他季节景观下降，本技术以"冬季为主、兼顾三季"为原则，建立了冬季景观树种评价模型，具备较好的创新性、实践推广应用价值。

技术成果在冬奥廊道京礼高速沿线阪泉服务区段、付小路段、付余屯段建立示范地 300 亩，含彩色有机地表覆盖物示范 3000 m^2。构建了"适生景观植物筛选—断缺林带分析—空间模式构建—补植优化方案设计—绿色管护—景观绩效评估"完整实施路径，形成了一套定量化、科学性、全面性的廊道景观优化技术体系和工作框架，能够为今后交通廊道平原地带沿线植被景观优化及生态功能提升工程提供技术参考和借鉴。

下篇 "科技冬奥"重点专项优秀成果选编

原白桦林补种油松景观提升

原国槐林和油松林补种樟子松景观提升

联系人：孙振凯，中国林业科学研究院林业研究所，010-62880719，zksun_caf@caf.ac.cn

16. 针对冬残奥村居住环境的无障碍便捷智能运维管理平台

基于无障碍、便捷智慧生活服务需求及北京冬奥村（冬残奥村）的无障碍需求和便捷智能管理的客观需要，从各类障碍人群的无障碍生活服务需求出发，系统梳理冬残奥会举办及运行的相关要求，首次为冬残奥会构建完整、智慧化的无障碍便捷生活服务体系和技术路线，体系包括大类、中类、主要服务要素3个层级。引入建筑信息模型和数字孪生技术作为无障碍便捷生活服务的空间和数据基础，建立空间编码体系。首次完成了基于物联网的冬残奥村无障碍便捷智能运维管理平台大屏端、PC端、移动端的软件开发、测试、部署及示范保障工作。研发与无障碍便捷智能运维管理平台联动的四类智能终端设备，主要有无障碍信息指引设备（智能导航）、无障碍用餐辅助设备（用餐指引）、无障碍车位管理辅助设备（智能停车）、无障碍呼叫设备（智能呼叫）等，为园区内人群提供无障碍、安全、快捷智慧的生活服务。

针对北京冬奥村（冬残奥村）居住环境的无障碍便捷智能运维管理平台连接智能基础设施和智慧应用场景，配套研发4类无障碍生活智能终端设备与平台联动，通过大屏、PC、手机、穿戴设备进行多端应用。自2022年1月23日部署上线至2022年3月16日冬残奥闭村，在北京冬奥村（冬残奥村）赛时完成部署应用，平台浏览336次，访客数155人，平均停留时间4 min，6个监测空间累计人流量1 257 353人。成果应用示范效果良好，得到了冬奥村（冬残奥村）运动员、北京冬奥会和冬残奥会部、科技部和北京冬奥村（冬残奥村）运行团队的一致认可。

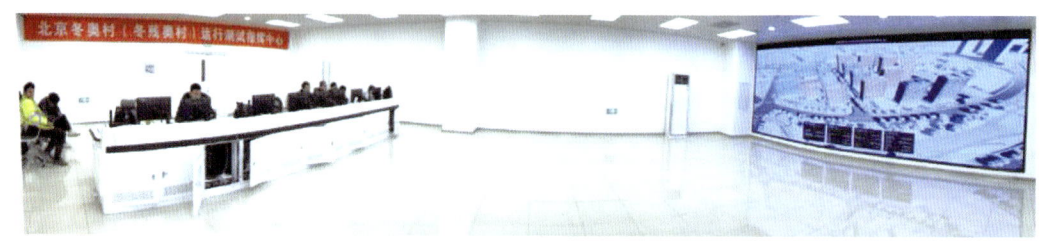

管理平台在北京冬奥村（冬残奥村）中控室大屏部署

运动员餐厅入口处人流状态显示屏

下篇 "科技冬奥"重点专项优秀成果选编

管理人员通过 PC 端查看餐厅人流量情况

无障碍信息指引设备（智能导航）

应用场景
- 轮椅／电动车车头安装定位设备
- 定位设备与无障碍便捷智能管理平台联动
- 实现共享轮椅借用／归还、统一调度

无障碍呼叫设备（智能呼叫）

应用场景
- 穿戴设备与无障碍便捷智能管理平台联动，当需要提供帮助或服务时，按键联系服务部门
- 基于模型定位技术，服务端可根据呼叫报警确定人员信息及实时位置，调度服务人员前往
- 穿戴设备可作为一卡通，用于门禁、用餐、健身等场景

定位服务　　一卡通

无障碍车位管理辅助设备（智能停车）

应用场景
- 车位占用状态感应，与无障碍便捷智能管理平台联动
- 指定车辆分配距离目的地最近的无障碍车位，移动端开锁停车入位
- 解决无障碍车位被违规占用、闲置，缺乏引导管理的问题

无障碍用餐辅助设备（用餐指引）

应用场景
- 与无障碍便捷智能管理平台数据关联，实时统计人流状态
- 在不侵犯隐私的前提下对无障碍卫生间／餐区／卫生间／健身房／医疗中心／多信仰中心等，实现错峰引导

四类智能终端设备

联系人：高渝斐，北京市建筑设计研究院股份有限公司，010-88042133，gaoyufei@biad.com.cn

17. 基于人工智能技术的视障辅助系统

基于人工智能技术的视障辅助系统，解决了自然场景下的物体识别与场景理解，多轮人机对话与情感分析，辅助终端、智能运营平台和智能辅助软件与不同视障人士辅助需求的深度结合等关键问题。课题基于人工智能技术，围绕2022年北京冬奥会和冬残奥会，研制了由硬件—平台—软件共同构成基于人工智能技术的视障辅助系统。研制基于计算机视觉和自然语言处理技术的场景自适应视障辅助设备，在自重小于150 g的便携式眼镜上实现了准确率大于90%的特定重要目标的识别与场景理解，基于奥运知识库的多轮人机对话用户满意度高于80%，实现视障人群在冬残奥会场馆及周边的无障碍通行；研究基于5G网络的终端设备管理技术，实现人工智能服务平台，支持超万台终端的实时管理与响应；研制冬残奥会运行智能辅助软件，适配市面主流机型。系统为不同类别的视障人群提供紧急呼叫、目标检测、五彩观赛、纪念品识别、智能导引和人机对话等10多个辅助功能，提升冬奥会和冬残奥会场馆周边出行和观赛体验。

冬奥会和冬残奥会期间，基于人工智能技术的视障辅助系统在北京奥林匹克公共区BOP进行了173人次示范应用。示范应用中成功安装并使用了智能辅助软件，试用了多轮人机对话、区域视野补偿、五彩观赛、目标检测、动作检测、纪念品识别和智能导引等功能，测试了智能运营平台对硬件设备的管理功能。示范应用验证了基于人工智能技术的视障辅助系统可以有效辅助不同类型的视障人群在冬奥会和冬残奥会场馆周边的无障碍通行。

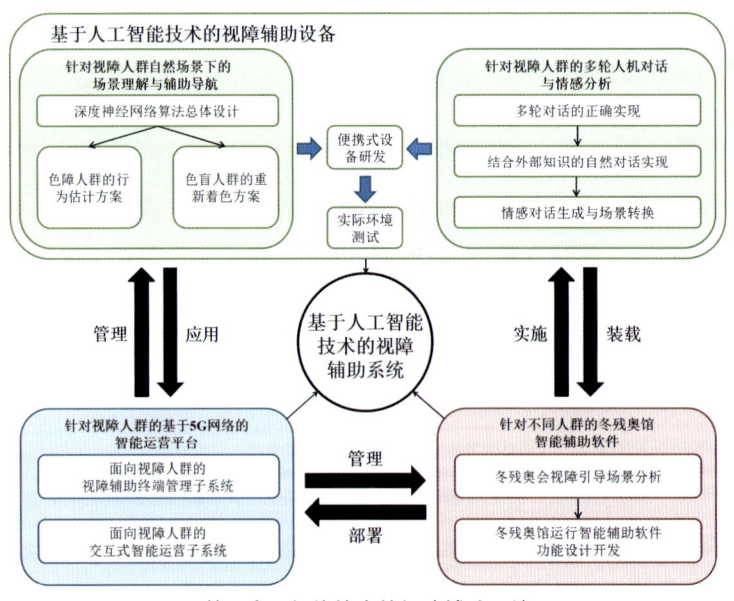

基于人工智能技术的视障辅助系统

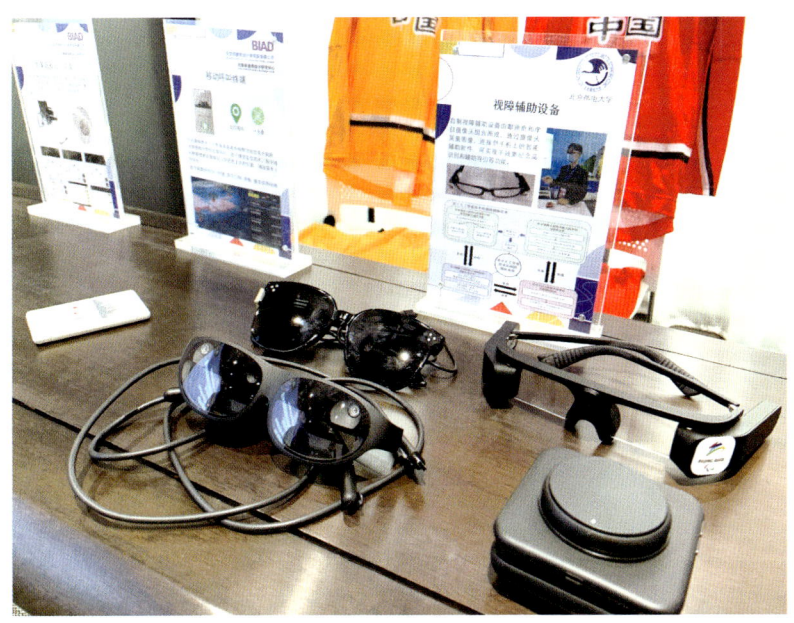

视障辅助设备

联系人：马占宇，北京邮电大学，13466323341，mazhanyu@bupt.edu.cn

18. 机场智能无障碍服务保障系统

机场智能无障碍服务保障系统针对视障/听障/行动不便等残障旅客无障碍独立出行的需求，充分考虑航站楼内的实际环境，突破诸多关键技术，实现了特殊旅客在航站楼内的安全和快捷出行。系统由机场航站楼多模态导航设备、多交互能力机器人和可穿戴智能装备共同组成，能够在多种室内复杂场景下满足残障旅客信息查询、高精度定位、智能导航避障、远程求助、航空出行信息获取等服务需求。系统突破了以下关键技术：基于隐式标记追踪和惯导/无线/光学等多传感器融合定位导航技术，定位精度达到亚米级，部分区域达到50 cm以下；航站楼复杂场景下面向视障旅客的智能避障技术，路径个性化规划算法，障碍物探测率提升35.7%，用户满意度提升了80%；面向机场无障碍服务的交互式决策算法，语义意图理解准确率提升了89.8%。系统功能多元、服务群体多样、智能化程度高、环境适应性强，系统弥补了机场特殊旅客服务保障能力的不足，实现了智能无障碍服务保障技术在国内机场的首次应用，填补了可穿戴智能交互装备在机场无障碍服务应用空白。

2022年1月27日，中国残疾人联合会一行人赴北京首都机场参加机场智能无障碍服务保障系统的现场演示验证与体验活动。中国残联吕世明副主席在观看完演示后，对研究成果给予充分的肯定,评价该产品具备高科技、精致、尖端、特制的特点,创意好,效用高。冬奥会和冬残奥会期间,该系统在首都机场 T3 航站楼为残障旅客提供了个性化服务。其中部署的 2 台多交互智能机器人,已累计完成 500 人次服务,多模态导航设备和可穿戴智能装备为 5 位听障 / 视障志愿者进行航空出行服务体验,收到良好效果。

视障志愿者使用多交互能力机器人

视障志愿者使用多模态导航设备和可穿戴智能装备

下篇 "科技冬奥"重点专项优秀成果选编

听障志愿者使用多交互能力机器人

联系人：贺宁，中国民用航空总局第二研究所，028-82577579，hening@caacsri.com

19. 基于残障人士人体及运动特征的无障碍服装服饰体系标准

由于肢体残疾人（包括肢体残疾运动员）目前大多服装与其人体体型、运动特征及功能需求并不匹配，从而带来服装穿着障碍。已有研究涉及的人体测量项目及定义也多参考现行基于健全人制定的标准，仍然缺乏肢体残疾人服装用人体测量方法，而且肢体残疾运动员穿着服装训练和比赛都面临运动员残疾等级多、残疾情况复杂等问题。因此，肢体残疾人服装用人体测量方法和冬季运动服装设计等规范性文件仍属于空白。本标准《肢体残疾人服装用人体测量的尺寸定义与方法》规定了肢体残疾人服装用人体测量的尺寸定义与方法，主体部分由通用要求、尺寸定义与方法组成。以 GB/T 16160—2017 为基础，结合以肢体残疾运动员为代表的肢体残疾人的行为观测、访谈和分析进行优化，充分考虑人体常规姿态（静止时）以坐姿为主的人群及左右两侧明显不对称的人群，并以无障碍服装设计为结果导向，得到适合于肢体残疾人的服装用人体测量的尺寸定义及方法，共设置59项人体测量尺寸，包括围长及宽度尺寸（26项）、高度及长度尺寸（30项）和其他尺寸（3项）。

《冬残奥会运动项目辅助服装设计导则》秉承无障碍理念，适用于冬残奥会运动项目辅助服装的设计，即辅助肢体残疾运动员进行运动的服装设计，包括运动服和残端防护服饰。内容包含术语和定义、轮椅冰壶服装、残奥冰球服装、残奥单板滑雪服装、残奥高山滑雪服装、残奥北欧滑雪服装，每类服装分别从服装结构、功能设计及面辅料选用几个方面描述服装设计时需要注意的要点。

首次建立了肢体残疾人服装用人体测量方法，为相关的肢体残疾人服装用人体测量和无障碍服装设计提供技术支撑。首次建立了冬残奥会运动员服装设计规范，解决无障碍服装的障碍点，指导无障碍服装的设计和制作。

成果《肢体残疾人服装用人体测量的尺寸定义与方法》（T/CAPPD 8—2021）和《冬残奥会运动项目辅助辅助设计导则》（T/CAPPD 7—2021）已于2021年11月1日由中国肢残人协会发布，2022年1月1日正式实施。基于该成果，为轮椅冰壶、残奥冰球、残奥单板滑雪、残奥高山滑雪、残奥北欧滑雪5个国家集训队（六大运动项目）研发服装共计54款，有695件服装被残疾人运动员穿着使用，得到了中国残疾人体育运动管理中心的认可及应用示范。部分训练服（比赛服）助力运动员在北京2022年冬残奥会、2021年残奥冰球世锦赛（B组）取得佳绩。研究成果用于"无障碍服装设计""运动服装设计"等课程教学与科研实践中。未来大部分可转化为民用，其中出场服、领奖服可以转化为针对肢体残疾人的常服；训练服可应用于肢体残疾人冬季运动项目中，并投入生产。从肢体残疾人角度，肢体残疾人服装用人体测量的尺寸定义与方法有助于肢残人获得更加合适的服装，有利于其与健全人一样融入社会生活，进一步促进社会的包容和进步。从社会角度，通过成果推广和应用，社会对于残疾人的关注和尊重将得到提高。这将有助于改变社会对于残疾人的看法，提高公众的意识和包容性。研究成果对促进我国无障碍环境建设、残疾人体育事业发展等社会效益和经济效益影响会更加显著。

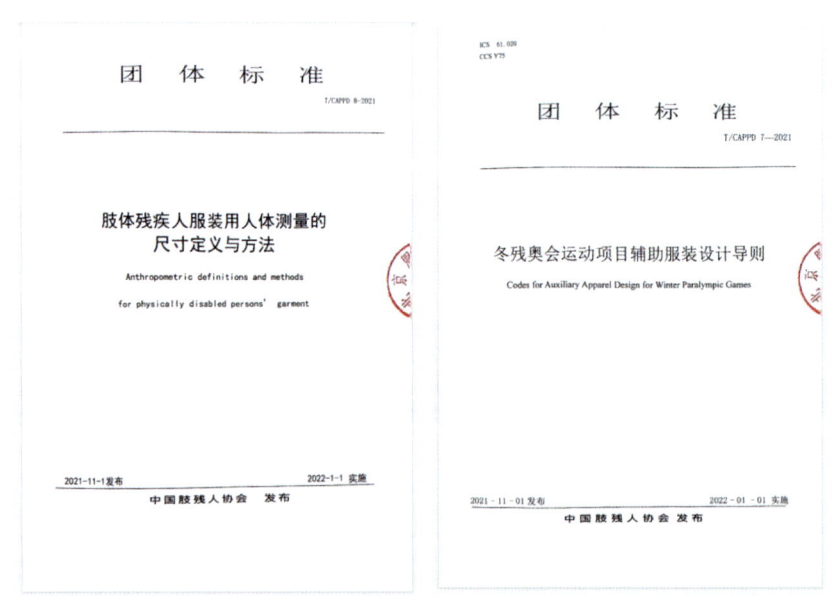

《肢体残疾人服装用人体测量的尺寸定义与方法》《冬残奥会运动项目辅助服装设计导则》

联系人：史丽敏，北京服装学院，010-64288191，cnbjslm@126.com

20. 高质量导盲犬培育培训技术

该成果系统对导盲犬的繁育、幼犬社会化训练、成犬专业技能培训、使用者与导盲犬的共同训练相关技术进行规范，编写了《导盲犬培育培训指导手册》。为保障导盲犬工作水平、提高导盲犬培训成功率并进一步优化导盲犬培训技术，研发了导盲犬培育标准、导盲犬培训标准及导盲犬工作能力评价行为学测试体系。鉴于冬奥会和冬残奥会会场环境复杂，为保证导盲犬的生理健康及高度稳定的工作状态，建立了科学有效的复杂、严寒环境条件下导盲犬专项培训科目的技术方法。为确保培育的导盲犬符合要求，开展了种犬引进和幼犬繁育工作，完成了幼犬寄养导盲犬基础技能培训，以及针对特殊环境要求进行复杂、严寒环境条件下的专项科目训练。并在各个阶段对犬进行行为记录及考核评估。共培训出适应性更好、工作稳定性更强、耐严寒的高质量导盲犬68只。

本成果推动导盲犬行业的安全性及规范化，拓宽导盲犬的应用示范场所，为我国导盲犬事业的普及及发展提供助益。培训出的68只导盲犬应用于视力残疾人的实际生活，提高了社会对视力残疾人的关注度，促进共同进步。导盲犬的培训面向我国1731万视力残疾人的需求，培训方法可适用于全国各导盲犬培训基地，促进我国导盲犬事业的快速发展，使更多的视力残疾人拥有导盲犬，提升视力残疾人的发展潜力，助力全面建成小康社会、奔向共同富裕的道路。

导盲犬严寒环境条件专项训练

联系人：周子娟，大连医科大学实验动物中心，0411-86110172，zhouzijuan01512@163.com

21. 多维多模信息融合的灾害监测预警系统

延庆地质构造、地层岩性复杂,且冬奥赛区工程活动强烈,致使地质灾害多发、易发,造成人员伤亡、经济损失。为解决地质灾害早期监测预警,做到提前预防,课题从灾害早期预警原创理论模型研究、智能装备研究及工程应用、物联网平台3个层面构建了多维多模信息融合的灾害监测预警系统,首次在国内外建立覆盖岩土构筑物失稳全过程的监测指标体系和预警模型,包含固有振动频率、阻尼比、频带能量等10个有效静 – 动力学指标,形成安全失稳预警核心理论和技术;研发微芯桩®智能传感设备,实现与模型匹配的10个关键指标的毫秒级采样、边缘计算分析,采样频率最高达1000 Hz,预警响应时间小于1 s,设备功耗仅为18 mW,无外部供电情况下可工作300 d以上,适应更多应用场景;研发的灾害监测预警物联网平台内置针对3类典型滑坡的预警模型,基于10万条示范应用监测数据的自适应修正,降低80%的空警率,形成了"小时 – 天"级的安全预警能力,不可抗拒灾害预警实现了"分钟 – 小时"级预警。

在奥运小镇基坑开挖阶段进行示范应用,对小镇基坑结构安全及周边岩土体稳定性进行动态监测,准确评价岩体稳定性状态及趋势变化,及时反馈给项目现场,避免因土质松散、施工扰动造成的潜在滑坡,保障了冬奥小镇的全周期安全。该成果多次被央视、《北京日报》等官方媒体报道,被称为地质灾害的"侦查卫士",并收到北京市科委的感谢信。该产品获得北京市科学技术进步奖,写入多项行业标准规范,已广泛应用于地质灾害防治、水电工程边坡安全、露天煤矿边坡安全等领域,在12个工程中成功预警险情灾情50余起,预警成功率100%,无一漏报。

多维多模信息融合的灾害监测预警系统

下篇 "科技冬奥"重点专项优秀成果选编

微芯桩®智能传感设备获CCTV-5、BRTV报道

联系人：卢晓莹，北京天下图数据技术有限公司，13717846063，luxiaoying@zgcsafety.com.cn

22. 氢能出行全链协同规划关键技术

秉承"绿色办奥"理念，北京2022冬奥会和冬残奥会需寻找能够在严苛环境（-38℃的历史低温、14.96%的最大纵坡）、复杂服务场景（两地三赛区、8类人群、测试赛和正赛）下实现大规模氢能全链示范（以商用车为主、千辆级规模、"制—储—运—加—用"氢能全链条）、满足安全、可靠、环保的服务要求。在此背景下，设立了氢能出行关键技术研发和应用示范项目。

通过研究大型赛事多目标导向下氢燃料电池汽车车辆选型与筹措方法、氢燃料电池汽车出行需求动态预测与匹配方法和面向"制—储—运—加—用"氢能全链条网络化规划布局方法，解决了冬奥复杂场景下氢燃料电池汽车出行动态需求与氢能供应网络全链条的供给全体系地动态耦合这一关键技术问题。该成果助力实现了在北京和张家口两地三赛区超千辆氢燃料电池汽车应用，其中搭载本项目技术的车辆规模近30%。同时配建了11座加氢站、协同4家重点制氢厂、超300辆运氢车，实现100%绿氢的持续稳定供应。赛时期间为赛区内班车、专车等运输车辆，8类人群提供了稳定的服务，赛后投入公交、通勤班车等持续提供服务，得到了驾乘人员的一致好评。

研究成果作为核心力量完成了世界最大规模、运行条件最为苛刻的氢燃料电池客车集中示范，使得国内高水平氢燃料电池汽车在冬奥会的舞台充分发挥出最佳的示范效应；实验出了一套可复制、可借鉴的全链协同运转模式，给氢能与燃料电池汽车产业界带来发展信心，为氢能燃料电池汽车规模化、可持续发展提供重要的技术支撑和示范验证，为国家和地方政策的制定提供参考依据，对全国乃至全球氢能产业的发展具有里程碑意义。

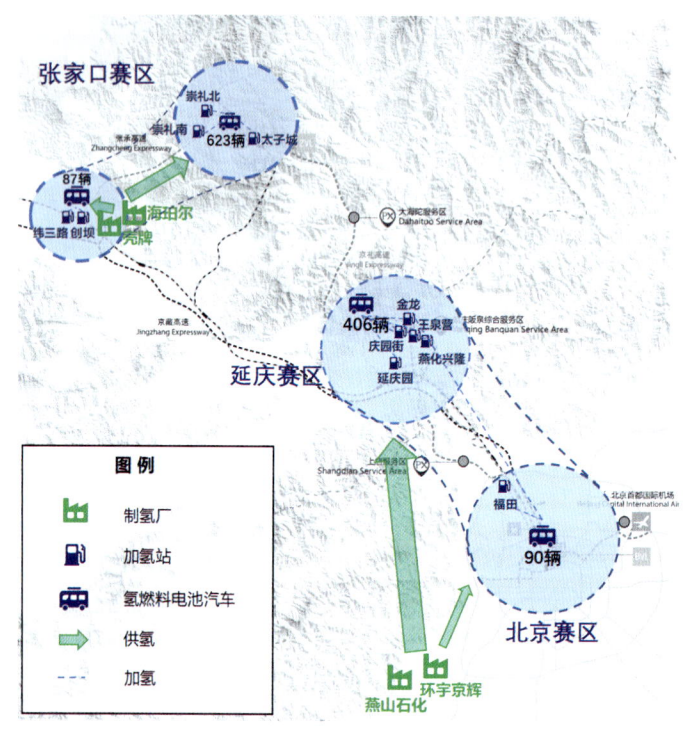

两地三赛区"氢一站一车"分布图

联系人：王聘玺，北京交通发展研究院，18612186545，wangpinxi@bjtrc.org.cn

23. 冬奥服务场景下高性能氢燃料客车技术

针对冬奥会赛时低温的车辆运行环境特征及赛会服务16%的山地行车等运输场景，由北汽福田汽车股份有限公司牵头的研究团队完成了70 MPa车载氢系统和120 kW大功率燃料电池发动机等关键零部件的研发，完成了整车系统集成控制、燃料电池与动力电池协同控制策略、整车智能综合热管理系统、站车通信及安全监控等关键技术研究。

基于冬奥会应用场景，进行了系统性仿真，对换挡策略、扭矩分析、模式选择等进行了研究，首次采用了模糊逻辑控制方式，开展了驱动系统与燃料电池系统、动力电池系统间的能量管理，实现了整车能量管理的动态调节；全新开发120 kW大功率燃料电池并提出停机吹扫、阴极EGR、控制策略自学习等策略，解决大功率燃料电池体积大、增湿响应慢等问题，燃料电池模块功率体积比662（额定）/673（峰值），燃料电池模块功率密度701（额定）/713（峰值），系统最高效率由55%提升至57%，氢气利用率由97%提升至98%，实现在高海拔、高温、高寒等不同地域、全天候最优无损控制，发动机的效率在国内外处于先进水平。35～70 MPa氢系统均采用高承压管路设计，连接方式及零部件与国际主流整车厂对标提高系统通用性。集成开发完成9 m、11 m、12 m级氢燃料电池客车整车产品，开发适应高原陡坡等苛刻环境的先进燃料电池客车技术，−30 ℃环境温度下驻车8 h，5 min以内正常启动，21 min以内车内温度升至10 ℃，最大爬坡度超过20%。

共开发了四款燃料电池客车，综合性能居国际前列，已具备国际竞争力；冬奥会后，车辆均投入延庆、房山、张家口等区域的公交线路运营及团体班车运营中，让广大市民享受到奥运品质的产品和服务；冬奥会期间共计投入项目成果260辆氢燃料客车在闭环内运营，冬奥会结束后，4款车型累计市场销售量240辆，并在城市建设中得到很好的应用，同时促进了行业中相关性能指标的快速提升并加速产业发展。

BJ6122 冬奥期间运行

BJ6956 冬奥期间运行

玉龙雪山高海拔测试

BJ6122 赛后运行

联系人：齐如志，北汽福田汽车股份有限公司，13701029861，qiruzhi@foton.com.cn

24. 氢能供给保障体系稳定建设模式

冬奥赛事期间，有上千辆氢燃料电池客车在两地三赛区示范运行，因此，加氢保障是重要问题。本次加氢保障规模在世界燃料电池汽车发展史上是最大的；特别是 70 MPa 大流量连续加注，在此之前，全球都没有实际应用经验。由北京亿华通科技股份有限公司牵头的研究团队从加氢站工艺设计，到智慧站控系统自主开发，再到加氢站运行管理，进行了系统全面分析和关键技术研发。开发了工艺流程简洁、易操作、安全高效的加氢站顺序控制盘组工艺技术，实现加氢站内储氢过程的自动顺序切换和加氢过程中取气的自动顺序切换，满足了车辆随到、随加、随走的需求。采用先进的工艺设计和加注策略控制技术，实现了 70 MPa 大流量连续加注技术的突破；其中金龙站于 2021 年 12 月组织专家进行了 70 MPa 极限加氢能力测试的第三方现场评价，在 100 min 内对 9 辆燃料电池大客车，连续加注了氢气累计 270 kg，专家认定金龙站是自建设日期为止全球加氢站中 70 MPa 大流量连续加注能力最大的加氢站。不仅实现了国内 70 MPa 气瓶大规模加氢服务的突破，开发了具备实时监控、远程控制、智能故障诊断、数据分析等功能的更安全可靠的智能化、自动化、标准化的加氢站智慧站控系统。通过深入融合动设备频谱分析诊断技术、静设备在线故障诊断技术，提高加氢站用设备运行的安全性和可靠性。

共建设了福田、金龙、中关村延庆园、太子城服务区、崇礼北、环宇京辉一期、二期等 7 座加氢站，冬奥会和冬残奥会赛事期间，累计提供 12 827 次加氢服务，加氢量 169.5 t。赛后加氢站继续服务于延庆、房山、张家口等区域的公交线路运营，同时持续服务于北京、河北燃料电池汽车示范城市群建设。实现加氢站类型的全覆盖（除液氢加氢站），涵盖了多种加氢站的技术应用，为完善国家标准和相关法规提供了工程实践的依据，为进一步推进氢能可持续、高质量发展提供了重要的支撑。

下篇 "科技冬奥"重点专项优秀成果选编

冬奥期间车辆加注照片

冬奥期间车辆加注照片

联系人：陈庆妍，北京亿华通科技股份有限公司，18510084224，chenqingyan@autoht.com

25. 全链监控与安全保障体系

基于制储运加用全链感知的信息监控与安全保障技术，由清华大学带领的研究团队建立了"制—储—运—加—用"氢及燃料电池全链信息监控平台；开发了泄漏源可定位、可主动报警的高压氢气管路泄漏主动安全防护氢泄漏监控系统，并研发了高灵敏度检测装置，能够实现卡套式接头微泄漏的 24 小时监控，响应时间 < 2 s，能够替代密闭环境下涉氢系统的人工巡检，已成功由航天某院应用于冬奥主火炬供氢系统的安全保障；针对氢燃料电池客车模拟碰撞事故的实车碰撞试验方案，进行我国（乃至世界）首例氢燃料客车碰撞试验，实现了燃料电池客车储氢系统安全测试整车侧面第一撞。

构建了一个全链信息监控平台。结合京津冀燃料电池汽车示范城市群需求进行升级，支撑了城市群的任务完成情况监测与考核工作；基于本项目建立的燃料电池汽车检测体系，为国家级氢能燃料电池检测中心建设提供了有效支撑，全面服务于燃料电池汽车城市示范群项目，并拓展至氢能制储运加用全链条的检验检测；基于本项目的研究成果，清华大学升级开发了氢气泄漏近场检测产品，开始用于国内制氢系统的安全监测，并开始为某 GF 装备的氢泄漏检测服务。

全链信息监控平台

近场检测装置

燃料电池客车储氢系统安全测试侧面第一撞

联系人：王潇霈，清华大学，13811778723，xiaopei388@gmail.com

26. 100% 可再生能源经柔直送出振荡抑制技术

针对柔性直流全电力电子化系统并网调试期间多次发生宽频带振荡，严重影响系统的安全稳定运行和可再生能源送出消纳问题，提出了"型式试验—控制在环—控制代码封装"的新能源电磁暂态建模和模型校核方法，实现了开关器件—机组模型与控制—可再生能源场站—电网系统的多层多核分网并行仿真，建立了张北四端柔直工程系统电磁暂态仿真平台，平台可再生能源发电规模 300 万 kW，最小仿真步长 10 ns。

基于仿真平台，迭代优化并验证了新能源场站阻抗聚合方法、控制参数和运行工作点对阻抗特性的影响规律、振荡抑制和孤岛运行控制等算法的有效性。复现了张北柔直现场发生的 58 Hz 振荡现象。实现了站内光伏逆变器、SVG 等装置的宽频带阻抗特性分析与控制优化，提升了装置的宽频带阻尼特性，形成了振荡抑制的第一道防线保护；同时配置了宽频带振荡监测与抑制系统，实现了振荡抑制以调代切的第二代防线保护，提升了柔性直流全电力电子化系统的安全稳定运行能力。

该技术应用于经张北中都站送出国泰靳家梁风光电站，成功复现并解决了 2021 年上半年多次发生的 58 Hz 振荡现象，提升柔直的可再生能源输送电力 10% 以上。世界上首次实现了新能源发电接入柔性直流系统的振荡复现与抑制的现场验证。

实时仿真平台及振荡抑制技术已成为国网公司新能源特性分析、建模及校核平台，形成了覆盖我国 80% 以上装机容量的新能源电磁/机电暂态模型库并支撑金上、藏东南等工程的建设及运行，评估了锡泰直流送端 36 个场站共 7000 MW 风电的宽频带振荡风险，开展了风机阻抗重塑，解决了振荡风险约束下的送出能力受限问题。

国泰靳家梁示范应用

下篇 "科技冬奥"重点专项优秀成果选编

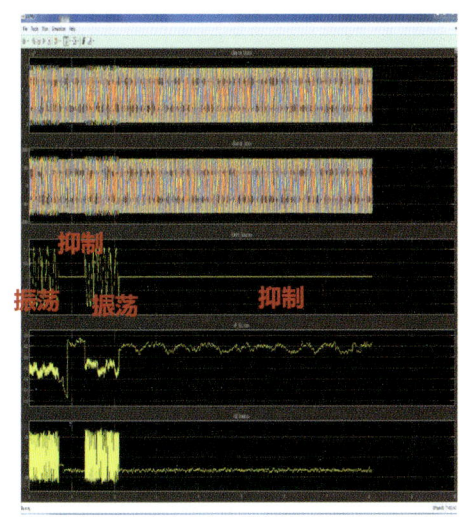 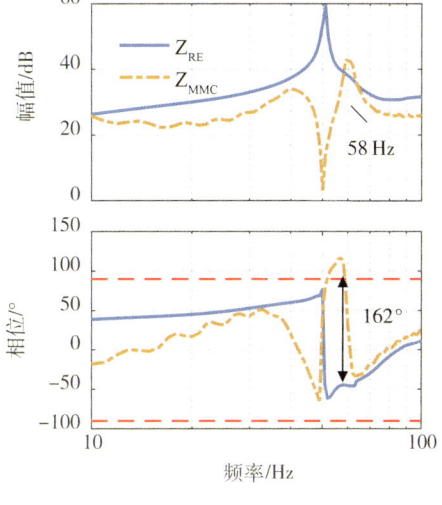

仿真平台复现 58 Hz 振荡并在线抑制　　　张北站 MMC 与新能源负序阻抗特性
（振荡—抑制—取消抑制后振荡—抑制）

仿真平台波形

联系人：曲平，中国电力科学研究院有限公司，010-82814764，quping@epri.sgcc.ocm.cn

27. 提升预防应急能力的配电网供电保障关键技术

针对冬奥会赛区 99.999% 供电可靠性要求，攻克了多要素融合下配电网可靠性评估量化难题，突破了早期故障的灵敏感知与精准识别轻量化技术瓶颈，创新拓展了配电设备的故障状态转移模型和恢复时间模型，提出了融合信息物理社会因素的配电网可靠性评估方法、面向配电设备早期故障的多参量感知与识别检测方法及"人—车—物"协同的优化应急控制方法，研发了首套融合信息物理社会因素的配电网可靠性评估平台、配电网智慧运维保障系统以及"人—车—物"多资源协同的配电网应急指挥系统。配电网可靠性评估平台支持"正常—缺陷—故障" 3 状态与"预防—定位—隔离—恢复—应急" 5 阶段分析；配电网智慧运维保障系统含早期故障诊断功能的全国产化轻量型智能融合终端，早期故障识别准确率达 96.7%，终端平均运行功耗降低 16.7%；配电网应急指挥系统平均应急响应时间降低 33.64%，提升了复杂环境下应急响应的灵活性、适应性与协同性。

成果整体应用于冬奥会张家口崇礼赛区配电网，设备消缺率提升 2.5 倍，故障率平均降低 36.3%，平均修复时间缩短 64.1%，支撑了冬奥会赛区 99.999% 高可靠供电保障，后奥运时代持续服务于 6 项国际赛事的供电保障。研发了成套化的供电保障装备与系统，有力推动了我国配电网供电保障能力提升与技术进步，为经济发展与社会安全提供了技术支撑。

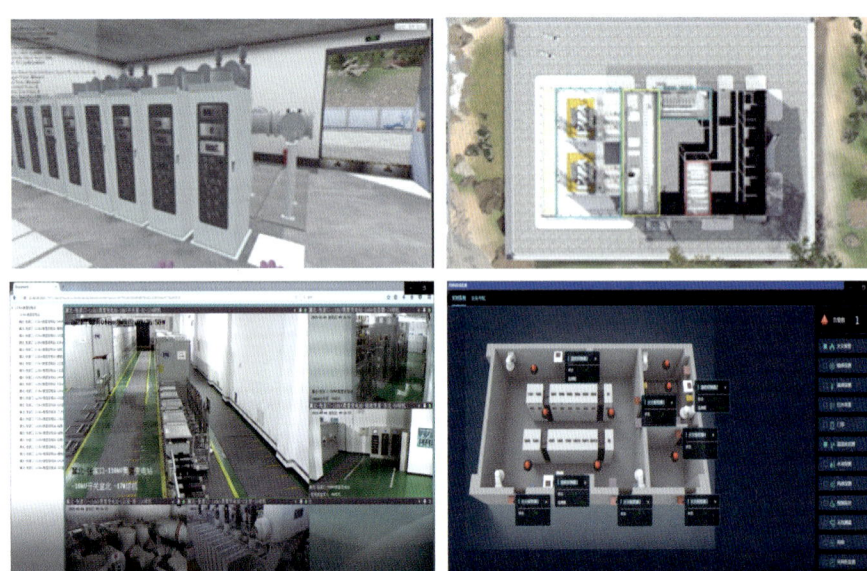

设备状态智慧监控实景

冬奥配电网智慧运维保障平台界面

联系人：刘念，华北电力大学，010-61771585，nian81@126.com

28. 绿色环保型应急保障电源车

针对常温储能车难以满足高寒环境下冬奥会应用需求问题，开展了高寒环境下（≥-40 ℃）宽温度范围钛酸锂储能单元快速启动及其热管理技术研究，提出磷酸铁锂-钛酸锂混合储能系统容量配置及两级启动控制策略，攻克高寒环境下低温启动技术难题，持续工作（待机）72 h 及以上；提出了并网模式下基于扰动前馈和自抗扰控制的电流控制策略，以及基于高带宽闭环的并离网切换控制方法，满足不同电网参数及背景谐波下的稳定运行及快速并/离网切换，突破并网控制宽适应与并/离网快速平滑切换技术瓶颈，切换时间不超过 8 ms；提出了离网模式下负载电流前馈控制策略，消除了负荷动态过载电流和不平衡/谐波电流对供电质量的影响，解决移动式储能电源带多类型负荷的供电电能质量问题，离网供电谐波含量低于 3%；研制了国内首台耐高寒即插即用型百千瓦级移动式储能应急保障电源，提出移动储能应急保障电源系统的接入管控策略，建立电池储能系统多层级综合评价方法，设计研发移动储能车智能信息终端及其相应功能，技术研发处于国内领先水平。

移动式储能电源车自 2021 年 12 月 27 日起正式接入冬奥太子城保障基地，保电期间储能电池舱温度维持在 24～27 ℃、输出三相电压维持在 230～233V，设备运行安全、稳定、可靠。并在 3 月 9 日 13：57 至 15：57 正确动作，对现场重要负荷无影响，圆满完成重要负荷电力安全保障任务。应用并/离网双模式运行控制与离网模式多类型负荷电能质量治理技术形成的 iMEDAL 系列化移动式电化学储能产品，已销售 87 套，成功应用推广到浙江、湖北、贵州、青海等地，实现了重大活动背景下电网的应急保障，为重大国际国内活动的可靠、优质、绿色供电服务提供新的解决方案。

位于保电现场的移动储能电源

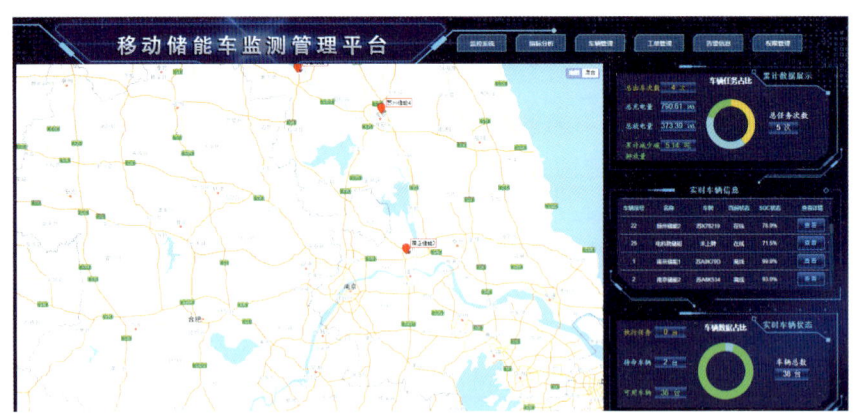

移动式储能电源车管控系统

联系人：陶以彬，中国电力科学研究院有限公司，025-83095762，taoyibin@epri.sgcc.com.cn

29. 基于数字孪生的冬奥赛区清洁供电关系数字化建模和仿真分析技术

为了支撑电力保障高可靠数字孪生建模和推演，开展冬奥供电网的数字孪生模型构建、推演方法和孪生应用研究。提出了知识和数据融合驱动的冬奥供电网孪生模拟方法，首创了基于微分神经网络的新能源和区域电网自适应动态建模技术，设计了兼容神经网络的高保真混合数值积分算法，实现了冬奥会供电网复杂故障动态的精准模拟，典型故障场景复现误差小于10%。研制了高性能冬奥会供电网数字孪生模拟引擎，提出了电网数字孪生多层次混合并行计算架构，发明了适配异构处理器的电力系统并行计算代码生成技术，显著加速了冬奥所在区域电网精细化孪生模拟效率，5631节点交直流电网，1 s 全电磁暂态仿真仅耗时 4.43 s，满足在线分析时效性要求。提出极端灾害下冬奥会供电网运行风险高效推演方法，阐明了灾害天气引发供电线路功能失效的内外因关联作用机制，提出了考虑完备故障组合的电网受灾影响概率图模型及其高效推断算法，设计了长程灾害变步长分段推演算法，提升了冬奥电网风险态势评估的全面性、准确性和高效性，负荷停运概率推断效率提升超过16倍，6日灾害推演和风险评估加速22倍。

该技术应用于冬奥会供电保障指挥平台，有效分析了赛事进行期间冬奥供电网面临的风险，提供受灾场景预测信息，支撑冬奥会供电网的运行性能评估、应急决策和演练，保障了冬奥供电网的可靠运行和冬奥会的胜利召开。

该技术可有效评估受灾风险、识别薄弱环节，从而提升灾害防御的效率和应急资源利用效果，减少受灾停电经济损失，将数字孪生等先进信息技术运用到电力系统中，有效推动绿色智慧电网的健康发展与全社会的节能提效。

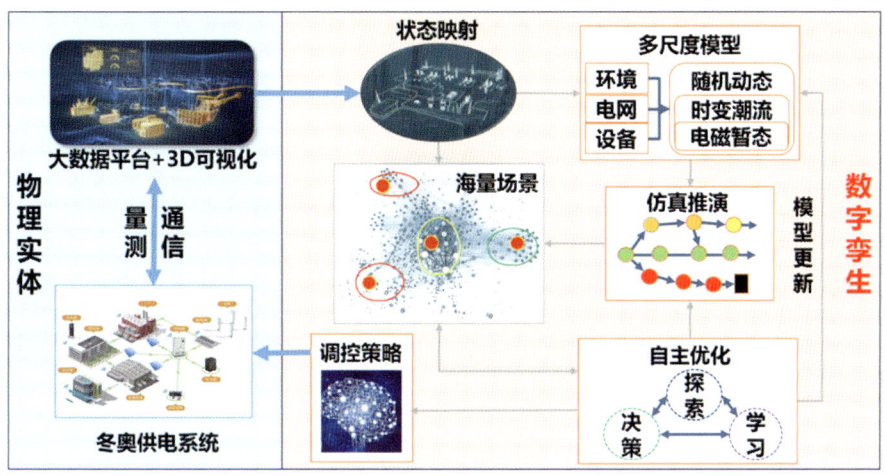

数字孪生系统运行机制

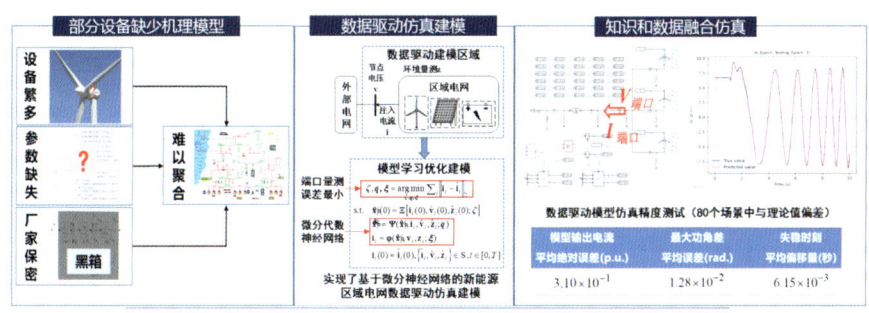

知识和数据融合仿真

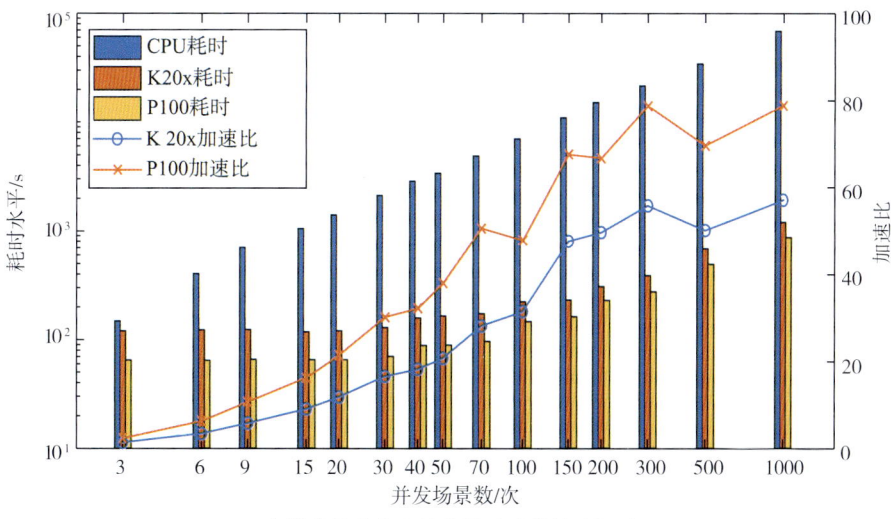

高性能数字孪生仿真推演计算性能提升

联系人：肖娜，国网冀北电力有限公司，010-56583207，xn20150617@126.com

30. 冬景植物定向培育与营造管护技术体系

冬奥会生态景观建设周期短、标准高，针对赛区冬景植物资源短缺、裸根苗建植成活率低、大规格容器苗储备不足和培养周期较长等问题，开展抗寒抗旱常绿树、彩枝彩叶树、观赏草等冬景植物大规格容器苗培育和营造管护技术研究。樟子松是冬奥生态景观建设重要的绿色基调树种，创新集成轻型基质菌根化、组合施肥、激素促根等成苗壮苗关键技术，建立樟子松大规格容器苗培育技术体系，经过一个生长季即可出圃造林；基于智能滴灌水肥一体化技术，制定樟子松不同物候期水肥管理策略，与常规施肥灌溉相比较，生长季生长量提高30%，冬季抗寒性提高30%、叶片叶绿素提高25%，冬季景观效果显著提升。筛选出白桦、金枝国槐、白皮松等彩枝彩叶树种大规格容器苗培育轻型基质组合，大规格容器苗培育周期缩短到1个生长季；建立提前断根、移植时摘叶等白桦、金枝国槐大规格地栽苗全冠移植技术，集成彩枝彩叶树大规格地栽苗全冠移植与快速活力恢复技术体系，地栽苗反季节全冠移植成活率达到90%以上。冬奥会赛区观赏草地被缺乏，筛选出适宜冬奥赛区应用的观赏草品种24个，提出了狼尾草等观赏草分株繁殖、茎秆扦插繁殖、轻型基质育苗技术，扩繁效率提高了25%，轻型基质容器苗无须缓苗，满足了冬奥会生态建设多季节施工的需要；建立了苔草种子休眠破除、容器苗培育、无土草毯生产等关键技术，提升了观赏草种苗规模化标准化生产水平，建立了狼尾草和青绿苔草节水低养护建植管理技术体系，管护费用降低了40%，显著提升了生长适应性和景观效果。

在北京冬奥会、冬残奥会期间，建立冬景植物苗木培育基地2处，培育大规格容器苗14 600株，大规格地栽苗5000株，为冬奥会生态景观建设提供优质苗木。在崇礼和延庆冬奥会赛区建立冬景植物景观示范区2个，面积20亩，显著提升冬奥会赛区生态景观效果。同时，相关成果可用于城乡绿化美化、困难立地造林、脆弱生态修复等行业领域，带动林草种苗育、繁、推一体化产业发展。

| 冬景植物苗木培育 | 崇礼冬奥赛区冬景植物景观示范 |

联系人：刘俊祥，中国林业科学研究院林业研究所，010-62889250，jxliu@caf.ac.cn

31. 基于民族文化特色的冬奥主题公共艺术系统构建与景观设计技术

为解决冬奥场馆及周围景观元素设计手法单一、民族文化特色不突出、立体景观装配性差等问题，开展民族特色和文化底蕴冬奥主题景观构建和设计研究。在室外景观方面，以北京石景山区冬奥公园为载体，在对国内外奥运景观尤其是冬奥景观进行剖析研习的基础上，深度挖掘当地历史和本土文化，重点研究公共艺术民族文化因子在冬奥场景中要素的识别。依托冬奥公园的统筹规划设计和马拉松路线规划，从传统中式建筑、中式窗花图案、山水景观中提取元素符号；设计表现中华传统农耕文化元素、自然根雕文化元素、传统碑林文化元素的景观雕塑产品，研发雕塑水泥制备方法和仿真民族花卉制作工艺。充分利用高井自然村文化、高井电热厂文化、广宁街道社区人文等，规划了特色鲜明的生态植物景观，并选用中国传统冬景植物及老北京植物在冬奥公园营造冬季植物景观。在室内景观方面，开发新型快速拼装式立体绿化产品，建立具有远程智能控制、历史数据查询、问题预警报警等功能的植物景观运维系统，选配芍药、月季、凤仙、菊花、栀子花等民族花卉凸显传统花卉文化。集成以上研究成果，形成《基于民族文化特色的冬奥主题公共艺术及其景观场景设计指南》。

在北京冬奥会、冬残奥会期间，将展现冬奥记忆点的冬奥公园标识系统植入场地，在冬奥公园建立仿真园林和景观雕塑示范区，在奥组委部长楼内示范墙体绿化景观，凸显民族文化特色。同时，该成果为后冬奥时代国际赛事场馆周边民族文化特色景观设计提供了指导和依据，节约了未来的设计成本，为我国民族文化更好地走向世界提供了桥梁，形成成果示范2个、应用10余种文化特色元素，经济效益和社会效益显著。

《基于民族文化特色的冬奥主题公共艺术及其景观场景设计指南》

奥组委墙体绿化景观示范

联系人：王珂，中国中建设计研究院有限公司，13810218915，14406045@qq.com

32. 冬奥会场馆外围沙化退化土地综合治理技术

冬奥会场馆所在的土地退化地区相继实施了三北防护林工程和退化林修复工程等大型生态建设工程。经过多年的建设、引进和筛选出许多人工固沙植物，研发了许多沙化土地治理和产业化技术，生态建设工程的实施取得了显著的成效。但是，目前该区域生态环境仍十分脆弱，局部地区生态继续恶化的趋势没有从根本上扭转。针对冬奥会场馆外围风沙区固定沙丘活化、露沙地扩张、人工固沙植被大面积退化等问题，研发了沙化土地植被快速恢复、退化沙化林地质量快速提升、小流域治理等关键技术，集成沙化土地综合治理技术体系。在此基础上，建成张家口北部沙化土地治理示范区、退化林地修复治理示范区和小流域综合治理示范区，退化沙化土地治理率显著提升，土地综合治理率不低于95%，水土流失治理率不低于95%。

在北京冬奥会和冬残奥会期间，利用该成果完成沙化土地（流动沙丘、露沙地、退化草地）、退化林地和小流域综合治理示范区建设共计3030亩。冬奥场馆外围退化沙化土地植被覆盖度提高，固碳潜力增大，土壤风蚀沙化程度减轻，有效提升了区域生态环境质量和生态功能，有力支撑了冬奥会生态环境治理工程。同时，遵循"生态优先"原则，本成果将流动沙丘、露沙地、退化草地和林地等综合服务功能低值区确定为研究目标，系统开展沙化土地、退化草地和林地恢复和重建技术研究，将助力我国"双碳"目标早日实现，为后奥运时代其他地区沙化、退化土地和小流域治理提供可复制、可推广之技术方案。

示范区建设效果

联系人：姚斌，中国林业科学研究院生态保护与修复研究所，010-62824091，acmn21@caf.ac.cn

33. 场馆建筑多源数据融合集成技术

针对多源异构数据的整合与利用需求，运用物联网、知识图谱、数据归类、描述映射等先进技术构建了多源异构数据融合集成平台。研究了文本、消息、API、结构和非结构等多源数据集成技术，还研究了雪上场馆视频接入及 AI 视频分析技术，部署视频分析服务器与视频分析算法，开发了雪上场馆多源数据融合集成平台，整合了设备连接层、数据承载层和业务应用层。实现了智能化楼宇数据（文本、消息、API、结构化和非结构化数据）的集成，实现了 1080P 视频接入 399 路，AI 视频分析 47 路，平台支持百万级设备数据点位接入。实现了多源数据融合，且平台端消息服务支持发布订阅、消息轨迹、资源统计、监控报警 4 种消息服务，并为相关应用提供 API 接口。

研究成果多源数据融合集成平台支撑北京 2022 年冬奥会和冬残奥会的实际应用，为冬奥会期间张家口雪上场馆高效运营提供了关键支撑及重要保障，在后奥运时代在类似园区、场馆等项目中得到了推广对建筑运营提供技术支撑。同时，基于本数据融合平台拓展研发了如"物联时空数据融合平台""建筑园区能源管理平台""云边协同边缘网关"等多种专项数据融合平台及产品，并在多个项目中得到应用，转化收入合同约 2000 万元，实现了较高社会效益及经济效益。

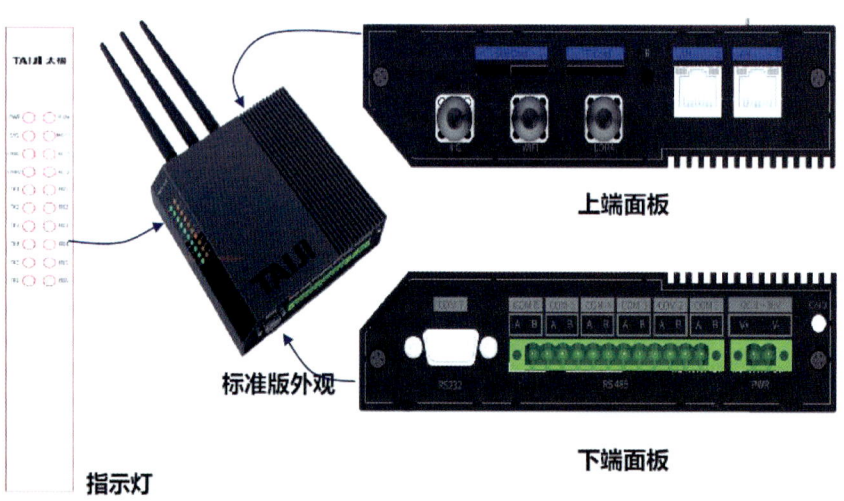

边缘控制网关

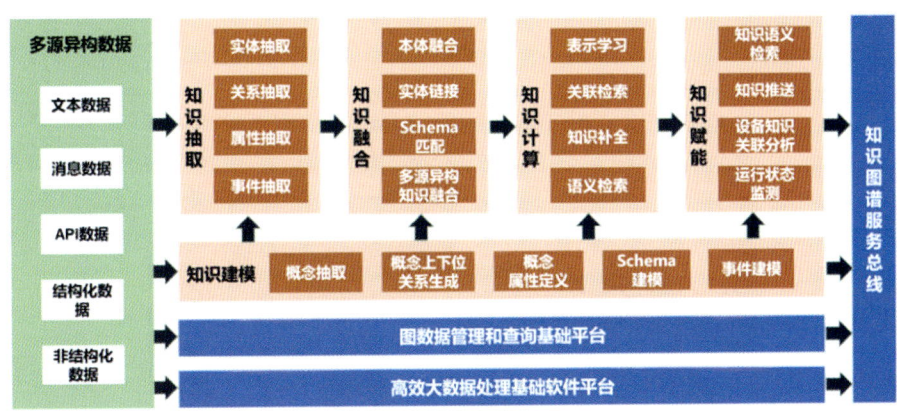

平台的技术架构

联系人：周奕君，太极计算机股份有限公司，13581748027，zhouyjb@mail.taiji.com.cn

34. 智慧 AR 导航系统

针对冬奥会室内外定位导航、移动增强现实方面的需求。突破了大尺度复杂场景下的建图鲁棒性和效率、充分利用移动终端的多传感器优势及云端的计算性能优势来实现精准的定位跟踪难题。攻克了在大尺度场景的快速鲁棒地图构建和动态复杂场景下的精准跟踪定位这 2 个关键技术，并研制了一套内容编辑创作工具链和移动端的增强现实引擎，支持冬奥场馆或奥运村 AR 导航、AR 营销、AR 信息发布、AR 互动娱乐等应用。建立了冬奥会奥运村的高精度三维地图，覆盖室外面积 41.4905 万 m^2，覆盖室内面积 4.4278 万 m^2，基于智慧平台的业务开发效率提升 51.38%。实现了地图精度地图精度 0.9984 cm，地图与大地坐标系对齐，方向偏移角度 1.4°，在地图覆盖的室内核心区域，最佳定位精度 0.027 dm。实现了虚拟指示牌 21 个、虚拟大屏 10 个、视频植入 3 个、3D 动画 2 个、兴趣点标注 10 个、景点故事文字介绍 5 个。研制了一套智慧 AR 导航系统在 2022 北京冬奥会期间在张家口崇礼地区冬奥村进行试点。

冬奥会期间，该成果用于冬奥村，系统工作稳定可靠，为张家口冬奥村打造智慧 AR 导航应用，能在 iOS、安卓和鸿蒙系统的手机终端上运行，提供表现层转移接口等接口支持冬奥会相关应用系统 7×24 小时调用无故障运行保障了赛事期间全天候、不间断运行，助力奥运村数字化、智能化服务，为数千名入驻张家口冬奥村的运动员和工作人员提供便捷的 AR 导航导览服务，效果显著。智慧 AR 导航系统在张家口冬奥村成功应用示范，并被《科技日报》等多家媒体采访报道。在后冬奥时代，该技术在杭州亚运会杭州奥体中心场馆群和黄龙体育中心场馆群中实际应用，在应用场馆开启 AR，在场馆体验亚运迎宾秀、亚运之声、亚运知识科普等多样互动，取得了数万名观众较好的观赛体验。

AR 导览展示

联系人：汪伊，深圳市商汤科技有限公司，19925409906，wangyi1@sensetime.com

35. 桌面悬浮光场三维显示技术

针对冬奥会需求对冬奥主题相关场景进行动态真三维显示，研制了高分辨率桌面悬浮光场真三维显示系统，为观众立体展示冬奥场馆全貌及各类赛事特点。突破了动态三维显示的数据压缩，建立了动态光场三维显示的海量数据传输编码模型及编码优化方法，攻克了结合冬奥创意的动态三维显示内容、悬浮场景高精度实时三维绘制技术及处理机至投影模块的海量数据高速传输技术，实现了三维显示图像刷新率不低于 24.3 fps，光场显示光线数 4.7×10^8 的桌面光场三维显示。自主研发的高达 20 000 fps 的高速彩色投影模组实现了三维图像的动态高精度渲染与同步更新，显示带宽高达 32 Gbps，为观众提供 180 度视角范围的连续立体视差。构建了两套桌面悬浮真三维显示系统，分别在北京冬奥村和张家口国家跳台滑雪中心成功应用示范，展示多套冬奥创意三维显示内容。桌面悬浮真三维显示系统促进了我国冬季运动普及、先进体育文化展示发展，为相关体育场馆产业提供智慧呈现展示设备，填补国内空白，同时为未来三维信息显示与体育竞技等要素的结合探索出了新路径。

在冬奥会和冬残奥会期间，研制的两台裸眼三维显示设备分别部署在北京冬奥村的"北京小屋"和国家跳台滑雪中心观众暖棚,为国内外运动员和随行官员提供冬奥场馆及相关运动的动态裸眼三维显示,宣传场馆整体外观特征,让其更好地了解各个重要场馆的相关信息。在获得为北京冬奥会成功示范的经验和示范之后,与浙江大学嘉兴研究院等多家单位达成合作意向并推进成果转化。

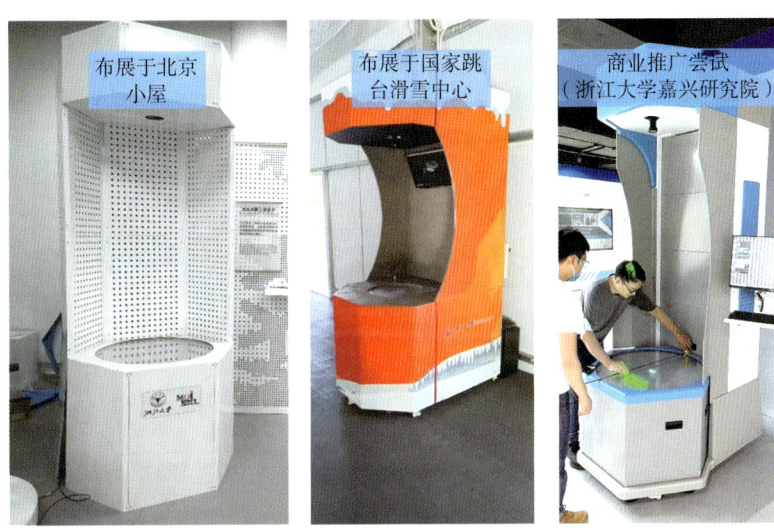

桌面悬浮光场显示系统

联系人:陈友华,浙江大学,19910765466,0015711@zju.edu.cn

36. 大规模复杂表面全色激光投影显示技术

针对复杂场景下对显示亮度、色彩表现和显示面积的高要求,攻克了超高亮度、大面积复杂场景的全色激光投影显示技术和全色激光显示散斑抑制技术及均匀照明技术。通过设计时分、空分复用的三维光学引擎、开发了高质量激光光源模组、采用散斑复合抑制技术、提出了精确白平衡控制理论,最终结合显示拼接和融合技术,实现了均匀且高效的大面积画面显示。此外,研究了高效热管理技术,设计了激光模组分布方式并应用新型低热阻液态导热材料,确保其在极高亮度工作状态下实现稳定的色彩输出。实现的激光显示系统色域达到 158.6% NTSC,远超 ITU Rec.2020 国际标准,光效超过 15 lm/w,散斑对比度低至 2.8%,并实现了 1100 m^2 以上的复杂场景 4K 高清显示,光通量超过 100 000 lm,与国内外知名企业高亮度工程投影仪相比,亮度、色域、光效等指标有显著优势。建立了完备的立体色域模型和提出了基于人眼感知的彩色散斑评估方法,并通过多基色模型和色温调节,显著拓宽了色域并降低了散斑。冬奥会期间,在张家口国家滑雪场,实现了画面尺寸 45 m×25 m,投影面积超过 1100 m^2 的高亮度大尺寸的显示。

在张家口国家跳台滑雪中心，利用雪地实现了面积超过 1100 m^2 的高亮度超高清显示，助力冬奥场馆实现"雪屏幕"，并在北京小屋同步展示全色双面显示技术，被北京冬奥会和科技部来信表彰。激光显示样机还被工信部列为"百城千屏"超高清视频典型应用案例，并与中央广播电视总台合作在安徽省独家接入了 8K "百城千屏"超高清频道，取得了良好反响。此外，该样机被广泛应用于科普宣传，在全国科技活动周的科普宣传中每年接待科普观众 3000 余人，取得了良好的社会效益。

国家跳台滑雪中心"雪屏幕"采用高亮度全色激光投影显示

联系人：许立新，中国科学技术大学，13855148033，xulixin@ustc.edu.cn

后 记

在科技革命和产业变革的今天,体育竞技赛场不仅是技战术和身体的对抗,更是科技实力的较量。"十三五"期间,在国家重点研发计划"科技冬奥"重点专项引领下,我国科技助力竞技体育发展取得重大进展,突破了冰雪产业发展关键技术与装备,初步形成了冰雪运动科技支撑体系,对后奥运时代我国京津冀区域经济社会发展和"三亿人参与冰雪运动"发挥了重要作用。

"科技冬奥"重点专项取得的成功,是在以习近平同志为核心的党中央领导下,"科技冬奥"领导小组各成员单位协同推进、共同努力,广大科研工作者奋力拼搏、刻苦奉献的成果。中国21世纪议程管理中心作为"科技冬奥"重点专项项目管理专业机构,在开展专项管理工作中得到了科技部原社会发展科技司的精心指导,在此向吴远彬、王小龙、郑忠等同志表示感谢;还得到了范维澄院士领衔的林树青、全春来、李捷等总体组专家的咨询指导,在此向各位专家表示感谢;并得到了北京冬奥组委、国家体育总局等用户部门的大力支持,在此向喻红、王熙、张涛、段雅丽等同志表示感谢;同时,也感谢北京市科委、河北省科技厅等单位的相关同志在项目推进和成果落地过程中的默契配合。

北京冬奥会赛事期间,中国21世纪议程管理中心配合科技部原社会发展科技司成立赛时工作专班,统筹协调"科技冬奥"重点专项项目成果赛时应用的指挥调度工作。科技部原社会发展科技司时任司长祝学华、中国21世纪议程管理中心时任主任黄晶作为专班工作协调组组长,带领专班成员认真负责、加班加点、坚守岗位,出色完成了北京冬奥会和冬残奥会技术保障任务。在此向全体专班成员表示感谢。

最后,"科技冬奥"重点专项项目单位和科研人员在项目研发和科技冬奥技术保障任务中,勇于创新、不畏艰难、不惧挑战、尽职尽责,表现出了非凡的科技责任担当,在此致以崇高的敬意和衷心的感谢!